Torsten Plewka

Derivative Instrumente für den Immobilienanlagemarkt

www.immobilienwissen.de

Reihe: Immobilienmanagement • Band 6

Herausgegeben von
Prof. Dr. Wolfgang Pelzl • Institut für Immobilienmanagement
der Wirtschaftswissenschaftlichen Fakultät der Universität Leipzig

Dr. Torsten Plewka

Derivative Instrumente für den Immobilienanlagemarkt

Eine Analyse der Funktionsfähigkeit von Immobilienderivaten und synthetischen Immobilienanlageprodukten

www.immobilienwissen.de

Plewka, Torsten:

Derivative Instrumente für den Immobilienanlagemarkt:
Eine Analyse der Funktionsfähigkeit von
Immobilienderivaten und synthetischen
Immobilienanlageprodukten

(Reihe: Immobilienmanagement, Band 6, Hrsg. Prof. Dr.
Wolfgang Pelzl, Institut für Immobilienmanagement der
Wirtschaftswissenschaftlichen Fakultät der Universität
Leipzig)

Zugelassen: Universität Leipzig, Diss., 2003
ISBN: 3-8311-4827-9
Herstellung Books on Demand GmbH, Norderstedt, 2003

Das Werk ist urheberrechtlich geschützt. Alle Rechte
vorbehalten. © Torsten Plewka, Leipzig

www.immobilienwissen.de

Geleitwort

Das Angebot an derivativen Finanzinstrumenten wächst seit Jahren und erreicht auf Aktien-, Renten-, Waren- und Devisenmärkten neue Rekordzahlen. Diese Entwicklung ist an den Immobilienmärkten, die bezogen auf die Verkehrswerte weit größer sind, vorbeigegangen.

Die vorliegende Dissertation beschäftigt sich mit der Konzeption von Derivaten als Anlage- und Risikomanagement-Instrumente für den Immobilienmarkt. Das Ziel der Untersuchung liegt in der Beurteilung der Funktionsfähigkeit und Prüfung der Übertragbarkeit von Derivaten auf den Immobilienmarkt. Immobilien-Derivate sind von immobilienbezogenen Basisinstrumenten abgeleitete Produkte.

Der Nutzen von Immobilien-Derivaten liegt in der Absicherung des Immobilienportfolios gegen Wert- und Mietpreisverfall. Synthetische Immobilieninvestitionen sollen schnell und günstig vorgenommen werden. Investments über Derivate gestalten sich als liquide und flexibel. Sie ermöglichen Diversifikationseffekte des Portfolios. Die mit Derivaten einhergehenden Transaktionskosten sind zudem im Vergleich zu Direktinvestitionen relativ klein.

Derzeit sind an Terminbörsen handelbare Immobilien-Derivate weder verfügbar noch geplant, obwohl die fundamentalen Anforderungen wie Größe und Risiko des Kassamarktes auch am Immobilienmarkt erfüllt sind. Allerdings fehlen die technischen Voraussetzungen, insbesondere das Basisinstrument eines derivativen Kontraktes. Da der physische Ausgleich von Kontrakten ausgeschlossen ist, wird ein Referenzpreis benötigt, der über Immobilienindizes oder alternative Varianten ermittelt werden kann. Die bekannten Immobilienindizes wie z. B. der DIX in Deutschland oder die IPD-Indizes in Großbritannien eignen sich nicht für eine Verwendung als Basisinstrumente von börsengehandelten Immobilien-Derivaten, da sie nicht für operative Zwecke konzipiert sind und ihre Berechnungsfrequenz gering ist. Neue Indexkonstruktionen oder alternative Basisinstrumente wie automatisierte Bewertungsmodelle könnten die Konstruktion von Immobilienfutures und Optionen wesentlich erleichtern. Allerdings besteht noch großer Forschungs- und Experimentierbedarf. Sollte es gelingen, adäquate Basisinstrumente als verlässliche Preisindikatoren des Immobilienmarktes zu konstruieren, wäre ein derivativer Immobilienmarkt mit großen Vorteilen für die Marktteilnehmer denkbar.

Die vorliegende Arbeit wurde im Rahmen eines Forschungsprojektes mit der Deutschen Bank Privat und Geschäftskunden AG, Frankfurt am Main, und der DB Real Estate Investment GmbH, Eschborn, erstellt. Für die wissenschaftliche Unterstützung und die finanzielle Förderung danken wir Herrn Guido Heuveldop und allen beteiligten Damen und Herren aus der Deutschen Bank.

Leipzig, im August 2003   Prof. Dr. Wolfgang Pelzl

Vorwort

„It's a big asset class that's just crying for derivatives to make things easier on the investment community."[1]

Die vorliegende Arbeit untersucht die Übertragbarkeit von Finanzinnovationen auf den Immobilienmarkt mit dem Ziel, Erfolgsaussichten zu analysieren sowie Lösungsmöglichkeiten und Konzepte zur Umsetzung dieser Produkte vorzuschlagen.

Im Mittelpunkt der Analyse stehen Derivate. Diese werden *ganzheitlich* aufgefasst, d.h. es wird vom ursprünglichen Wortsinn „abgeleitetes" Produkt ausgegangen. Im Unterschied zu bisherigen Untersuchungen konzentriert sich diese Arbeit auf die globalen Eigenschaften der Anlageklasse Immobilien. Sollten die Voraussetzungen für einen derivativen Immobilienmarkt hierzulande nicht erfüllt sein, wird die Übertragbarkeit auf der Basis internationaler Immobilienmärkte überprüft. Diese haben teilweise höhere Entwicklungsstadien erreicht und lassen somit bessere Aussagen zur *prinzipiellen Funktionsfähigkeit* zu.

Einerseits sollen mit den Instrumenten immobilienbezogene Risiken transparent und übertragbar gemacht werden. Es gilt dabei andererseits Möglichkeiten zu schaffen, Immobilien liquide handeln bzw. an deren Wertentwicklung partizipieren zu können, ohne diese selbst besitzen zu müssen. Für die Erfüllung der Anlage- und Risikomanagementfunktion kommen verschiedene Instrumente in Betracht, die zunächst in börsengehandelte und außerbörslich vereinbarte Kontrakte unterschieden werden können. Für den fortlaufenden Handel von Kontrakten, der eine Vielzahl von Vorteilen bietet, sind gewisse Bedingungen zu erfüllen. Diese werden zu Beginn erörtert.

Der Einsatz derivativer Instrumente erfolgt auf Basis unterschiedlicher Motive. Sie bilden die Grundlage für das Entstehen dieser Klasse von Fi-

---

[1] Brown, Jeffrey in Schwimmer, Anne, Derivatives, 1994, o.S.

nanzinstrumenten. Daher wird das Vorliegen der Beweggründe für immobilienbezogene Derivate überprüft.

Im Vordergrund steht der Blickwinkel eines Immobilienakteurs und nicht der einer Terminbörse. Diesbezüglich stehen von Terminbörsen beeinflussbare Determinanten nicht im Vordergrund, sondern immobilienmarktspezifische Besonderheiten. Dies ist als grundlegende Denkrichtung zu verstehen, da terminbörsliche Aspekte ebenfalls angeschnitten werden. Ein Schwerpunkt der Analyse liegt daher auf den zu erfüllenden Anforderungen, die für einen Markt derivativer Instrumente erfüllt sein müssen. Unterschieden werden sie in immobilienmarkt- und produktbezogene Voraussetzungen.

Zur potenziellen Umsetzung werden die wichtigsten Konstruktionsparameter von derivativen Immobilienprodukten untersucht. Das Basisinstrument stellt dabei den wichtigsten Bestandteil und die Grundlage für die Funktionsfähigkeit dar. Im Zentrum der möglichen Basisinstrumente steht das Indexkonzept, bei dem ideale Bedingungen, bereits vorhandene Immobilienindizes und alternative Konzepte für Basisinstrumente überprüft werden.

Die sich daran anschließenden Kontraktparameter eines Immobilienderivats entscheiden über den Einsatzzweck und die zu erfüllenden Aufgaben. Die verschiedenen Varianten sind in Abhängigkeit der Ausgestaltung der Parameter unterschiedlich geeignet. Es erfolgt dabei eine Unterscheidung in standardisierte und nicht standardisierte Kontrakte und deren potenzielle Verwendbarkeit für den Immobilienanlagemarkt.

Im letzten Abschnitt werden Bewertungstechniken angeführt, die für eine faire Preisbildung von derivativen Kontrakten wichtig und für Immobilienderivate anwendbar sind. Zudem wird die Effizienz der Kontrakte im Sinne des Risikoabsicherungsmechanismus diskutiert.

Abschließend werden die Erfolgsaussichten von Immobilienderivaten, differenziert in Derivate an Terminbörsen und außerbörsliche Derivate, kritisch beurteilt.

Vorwort IX

Die folgende Grafik verdeutlicht die Vorgehensweise der Arbeit:

Block 1
- Ziel der Arbeit
- Derivative Instrumente
  - Definition und Abgrenzung
  - Motive für den Einsatz
  - Übertragbarkeit der Performance
  - Umgesetzte Immobilienderivate

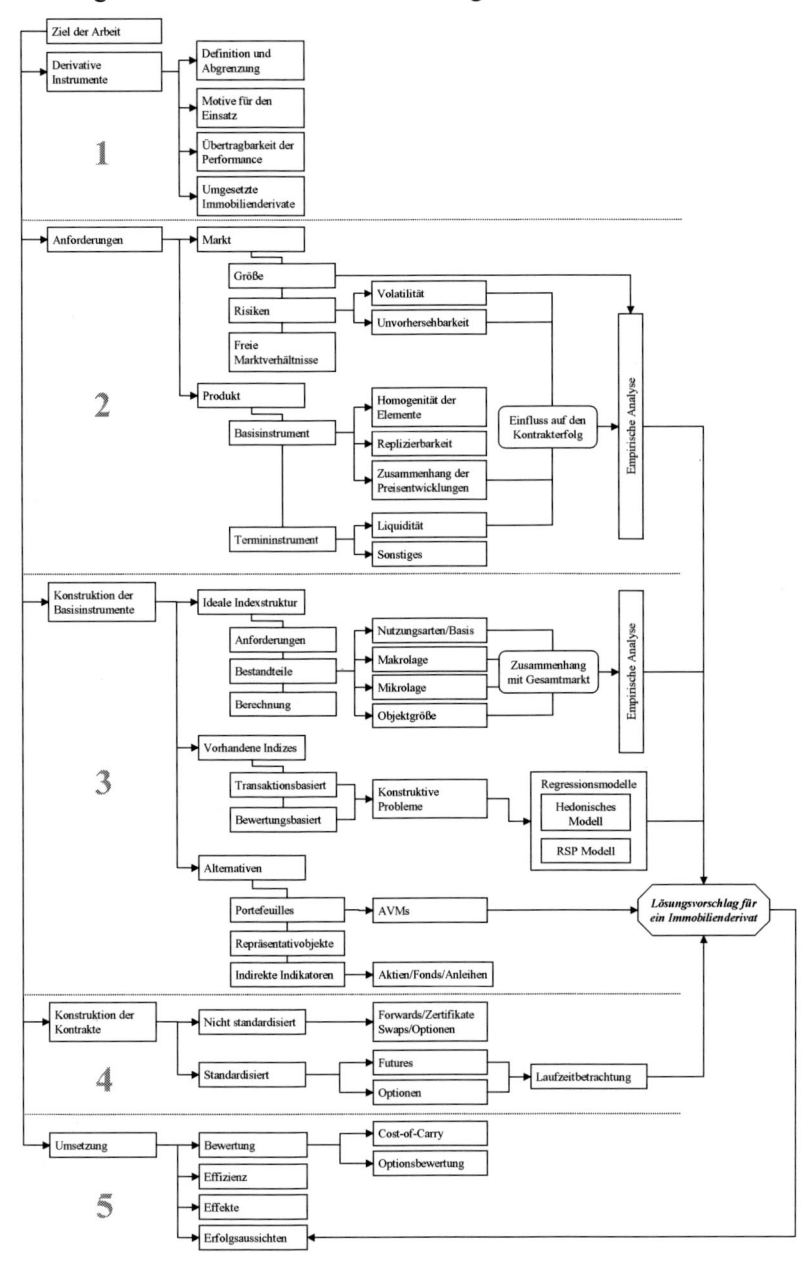

Block 2
- Anforderungen
  - Markt
    - Größe
    - Risiken → Volatilität, Unvorhersehbarkeit
    - Freie Marktverhältnisse
  - Produkt
    - Basisinstrument → Homogenität der Elemente, Replizierbarkeit, Zusammenhang der Preisentwicklungen → Einfluss auf den Kontrakterfolg
  - Termininstrument → Liquidität, Sonstiges

Empirische Analyse

Block 3
- Konstruktion der Basisinstrumente
  - Ideale Indexstruktur
    - Anforderungen → Nutzungsarten/Basis
    - Bestandteile → Makrolage, Mikrolage → Zusammenhang mit Gesamtmarkt
    - Berechnung → Objektgröße
  - Vorhandene Indizes
    - Transaktionsbasiert
    - Bewertungsbasiert → Konstruktive Probleme → Regressionsmodelle, Hedonisches Modell, RSP Modell
  - Alternativen
    - Portefeuilles → AVMs
    - Repräsentativobjekte
    - Indirekte Indikatoren → Aktien/Fonds/Anleihen

Empirische Analyse

Lösungsvorschlag für ein Immobilienderivat

Block 4
- Konstruktion der Kontrakte
  - Nicht standardisiert → Forwards/Zertifikate, Swaps/Optionen
  - Standardisiert → Futures, Optionen → Laufzeitbetrachtung

Block 5
- Umsetzung
  - Bewertung → Cost-of-Carry, Optionsbewertung
  - Effizienz
  - Effekte
  - Erfolgsaussichten

Abbildung 1:   Aufbau der Arbeit

Das Forschungsprojekt über derivative Instrumente für den Immobilienanlagemarkt entstand im Jahr 2000 als Kern einer Kooperation zwischen der Deutschen Bank AG, Private Banking, Frankfurt a.m., der DB Real Estate Investment GmbH, Eschborn und dem Institut für Immobilienmanagement. Für die großzügige Unterstützung und die Anregungen möchte ich mich vor allem bei Herrn Guido Heuveldop, Vorstand der Deutschen Bank Privat- und Geschäftskunden AG und Herrn Jörg Fuhr, Leiter Vertrieb, DB Real Estate Investment GmbH bedanken.

Die Arbeit entstand während meiner Zeit als wissenschaftlicher Mitarbeiter am Institut für Immobilienmanagement und wurde im Jahr 2003 von der Wirtschaftswissenschaftlichen Fakultät der Universität Leipzig als Dissertation angenommen.

Allen Beteiligten sei an dieser Stelle herzlich gedankt. In erster Linie sei hier mein Doktorvater, Herr Prof. Dr. Wolfgang Pelzl, genannt, der die Arbeit ermöglicht und begleitet hat. Herrn Prof. Dr. Fred Wagner und Herrn Dr. Sven Beyer danke ich für die Übernahme und die zügige Erstellung der Korreferate.

Besonderer Dank gilt meinen Mitstreitern und Kollegen am Institut für Immobilienmanagement, die mit wertvoller Kritik und Unterstützung zum Gelingen der Dissertation beigetragen haben. Insbesondere möchte ich Frau Dipl.-Kffr. Bettina Lange, Herrn Dipl.-Kfm. Markus Beyersdorff, Herrn Dipl.-Kfm. Michael Nowak, Dr. Kristin Wellner und Herrn Dr. Steffen Metzner danken.

Meiner Familie, meinen Angehörigen und Freunden bin ich vor allem für das beigebrachte Verständnis und die Motivation zu großem Dank verpflichtet.

Leipzig, im August 2003   Torsten Plewka

Gliederung

1. Abschnitt: Derivative Instrumente als Immobilienanlage- und Risikomanagementinstrumente

  A. Originäre Funktionen von Derivaten

  B. Motive für den Einsatz von Immobilienderivaten

  C. Handelbarkeit der Immobilienperformance

  D. Realisierte Immobilienderivate

2. Abschnitt: Anforderungen an funktionierende Immobilienderivate

  A. Marktsicht

  B. Produktsicht

3. Abschnitt: Konstruktion der Immobilien-Basisinstrumente

  A. Ideale Immobilienindexstruktur

  B. Verwendbarkeit vorhandener Immobilienindizes

  C. Alternative Basisinstrumentkonzepte

4. Abschnitt: Konstruktion der Kontrakte

  A. Art der Vertragserfüllung

  B. Nicht standardisierte Immobilienderivate

  C. Standardisierte Immobilienderivate

5. Abschnitt: Umsetzung derivativer Immobilienprodukte

A. Bewertungsansätze

B. Effizienz der Kontrakte

C. Effekte der Einführung

D. Erfolgsaussichten von Immobilienderivaten

Schlussbemerkung

Thesen der Arbeit

Inhaltsverzeichnis

Geleitwort V

Vorwort VII

Gliederung XI

Inhaltsverzeichnis XIII

Abbildungsverzeichnis XVIII

Tabellenverzeichnis XX

Formelverzeichnis XXII

Abkürzungsverzeichnis XXIII

1. Abschnitt: Derivative Instrumente als Immobilienanlage-
und Risikomanagementinstrumente 1
   A. Originäre Funktionen von Derivaten 3
      I. Auf Gütermärkten 4
      II. Auf Immobilienmärkten 6
   B. Motive für den Einsatz von Immobilienderivaten 9
      I. Assetneutrale Motive 9
         a) Hedging 10
            1. Interessen der Immobilienmarktteilnehmer 11
            2. Strategien des Hedging 14
            3. Anwendung als Immobilienwert-
               Versicherungsleistung 17
         b) Trading 20
         c) Arbitrage 21
      II. Immobilienbezogene Motive 24
         a) Liquiditätserhöhung der Immobilien 25
         b) Asset Allocation - Diversifikationseffekte 26
         c) Synthetische Immobilienanlage zur Verringerung der
            Transaktionskosten 31

d) Leverage Effekt ... 32
C. Handelbarkeit der Immobilienperformance ... 32
    I. Renditen ... 33
    II. Risiken ... 34
D. Realisierte Immobilienderivate ... 37
    I. Börsenmäßig gehandelte Instrumente ... 37
    II. Außerbörslich gehandelte Instrumente ... 40

2. Abschnitt: Anforderungen an funktionierende Immobilienderivate ... 42

A. Marktsicht ... 43
    I. Großer und liquider Kassamarkt ... 43
        a) Wertpapiermärkte ... 44
        b) Immobilienmärkte ... 48
    II. Preisrisiken der Basisinstrumente ... 57
        a) Volatilität ... 59
            1. Empirischer Test der Basisinstrumente gehandelter Kontrakte ... 59
            2. Empirischer Test potenzieller Immobilienmarkt-Basisinstrumente ... 63
                i) Indirekte Indikatoren ... 63
                ii) Direkte Indikatoren ... 67
                iii) Ursachen verschiedener Volatilitäten ... 75
            3. Zusammenhang zwischen Volatilität und Handelsvolumen ... 79
        b) Unvorhersehbarkeit ... 84
            1. Zyklizität des Immobilienmarktes ... 85
            2. Autokorrelation der Immobiliendatenreihen ... 86
            3. Empirischer Test der Autokorrelation ... 88
                i) Underlyings gehandelter Kontrakte ... 88
                ii) Potenzielle Immobilienmarkt-Underlyings ... 90
    III. Freie Marktverhältnisse ... 97

B. Produktsicht 100
    I. Basisinstrumentbezogen 100
        a) Homogenität der Elemente 100
        b) Replizierbarkeit des Basiswertes (Arbitragemöglichkeit) 102
        c) Zusammenhang des Kassa- und des Termininstruments. 104
            1. Hedgingeffizienz 105
            2. Empirischer Test des Zusammenhangs 106
                i) Korrelationsanalyse 108
                ii) Regressionsanalyse 111
                iii) Test der Funktionen 115
    II. Termininstrumentbezogen 120
        a) Fehlen geeigneter Substitute 120
        b) Liquidität 121
            1. Empirischer Test 122
                i) Handelsvolumen 123
                ii) Open Interest 126
            2. Liquiditätsproblematik von Immobilienderivaten 132
        c) Niedrige Transaktionskosten 133
        d) Rechtliche Rahmenbedingungen und Börsenstruktur 134

3. Abschnitt: Konstruktion der Immobilien-Basisinstrumente 135
    A. Ideale Immobilienindexstruktur 135
        I. Idealanforderungen und Funktionen eines Index 136
            a) Substantielle Anforderungen 136
            b) Mathematisch-statistische Anforderungen 138
        II. Indexbestandteile 139
            a) Auswahl 139
                1. Nutzungsart/Datenbasis 142
                2. Makrolage 150
                3. Mikrolage 156
                4. Objektgröße und -volumen 159
            b) Gewichtung 160
        III. Grundlegende Berechnung 161
            a) Indexformel 162
            b) Berechnungsintervall 164
            c) Korrekturen 168

B. Verwendbarkeit vorhandener Immobilienindizes 169
    I. Transaktionsbasierte Indizes 172
        a) Konstruktive Probleme 172
        b) Hedonisches Preismodell 174
            1. Modellvarianten 176
            2. Formale Berechnung 177
            3. Anwendungen hedonischer Indizes 180
            4. Fiktive Standardobjekte als Basisinstrument 182
        c) Repeat Sales Preismodell 185
    II. Bewertungsbasierte Indizes 190
        a) Grundsätzlicher Aufbau 190
        b) Konstruktive Probleme 192
        c) Lösung mit Regressionsmodellen 198
    III. Mietpreisindizes 201
    IV. Auswirkungen verschiedener Indexberechnungen 202

C. Alternative Basisinstrumentkonzepte 204
    I. Automatisierte Bewertung von Immobilienportefeuilles 204
    II. Repräsentativobjekte 207
    III. Underlyings indirekter Immobilienassets 209
        a) Immobilienaktienindizes 209
        b) Immobilienfondsanteile 211
        c) Derivate auf Immobilienanleihen 213

4. Abschnitt: Konstruktion der Kontrakte 214

A. Art der Vertragserfüllung 216

B. Nicht standardisierte Immobilienderivate 217
    I. Forwards 218
    II. Zertifikate 221
    III. Swaps 222
    IV. Immobilienoptionen 226

C. Standardisierte Immobilienderivate 227
    I. Futures 232
        a) Konventionelle Kontrakte mit fester Laufzeit 232
        b) Laufzeitlose Kontrakte nach SHILLER/THOMAS 235
        c) Umsetzung laufzeitloser Futureskontrakte 239
    II. Optionen 241

5. Abschnitt: Umsetzung derivativer Immobilienprodukte 243

A. Bewertungsansätze 243
    I. Zerlegung des Immobilien-Cash-Flow 244
    II. Cost-of-Carry Modell 245
    III. Optionsbewertungsmodell 247

B. Effizienz der Kontrakte 251
    I. Theoretischer Nutzen 252
        a) Parallelität von Kassa- und Futurespreis 252
        b) Reduktion des Positionsrisikos 255
    II. Nutzen für individuelle Immobilienportefeuilles 257

C. Effekte der Einführung 259
    I. Transparenzerhöhung auf dem Immobilienmarkt 259
    II. Volatilitätsveränderungen am Kassamarkt 261

D. Erfolgsaussichten von Immobilienderivaten 263
    I. Derivate an Terminbörsen 263
    II. OTC-Derivate 267

Schlussbemerkung 269

Thesen der Arbeit 271

Anhang 1 XXIX

Anhang 2 XXXII

Anhang 3 XLI

Quellenverzeichnis XLI

RES Consult GmbH – Real Estate Solutions LXX

CD-Reihe „Immobilienwissen aktuell" LXXI

Schriftenreihe „Immobilienmanagement" LXXII

Abbildungsverzeichnis

Abbildung 1: Aufbau der Arbeit IX
Abbildung 2: Märkte für Derivate 1
Abbildung 3: Gesamtvolumen des Immobilienmarktes 49
Abbildung 4: Immobilienanlagen institutioneller Investoren von ca. 246 Mrd. € (2000) 54
Abbildung 5: Veränderungsraten zum Vormonat von Volatilität des DAX und Umsatzvolumen des DAX-Futures 81
Abbildung 6: Volatilität des DAX und Umsatzvolumen des DAX-Futures 82
Abbildung 7: Autokorrelation des Bulwien Index Gewerbeimmobilien 92
Abbildung 8: Partielle Autokorrelation des Bulwien Index Gewerbeimmobilien 93
Abbildung 9: Autokorrelation des monatlichen IPD-Index 95
Abbildung 10: Autokorrelation des Quartals- NCREIF Index 96
Abbildung 11: Streuung der täglichen Renditen eines Futures und seines Underlyings 116
Abbildung 12: Streuung der monatlichen Renditen eines Futures und seines Underlyings 117
Abbildung 13: Histogramm der monatlichen Residuen eines Futures 118
Abbildung 14: Normalverteilungsplot der Residuen (Euro-BUND-Futures) 118
Abbildung 15: Durchschnittliches tägliches Handelsvolumen an der EUREX (transformiert) 125
Abbildung 16: Durchschnittliches tägliches Open Interest an der EUREX (transformiert) 127
Abbildung 17: Auswahlkriterien für einen Immobilienindex 140
Abbildung 18: Relevante Nutzungsarten potenzieller Immobilienderivate 143
Abbildung 19: Vergleich verschiedener IPD-Datenbanken im Zeitverlauf 147
Abbildung 20: Investitionsschwerpunkte institutioneller Anleger in Deutschland 150
Abbildung 21: Investitionsschwerpunkte institutioneller Anleger in Großbritannien 152
Abbildung 22: Anteil der Objektgrößen der DID-Objekte nach der Fläche 159
Abbildung 23: Anteil der Objektgrößen der DID-Objekte nach dem Verkehrswert 160

Abbildungsverzeichnis

Abbildung 24: Varianten der Indexkonstruktion von
 Immobilienanlagen 170
Abbildung 25: RS-Preisindizes im Vergleich mit der
 Grundgesamtheit 188
Abbildung 26: Glättungs- und Verzögerungseffekt bei gleitenden
 Durchschnitten 195
Abbildung 27: Wechselbeziehung zwischen Zufalls- und
 Verzögerungsfehler 196
Abbildung 28: Auswirkungen verschiedener
 Indexberechnungsmethoden 203
Abbildung 29: Entwicklungsphasen eines Derivatmarktes 215
Abbildung 30: Systematik der Derivate nach der
 Kontraktspezifikation 216
Abbildung 31: Wirkungsweise von Property Index Forwards 219
Abbildung 32: Wirkungsweise eines Immobilienswap 224
Abbildung 33: Basis und Basisrisiko eines Futureskontraktes 253
Abbildung 34: Abhängigkeit der Gesamtstandardabweichung vom
 Korrelationskoeffizienten 258
Abbildung 35: Beeinflussbarkeit von Renditerisiken in
 Abhängigkeit der Korrelation 259
Abbildung 36: Volatilität des Einmonats EURIBOR und Umsatz
 des Futures XXXII
Abbildung 37: Volatilität des Dreimonats EURIBOR und Umsatz
 des Futures XXXIII
Abbildung 38: Volatilität der BUND-Basis und Umsatz des
 Futures XXXIV
Abbildung 39: Volatilität der BOBL-Basis und Umsatz des
 Futures XXXV
Abbildung 40: Volatilität der SCHATZ-Basis und Umsatz des
 Futures XXXVI
Abbildung 41: Volatilität des DJ Euro Stoxx 50 und Umsatz des
 Futures XXXVII
Abbildung 42: Volatilität des DJ Stoxx 50 und Umsatz des
 Futures XXXVIII
Abbildung 43: Volatilität des MDAX und Umsatz des Futures XXXIX
Abbildung 44: Volatilität des SMI und Umsatz des Futures XL

Tabellenverzeichnis

Tabelle 1:	Systematisierung von immobilienverbundenen Risiken	35
Tabelle 2:	Kassamarktgröße der EUREX-Terminkontrakte	45
Tabelle 3:	Kassamarktgröße indirekter Immobilienmarktindikatoren	48
Tabelle 4:	Größen von deutschen Immobilienteilmärkten	51
Tabelle 5:	Größen von internationalen Immobilienteilmärkten	56
Tabelle 6:	Untersuchte EUREX-Kontrakte und Basiswerte	60
Tabelle 7:	Volatilitäten der Basisinstrumente von EUREX-Terminkontrakten	62
Tabelle 8:	Volatilitäten indirekter Immobilienmarktindikatoren	66
Tabelle 9:	Volatilitäten direkter Immobilienmarktindikatoren (national)	70
Tabelle 10:	Volatilitäten direkter Immobilienmarktindikatoren (international)	74
Tabelle 11:	Korrelationen der monatlichen Veränderungsraten der Volatilität des Basisinstruments und des Umsatzes von Futureskontrakten	80
Tabelle 12:	Autokorrelationskoeffizienten der Basisinstrumente von EUREX-Terminkontrakten	89
Tabelle 13:	Autokorrelationskoeffizienten indirekter Immobilienmarktindikatoren	90
Tabelle 14:	Autokorrelationskoeffizienten direkter Immobilienmarktindikatoren (national)	91
Tabelle 15:	Autokorrelationskoeffizienten direkter Immobilienmarktindikatoren (Großbritannien)	94
Tabelle 16:	Autokorrelationskoeffizienten direkter Immobilienmarktindikatoren (USA)	95
Tabelle 17:	Korrelationen (nach Bravais-Pearson) zwischen Termin- und jeweiligen Kassamarktrenditen	109
Tabelle 18:	Regression der Termin- und der jeweiligen Kassamarktrenditen	113
Tabelle 19:	Verhältnis gehandelter Kontrakte zum Open Interest	130
Tabelle 20:	Korrelationen internationaler Immobilienindizes	146
Tabelle 21:	Korrelationen von Immobiliennutzungsarten in Deutschland	148
Tabelle 22:	Korrelationen von Immobiliennutzungsarten an deutschen Standorten	153

Tabellenverzeichnis

Tabelle 23:	Durchschnittliche Korrelationskoeffizienten von Makrolagen mit dem Gesamtmarkt	155
Tabelle 24:	Korrelationskoeffizienten von Makrolagen mit dem Gesamtmarkt (NCREIF)	156
Tabelle 25:	Korrelationskoeffizienten von innerstädtischen Lagen von Handelsimmobilien mit dem Gesamtmarkt	157
Tabelle 26:	Korrelationskoeffizienten von innerstädtischen Lagen von Büroimmobilien mit dem Gesamtmarkt	158
Tabelle 27:	Merkmale einer fiktiven Standard-Büroimmobilie	183
Tabelle 28:	Autokorrelation der IPD-Capital Value Growth Subindizes	221
Tabelle 29:	Kontraktparameter standardisierter Derivate	230
Tabelle 30:	Verwendete Daten von EUREX-Derivaten	XXIX
Tabelle 31:	Verwendete Finanz- und Kapitalmarktdaten	XXX
Tabelle 32:	Verwendete Immobilienmarktdaten	XXXI
Tabelle 33:	Geografische Teilmärkte der IPD-Datenbank	XLV

Formelverzeichnis

Gleichung 1: Bestimmung der erwarteten Rendite 33
Gleichung 2: Vereinfachtes Ertragswertverfahren 52
Gleichung 3: Regressionsfunktion der Renditen von Kassa- und Terminmarkt 112
Gleichung 4: Indexformeln zur Berechnung der Aktienindizes der Deutschen Börse AG 162
Gleichung 5: Wertindexformel für Aktienindizes 163
Gleichung 6: Allgemeine hedonische Preisfunktion 178
Gleichung 7: Repeated Sales Price Methode 186
Gleichung 8: Indexformel zur Berechnung des DIX 192
Gleichung 9: Zahlungsausgleich eines Futures ohne Laufzeitbeschränkung 236
Gleichung 10: Cost-of-Carry 246
Gleichung 11: Basis des theoretischen Immobilienterminkontraktes 247
Gleichung 12: Bewertung zukünftiger Immobiliencashflows 249
Gleichung 13: Basisrisiko eines Terminkontraktes 253
Gleichung 14: Volatilität der Gesamtposition aus Immobilienportefeuille und Immobilienfutures 257

Abkürzungsverzeichnis

ABL	Alte Bundesländer
API	Aberdeen Property Investors Ltd.
AVM	Automated Valuation Models
BGB	Bürgerliches Gesetzbuch
BGF	Bruttogrundfläche
BIZ	Bank für Internationalen Zahlungsausgleich
BVI	Bundesverband Investment und Asset Management e.V.
CAPM	Capital Asset Pricing Model
CBOE	Chicago Board Options Exchange
CBOT	Chicago Board Of Trade
CGSES	Chinese Gold & Silver Exchange Society (Hong Kong)
CME	Chicago Mercantile Exchange
CMHPI	Conventional Mortgage Home Price Index (Freddie Mac)
COV	Kovarianz
CR	Cityrand
CTD	Cheapest To Deliver
CVG	Capital Value Growth
DAX®	Deutscher Aktienindex
DID	Deutsche Immobilien Datenbank GmbH
DIMAX	Deutscher Immobilienaktienindex
Diss.	Dissertation
DIW	Deutsches Institut für Wirtschaftsforschung
DIX	Deutscher Immobilienindex
DJ	Dow Jones

DM	Deutsche Mark
DTB	Deutsche Terminbörse
ECU	European Currency Unit
EDV	Elektronische Datenverarbeitung
EPIX	European Property Stock Index
EPRA	European Public Real Estate Association
EREIT	Equity Real Estate Investment Trust
EUREX	Eurex Frankfurt AG
EURIBOR	Euro Interbank Offered Rate
EUV	Existing Use Value
EZB	Europäische Zentralbank
FDAX	DAX-Futures
FESX	DJ Euro Stoxx 50-Futures
FEU1	One-Month-EURIBOR-Futures
FEU3	Three-Month-EURIBOR-Futures
FHLMC	Federal Home Loan Mortgage Corporation (Freddie Mac)
FIBOR	Frankfurt Interbank Offered Rate
FMDX	MDAX- Futures
FNMA	Federal National Mortgage Association (Fannie Mae)
FOX®	Finnish Stock Index
FRA	Forward Rate Agreements
FSMI	SMI- Futures
FSX	DJ Stoxx 50-Futures
GB	Großbritannien
GDV	Gesamtverband der Deutschen Versicherungswirtschaft
GEWOS	Institut für Stadt-, Regional- und Wohnforschung GmbH

GfK	Gesellschaft für Konsumforschung
GFZ	Geschossflächenzahl
GIS	Geoinformationssystem
HEIT	Home Equity Investment Trust
Hrsg.	Herausgeber
HVE	Home Value Explorer
i.d.R.	in der Regel
i.e.S.	im engeren Sinne
IPD	Investment Property Databank
IVSC	International Valuation Standards Committee
KAGG	Gesetz über Kapitalanlagegesellschaften
LBS	Bausparkasse der Sparkassen
LCE	London Commodity Exchange
LCH	London Clearing House
LIBOR	London Interbank Offered Rate
LIFFE	London Financial Futures and Options Exchange
London FOX	London Futures and Options Exchange
m.a.W.	mit anderen Worten
MBF	Mortgage Backed Futures
MBO Options	Mortgage Backed Options
MBS	Mortgage Backed Securities
MDAX	Midcap-Index
MHG	Miethöhegesetz
NAHP	Nationwide Anglia House Price Index
NAREIM	National Association of Real Estate Investment Managers
NAREIT	National Association of Real Estate Investment Trusts

NBL	Neue Bundesländer
NCREIF	National Council of Real Estate Investment Fiduciaries
NEMAX	Neuer Markt Aktienindex
NL	Nebenlagen
NOI	Net Operating income
o.S.	ohne Seitenangabe
o.V.	ohne Verfasser
OMV	Open Market Value
OTC	Over the counter
PEX	Pfandbriefindex
PIC	Property Index Certificate
PIF	Property Index Forward
PP	Peripherie
PREA	Pension Real Estate Association
REIT	Real Estate Investment Trust
resp.	respektive
REX	Rentenindex
REXP	Rentenperformanceindex
RICS	Royal Institution of Chartered Surveyors
RMR	Repeat Measures Regression
RSP	Repeat Sales Price
RSR	Repeat Sales Regression
RTPI	Real Time Property Indicator
RVG	Rental Value Growth
S&P	Standard and Poors
SMI®	Swiss Market Index

SOFFEX	Swiss Options and Financial Futures Exchange
StGB	Strafgesetzbuch
SWX	Swiss Exchange
TR	Total Return
u.a.	und andere, unter anderem
ULI	Urban Land Institute
VAR	Varianz
VGR	Volkswirtschaftliche Gesamtrechnung
WiStG	Wirtschaftsstrafgesetz
WTB	Warenterminbörse
XML	Extensible Markup Language

1. Abschnitt: Derivative Instrumente als Immobilienanlage- und Risikomanagementinstrumente

Nach der Allgemeindefinition handelt es sich bei Derivaten um Produkte, welche sich auf andere beziehen bzw. von diesen „*abgeleitet*" sind.[2] *Im Sinne dieser Arbeit handelt es sich um Finanzinstrumente, deren Ertrag bzw. Wert von dem eines Basisobjekts abhängt,*[3] *beispielsweise der einer Anleihe oder eines (Immobilien-) Index.* Derivative Terminmarkt- und Kassamarktprodukte sind dabei auf anderen Märkten wie z.B. Aktien-, Renten- oder Warenmärkten bereits weit verbreitet.

Üblicherweise wird mit dem Begriff der Derivate jedoch nur das Termininstrument in Verbindung gebracht, auf welchem auch der Fokus der Betrachtungen liegen soll. Die Abgrenzung zwischen Termin- und Kassamarktinstrument wird jedoch weniger restriktiv gehandhabt. Der Bezug des Finanzinstruments auf die Anlageklasse Immobilien ist entscheidend. So könnten beispielsweise Zertifikate als Derivate des Kassamarkts angesehen werden.

```
                    Derivate
                   /        \
            Kassamarkt    Terminmarkt
```

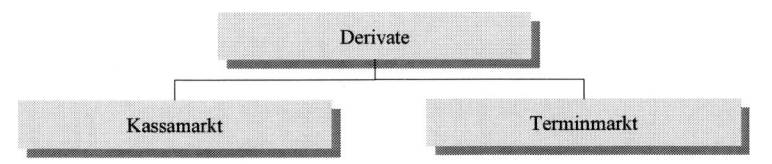

Abbildung 2: **Märkte für Derivate**

In diesem Sinne ist auch die Bedeutung des Ausdruckes „*synthetisch*" zu verstehen. Ein synthetisches ist danach ein „zusammengesetztes" Produkt. Es besteht aus den Elementen eines Kontraktes oder Wertpapiers und eines Basisinstruments, welches den Immobilienbezug herstellt. Das zu Anlagezwecken gehaltene Immobilienvermögen bezeichnet den Immobilienteilmarkt, für den der Einsatz derivativer Instrumente in Frage kommt. Diese Abgrenzung resultiert aus der Identifikation der Motive zum Einsatz der Instrumente. Für Immobilien ohne Erwerbszweck liegen diese nicht oder nicht in ausreichendem Maße vor.

---

[2] Der Begriff Derivat wird auch in der Chemie verwendet.
[3] Vgl. Hull, John, Options, 1993, S. 1. Das Buch von HULL wird häufig als Standardwerk für derivative Instrumente betrachtet. Es wird für einführende und allgemeine Fragestellungen zum Thema empfohlen.

Der Begriff der synthetischen Anlageinstrumente und der Immobilienderivate beinhaltet Finanzinstrumente, die durch verschiedenste Techniken der *Verbriefung* an sich illiquide Vermögensgegenstände leichter handelbar machen. Unter einer Verbriefung oder Securitisation versteht man die *wertpapiermäßige* Unterlegung von Rechten, wie z.B. Forderungen oder Anlagegegenständen. Die Handelbarkeit ist an die Verbriefung der Vermögensgegenstände gebunden.

Ein Ziel der Untersuchung liegt in der Analyse und Konstruktion von immobilienverbundenen Positionen, welche die Wertpapiereigenschaft und damit die Anforderung an die Handelbarkeit mehr oder weniger erfüllen.

Im Bezug auf Immobilien ist die Verbriefung von *Forderungen* aus grundpfandrechtlich gesicherten Darlehen bekannt. In Deutschland haben die Pfandbriefe eine große Bedeutung erlangt, in angelsächsischen Ländern sog. (Commercial) Mortgage Backed Securities. Die Verbriefung von Forderungen steht an dieser Stelle nicht im Vordergrund. Im Zentrum der Analyse stehen vielmehr verbriefte Formen von *direktem Immobilienvermögen*, die sich als immobilienbezogene Anlage- und Risikomanagementinstrumente verwenden lassen.

Die verwendeten Techniken und die jeweilige Ausgestaltung der Verbriefung hängen von den Intentionen und Motiven der Marktteilnehmer ab, die für diese innovativen Produkte des Finanzmarktes in Frage kommen.

Verbriefung oder Securitisation kann man mit Sekundärmarktfähigkeit gleichsetzen.[4] Illiquide Vermögensbestandteile wie Immobilien oder auch Forderungen und Verbindlichkeiten werden zum Zwecke der Handelbarkeit standardisiert und dadurch fungibel. Mit der *Standardisierung* wird ein weiterer wesentlicher Aspekt im Hinblick auf die Handelbarkeit angedeutet. Nur standardisierte Finanzinstrumente lassen sich über börsenmäßige Märkte handeln. Die Standardisierung garantiert jedem Marktteilnehmer die genaue Kenntnis über das dem Handel zugrundeliegende Gut und ermöglicht erst damit die jederzeitige Akzeptanz des Kontraktes.[5] Je höher

---

[4] Vgl. Wagner, Gerhard, Securitization, 1987, S. 50.
[5] Vgl. dazu Abbildung 30.

der Standardisierungsgrad eines Kontraktes ist, um so einfacher lässt er sich handeln.

Die Handelbarkeit kann dabei verschiedene Grade annehmen. Sie reicht von fortwährend gehandelten Derivaten an Terminbörsen bis zu individuell und einmalig vereinbarten Verträgen zwischen zwei Parteien. Auch in diesem Fall spricht man von gehandelten Derivaten. Als gehandelt im Sinne dieser Arbeit sollen jedoch nur diejenigen verstanden werden, welche an Börsen oder ähnlichen organisierten Handelsplätzen verfügbar sind.

Die Sekundärmärkte, auf denen der Handel stattfindet, können einerseits (Termin-) Börsen oder aber auch andere Institutionen sein, welche den Handel verbriefter Vermögensgegenstände abwickeln. Oftmals treten große Banken oder andere Finanzinstitute an die Stelle des Handelsplatzes, so dass ein sog. Over-The-Counter (OTC) Handel entsteht. Eine Unterscheidung ist demnach in organisierte und nicht organisierte Märkte möglich, die jedoch nicht immer überschneidungsfrei sind.

Die Funktion eines (börslichen) Terminmarktes wird dabei über die Bereitstellung eines effizienten, organisierten, entsprechend regulierten und liquiden Mediums zum Management von Preisrisiken definiert.[6]

A. Originäre Funktionen von Derivaten

Die Entstehung von Finanzinnovationen bedarf grundsätzlicher Motive der Marktteilnehmer. Kein neues Gut oder Produkt entspringt aus Gründen seiner selbst, vielmehr muss es unter dem Postulat rational handelnder Individuen einen Nutzen für die Marktteilnehmer generieren. Der Gewinn bzw. die Nutzenstiftung stellt somit eine fundamentale Voraussetzung bei der Schaffung neuer Finanzprodukte dar.[7]

Eine der ersten Fragen, die sich bei der Konzipierung neuer Finanzinstrumente stellt, ist also die der Sinnhaftigkeit. Es muss demnach beantwortet

---

[6] Vgl. Roche, Julian, Property Futures, 1995, S. 29.
[7] Vgl. z.B. Silber, William, Financial Innovation, 1983, S. 89.

werden, wozu ein derivatives Immobilienprodukt etabliert werden sollte und wem es Nutzen stiften kann.[8]

I. Auf Gütermärkten

In der Welt eines theoretisch perfekten Kapitalmarktes sind derivative Produkte redundant und nicht notwendig, da sie durch die Kombination verschiedener Basisinstrumente bzw. Wertpapiere repliziert werden können. In der Praxis erfüllen sie jedoch Aufgaben, die von keinem anderen Instrument oder Anlagestrategie erbracht werden können. So haben Derivate verschiedene Märkte in vielerlei Hinsicht weitaus effizienter gemacht.[9] Zudem handelt es sich bei derivativen Instrumenten um „Nullsummenspiele", d.h. der Betrag, den eine Seite zu zahlen hat, erhält die Gegenseite in vollem Umfang (unter Vernachlässigung von Transaktionskosten). Der Nullsummencharakter impliziert jedoch nicht gleichzeitig einen solchen Effekt im ökonomischen Sinne.[10] Derivate können einen erheblichen ökonomischen Nutzen stiften (Absicherungsfunktion, Risikotransferfunktion etc.). Ein Anhaltspunkt, warum Derivate gehandelt werden, lässt sich mit der Verwendung des Geldes anstatt eines Tauschhandels benennen.[11] Auch hier sind die Vorteile offensichtlich und hinreichend bekannt.[12]

Aus einem ersten Blickwinkel lassen sich zunächst drei grobe Bereiche identifizieren, die als Bedingung für das Entstehen neuer Finanzinstrumente gelten können:[13]

---

[8] Daher werden im Verlaufe des Abschnitts die Motive zum Einsatz von immobilienverbundenen Derivaten erörtert.
[9] Vgl. Sharpe, William, Perfecting Markets, 1991, S. 5.
[10] Vgl. Sill, Keith, Economic Benefits, 1997, S. 17.
[11] Vgl. Telser, Lester, Organized Futures Markets, 1981, S. 1.
[12] Siehe dazu auch die Ausführungen im Punkt 4. Abschnitt:C des 4. Abschnitts.
[13] Vgl. Holz, Ralf, Finanzprodukte, 1996, S. 43, 47. HOLZ nennt als einen weiteren Aspekt den Anreiz zur Markteinführung von neuen Finanzprodukten aufgrund von Gewinn- bzw. Nutzenmaximierung von Finanzintermediären und Nachfragern dieser Produkte. Bestehen Möglichkeiten auf dem Kapitalmarkt, Gewinne durch die Einführung neuer Produkte zu erzielen, kann der jeweilige Markt nicht als vollkommen bzw. vollständig angesehen werden. D.h., die bezeichneten Anreize lassen sich unter der Bedingung unvollständiger Märkte subsumieren.

- Unvollkommene oder unvollständige Märkte,
- Situation der Unsicherheit,
- Veränderungen von Rahmenbedingungen.

Die genannten Aspekte können nicht unabhängig voneinander betrachtet werden, sondern bedingen teilweise einander. Theoretisch vollkommenen Märkten werden u.a. folgende Eigenschaften zugeschrieben:[14]

- Vollständige Marktübersicht aller Marktteilnehmer (Markttransperenz),
- Gleichartigkeit des Marktgutes (Homogenität),
- Indifferenz räumlicher Unterschiede,
- Freier Marktzugang,
- Freie Preisbildung,
- Nichtvorhandensein von Bevorzugungen (Präferenzfreiheit),
- Keine zeitlichen Verzögerungen (time-lags).

Ein Erklärungsansatz von Finanzinnovationen kann mit dem Vorhandensein von *unvollkommenen bzw. unvollständigen (Kapital-) Märkten* geliefert werden, wenn sie mit ihrer Schaffung einen Beitrag zur Beseitigung dieser Unvollkommenheiten bieten. Da „perfekte Märkte" realitätsfern sind, scheint also stets Raum für die Kreation innovativer und nutzenstiftender Finanzinstrumente zu sein.

Sind Märkte beispielsweise unvollkommen bezüglich ihrer Informationsverteilung, besitzen Individuen z.B. nicht immer die gleichen bzw. gleichwertigen Informationen. Damit entstehen Chancen zur Ausnutzung für besser Informierte. Für den Immobilienmarkt kann keine der genannten Bedingungen vollkommener Märkte als erfüllt gelten. Für die Einführung von Immobilienderivaten bestehen daher mehrere Beweggründe.

Liegen unvollständige Märkte vor, sind i.d.R. Ungleichgewichte auf diesen Märkten vorhanden. Ungleichgewichte können wiederum Ausgangspunkt für Gewinnmöglichkeiten sein. Diese können solange erfolgreich (mit neuen Instrumenten) ausgenutzt werden, bis sich Gleichgewichte einstellen und der Markt um einen gewissen Grad „vollkommener" wird. Bieten Im-

---

[14] Vgl. z.B. Woll, Arthur, 1996, Volkswirtschaftslehre, S. 200f.

mobilienderivate dergestalt einen Nutzen, dass sie den unvollkommenen Immobilienmarkt effizienter machen, besteht also ein Anreiz zur Schaffung dieser Finanzprodukte.

Treten hingegen *Veränderungen der Marktbedingungen* auf, ergeben sich Anpassungsmechanismen, die zu einem neuen Gleichgewichtszustand führen.[15] Diese Anpassungen können über die Einführung und Nutzung von neuen Finanzprodukten stattfinden.

Der angedeutete Sachverhalt ließe sich noch beliebig untermauern, die Problematik ist jedoch offensichtlich. Bestehen demnach Marktunvollkommenheiten, resultiert eine Vielzahl von nutzenmindernden Kosten für die Marktteilnehmer, die mit den Informationsbeschaffungskosten bereits angedeutet wurden.

Finanzinnovationen können infolgedessen mit der Senkung der Transaktionskosten begründet werden. Sie steigern im allgemeinen die Effizienz des Kapitalmarktes, wenn sie die Reallokation von Kapital entweder zu insgesamt niedrigeren Koordinationskosten oder unter Verringerung der damit verbundenen Risiken herbeiführen und somit wenigstens ein Marktteilnehmer dadurch einen höheren Nutzen erzielt, ohne zugleich andere schlechter zu stellen.[16]

II. Auf Immobilienmärkten

Da die Annahme des vollkommenen Marktes v.a. für den Immobilienmarkt nicht gelten kann und Derivate auf wesentlich effizienteren Märkten, wie dem Aktien- oder Rentenmarkt, rege gehandelt werden, lässt sich ein hohes Nutzenpotenzial für die Etablierung auf den Immobilienmärkten vermuten.

Immobilieninvestitionen über ein börsengehandeltes Derivat sind nur mit einem Bruchteil der Kosten einer Direktinvestition verbunden, wodurch eine Voraussetzung erfüllt sein soll. Da börsengehandelte Terminprodukte vorrangig für die Verteilung von Risiken auf verschiedene Wirtschaftssubjekte geeignet sind und demzufolge positive Effekte im Hinblick auf die

---

[15] An dieser Stelle können z.B. Gesetzesänderungen und sonstige Änderungen der Rahmenbedingungen genannt werden.
[16] Vgl. Holz, Ralf, Finanzprodukte, 1996, S. 45; 47.

Risikoallokation auf dem Immobilienmarkt haben, scheint ein weiterer Begründungsansatz unter der modellhaften Annahme zuzutreffen. Die den Marktteilnehmern zur Verfügung stehende Information auf den theoretisch vollkommenen Märkten und auf dem Immobilienmarkt unterscheiden sich grundlegend. Preise für die Güter des „perfekten" Marktes stehen allen Marktteilnehmern aufgrund der Annahme vollständiger Transparenz uneingeschränkt zur Verfügung. Die Preise für Grundstücke und Mieten sind hingegen im Vergleich nur mit erheblicher Unsicherheit und unter beträchtlichen Beschaffungsaufwendungen zu generieren. Die dem Immobilienmarkt immanente Heterogenität übersteigt daneben die anderer Finanzmärkte um ein Vielfaches. Die Vermögenswerte auf dem Aktien- und Rentenmarkt lassen sich wesentlich einfacher miteinander vergleichen, als dies beim Gut Immobilie der Fall ist. Der Wert der gehandelten Aktie des Unternehmens X an der Börse Y ist definitionsgemäß gleich dem Wert an jeder anderen Börse.[17] Bei Immobilien trifft dieser Grundsatz gleich in mehrfacher Hinsicht nicht zu. Zum einen spielt der Standort bekanntermaßen eine herausragende Rolle bei der Preis- und Wertbestimmung von Grundstücken, auch wenn es sich um völlig baugleiche Objekte handelt. Zum anderen sind Immobilien i.d.R. niemals gleich und damit auch nicht gleichwertig. Mit der eingeschränkten Vergleichbarkeit geht die Unsicherheit gegenüber verschiedenen marktrelevanten Informationen einher, die zur erwähnten Intransparenz des Immobilienmarktes führt. Zudem kann die Annahme der Rationalität der handelnden Wirtschaftssubjekte v.a. auf dem Immobilienmarkt nicht uneingeschränkt gelten.

Führt die Etablierung von täglich handelbaren Immobilienderivaten nun zu einer Verbreiterung der öffentlichen Informationsbasis, ergeben sich effizientere Immobilienmarktstrukturen.

---

[17] Geringfügige örtliche und zeitliche Preisdifferenzen können in der Realität hingegen zumindest in der Höhe der Transaktionskosten bestehen, sie sollen an dieser Stelle aber vernachlässigt werden.

Die Einführung von Derivaten auf Immobilienmärkten böte eine Reihe von Vorteilen,[18] die im Folgenden genannt werden sollen. Sie ergeben sich durch die Verbesserung bzw. Erhöhung der folgenden Aspekte:

- Risikotransformationsfunktion (Preisabsicherungsmechanismus für Käufer und Verkäufer),
- Flexible Portfolioerweiterung /-verkleinerung,
- Teilbarkeit großer Anlagesummen,
- Streuung des Anlagebetrages (Diversifikationseffekte),
- Verringerung der Transaktionskosten,
- Vermeidung administrativer Hemmnisse,
- Erhöhung der Informationseffizienz,
- Marktliquiditätserhöhung.

Übergreifend bietet das derivative Instrument demnach die Möglichkeit, Risiken zu übertragen, die öffentliche Informationsbasis des entsprechenden Marktes zu erweitern, die Liquidität zu erhöhen und Transaktionskosten in hohem Maße einzusparen.[19] Der Handel mit Terminprodukten erfüllt neben der Risikotransferfunktion eine weitere grundlegende ökonomische Funktion: die *Preisfindung*. Über den teils sehr liquiden Futureshandel lassen sich eindeutige Rückschlüsse auf die zugrundeliegenden Basisinstrumente ziehen. Die genannten Elemente sind auf dem Immobilienmarkt gegenüber anderen Sektoren des Finanzmarktes stark verbesserungswürdig, so dass positive Effekte mit der Etablierung von Immobilienderivaten zu erwarten wären. Schließlich erfüllen potenzielle Immobilienderivate somit Aufgaben im Management von Risiken, Renditen, Kosten und administrativen Aufwendungen.[20]

Investoren auf einem potenziellen Immobilienderivatmarkt müssen dabei über Kenntnisse der Funktionsweise beider Märkte verfügen, also des Im-

---

[18] Vgl. z.B. Collins, Bruce; Fabozzi, Frank, Derivatives and Risk Management, 1999, S. 18.
[19] Vgl. Tsetsekos, George; Varangis, Panos, Derivatives Exchanges, 2000, S. 85 und Garbade, Kenneth; Silber, William, Secondary Markets, 1979, S. 577.
[20] Vgl. Gerhard, Jan, Real Estate Derivatives, 2001, S. 4.

mobilienmarktes als Kassamarkt und derivativer Märkte, welche Termin- bzw. Futuresmärkte beinhalten.[21]

B. Motive für den Einsatz von Immobilienderivaten

Der Einsatz von Derivaten geschieht aufgrund verschiedener Motive, welche die Existenz und den Nutzen der Finanzinstrumente erklären. Es existieren assetneutrale (klassische) Motive[22] und solche, die besonders für das jeweilige Basisinstrument gelten. Beide Gruppen werden im Folgenden erläutert.

Die Einführung von Derivaten erlaubt zahlreiche Möglichkeiten zur Portfoliooptimierung im Hinblick auf Renditen und Risiken, wie dies auf vielen Feldern des Finanzmarktes bereits seit geraumer Zeit praktizierbar ist. Positionen in Waren, Aktien-, Renten- und Fremdwährungsanlagen lassen sich mittels Derivaten einfach, schnell und kostengünstig eröffnen, schließen und absichern.[23] Daneben können über das Investitionsmedium der Derivate im Rahmen der Asset Allocation erhebliche Diversifikationseffekte erzielt werden. Die Vorteile ihres flexiblen Einsatzes drängen die Frage nach der Notwendigkeit ihrer Einführung auf dem Immobilienmarkt auf, da dieser die genannten Eigenschaften (Effizienz, Liquidität, Flexibilität...) gerade nicht erfüllt. Eine Analyse der Motive potenzieller Immobilienderivatnutzer erscheint folgerichtig, da nicht nur die Probleme bei der Konstruktion und Einführung von Immobilienderivaten ihre bisherige Existenz verhinderten, sondern auch die weit verbreitete Unwissenheit ihrer Funktionsweise und Einsatzmöglichkeiten.

I. Assetneutrale Motive

Für den Handel von Terminprodukten werden grundsätzlich drei klassische Motive genannt: Hedging, Trading und Arbitrage. Diese sollen im Bezug auf potenzielle Immobilienderivate untersucht werden.

---

[21] So z.B. Baum, Andrew, Property Futures, 1991, S. 238.
[22] Vgl. z.B. CBOT, Marketplace, 2000, S. 10.
[23] Vgl. die Vorteile bei der Nutzung von Derivaten bei Varangis, Panos; Larson, Don, Price Uncertainty, 1996, S. 15.

a) Hedging

Unter Hedging soll die vollständige oder teilweise Reduktion von Preisänderungsrisiken des Kassainstruments durch ein kompensatorisches Risiko mittels Gegengeschäft am Terminmarkt verstanden werden. Die Hedgingeigenschaft eines Futureskontraktes ist eine der fundamentalen Voraussetzungen für den Erfolg und die Größe eines Terminmarkts.[24] Das Hedginginteresse der Marktteilnehmer ist als *fundamentale Voraussetzung* für das Zustandekommen eines Terminmarktes zu sehen. Liegt kein wesentliches Bedürfnis zur Absicherung von Preisrisiken im jeweiligen Markt vor, ist mit einem Entstehen nicht zu rechnen. Das Hedging kann somit als Schlüsselelement eines Terminmarktes betrachtet werden.[25]

Der Begriff Hedging ist dabei nicht auf die Anwendung derivativer Instrumente beschränkt. Die Absicherungsfunktion kann auch von anderen Strategien übernommen werden.[26]

Häufig wird der Anwendung derivativer Finanzinstrumente ein hoher Risikograd zugesprochen, weil spektakuläre Firmenzusammenbrüche und hohe finanzielle Verluste durch den („unsachgemäßen") Einsatz von Derivaten verursacht wurden.[27] Der Ursprung von Finanzterminkontrakten liegt jedoch im Absicherungswunsch (Hedging) vor unerwarteten Preisveränderungen verschiedener Warenproduzenten und damit in der Vermeidung bzw. Verminderung von Risiken.[28] Der Derivatmarkt und v.a. der Futureshandel spielen beim Management von Risiken eine entscheidende Rolle:

„Futures actually transfer risk away from those avoiding it to others willing to manage it."[29]

---

[24] Vgl. Working, Holbrook, Trading and Hedging, 1953, S. 142 und Hull, John, Options, 1993, S. 33.

[25] Vgl. Gray, Roger, Futures trading, 1966, S. 128.

[26] Vgl. andere Hedgingstrategien bei Peters, Edgar, Hedging Strategies, 1987, S. 45. Siehe die Beiträge von Petersen, Mitchell; Thiagarajan, Ramu, Risk Measurement, 2001; Louargand, Marc; Risk Management, 1992.

[27] Z.B. die bekannt gewordenen Fälle von Procter & Gamble, Metallgesellschaft AG, Barings PLC und Orange County (Kalifornien).

[28] Siehe den Artikel zum Motiv des Hedging von Pennings, Joost; Leuthold, Raymond, Hedging Revisited, 2000 und die dort angegebene Literatur.

[29] CBOT, Financial Instruments, 1999, S. 4.

Im Verlauf dieses Abschnitts wird dabei u.a. das spezifische Risiko geklärt, welches auf dem Immobilienmarkt herrscht und wie es für eine Übertragung mittels Immobilienderivaten geeignet ist.

1. Interessen der Immobilienmarktteilnehmer

Die für eine Übertragung mittels Immobilienderivaten relevanten Immobilienrisiken konzentrieren sich hauptsächlich auf zwei Bereiche. Das sind vorzugsweise Mietniveaurisiken und Immobilienwert- oder -preisrisiken. Die zukünftigen Mieteinnahmen scheinen bei der Betrachtung der für Immobilieninvestoren entstehenden Risiken die größte Rolle zu spielen. Institutionelle Immobilieninvestoren bezeichnen zukünftige Mieteinnahmen als einen wichtigen Erfolgsfaktor und als den wichtigsten Faktor für den Misserfolg einer Investition in Immobilien.[30] Demzufolge spielen bei der Absicherung von immobilienbezogenen Risiken Mieten eine wichtige Rolle. Risikokompensierende Finanzinstrumente könnten daher zunächst an die Entwicklung von Mieten für noch zu definierende Objekte bzw. Indizes gekoppelt sein.

Beim Hedging erfolgt die Risikokompensation durch den zusätzlichen Abschluss eines ebenfalls risikobehafteten Geschäftes, welches jedoch entgegengesetzt wirkt und somit das Risiko der gesamten entstehenden Position im Optimalfall weitgehend ausgleicht.[31] Für den *Anbieter* von Gewerbe- oder Wohnraum liegt das Risiko in unerwartet fallenden Mieteinnahmen durch ein objektspezifisches oder marktbedingtes Absinken des Mietniveaus oder in fallenden Immobilienwerten. Dieses Risiko kann besonders auf längere Sicht zu erheblichen Einnahmeausfällen führen. Schließt der Produzent einen theoretischen Terminmietvertrag über seine an den Markt kommenden Objekte ab, sichert er sich gegenüber den drohenden Ausfällen, die auf den Änderungen des Marktmietniveaus beruhen, ab. Die einzelobjektbedingten Mindereinnahmen, welcher Ursache auch immer, kön-

---

[30] Institutionelle Immobilieninvestoren sehen die Mieteinnahmen auch als einen relativ schwer vorhersehbaren Erfolgsfaktor an, wodurch weiteres Unsicherheitspotenzial diesbezüglich besteht. So beträgt die empfundene prozentuale Abweichung der Erwartung der eigenen Schätzung zukünftiger Mieteinnahmen knapp 38%. Vgl. Pfnür, Andreas; Armonat, Stefan, Immobilienkapitalanlage, 2001, S. 39f.; 58. Vgl. auch Hummel, Detlev; Hübner, Roland, Potenzieller Markt, 2000, S. 715f.

[31] Vgl. Hielscher, Udo, Investmentanalyse, 1996, S. 238.

nen und sollen durch ein Immobilienderivat nur bedingt abgesichert werden, da stets das Problem des „Moral Hazard"[32] besteht.[33] Könnte der Immobilieneigentümer das konkrete einzelobjektbedingte Risiko absichern, bestünde für ihn kein Anreiz mehr, das Objekt bestmöglich zu vermieten bzw. es marktkonform instand zu halten.

Aus dem Termingeschäft resultieren am Ende der Laufzeit Auszahlungen,[34] die im Idealfall genau den rein marktbedingten Verlusten des Produzenten durch den Mieteinnahmeausfall entsprechen. Somit ist er nicht schlechter und nicht besser gestellt als zum Abschluss des Termingeschäfts. Der Risikobegriff umfasst i.d.R. ebenso positive Abweichungen von den Erwartungen zukünftiger Zustände. Diese brauchen natürlich durch den Investor nicht abgesichert zu werden und bedeuten unerwartete Mehreinnahmen. Treten die Mehreinnahmen jedoch unerwartet auf und wurde gegen sinkende Werte abgesichert, gleichen sich (bei unbedingten Derivaten) die originären Mehreinnahmen mit Verlusten im Gegengeschäft aus.

Der *Nachfrager* der durch den Produzenten angebotenen Flächen kann ebenso die für ihn ungünstigen erwarteten Marktentwicklungen durch den Abschluss des gleichen Geschäftes in der Gegenrichtung kompensieren. Tritt der erwartete Zustand ein, muss das höhere Mietniveau (Preisniveau) gezahlt werden. Die dadurch entstehenden Mehrausgaben heben sich jedoch durch die Auszahlung des gegenläufigen Termingeschäfts auf.

Da die Mieteinnahmen einer der entscheidenden und originären Wertreiber bei Immobilien sind und in ihrem Betrag wesentlich häufiger auf dem Markt bekannt werden als der Preis der gesamten Immobilie, erscheint die Kopplung der Immobilienderivate an die Mietentwicklung schlüssig.

Für einen aktiven Immobilienportfoliomanager böte hingegen auch die Absicherung von Immobilienwerten bzw. -preisen weitreichende Vorteile. Die Systematik der Verlustkompensation durch das Termingeschäft ent-

---

[32] Auch als Trittbrettfahrerproblem bezeichnet.
[33] Vgl. Shiller, Robert, Moral Hazard, 1997, S. 5.
[34] Betrachtet man einen börsengehandelten Immobilienfuture, dann erfolgt der Ausgleich durch das tägliche „marking to market", so dass die Ausgleichszahlung über die Laufzeit des Kontraktes verteilt wird. Der gesamte Auszahlungsbetrag unterscheidet sich jedoch nicht in seiner Höhe.

spricht dabei der geschilderten. Die Sicherung eines vorhandenen Preisniveaus für ein erst in der Zukunft zu veräußerndes oder zu kaufendes Portfolio erfolgt dabei über den Terminverkauf bzw. Terminkauf, d.h. Preis, Menge, Qualität und Termin der zu liefernden Einheiten werden zum heutigen Zeitpunkt festgelegt. Einerseits kann ein vorhandenes Portfolio vorzeitig verkauft (Short-Hedge), andererseits ein zukünftig geplantes vorzeitig gekauft werden (Long-Hedge). Fondsmanager oder Halter großer Immobilienbestände können vor dem Zeitpunkt erwarteter negativer Marktveränderungen systematisch aus den Schwankungen resultierende Risiken abgeben. Gerade für Unternehmen, deren Hauptgeschäftsfeld in der Bestandhaltung und Bewirtschaftung von Immobilien liegt, lässt sich ein enormes Interesse an einer Anwendung immobilienwert- aber auch mietpreisbezogener Derivate vermuten.[35]

Mit der Fixierung heutiger Preisniveaus erhöht sich die Sicherheit über die zukünftige Gewinnentwicklung und verbessert sich die Kalkulationsgrundlage. Allerdings werden etwaige Mehreinnahmen durch eine unerwartet positive Marktentwicklung verhindert, da in diesem Fall der Mechanismus entgegengesetzt wirkt. Im Termingeschäft entstehen dann unerwartete Verluste, die sich mit den Gewinnen der Kassaposition egalisieren. Dies gilt dagegen nur für die noch zu definierenden „unbedingten Termingeschäfte", mit bedingten besteht die Möglichkeit der Partizipation an eventuellen Gewinnen bei gleichzeitiger Absicherungswirkung. Dieser Vorteil wird mit der Zahlung einer (Options-)Prämie „erkauft".

Neben den institutionellen Marktteilnehmern können auch private Eigentümer als Ausgangspunkt für eine potenzielle Nachfrage nach immobilienbezogenen Absicherungsprodukten herangezogen werden. Betrachtet man das in Immobilien gebundene Vermögen der privaten Haushalte[36] und das hohe Investitionsvolumen dieser Asset-Klasse, ist von einem hohen durchschnittlichen Anteil von Immobilienanlagen in den Portefeuilles auszugehen. Diese Konzentration von Vermögen widerspricht den Diversifizierungserfordernissen der später noch anzusprechenden modernen

---

[35] Vgl. die Umfrage bei Hübner, Roland, Immobilienderivate, 2002, S. 53ff.
[36] Siehe dazu den Punkt 2. Abschnitt:A.I.b) des 2. Abschnitts.

Portfoliotheorie durch die Inkaufnahme eines überproportionalen Anteils Risiko einer Vermögensklasse. Für Immobilieneigentümer, Immobiliendarlehensgeber und -nehmer gibt es jedoch kein Instrument dieses besondere Risiko effizient regulieren zu können, außer, es z.b. über den Verzicht des Immobilieneigentums (über Miete) ganz zu vermeiden.[37]

Das Engagement auf Terminmärkten im Sinne des Hedging beinhaltet also die Eröffnung eines entgegengesetzten Termingeschäfts in Form eines Futures oder einer Option unter der Annahme einer parallelen Preisentwicklung zur gehaltenen oder geplanten Kassaposition. Das Hauptmotiv ist dabei die Ausschaltung bzw. Verminderung von Preisänderungsrisiken. Ob und wie eine solche Absicherung bei Immobilien- bzw. Mietpreisrisiken erfolgen kann, soll in den nachfolgenden Unterpunkten diskutiert werden.

2. Strategien des Hedging

Bei der Absicherung von Vermögenswerten durch das Hedging lassen sich verschiedene Strategien verfolgen, die als Hedgingarten bezeichnet werden:[38]

1. Routine-Hedging

    Das Routine-Hedging beschreibt eine Strategie, nach der regelmäßig versucht wird, alle eingegangenen Risikopositionen mit ihrem Auftreten über Termingeschäfte abzusichern. Die risikoscheuen Marktteilnehmer berücksichtigen dabei die jeweilige Marktsituation nicht.

2. Selective-Hedging

    Wird nicht jede Position automatisch gehedgt, sondern nur diejenige, für die negative Preisentwicklungen erwartet werden, liegt eine selek-

---

[37] Vgl. Geltner, David u.a., HEITs, 1995, S. 71.

[38] Die Systematik folgt Working, Holbrook, New Concepts, 1962, S. 249-253, vgl. auch Kotas, Carsten, Auswirkungen von Terminmärkten, 1996, S. 19. WORKING nennt weitere Hedgingarten, wie das „Carrying-Charge-Hedging" und das „Operational Hedging". Beim „Carrying-Charge-Hedging" wird auf die zukünftige Veränderung der Basis abgestellt. D.h. es liegen Markterwartungen im Bezug auf das Kassa-/Futurespreisverhältnis vor, die gewinnbringend ausgenutzt werden sollen. Dieser Hedging-Argumentation soll an dieser Stelle jedoch nicht gefolgt werden, da eindeutig Gewinnerzielungsabsichten vorliegen und Hedging hier unter reinen Absicherungsstrategien gesehen werden soll. Beim „Operational Hedging" wird auf den laufenden Geschäftsprozess gezielt, wobei die Futurestransaktion zur Vereinfachung von Abläufen dient. Die Risikoreduktion spielt nur eine untergeordnete Rolle, deshalb erfolgt keine Betrachtung an dieser Stelle.

tive Absicherungsstrategie vor. Ziel der selektiven Strategie ist nicht die Ausschaltung des Risikos im engeren Sinne, sondern die Vermeidung eines konkreten Verlustes.

3. Anticipatory-Hedging
Häufig kann eine Transaktion am Kassamarkt nicht zu dem Zeitpunkt und in der gewünschten Höhe erfolgen, wie dies im Hinblick auf die Erwartung und den Kenntnisstand der Marktteilnehmer erforderlich wäre. So kann ein Getreideproduzent seine Waren nicht vor der Ernte am Markt verkaufen. Über den Terminmarkt ist er jedoch in der Lage, das jeweilige Tagespreisniveau für sein Produkt vorzeitig zu realisieren.
Wird ein Asset vorzeitig ver- oder gekauft, liegt ein „Anticipatory-Hedge" vor. Da diese vorzeitigen Transaktionen nur im Falle negativer Markterwartungen auftreten dürften, überschneidet sich diese Strategie mit der des „Selective Hedging". Im Unterschied dazu liegt jedoch keine Kassaposition zum Zeitpunkt des Futureskaufs vor.

Beim Verfolgen von Hedgingstrategien kann man weiter zwischen einem *Direct-* und einem *Cross-Hedge* unterscheiden. Direct-Hedge bedeutet die Absicherung einer Kassaposition mit einem Termininstrument, welches die Kassapreisentwicklung exakt widerspiegelt. Da dem wahrscheinlich nie so sein wird, spricht man auch vom „naiven" Hedge. Aufgrund der noch zu erläuternden Spezifika, erscheint ein Direct-Hedge für Immobilien in diesem Sinne kaum möglich. Durch die ungenaue Abbildung des Immobilienmarktes bzw. der individuellen Risikoposition des Investors durch das Immobilienderivat ergibt sich das Basisrisiko,[39] d.h. Terminpreis und Kassapreis der Immobilien verlaufen nicht genau parallel. Das in Richtung und Auslenkung genau parallel laufende und entgegengesetzt wirkende Geschäft entspricht dem Idealzustand für das Hedging einer Vermögensposition. Die sich daraus ergebende Absicherung ist wiederum in dem Maße riskant, je weniger Kassa- und Terminpreis miteinander korrelieren sind und voneinander abweichen.[40] Die vollständige Kompensation des gegebe-

---

[39] Vgl. zum Basisrisiko den Punkt 5. Abschnitt:A.II des 5. Abschnitts.
[40] Siehe dazu den 5. Abschnitt 5. Abschnitt:B.

nen Risikos bleibt damit ein rein theoretischer Ansatz. Ist das Absicherungsgeschäft durch die mögliche Veränderung der Basis (Basisrisiko) ebenfalls risikobehaftet,[41] kann das primäre Geschäftsrisiko nur reduziert und nicht eliminiert werden.

Wenn jedoch davon ausgegangen werden kann, dass das Basisrisiko nach dem Hedging geringer ist als das ursprüngliche Preisrisiko,[42] besteht ein Anreiz zur Nutzung des Derivats.

Ein „direkter" Hedge kann auch in dem Sinne verstanden werden, nach dem das Basisinstrument des Derivats im Gegensatz zum Cross-Hedge genau der eigenen Kassaposition entspricht. Beispielhaft seien hier Currency Futures erwähnt. Besteht eine Fremdwährungsposition in US Dollar, kann diese mittels eines entsprechenden Dollar/Euro-Futures durch Kauf bzw. Verkauf desselben weitgehend abgesichert werden.

Unter einem Cross-Hedge versteht man die Absicherung einer Kassamarktposition in einem bestimmten Finanzinstrument durch Eingehen einer Derivatposition eines anderen Finanzinstruments. Man geht von der Annahme aus, dass die Preisentwicklungen der beiden unterschiedlichen Instrumente annähernd parallel verlaufen.

Wird ein neuer Terminkontrakt zum Handel angeboten, wird der potenzielle Nutzer des Derivats die Kosten der zunächst geringen Liquidität mit dem Risikoreduktionseffekt durch dieses Gegengeschäft vergleichen. Daneben wird er eine Gegenüberstellung mit dem Kosten-/Risikoreduktionsverhältnis ähnlicher Terminkontrakte vornehmen, mit denen er mittels Cross-Hedge bisher Absicherungsstrategien verfolgen konnte.[43] Fällt der Vergleich zu ungunsten des neuen Instruments aus, dürften dem Kontrakt nur geringe Erfolgsaussichten beschieden sein. Da es für Immobilien hingegen noch keine verbundenen Terminmärkte in Form organisierter Börsen gibt, fehlt dem Nutzer diese Ausweichmöglichkeit. Daher soll eine größere Akzeptanz relativ geringer Hedgingeffizienz und hö-

---

[41] Vgl. z.B. Castelino, Mark, Hedging with Futures, 1990, S. 74.
[42] Vgl. Kotas, Carsten, Auswirkungen von Terminmärkten, 1996, S. 18.
[43] Vgl. Black, Deborah G., Success and Failure, 1986, S. 3.

herer Hedgingkosten durch einen neuen Immobilienterminkontrakt hypothetisch angenommen werden.

Zu Beginn der Absicherungstendenzen von Immobilienvermögen wurde die Theorie vertreten, der Kauf von Gold würde dem Preisverfall von gehaltenen Immobilien entgegenwirken können. Im historischen Verlauf zeigte sich jedoch ein Gleichlauf in rezessiven Phasen, so dass der Ware Gold keine gegenüber Immobilien absichernd wirkenden Eigenschaften zugesprochen werden können.[44] Der Goldpreis steigt und fällt daher wie „der Immobilienpreis". Anders verhielte sich die Absicherungswirkung mit einem derivativen Goldkontrakt (Short-Position), der im Falle des Gleichlaufs als Cross-Hedge genutzt werden könnte.

Mietverträge gewerblich genutzter Immobilien sind häufig an einen Preisindex gekoppelt. Veränderungen der Inflation, die sich im durchschnittlichen Preisniveau niederschlagen, beeinflussen demnach Mieterträge aus Immobilien. Besteht ein nachgewiesen enger Zusammenhang zwischen Preisindex und Mieten, könnte ein „Inflationskontrakt" auf einen solchen Index ebenfalls als Cross-Hedge dienen.

3. Anwendung als Immobilienwert-Versicherungsleistung

Vorhandene Immobilienderivate könnten als Absicherungsmechanismus für Versicherungen dienen. Institutionelle Investoren könnten in ein solches Derivat in Form eines Futures auf Immobilienindizes investieren und das Kontraktvolumen als Wertversicherung (oder durch die Hypothekenbank bei der Finanzierung) an individuelle Eigentümer von Objekten weitergeben. Dabei könnte sich die Versicherungsleistung auf den individuellen Objektwert oder auf einen regionalen Index beziehen.[45] Problematisch wird dabei jedoch die Homogenität des Vermögenswertes Immobilie. Diese schränkt die Funktionalität einer solchen Versicherung ein, da ein (selbst regional begrenzter) Index niemals exakt die Wertentwicklung einer einzelnen Immobilie beschreiben.

---

[44] Vgl. Armstrong, Martin A., Hedge Real Estate, 1989, o.S.
[45] Vgl. Case, Karl u.a., Index-Based Futures, 1993, S. 85.

Daher könnte man die Versicherung auf die tatsächlich erzielten Kauf- und Verkaufspreise beziehen. Dabei tritt wiederum das Problem des „Moral Hazard" auf, da die Eigentümer den Anreiz verlieren, die Objekte instand zu halten bzw. sie meistbietend zu veräußern. Dieser Effekt ließe sich wiederum durch eine nur anteilige Kompensation der Verluste durch die Versicherung bzw. einen vertraglich festgeschriebenen Mindestpreis in Bezug auf den Verkehrwert zum Veräußerungszeitpunkt zumindest mildern.[46] Daneben besteht die Gefahr der Manipulation der Verkehrswertermittlung, da jede Immobilie in der Summe ihrer Eigenschaften ein Unikat darstellt, selten gehandelt wird und somit zum Veräußerungszeitpunkt i.d.R. bewertet werden muss. Ein objektiver Wert ist nicht ablesbar. Eine Immobilienwertversicherung kann demzufolge nur wesentlich schwerer an den individuellen Immobilienpreis, als an das allgemeine Preisniveau über einen nationalen oder regionalen Preisindex gekoppelt werden.[47]

Eine derartige Versicherung von Immobilienwerten hat für den Inhaber den Charakter einer Option, im Speziellen den einer Put-Option auf den entsprechenden Immobilienindex. Der Versicherungsinhaber besitzt somit das Recht, sein Immobilienvermögen zu einem vorher (durch die Versicherung) festgelegten Preis während der Laufzeit zu verkaufen. Problematisch erscheint dabei der Anreiz des Eigentümers, den Immobilienverkauf in Phasen eines Marktabschwungs zu tätigen, da durch die Versicherungsleistung zusätzliche Einnahmen in Aussicht stehen.

Erhebliche Unterschiede bestehen hingegen gegenüber Optionsgeschäften im herkömmlichen Sinn, v.a. in Bezug auf die Ausübung. Sie kann in diesem Falle durch den kostenverursachenden und meist langwierigen Prozess der Immobilienveräußerung vollzogen werden. Der Preis der Versicherung wird die damit verbundenen Kosten in dem Ausmaß durch einen Aufschlag berücksichtigen müssen.[48]

Wird die Ausübung der Option nicht an den Verkauf der Immobilie gebunden, resultiert eine höhere Attraktivität des Versicherungsvertrages für

---

[46] Vgl. Case, Karl u.a., Index-Based Futures, 1993, S. 86.
[47] Vgl. Thomas, Guy R., Indemnities, 1996, S. 40.
[48] Vgl. Thomas, Guy R., Indemnities, 1996, S. 41.

den Inhaber der Police, da er unabhängig von einer Veräußerung Wertverluste kompensieren kann. Mit dem steigenden Anreiz zum Erwerb einer solchen „ungebundenen" Versicherung für den Immobilieneigentümer nimmt der des Anbieters dementsprechend ab, da die Risiken bzw. die zu erwartenden Auszahlungen gleichzeitig steigen.

THOMAS führt in diesem Sinne das für sonstige Versicherungsleistungen wie Lebens- oder Fahrzeugversicherungen untypische Risiko an, welches bei einem so konzipierten Versicherungsprodukt für den Versicherer entstünde. Mit steigender Versicherungsnehmerzahl würde sich das Gesamtrisiko der Versicherungsgesellschaft im Gegensatz des sonst wirkenden Streuungseffektes nicht verringern, sondern durch die hohe anzunehmende Korrelation zwischen den individuellen „Schadensfällen" ansteigen (Wert- oder Mietpreisverfall einer Region oder eines Landes).[49]

Eine ähnliche Risikostruktur dürfte sich bei der Absicherung von Katastrophenrisiken durch eine Versicherung ergeben. Bei steigender Versicherungsnehmerzahl entstehen für den Versicherer mit einem Schadensfall höhere Ausgaben. Die somit schwer kalkulierbaren Wetterrisiken haben zu Anstrengungen für die Entwicklung von Wetterindizes und -derivaten geführt, die es dem Versicherer ermöglichen, diese Risiken besser managen und auf viele Marktteilnehmer verteilen zu können.[50]

Trotz der Vorteile und Möglichkeiten einer solchen Versicherung lassen sich der administrative Aufwand und die damit verbundenen Kosten deutlich erkennen und die Umsetzung fraglich erscheinen. Besonders interessant erscheint die Ver- bzw. Absicherung von Immobilienwerten für die Hypothekengläubiger, da ein starkes Abfallen der Immobilienpreise auch deren Sicherheiten vermindert und somit ein Total- oder Teilausfall von Krediten verursachen kann.[51]

---

[49] Vgl. Thomas, Guy R., Indemnities, 1996, S. 41.

[50] An der Deutschen Börse in Frankfurt wurden bereits verschiedene Wetterindizes eingeführt. Siehe auch die Ausführungen im Punkt 2. Abschnitt:B.I.b) des 2. Abschnitts und in 5. Abschnitt:A des 5. Abschnitts.

[51] Bsp. Hypovereinsbank AG: Die enormen Wertberichtigungen hätten bei einer Absicherung zumindest teilweise kompensiert werden können.

Analog des zu Beginn dieses Unterpunktes aufgeführten Zitates resultiert folgende Konsequenz:

„*What is being proposed is not a pooling of risk but a transfer of risk away from individuals to institutions which are willing to bear the risk – at a price.* [...] *What is needed is a mechanism for discovering the price which attracts sufficient risk capital to provide the quantity of indemnity cover for which there is demand. Thus a market in which the house price risk can be traded is required.*"[52]

Ein Markt, auf dem immobilienbezogene Risiken handelbar sind, ermöglicht es einem Anbieter von eben solchen Absicherungsleistungen, diese besser zu managen und auf viele Marktteilnehmer zu verteilen.

b) Trading

Unter Trading oder Spekulation wird allgemein der Kauf (oder Verkauf) eines Gutes verstanden, um es verbunden mit einer Gewinnerzielungsabsicht später wieder zu verkaufen (kaufen).[53]

Der Ausgleich von Risiken ist nicht auf Hedger mit verschiedenen Markterwartungen beschränkt. In einem funktionierenden Derivatmarkt sind ebenso Trader bzw. Spekulanten nötig, die bereit sind, Risiken mit einer entsprechend hohen Gewinnchance zu tragen. Ohne diese Marktteilnehmer ist der Risikotransfer nur schwer möglich. In der klassischen Sichtweise übernehmen Spekulanten Risiken von risikoaverseren Hedgern. Es existieren allerdings andere Sichtweisen, die lediglich auf unterschiedlichen Erwartungen über Marktentwicklungen der Marktteilnehmer beruhen und damit das Auftreten von Hedgern und Spekulanten erklären. Diese Sichtweise ist auch schlüssig, da niemand auf steigende Kurse spekulieren würde, wenn alle Marktteilnehmer fallende Kurse erwarten, unabhängig von ihrer Risikoaversion.[54]

---

[52] Thomas, Guy R., Indemnities, 1996, S. 41.
[53] Vgl. Hirshleifer, J., Theory of Speculation, 1977, S. 975.
[54] Vgl. Hirshleifer, J., Speculation, 1975, S. 519 und Frechette, Darren; Weaver, Robert, Expectations, 2001.

Die Positionseröffnung in derivativen Märkten böte auch für den Immobilienmarkt Trading- bzw. Spekulationsmöglichkeiten. In Erwartung einer bestimmten Marktentwicklung wird in einen Kontrakt investiert und damit die Entwicklung ausgenutzt. Nach dem Schließen der Positionen entstehen Gewinne aus den Derivatkontrakten. Die Eröffnung einer Long-Position am Immobilienmarkt ist gegenwärtig nur über den Kauf einer Immobilie oder eines Portfolios möglich. Short-Positionen zur Spekulation auf fallende Immobilien- oder Mietpreise sind bisher nicht adäquat durchführbar, wenn man beispielsweise von Vorvermietungen oder ähnlichen individuellen Vertragsbestandteilen absieht. Neben den genannten Vorteilen bietet das Termininstrument also die Möglichkeit, an fallenden Märkten positiv teilhaben zu können, indem Short-Positionen am Derivatmarkt eingegangen werden.

Die Möglichkeit des Trading bietet einen bei Immobilienfutures nicht zu unterschätzenden Nutzen gegenüber herkömmlichen Immobilieninvestitionen. Mit den außerordentlich *schnell* durchführbaren Transaktionen können Gewinnchancen ausgenutzt werden, die auf dem originären Immobilienmarkt durch die Höhe der Transaktionskosten und Zeitverzögerungen praktisch nicht verwertbar sind. Diese Gewinnchancen sind erwartungsgemäß relativ hoch, da der Immobilienmarkt viele Ineffizienzen aufweist. Ineffiziente Märkte bilden durch schlecht verteilte Informationen, Trägheiten, hohe Transaktionskosten etc. Marktverhältnisse, die durch Ungleichgewichte gekennzeichnet sind und somit Tradingchancen eröffnen. Mit der Investition in Derivate lassen sich gezielt Risiken auf den entsprechenden Märkten eingehen und übertragen.

c) Arbitrage

Kassamärkte und die mit ihnen verbundenen Terminmärkte sind unmittelbar mit dem Auftreten von Arbitragegeschäften verknüpft. Unter Arbitrage versteht man die gezielte Ausnutzung von Preisdifferenzen eines Gutes auf verschiedenen Märkten zum Zwecke der regelmäßig risikolosen Gewinnerzielung bzw. Verlustvermeidung.[55]

---

[55] Vgl. Steiner, Manfred; Bruns, Christoph, Wertpapiermanagement, 2000, S. 476 und Hausmann, Wilfried u.a., Derivate, 2002, S. 49.

Die Preisbildung von Futures hängt über die Arbitragebeziehung an der Preisentwicklung von Kassamärkten. Gewinnbringende Arbitrage zwischen den beiden Marktsegmenten setzt dann ein, wenn die Terminpreise nicht im richtigen Verhältnis zu den Kassapreisen stehen. Im Sinne des Arbitragegeschäftes wird das relativ „billigere" Instrument solange gekauft und das „teurere" verkauft, bis das Gleichgewicht zwischen den einzelnen Marktsegmenten wiederhergestellt ist und keine weiteren Arbitragegewinne mehr zu erzielen sind.[56]

Die Preisentwicklung auf Anleihe- und Aktienindexfuturesmärkten weist in Zeiten besonders starker Schwankungen eine Über- bzw. Untertreibung der Preise auf Futuresmärkten auf.[57] Befindet sich der Aktienmarkt in einer ausgeprägten Baissephase, findet häufig eine Untertreibung der Preise durch den auftretenden Pessimismus auf dem korrespondierenden Futuresmarkt statt, der dem Investor Gewinnchancen eröffnet. Das sogenannte Mispricing, also das Abweichen des Futurespreises vom „fair value", lässt sich durch die an den Börsen herrschende Psychologie und Emotionalität der Marktteilnehmer erklären. Rein rational handelnde Investoren würden kleinste Preisdifferenzen sofort gewinnbringend ausnutzen.

Arbitragegeschäfte sind auf mehreren Ebenen möglich: zwischen verschiedenen Börsenplätzen, zwischen Gegenwart und Zukunft sowie zwischen substituierbaren Waren bzw. Finanzinstrumenten.[58] Einerseits kann Arbitrage zwischen verschiedenen Börsenplätzen bei Preisdifferenzen gleicher Assets an verschiedenen Orten einsetzen, wenn am Ort des niedrigeren Preises gekauft und sofort am Ort des höheren Preises verkauft wird und somit annähernd risikolos Gewinne erzielt werden. Liegen für ein Basisinstrument mehrere Terminkontrakte vor, so sind auch Arbitragegeschäfte zwischen verschiedenen Fälligkeiten und Qualitäten der Basisinstrumente denkbar.

Die profitablen Geschäfte sind solange möglich, bis die Assets an den verschiedenen Orten gleich bzw. fair bewertet sind. Abweichungen treten hin-

---

[56] Vgl. Kotas, Carsten, Auswirkungen von Terminmärkten, 1996, S. 16.
[57] Vgl. Clarke, Roger G., Asset Allocation, 1992, S. 311.
[58] Vgl. Hielscher, Udo, Investmentanalyse, 1996, S. 254.

gegen trotzdem bis zur Höhe der Transaktionskosten, die durch die Arbitragegeschäfte entstehen, auf. Ein Preisausgleich auf dem Terminmarkt muss auf längere Sicht von einer Preisänderung der zugrundeliegenden Basisinstrumente begleitet bzw. verursacht werden. Die Unbeweglichkeit und Heterogenität der Immobilien behindert jedoch einen solchen Ausgleich auf verschiedenen Kassamärkten in räumlicher, zeitlicher und sachlicher Sicht.

Sollen Preisunterschiede zwischen Kassa- und Futuresmärkten bei Immobilien ausgenutzt werden, sind derzeit originäre Transaktionen auf dem Immobilienmarkt nötig. Um die Preiswürdigkeit eines Aktienindexfutures im Bezug auf die im Index vertretenen Aktien und damit Arbitragemöglichkeiten zwischen diesen beiden einschätzen zu können, benötigt der Arbitrageur eine Vielzahl an Informationen,[59] deren Beschaffung bereits auf dem relativ transparenten Aktienmarkt hohen Aufwand und gewisse Unsicherheiten impliziert. Sollen diese Informationen für Arbitragegeschäfte mit theoretischen Immobilienfutures beschafft werden, treten weitaus größere Probleme auf.

Im Gegensatz zu Hedgern und Spekulanten besitzen Arbitrageure keine Markterwartungen, sie nutzen nur bestehende Preisungleichgewichte zwischen verschiedenen Märkten aus. Durch das gleichzeitige Kaufen bzw. Verkaufen der Kontrakte verschiedener Märkte entstehen im Sinne der Arbitrage bis auf äußerst kurzfristige Situationen keine offenen Positionen.[60]

Durch die Möglichkeit der risikolosen Gewinnerzielung mit Arbitragegeschäften erfolgt eine ständige Preisanpassung zwischen den verschiedenen Märkten und Instrumenten. Sie garantieren damit ein faires Preisverhältnis.

Arbitragegeschäfte lohnen sich jedoch nur dann, wenn der zu erzielende Gewinn über dem risikolosen Zinssatz und v.a. über den mit den Transak-

---

[59] PATEL führt u.a. die folgenden Parameter für Aktienindexarbitrage auf: Preise des Futures, der einzelnen im Index enthaltenen Aktien, erwartete Dividenden jeder einzelnen Aktie, Transaktionskosten. Vgl. Patel, Kanak, Lessons, 1994, S. 357.

[60] Vgl. Kotas, Carsten, Auswirkungen von Terminmärkten, 1996, S. 22.

tionen verbundenen Kosten liegt.

Die damit verbundenen Kosten und Zeitverzögerungen schließen Arbitragegeschäfte zwischen Immobilienfuturesmärkten und dem physischen Immobilienmarkt nahezu aus. Der Ausgleichsmechanismus verschiedener Terminkontrakte an verschiedenen Orten ist bei Immobilienderivaten aufgrund ihrer fehlenden Existenz nicht gegeben.

Die mangelhaften Arbitragemöglichkeiten bei theoretischen Immobilienterminkontrakten können als eine der methodischen Hauptschwächen von Immobilienderivaten angesehen werden. Es werden jedoch später Fälle aufgeführt, bei denen Derivatmärkte auch ohne investierbare Kassamärkte und damit ohne Arbitragemöglichkeiten funktionieren.[61]

II. Immobilienbezogene Motive

Die Asset-Klasse Immobilien wird aufgrund einer Vielzahl von Eigenschaften in Vermögensportfolios aufgenommen. Dazu zählen u.a.:

1. Diversifikationseigenschaften, aufgrund der geringen bzw. negativen Korrelation zu anderen Asset-Klassen,[62]
2. günstigen Rendite-/Risikostrukturen,[63]
3. Sicherheit und Kontinuität der Erträge,
4. Inflationsschutzeigenschaften,[64]
5. Größe des Anlagemarktes.[65]

Daneben existieren Asseteigenschaften, welche die Investoren davon abhalten, Positionen am Immobilienmarkt einzugehen. Diese verhindern das weitreichende Engagement institutioneller Investoren, die dieser Anlageklasse allein aufgrund ihrer Größe zuteil werden müsste:

---

[61] Siehe den Punkt 2. Abschnitt:B.I.b) des 2. Abschnitts.
[62] Siehe den Punkt 1. Abschnitt:B.II.b) dieses Abschnitts.
[63] Vgl. Miles, Mike u.a., Real Estate Returns, 1990, S. 403. Vgl. die Arbeiten von Pagliari, Joseph u.a., Real Estate Returns, 1997.
[64] Siehe die Arbeiten von Downs, Anthony, Inflation, 1996; Schofield, J.A., Inflation Hedging, 1996; Tarbert, Heather, Inflation, 1996; Hamelink, Foort u.a., Inflation Hedging, 1997; Miles, Mike; Mahoney, Joseph, Inflation Hedge, 1997.
[65] Siehe den Punkt 2. Abschnitt:A.I.b) des 2. Abschnitts.

1. Heterogenität des Marktes,
2. Illiquidität,
3. Schlechte Teilbarkeit und damit eingeschränkte Diversifikationsmöglichkeit,
4. Ineffizienz des Marktes,
5. Fehlen eines Handelsplatzes (die Preisbildung kann dadurch nur schwer nachvollzogen werden) und die daraus folgende,
6. Intransparenz des Marktes.

Im Folgenden sollen die im Hinblick auf das Investitionsmedium des Immobilienderivats relevanten Eigenschaften untersucht werden, inwieweit positive erhalten und negative vermieden werden können.

a) Liquiditätserhöhung der Immobilien

Die mangelnde Liquidität auf Immobilienmärkten dürfte eine der Hauptantriebsfedern für die Einführung von indirekten Immobilienanlageprodukten und damit auch für Immobilienderivate sein. Die immobilienbezogenen Charakteristika stehen dabei in engem Zusammenhang, bedingen einander und sind Hauptursachen für geringe Liquidität.

Im Vergleich zu anderen Asset-Klassen sind Immobilien außerordentlich illiquide.[66] Die für eine faire und zeitnahe Bewertung nötige Transaktionshöhe und eine angemessene Liquidität kann durch das seltene Agieren institutioneller Investoren nur schwer erreicht werden. Dieses Problem verschärft sich noch in den Phasen eines Marktabschwungs, in denen das Transaktionsvolumen und damit die Liquidität erheblich abnehmen. Daraus resultiert eine Anzahl von Hindernissen, die den professionellen Anlegern die Möglichkeit schneller Marktanpassungen innerhalb der Immobilienanlagen und mit anderen Asset-Klassen nehmen.[67]

Finanzmärkte sind hauptsächlich durch zahlreiche institutionelle Investoren geprägt. Auf dem Immobilienmarkt spielen hingegen die privaten

---

[66] Dies wird durch den simplen Vergleich mit anderen Asset-Klassen, so z.B. Aktien oder Renten, deutlich, die i.d.R. bei „großen" Werten täglich millionenfach gehandelt werden. Die einzelne Immobilie hingegen kann über Jahre hinweg bei einem Besitzer verbleiben, so dass kein realer Marktpreis abgelesen werden kann.

[67] Vgl. McAllister, Patrick; Mansfield, John R., Property Portfolio - Paper 1, 1998, S. 166.

Haushalte eine entscheidende Rolle.[68] Im Gegensatz zu den Institutionellen sind Investitions- und Desinvestitionsentscheidungen der Privaten gerade auf dem Immobilienmarkt nur bedingt rational und professionell. Schwer zugängliche Markt- und Preisinformationen, steuerliche Regelungen, emotionale Bindungen etc. verursachen eine mangelhafte Liquidität, die wiederum in Wechselwirkungen zur Markttransparenz steht. Die Immobilie wird bei privaten Investoren (noch) nicht als ein reiner Anlagegegenstand betrachtet, wie dies bei Aktien und Renten der Fall ist. Somit erfolgt keine gleichwertige Behandlung und Anwendung gleicher Bewertungsmaßstäbe dieser Anlageklasse, wodurch eine rationale Preisfindung erschwert wird.

Mit Immobilienderivaten würde den Anlegern ein Weg eröffnet, ihre effektive Immobilienposition wesentlich effizienter zu vergrößern oder zu verkleinern, als dies mit direkten Transaktionen auf dem Immobilienmarkt der Fall ist, auch wenn ein relativ ungenaues Substitut verwendet werden muss.

Der Vorteil für einen ausländischen Investor Immobilienindexfutures zu kaufen, anstatt ein oder zwei große Gebäude direkt zu erwerben, dürfte beträchtlich sein.[69]

b) Asset Allocation - Diversifikationseffekte

Das Motiv der Verteilung eines Vermögensportfolios auf verschiedene Anlageklassen im Rahmen der Asset Allocation in einem Multi Asset Portfolio ist im Sinne der Risikostreuung in der wissenschaftlichen Literatur weitreichend diskutiert worden.

Bei der Aufteilung von Anlagekapital auf *verschiedene Anlageklassen* (Multi Asset) wird den Immobilien stets ein positiver Beitrag zur Optimierung und Steuerung von Risiko-/Renditeeigenschaften der Vermögensport-

---

[68] Vgl. die Angaben im Punkt 2. Abschnitt:A.I.b) des 2. Abschnitts.
[69] So z.B. Baum, Andrew, Property Futures, 1991, S. 239.

folios zugesprochen.[70] Das Ziel des Einsatzes verschiedener Anlageinstrumente im Rahmen der Asset Allocation liegt somit in der Verbesserung der Performance als Maß für die Rendite. Die Mischung der Asset-Klassen soll dabei in Abhängigkeit der sich ergebenden Möglichkeiten auf den verschiedenen Märkten erfolgen.[71]

Diversifikationseffekte lassen sich auch *innerhalb der Vermögensklasse* Immobilien erreichen. Rein regional oder immobilientypspezifisch engagierte Investoren könnten mit Immobilienderivaten einfach und günstig Streuungseffekte durch andere Immobilienteilmärkte erzielen. Der Diversifikationseffekt beschränkt sich demnach nicht auf Multi Asset Portfolios, sondern kommt auch bei rein immobilienbezogenen Vermögen zum Tragen.[72] Die größten Vorteile entstehen dabei in der Mischung verschiedener Regionen und Nutzungsarten von Immobilien.[73]

Die Investition in Derivate fungiert dabei als Substitut für die direkte Transaktion auf dem jeweiligen Kassamarkt. Mit der Nutzung von potenziellen Immobilienderivaten, die im Idealfall die Wertentwicklung, also die Renditen, eines repräsentativen Immobilienportfolios exakt widerspiegeln, lassen sich die Vorteile der Asset-Klasse Immobilien zielgerecht ausnutzen.[74] Die im Prozess der strategischen Asset Allocation[75] gefällten Ent-

---

[70] GELTNER, MILLER, und SNAVELY beziehen sich auf die hier weniger betrachteten eigengenutzten Immobilien. Die genannten Eigenschaften Inflationsschutz, einzigartige Risiko-/Renditerelation, relativ geringe Volatilität und niedrige Korrelationen zu anderen Asset-Klassen werden auch für andere Immobilientypen angenommen. Vgl. Geltner, David u.a., HEITs, 1995, S. 71; Lusht, Kenneth, Real Estate Pricing, 1988, S. 98. Siehe auch die Beiträge von Fisher, James; Sirmans, C.F., Role, 1994; Eicholtz, Piet u.a., Portfolio Diversification, 1995; Froot, Kenneth, Hedging Portfolios, 1995; Ziobrowski, Brigitte; Ziobrowski, Alan, Mixed-asset portfolios, 1997; Liang, Youguo; McIntosh, Willard, Diversification Benefits, 1999; Hoesli, Martin, Rôle de l'immobilier, 2000.

[71] Vgl. Clarke, Roger G., Asset Allocation, 1992, S. 303.

[72] So reklamieren GELTNER, MILLER, und SNAVELY eine geringe Korrelation zwischen den eigengenutzten und gewerblichen Immobilienanlagen. Vgl. Geltner, David u.a., HEITs, 1995, S. 71. Siehe auch die Beiträge von Miles, Mike, McCue, Tom, Diversification, 1984; Hartzell, David u.a., Diversification, 1986; Firstenberg, Paul u.a., The Whole Story, 1988; Wurtzebach, Charles, Portfolio Management, 1994; Fisher, Jeffrey; Liang, Youguo, Sector Diversification, 2000. Vgl. Jandura, Isabelle; Rehkugler, Heinz, MPT, 2001, S. 134 und die dort angegebene Literatur.

[73] Vgl. Hartzell, David u.a., Regional Diversification, 1989, S. 23.

[74] Vgl. Patel, Kanak, Lessons, 1994, S. 347.

[75] Unter der strategischen Asset Allocation soll die Selektion verschiedener Asset-Klassen und Märkte auf langfristige Sicht verstanden werden. Im Gegensatz dazu umfasst die taktische Asset Allocation die Gewichtung einer Asset-Klasse innerhalb eines Multi-Asset-Portfolios bzw. die Auswahl einzelner Titel.

scheidungen lassen sich mit Derivaten zeitnah realisieren. Die Eröffnung einer Immobilienposition im Vermögensportfolio ist demnach genauso schnell möglich wie deren Schließung. Auf etablierten und liquiden Futuresmärkten kann der Asset-Mix innerhalb weniger Minuten in Millionenhöhe problemlos verändert werden.

Grundlage für die Verteilung verschiedener Asset-Klassen in einem Multi-Asset-Portfolio können die Überlegungen zur Portfolio Selection von H.M. MARKOWITZ sein.[76] Obwohl er sein Modell in Bezug auf die Verteilung von verschiedenen Aktien im Portfolio zur Veranschaulichung der Diversifikationseffekte schuf, lassen sich seine Überlegungen auf verzinsliche Wertpapiere, Immobilien und sonstige Finanzaktiva übertragen.[77]

Das Ziel liegt dabei in der Identifikation geeigneter Portfoliozusammenstellungen, welche Risiko und Rendite optimieren. Danach kann durch Kombination der Anlagen bei gegebenem Risiko ein höherer Ertrag erwirtschaftet werden, bzw. lässt sich bei gegebenem Ertrag das Risiko reduzieren. Die Diversifikationseffekte nehmen dabei mit geringen bzw. negativen Korrelationen unter den verschiedenen Anlagen zu.

Als Maß für die Bestimmung des Risikos wird in diesem Fall die Varianz der zukünftigen erwarteten Erträge genutzt.[78] Die Bestimmung dieses Risikos gestaltet sich durch die eingeschränkte Datenverfügbarkeit originärer Immobilienrenditen schwierig. Für ein, wenn auch eingeschränkt repräsentatives, Abbild der allgemeinen Immobilienrenditeentwicklung in Deutschland könnte die über Jahrzehnte stetige Wertentwicklung offener deutscher Immobilienfonds herangezogen werden. Die durchschnittlichen Volatilitäten erreichen maximale Werte von ca. 1-2%.[79] Inwieweit die Renditen offener Immobilienfonds hingegen als Repräsentant für originäre Immobilienrenditen dienen können, soll im 3. Abschnitt geklärt werden.[80] Bessere

---

[76] Siehe die grundlegenden Arbeiten: Markowitz, H.M., Portfolio Selection, 1952 und Markowitz, H.M., Portfolio Selection, 1959.
[77] Vgl. Seiler, Michael u.a., Diversification Issues, 1999, S. 163.
[78] Das Maß der Varianz als Risikoindikator ist strittig, da kontinuierlich fallende bzw. negative Renditen nach dieser Definition ein geringeres Risiko darstellen als stark schwankende positive.
[79] Siehe Tabelle 8.
[80] Siehe Punkt 3. Abschnitt:C.III.b) des 3. Abschnitts.

Indikatoren des Immobilienmarktes sind direkte Immobilienindizes, deren Eigenschaften im zweiten und dritten Abschnitt untersucht werden.

Entscheidend für den Diversifikationseffekt von Immobilienanlagen im Rahmen der Asset Allocation eines Multi Asset Portfolios ist die geringe bis leicht negative Korrelation von Immobilien zu Aktien und Renten.[81] Somit kommt der Immobilienanlage im Multi-Asset Portfolio eine stabilisierende Wirkung zu. WEBB, CURCIO und RUBENS stellten für eine lange historische Zeitreihe zwischen 1947 und 1983 bereits signifikante Verbesserungen der Renditen bei geringerem Risiko durch die Integration verschiedener Immobilientypen in einem Multi Asset Portfolio fest.[82] Gerade für die Konzeption der Vermögensportfolios risikoaverser Anleger ergeben sich durch die Integration von Immobilien erhebliche Spielräume.

Der Immobilienmarkt ist kein einheitlicher Markt, sonder ein Aggregat vieler sich gegenseitig beeinflussender Teilmärkte, die z.B. nach Region, Immobilientyp, Alter, Qualität, Vertragsform etc. zu unterscheiden sind. Die einzelne Direktinvestition in eine Immobilie deckt damit immer nur einen dieser Teilmärkte ab. Zum Aufbau eines diversifizierten Portfolios müssen also zahlreiche Investitionen mit den damit verbundenen Transaktions- und Informationsbeschaffungskosten vorgenommen werden. *Die Investition „in einen Index" bzw. „in den Markt" über das Medium des Derivats umgeht diese Nachteile und bietet somit die Rendite-/Risikoeigenschaften des gesamten Marktes, soweit der zugrundeliegende Index diesen entsprechend reflektiert.* D.h., dass der Diversifikationseffekt ebenso wie der Absicherungseffekt der Immobilienderivate von der Korrelation zwischen immobilienbezogenem Underlying und Termininstrument abhängt. Mit der Investition in das Marktportefeuille umgeht der potenzielle Investor des Immobilienderivats im Sinne des Modells das unsystematische bzw. einzelobjektbezogene Risiko.

---

[81] MAURER u.a. stellen leicht negative Korrelationen von -0,07 zwischen deutschen Immobilien und Aktien fest. Zwischen Immobilien und festverzinslichen Wertpapieren ermitteln sie eine Korrelation von -0,48. Vgl. Maurer, Raimond u.a., Immobilienindizes, 2000, S. 10.

[82] Vgl. Webb, James R. u.a., Diversification Gains, 1988, S. 445f., vgl. auch Ziering, Barry; McIntosh, Will, Core Real Estate, 1997, S. 16.

Immobilien verfügen als Anlageklasse über weitere Vorteile, so z.b. *Inflationsschutz* gegenüber Renten und Aktien und finden daher trotz der Beschränkungen Eingang in die Asset Allocation der Anleger.[83] Der Inflationsschutz lässt sich schlüssig durch die häufigere Nachverhandlung bzw. Indexierung von gewerblichen Mietverträgen erklären. Steigen die allgemeinen Lebenshaltungskosten langfristig an, wird durch die Kopplung des Mietvertrages an einen Lebenshaltungskostenindex ein realer Einnahmeverlust ausgeglichen.

Bekanntermaßen ist der Immobilienmarkt der voluminöseste Kapitalmarkt,[84] trotzdem sind v.a. institutionelle Investoren paradoxerweise in dieser Asset-Klasse kaum vertreten.[85] Um die Vorzüge der Anlageklasse Immobilie für breitere Anlegerkreise nutzbar zu machen, sind flexiblere Instrumente vonnöten, die in Form von immobilienbezogenen Derivaten realisierbar wären. Der Diversifikationseffekt und die Inflationsschutzeigenschaften der Immobilien in Verbindung mit der theoretischen Flexibilität sollten demnach ein Beweggrund für den Handel dieser synthetischen Immobilienanlageprodukte sein.

Eine optimale Streuung eines Kapitalbetrages verlangt eine Aufteilung auf viele verschiedene Anlageklassen. Aufgrund der finanziellen Größe von Immobilien ist die Aufteilung eingeschränkt. Großobjekte erreichen Volumina von mehreren hundert Millionen Euro. Mit Immobilienderivaten kann auch dieses Problem umgangen werden, da die Größenaufteilung wesentlich flexibler ist. D.h., Immobilienderivate bieten im Sinne einer *Losgrößentransformation* Vorteile durch erhöhte Teilbarkeit des Anlagebetrages.

---

[83] Immobilien bieten mehreren Untersuchungen zufolge einen gewissen Schutz vor Inflation. Vgl. z.B. Miles, Mike; Mahoney, Joseph, Inflation Hedge, 1997, S. 45. Vgl. Fußnote 64.

[84] Vgl. Punkt 2. Abschnitt:A.I des 2. Abschnitts.

[85] Versicherungen (und im Speziellen Lebensversicherungen) investieren als bisher relativ aktive Immobilieninvestoren, immer weniger Kapital in diese Asset-Klasse. Die Gesamtinvestitionen der Versicherungen in Immobilienvermögen beträgt nur 4,5% . Betrachtet man nur direkt gehaltene Immobilien, haben Versicherungen zur Zeit nur 2,6% in Immobilien angelegt. Vgl. GDV, Jahrbuch, 2002, S. 129.

c) Synthetische Immobilienanlage zur Verringerung der Transaktionskosten

Mit Hilfe etablierter Derivate lassen sich Anlageprodukte des Kapitalmarktes synthetisch nachbilden. Mit dem Kauf eines Aktienindexfutures errzielt man die Performance eines dem Index nachempfundenen Aktienportfolios ohne im Besitz desselben zu sein. Man vermeidet damit aufwendige Transaktionen bei der Portfolioumschichtung und kann kurzfristig und kostengünstig Anpassungen vornehmen. Der Handel eines bestimmten Anlagevolumens mit physischen Objekten verursacht Transaktionskosten (Notar, Makler, Steuern...), welche diejenigen um ein Vielfaches übersteigen, die bei der Transaktion des gleichen Volumens über die derivative Anlageform entstünden. Neben dem Kostenaspekt spielt die nötige Zeit zur Ausführung der Transaktionen bei Immobilien eine entscheidende Rolle. Transaktionen physischer Objekte oder ganzer Portefeuilles lassen sich nicht zeitnah realisieren.

Derivate auf Immobilien bzw. auf entsprechende Indizes erlauben es dem Investor, in den Immobilienmarkt zu investieren und damit entsprechende Risiken zu übernehmen, ohne direkt auf dem Grundstücksmarkt aktiv werden zu müssen. Der Vorteil liegt damit offen: *die Umgehung der direkten Transaktion erlaubt ein zeitnahes Investment*, so dass strategische und taktische Ziele adäquat umgesetzt werden können. Die dem Immobilienmarkt inhärenten Besonderheiten und Nachteile gegenüber dem Kapitalmarkt lassen sich somit teilweise ausschalten. Transaktionskosten und administrative Hindernisse sind bei der Investition über das Derivat im Vergleich zur Direktinvestition vernachlässigbar.[86]

Mit immobilienbezogenen Futures, Optionen oder Swaps könnte ein Portfoliomanager also eine synthetische *Immobilien*anlage konstruieren, die in ihren Eigenschaften und Zahlungsströmen (mit der Ausnahme steuerlicher Gesichtspunkte) der einer direkten Anlage entspricht, ohne Immobilien besitzen zu müssen.[87]

---

[86] Vgl. Clarke, Rupert, Synthetische Immobilien, 1997, S. 45.
[87] Vgl. Gehr, Adam K., Applications, 1995, S. 1148.

Ein Grund für den Rückzug der institutionellen Investoren könnte in der aufwendigen Verwaltung der Immobilien liegen, der durch die indirekte Investition ausgeschaltet wird. Versicherungen und ähnlich risikominimal anlegende Institutionen wie Pensionsfonds können somit als potenzielle Nutzer bzw. Investoren von Immobilienderivaten identifiziert werden.[88]

Der Vorteil der Transaktionskostenverminderung bei diesen indirekten Immobiliengeschäften sollte dabei den Nachteil der beschränkten Marktabbildung durch das Derivat zumindest partiell aufwiegen. Ein funktionierender Immobilienderivatmarkt dürfte damit besonders aktiv vorgehende Portfoliomanager anziehen, da die Kosteneinsparung mit der Anzahl der getätigten Käufe und Verkäufe in unmittelbarem Zusammenhang steht.

d) Leverage Effekt

Unabhängig davon, welcher Futureskontrakt vom Trader gehandelt wird, kommt der Leverage Effekt zum Tragen. Dem Händler wird es über den Terminmarkt ermöglicht, mit geringen finanziellen Mitteln ein erheblich größeres Volumen als auf dem Kassamarkt zu handeln. Dieser Hebeleffekt entsteht durch den meist geringen Kapitaleinsatz, bezogen auf das Kontraktvolumen. Bei gehandelten Derivaten an Terminbörsen liegt dieser Betrag (Margins) im einstelligen Prozentbereich, so dass mit jeder eingesetzten Geldeinheit ein Vielfaches davon gehandelt werden kann.

Der Leverage Effekt beim Handeln von Futures und Optionen ist ein wichtiger Vorteil in Bezug auf die herkömmliche Investition in Immobilien. Es kann mit einem Bruchteil des sonst nötigen Kapitalvolumens an der Wertentwicklung von Immobilien partizipiert werden.

C. Handelbarkeit der Immobilienperformance

Betrachtet man Immobilienderivate als abgeleitete Anlage- und Risikomanagementinstrumente, so stellt sich die Frage nach der (kompletten) Handelbarkeit der immobilienverbundenen Renditen und Risiken.

---

[88] THOMAS argumentiert im Hinblick auf die „bequeme" Investitionsmöglichkeit der Immobilienderivate, durch welche die institutionellen Investoren an der Wertentwicklung des Immobilienmarktes teilhaben könnten, ohne die Nachteile des Direktbesitzes in Kauf nehmen zu müssen. Vgl. Thomas, Guy R., Indemnities, 1996, S. 39.

Der Einsatz derivativer Instrumente zu Absicherungszwecken erfolgt vielfach mit der Intention, Risiken (oder Renditen) vollständig zu übertragen. Handelbare Derivate beziehen sich jedoch meist auf *systematisch* bedingte Markteinflüsse, d.h. *Markt*risiken und -renditen stehen im Vordergrund. Hedginginstrumente für individuelle oder unsystematisch bedingte Performancebestandteile sind zwar durch bestimmte Derivatgattungen (Optionen auf Einzelaktien) verfügbar, für den Großteil der Instrumente gilt dies jedoch nicht. Demzufolge sind nur bestimmte Teile der Renditen bzw. Risiken der zugrundeliegenden Basisinstrumente übertragbar.

I. Renditen

Zur Ermittlung der Kapitalkosten und damit zur Berechnung erwarteter Renditen von Wertpapieren existiert das weit verbreitete „Capital Asset Pricing Model" (CAPM), welches auf Überlegungen der Portfoliotheorie nach Markowitz zurückgreift. Die zu erwartende Rendite eines Papiers bzw. Portfolios setzt sich dabei aus zwei bzw. drei Bestandteilen zusammen und kann vereinfachend folgendermaßen formuliert werden:[89]

Erwartete Rendite = risikolose Verzinsung + Betafaktor * Preis des (systematischen) Marktrisikos

Gleichung 1: **Bestimmung der erwarteten Rendite**

Das Risiko wird über die Standardabweichung bzw. Varianz der erwarteten Renditen definiert. Der Betafaktor repräsentiert die Abhängigkeit eines Titels oder Portefeuilles vom Gesamtmarkt und bestimmt die erwartete Rendite maßgeblich.[90]

Derivate beziehen sich häufig auf einen Index. Der Index stünde im obigen Modell für den Markt, da er ein Portfolio aus Einzeltiteln bzw. Einzelrenditen/-risiken repräsentiert und durch deren Aggregation systematische Veränderungen widerspiegeln soll.

---

[89] Vgl. Albrecht, Peter; Maurer, Raimond, Risikomanagement, 2002, S. 260 und Hielscher, Udo, Investmentanalyse, 1996, S. 79.

[90] Der Betafaktor beschreibt das Verhältnis vom systematischen Risiko des Titels zum Marktrisiko und ermittelt sich durch Division der Kovarianz (Rendite des Titels, Rendite des Marktes) durch die Varianz (Rendite des Marktes). Vgl. Albrecht, Peter; Maurer, Raimond, Risikomanagement, 2002, S. 259.

Die Umsetzung der Motive Hedging und Trading mit einem indexverbundenen Derivat ließe sich demnach auch nur für den Bestandteil der Immobilienperformance realisieren, der *systematisch*, also marktbedingt ist. Die unsystematisch verursachten Risiken bzw. Renditen sind nur über individuelle Absprachen zwischen Vertragspartnern übertragbar („Moral Hazard-Problem").

II. Risiken

Die Höhe des Risikos eines Portefeuilles, welches durch ein (Gegen-) Geschäft mit marktbezogenen Derivaten abgesichert werden kann, hängt demzufolge vom Verhältnis zwischen systematischem und unsystematischem Risiko ab. Ist nur noch unsystematisches Marktrisiko durch hohe Diversifikation enthalten, dürfte sich das Portefeuillerisiko entsprechend gut mit Derivaten beeinflussen lassen.

Ein Portfolio aus Aktien oder Renten weist durch die Mischung bereits einiger weniger Titel ein relativ geringes unsystematisches Risiko auf. Für die Verringerung des unsystematischen Risikos auf ein vergleichbares Niveau in einem Immobilienportfolio sind weit mehr „Titel" bzw. Objekte nötig. Die Heterogenität von Immobilien verursacht ein hohes Maß individuellen Risikos in einem Portfolio, auch wenn mehrere Objekte enthalten sind.[91]

Werden Immobilien demnach als eine Anlageklasse verstanden, die auch in Portefeuilles unsystematisches Risiko enthalten und dieses in der Regel nicht mit Derivaten übertragen werden kann, so verbleibt stets ein Restrisiko beim Hedging. D.h., der nicht übertragbare Teil der Immobilienrisiken verbleibt beim Investor.

Der Handel von verschiedenen Assets auf den Kapitalmärkten kann als ein Handel mit verschiedenen Risiken verstanden werden. Investoren übernehmen auf diesem Markt demzufolge Risiken von den Verkäufern des jeweiligen Vermögensgegenstandes. Ausgehend von der Portfolio Theorie nach MARKOWITZ erfordert eine erwartete Rendite eines Wertpapiers bzw.

---

[91] Vgl. Brown, Gerald, Matysiak, George, Property indices, 1995, S. 32 und die Ausführungen im Punkt 3. Abschnitt:A.II.a) im 3. Abschnitt.

eines Portfolios die Übernahme eines entsprechenden, an der Varianz der Renditen gemessenen Risikos. Werden über den Handel von Aktien unternehmerische Risiken ausgetauscht, stellt sich die hier interessierende Frage nach der Übertragbarkeit von immobilienbezogenen Risiken. Zum Verständnis der verschiedenen Risiken soll ein Überblick über systematische und unsystematische Risiken gegeben werden. Die Auflistung erhebt keinen Anspruch auf Vollständigkeit, zudem existieren zahlreiche Überschneidungen. Sie erleichtert jedoch das Verständnis der Systematik.

Systematische Risiken	Unsystematische Risiken
Volkswirtschaftliche Risiken	Standortrisiken der Gemeinde
Konjunkturrisiko Zinsänderungsrisiko Währungsrisiko	Wirtschaftskraft
	Mietniveau
Mietniveaurisiko	Infrastruktur
Soziodemografische, sozioökonomische Risiken	Soziodemografische, sozioökonomische Risiken
Umweltrisiken	Objektrisiken
Politisch-rechtliches Risiko	Entwicklungsrisiken
Kulturrisiko	Bewertungsrisiken
Auslandsrisiko	Nutzungsrisiken
	Ertragsausfallrisiken
	Verwertungsrisiken

Tabelle 1: Systematisierung von immobilienverbundenen Risiken[92]

Die Empfindung von Risiken ist individualspezifisch. Das jeweils wahrgenommene Risiko bei einer Immobilieninvestition ist im Hinblick auf die potenzielle Bereitschaft zur Nutzung von Immobilienderivaten grundlegend. Hinsichtlich der *Bedeutung* verschiedener risikoerzeugender Aspekte

---

[92] Vgl. die Grafik bei Wellner, Kristin, Immobilien-Portfolio-Management, 2003, S. 22. Vgl. auch Geurts, Tom; Jaffe, Austin, Risk and Real Estate, 1996, S. 123.

bei Immobilien ergibt sich laut einer Umfrage der britischen Investment Property Databank (IPD) des Jahres 1999 für Immobilieninvestoren die nachstehende Rangfolge von risikoinduzierenden Faktoren:[93]

1. Einnahmenstruktur,
2. Qualität des Vertragsverhältnisses,
3. Wirtschaftliche Überalterung (Nutzungsdauer),
4. Liquidität,
5. Lage,
6. Managementaspekte,
7. Volkswirtschaftliche Einflussfaktoren,
8. Gesamt(immobilien)marktfaktoren,
9. Kontaminationen / Umweltaspekte,
10. Lokale (Immobilien-) Marktfaktoren,
11. Sektor,
12. Renditeniveau, Renditeveränderung,
13. *Markt-, Portfolio-, Objektvolatilität,*
14. Diversifikationsaspekte,

...

An erster Stelle stehen Risiken, die durch Unsicherheiten bei den Einnahmen aus Immobilien entstehen.[94] Die Volatilität von Immobilien, die man gewöhnlich als quantitatives Risikomaß nutzt, wird als „weniger riskant" betrachtet, obwohl diese als Folge schwankender Einnahmen gesehen werden kann.

Allerdings ist das Risikoempfinden häufig subjektiv geprägt. So werden bestimmte Vermögensklassen als höher riskant eingestuft, obwohl dafür keine höheren Renditen erwartet werden.[95] Theoretisch gleich riskante Anlagen werden demzufolge unterschiedlich wahrgenommen. Die verstärkte Wahrnehmung von Risiken ist eine Voraussetzung für die Nachfrage von

---

[93] Die Auflistung ist nicht vollständig und umfasst weitere 43 Risikokriterien. Die Angaben in Klammern entstammen vom Autor. Vgl. IPD, Risk, 1999, S. 4.
[94] Diese Aussage deckt sich mit den Ergebnissen der Umfrage von Hübner, Roland, Immobilienderivate, 2002, S. 68 und 71.
[95] Vgl. Worzala, Elaine u.a., Risk Perceptions, 2000, S. 165.

Risikomanagementinstrumenten wie den zu untersuchenden Immobilienderivaten.

Die Einflüsse auf Mieten und Preise von Immobilien, die durch marktbedingte Risiken hervorgerufen werden, lassen sich prinzipiell mit Immobilien(index-)derivaten übertragen. Der über abzusichernde Immobilien verfügende Investor muss demnach feststellen, ob sein Portefeuille mehr von diesen systematischen oder unsystematischen Einflüssen bestimmt wird und eine Entscheidung über den Einsatz der Instrumente treffen.

Die Risikotransferfunktion rückt dabei v.a. auf dem Terminmarkt in den Vordergrund, der die unmittelbare Übertragung von Risiken auf andere Marktteilnehmer ermöglicht. Der Terminmarkt fungiert daher als Intermediär zwischen Risikoüberträger und -übernehmer.

Im Folgenden soll auf bisher umgesetzte Immobilienderivate eingegangen werden. Diese können wertvolle Anhaltspunkte für die Marktfähigkeit dieser Produkte liefern.[96]

D. Realisierte Immobilienderivate

I. Börsenmäßig gehandelte Instrumente

Die einzigen real verwirklichten Derivate an einer Terminbörse waren Futures auf Immobilienindizes, die an der London Futures and Options Exchange (London FOX)[97] 1991 gehandelt wurden. Man konstruierte Futureskontrakte auf vier verschiedene, monatlich ermittelte, immobilienbezogene Basiswerte in Großbritannien:[98]

---

[96] Ein Überblick findet sich bei Schulte, Karl-Werner u.a., Immobilienökonomie, 1998, S. 75-77.
[97] Die London FOX wurde in London Commodity Exchange (LCE) umbenannt. An ihr wurden Futures und Optionen auf diverse Waren wie Kakao, Zucker, Weizen etc. gehandelt. 1996 fusionierte die LCE mit der London Financial Futures and Options Exchange (LIFFE). Der Handel an der nunmehr fusionierten Börse wird durch das London Clearing House (LCH) sichergestellt.
[98] Vgl. Roche, Julian, Property Futures, 1995, S. 174. Vgl. auch die Ausführungen im 3. Abschnitt: Verwendbarkeit vorhandener Immobilienindizes und bei Hübner, Roland, Immobilienderivate, 2002, S. 41-43.

1. IPD-Capital Growth Index,
2. IPD-Rental Growth Index,
3. Nationwide Anglia House Price Index (NAHP),
4. London FOX Mortgage Interest Rate.

Neben den gewerblichen IPD-Immobilienindizes, welche die Veränderung der Verkehrswerte und der Mieteinnahmen berücksichtigen, bezieht sich der NAHP-Index auf hedonisch ermittelte Wohnimmobilienpreise. Beim letztgenannten Basiswert handelt es sich um einen durch die Börse ermittelten Hypothekenzinssatz.

Transaktionen in diesen Finanztiteln ließen sich jedoch nur für kurze Zeit durchführen, da ihr Handel wenige Monate nach deren Einführung ausgesetzt wurde. Der Grund hierfür lag im Bekannt werden einer künstlichen Umsatzunterstützung durch die Terminbörse.[99] Der Handel in den Kontrakten hatte zunächst nicht die Resonanz bei den Marktteilnehmern erzeugt, die von der Terminbörse erhofft wurde. Bereits zur Zeit der Einführung bestanden Zweifel über das Gelingen des neuen Marktes, obwohl bei der Einstellung verstärkt Interessen aufkamen.[100]

Es stellt sich dabei die Frage, worin die mangelnde Umsatztätigkeit in diesen bis dahin einzigartigen Kontrakten begründet ist.

Die Neuartigkeit und das Unwissen über ein derart konstruiertes Finanzprodukt kann als eine Ursache für das Fernbleiben der relevanten Investoren genannt werden.[101] Darüber hinaus bezog sich der NAHP-Immobilienindexfuture auf Preisentwicklungen von Wohnimmobilienbeständen, die bis dato kaum in das Bewusstsein institutioneller Investoren rückten. Der Wohnimmobilienmarkt galt bzw. gilt als besonders illiquide, intransparent und mit zahlreichen praktischen Problemen, wie Mieterverwaltung etc., behaftet, so dass kaum Interessen für Engagements bestanden.[102]

---

[99] Vgl. Case, Karl u.a., Index-Based Futures, 1993, S. 83.
[100] Vgl. o.V., Bricks, 1991, S. 94.
[101] Vgl. Featherstone, James, Real Estate Derivatives, 1997, S. 9.
[102] Vgl. Thomas, Guy R., Indemnities, 1996, S. 47.

Zur Analyse der potenziellen Funktionsfähigkeit eines (börsengehandelten) derivativen Instruments für Immobilien müssen demnach auch mögliche Hindernisse angesprochen werden. Diese liegen vor allem dann vor, wenn die noch zu analysierenden Voraussetzungen, die für das Zustandekommen eines solchen Marktes für die Anlageklasse Immobilien benötigt werden, nicht erfüllt sind. Hauptsächlich sind dabei die mancherorts fehlende Volatilität und Unvorhersehbarkeit der Marktentwicklungen oder deren Wahrnehmung zu nennen. Diese verhindern das Entstehen eines genügend großen Interesses für Absicherungs- und Spekulationszwecke. ROCHE nennt für das Scheitern der London FOX-Kontrakte eine Vielzahl von möglichen Gründen:[103]

1. Geringe Liquidität der Kontrakte, die Marktpreise verzerrt
2. Individualpositionen sind selten durch Indizes abgedeckt
3. Eingeschränkte „Hedgewirkung" der Kontrakte
4. Verminderte Wahrnehmung von Immobilienmarktrisiken und fehlende Volatilität - kaum „Hedgeinteresse"
5. Einseitige Markterwartungen
6. Ungenügende Aktualität (monatliche Indexermittlung)
7. Eingeschränkte Arbitragemöglichkeiten
8. Unkenntnis über die Funktionsweise und „fair value"
9. Hohe Risiken durch zum Teil sehr lange Laufzeiten der Kontrakte (bis zu drei Jahre)
10. Totalinnovation auf einem konservativ geprägten Markt – Widerstände der Marktteilnehmer (Chartered Surveyors)
11. Rezession der damaligen Zeit
12. Technische Probleme.

Die Gründe des Scheiterns sind der Ansatzpunkt, die wichtigsten Anforderungen für die Existenz eines derivativen Marktes für Immobilien in den folgenden Abschnitten zu untersuchen. *Ziel ist es dabei, zu prüfen, ob elementare und unveränderbare Marktbedingungen oder lediglich beeinflussbare technische Voraussetzungen für einen derivativen Immobilienmarkt fehlen, die das Entstehen bisher verhindern.*

---

[103] Vgl. Roche, Julian, Property Futures, 1995, S. 98 und 105-107.

Die zu erfüllenden Anforderungen sind davon abhängig, welche Kontraktformen unter Derivaten verstanden werden. Für außerbörsliche (OTC) Derivate gelten zum Teil geringere Erfordernisse als für börsenmäßig handelbare.

II. Außerbörslich gehandelte Instrumente

Die Unterscheidung in börslich und außerbörslich gehandelte Derivate ist nicht immer überschneidungsfrei. So finden sich Kontraktformen, die primär als außerbörslich zu beschreiben sind, allerdings auch standardisierte Elemente aufweisen und somit in gewissem Maße handelbar sind.

Zu diesen Kontrakten zählen die „Property Index Forwards" (PIFs) und „Property Index Certificates" (PICs)[104], die von Barclays Bank ebenfalls in London eingeführt wurden.[105] Wie die Namensbestandteile andeuten, handelt es sich um Immobilienindex-Forwardkontrakte und -zertifikate. Forwards zählen üblicherweise zu den nicht standardisierten, individuell vereinbarten Derivaten, die daher nicht selbst gehandelt werden können. Die vorliegenden Kontrakte sind jedoch ähnlich standardisiert wie an Terminbörsen verfügbare Futureskontrakte und können daher fortlaufend gehandelt werden. Der Handelsplatz wird dabei von der Emittentin übernommen, die im Regelfall als Vertragspartner auftritt und damit die Rolle einer Clearingstelle einnimmt.

PIFs und PICs beziehen sich wie die London FOX-Kontrakte auf die durch IPD ermittelten Indizes (jährlicher IPD-Capital Growth Index bzw. Total Return Index). Beide Kontraktformen können als mäßig erfolgreich angesehen werden. Ihr mittlerweile langes Bestehen deutet auf eine gewisse Akzeptanz derivativer Immobilieninstrumente.

Neben den PIFs startete Reuters in Kooperation mit institutionellen Investoren eine Initiative, handelbare OTC - Immobilienderivate zu konstruieren.[106] Es sollten den PIFs ähnliche Kontrakte angeboten werden, aller-

---

[104] 1999 wurde beispielsweise die dritte Emission der PICs in Höhe von 500 Mio. brit. Pfund an den Markt gebracht, vgl. Westrup, Lydia, Immobilienindex, 1999, S. 53.
[105] Sie werden heute von Aberdeen Property Investors Ltd. (API) angeboten.
[106] Vgl. Lane, James, Property Service, 1996, o.S.

dings auf den weniger breiten, monatlichen und sektorspezifischen IPD-Indizes.[107] Das wurde Projekt allerdings nicht verwirklicht.

Zu den bisher umgesetzten Immobilienderivaten zählen ebenso abgeschlossene Immobilienswaps, die beispielsweise von den amerikanischen Investmentbanken Morgan Stanley und Bankers Trust initiiert wurden. Der intransparente Markt der Swapgeschäfte erschwert eine detaillierte Analyse vollzogener Transaktionen. Daher kann bezüglich der Immobilienswaps nur auf deren grundsätzliche Funktionsweise eingegangen werden.[108]

---

[107] Vgl. Featherstone, James, Real Estate Derivatives, 1997, S. 9.
[108] Vgl. zu allen Kontraktformen die Ausführungen im Konstruktion der Kontrakte.

2. Abschnitt: Anforderungen an funktionierende Immobilienderivate

Die Entwicklung von Derivaten mit Immobilienbezug hat bisher nicht die Dynamik anderer Derivate erfahren.[109] Dies hängt vornehmlich mit fehlender Transparenz, geringer Aktualität und verzögerter Veröffentlichung von Immobilienmarktdaten zusammen. Ein aktiver Sekundärmarkt benötigt repräsentative Daten eines ausreichend großen Kassamarktes, ein adäquates Messinstrument für die Volatilität und Meinungsunterschiede zwischen Käufern und Verkäufern, die einen Handel garantieren.[110]

Bei der Untersuchung von Immobilienterminprodukten werden daher im Folgenden

- Anforderungen und Voraussetzungen für den Derivathandel aufzeigt,
- ihr Grad der Erfüllung/Erfüllbarkeit der Voraussetzungen festgestellt,
- Schwächen identifiziert und
- im nächsten Abschnitt Strategien zur Lösung diskutiert, die zum Erfolg bzw. Misserfolg führen können.

Das Entstehen derivativer Märkte wird an verschiedene Voraussetzungen geknüpft.[111] An dieser Stelle sollen nur die für Immobilienderivate relevanten untersucht werden.[112]

Wenn Voraussetzungen bzw. Anforderungen für den terminbörslichen Handel mit Immobilienderivaten analysiert werden sollen, können bestehende Kontrakte auf ihre Eigenschaften und das Handelsinteresse der Marktteilnehmer untersucht werden. Liegen diesbezügliche Erkenntnisse vor, lassen sich Rückschlüsse auf zukünftige Produktinnovationen wie immobilienbezogene Terminkontrakte ziehen.

---

[109] Eine Grundlagenarbeit zu Immobilienderivaten findet sich bei Case, Karl u.a., Index-Based Futures, 1993. Siehe die Arbeit von Hübner, Roland, Immobilienderivate, 2002. Vgl. auch Case, Karl u.a., Mortgage Default Risk, 1996.
[110] Vgl. Lizieri, Colin u.a., Financial Innovation, 2001, S. 25.
[111] Siehe dazu v.a. die Arbeit von Black, Deborah G., Success and Failure, 1986.
[112] HÜBNER nennt und analysiert auch weitere, nicht zu berücksichtigende Erfolgsfaktoren: vgl. Hübner, Roland, Immobilienderivate, 2002, S. 94ff.

Für die Messung der Erfolgsaussichten von derivativen Instrumenten für neue Märkte existiert kein eindeutiges Verfahren. Ein bestimmtes Niveau, bei dessen Erreichen ein Kontrakt als erfolgreich angesehen werden kann, wird stets subjektive Elemente aufweisen. Es muss daher ein Maßstab für den Erfolg eines Kontraktes festgelegt werden, der im langfristigen Bestehen der Kontrakte, in deren Handelsvolumen oder Open Interest liegen kann.[113]

Bezüglich der zu erfüllenden Anforderungen unterscheidet man hauptsächlich den „*commodity characteristics*" Ansatz und den „*contract characteristics*" Ansatz.[114] Der erste Ansatz definiert die Kassamärkte und Basisinstrumente bzw. deren Eigenschaften, die für Derivate in Frage kommen. Der zweite Ansatz bezieht sich auf die Spezifikationen der Kontrakte als die Faktoren für den Erfolg.[115] Auf die Elemente der Ansätze soll in den folgenden Abschnitten eingegangen werden.

Um die Entstehung und Entwicklung von innovativen Finanzprodukten zu analysieren, wird eine allgemeine marktbezogene und eine spezielle produktbezogene Sichtweise angewendet.[116]

A. Marktsicht

Die marktbezogene Sicht untersucht die wesentlichen Eigenschaften des Kassamarktes für derivative Instrumente, welche die Entstehung von Finanzinnovationen wie derivative Immobilienanlagen erklären soll.

I. Großer und liquider Kassamarkt

Die ausreichende Größe des Kassamarktes ist eine fundamentale Bedingung für das Funktionieren eines korrespondierenden Terminmarktes.[117]

---

[113] Siehe dazu die Ausführungen im Punkt 2. Abschnitt:B dieses Abschnitts.
[114] Vgl. Black, Deborah G., Success and Failure, 1986, S. 5und Pennings, Joost; Meulenberg, M., Developing Commodity Derivatives, 1999, S. 12. Vgl. auch die Beiträge von Silber, William, Innovation, 1981, S. 129f., Seevers, Gary, Comments, 1981, S. 157 und Carlton, Dennis, Futures Markets, 1984, S. 242.
[115] HÜBNER untersucht weitere Ansätze, die an dieser Stelle nicht weiter ausgeführt werden. Vgl. Hübner, Roland, Immobilienderivate, 2002, S. 77ff.
[116] Siehe auch Bakken, Henry, Futures trading, 1966, S. 19.

Diese Voraussetzung ergibt sich z.B. aus den genannten Handelsmotiven für Derivate. Absicherungsinteresse in großem absolutem Umfang kann nur bei einem entsprechend großen Volumen des jeweiligen Marktes entstehen. Je größer der Markt, desto mehr Marktteilnehmer können ein Absicherungs- oder auch Spekulationsinteresse besitzen.

Neben der absoluten Größe des Marktes spielt dessen Liquidität bzw. Handelsvolumen in einer bestimmten Zeitspanne eine wichtige Rolle in diesem Zusammenhang. Insbesondere für den Immobilienmarkt ist die Unterscheidung von Größe und Liquidität entscheidend, da hier die absolute Marktgröße nicht mit der Größe eines „Immobilienkassamarktes" als potenzielle Basis eines Immobilienterminmarktes betrachtet werden kann. Das Verhältnis des liquiden, d.h. überhaupt handelbaren Teil des Marktes im Vergleich zum Gesamtmarkt ist in Relation zu Wertpapiermärkten klein.

Als liquide soll ein Markt verstanden werden, der es erlaubt, auch größere Volumina eines Handelsobjektes in relativ kurzer Zeit abzugeben bzw. zu absorbieren in der Lage ist, ohne größere Preisveränderungen hervorzurufen. Dies kann nur geschehen, wenn eine ausreichende Anzahl von potenziellen Käufern und Verkäufern auf dem Markt ist, die zum Handeln bereit bzw. an der Übertragung oder Übernahme von Risiken interessiert sind.[118]

a) Wertpapiermärkte

Die Feststellung der Marktgröße ist auf den liquiden Wertpapiermärkten weniger kompliziert als auf dem Immobilienmarkt, obwohl zahlreiche Datenbeschaffungsprobleme vorherrschen. Es stellt sich lediglich eine Definitionsfrage, welchen Teil des Marktes man als den jeweiligen Kassamarkt i.e.S. betrachtet. Für den Aktienmarkt wäre einerseits der Ansatz der gesamten Marktkapitalisierung der in einem Index enthaltenen Aktien denkbar. Die Marktkapitalisierung gibt dabei den aktuellen Börsenwert des Un-

---

[117] Vgl. z.B. Janssen, Stefan, Kontraktdesign, 1993, S. 26; Black, Deborah G., Success and Failure, 1986, S. 9f. und die dort angegebene Literatur. Siehe auch Hübner, Roland, Immobilienderivate, 2002, S. 151ff.

[118] Vgl. Tsetsekos, George; Varangis, Panos, Derivatives Exchanges, 2000, S. 86, 90.

ternehmens an. Sie berechnet sich aus der Gesamtzahl der Aktien eines Unternehmens multipliziert mit dem aktuellen Kurs der Aktie.

Die folgende Tabelle zeigt die zu untersuchenden Basisinstrumente von gehandelten Derivaten der EUREX:[119]

Kontraktgegenstand	Marktgröße Mrd. €	Handelbare Marktgröße Mrd. €	Jahresumsatz Mrd. €
DJ EURO STOXX 50^{SM}	2.238	1.796	-
DJ STOXX 50^{SM}	3.337	3.054	-
DAX	727	445	883
MDAX	110	46	38
NEMAX	53	-	55
SMI	529	-	-
Dt. Gesamtmarkt Aktien	1.204	-	2.904
EURIBOR – Dt. Geldmarkt^{120}	215; 1.612; 357	-	-
REX (8;9;10-jährige)	ca. 152	-	-
REX (4;5;6-jährige)	ca. 157	-	-
REX (1;2;3-jährige)	ca. 200	-	-
REX (gesamt)	820	-	1.028
PEX (gesamt)	824	-	-
Dt. Gesamtmarkt Renten	2.349	-	1.170

Tabelle 2: Kassamarktgröße der EUREX-Terminkontrakte[121]

Andererseits sind nicht alle Aktien jederzeit handelbar, da der Streubesitz selten 100% erreicht. Transaktionen der Marktteilnehmer, so z.B. Arbitragegeschäfte, können i.d.R. nur mit diesem Teil der Aktien durchgeführt werden. Folglich ist der Ansatz der Marktkapitalisierung des Streubesitzes als Kassamarktdefinition am überzeugendsten, allerdings sind diese Daten

---

[119] Die EUREX Frankfurt AG entstand im Jahre 1998 aus dem Zusammenschluss der deutschen Terminbörse DTB und der schweizerischen SOFFEX.

[120] Schätzwert: Sichteinlagen; Termineinlagen von Banken und Nichtbanken bei allen Bankengruppen.

[121] Die Daten beziehen sich auf Ende 2001 bzw. das Gesamtjahr 2001. Quellen: STOXX Ltd., STOXX Indices, 2002, o.S.; Deutsche Börse, Indexranking, 2001, o.S.; Deutsche Börse, Monthly Index Ranking, 2002, o.S.; Deutsche Börse, Monthly Statistics, 2002, o.S.; SWX, Monthly Report, 2002, o.S.; Deutsche Bundesbank, Zeitreiheninformationen, 2002, o.S.; Deutsche Bundesbank, Anleihen, 2002, o.S.; Deutsche Bundesbank, Bundesobligationen, 2002, o.S.; Deutsche Bundesbank, Bundesschatzanweisungen, 2001, o.S.; Deutsche Bundesbank, Kapitalmarktstatistik, 2002, S. 26, 27, 48. Siehe Anhang 1.

nicht immer problemlos zugänglich. Mit dieser Festlegung wird auch der Aktienindexgestaltung der Deutschen Börse AG entsprochen.[122]

Für den Deutschen Aktienindex DAX ergibt sich auf der Basis der Daten Ende 2001 eine Gesamtmarktkapitalisierung von ca. 727 Mrd. € und eine Streubesitzkapitalisierung von ca. 445 Mrd. €. Eine weitaus höhere Kapitalisierung und damit größeren Kassamarkt weisen die europäischen Aktienindizes der STOXX-Familie auf. Für die angegebene Jahresliquidität resp. -umsatz sind Daten verschiedener Quellen verwendet worden. Dies ist aus Vergleichszwecken prinzipiell problematisch. An dieser Stelle interessiert jedoch lediglich eine Größenordnung, um Schlussfolgerungen für Immobilienmärkte als potenzielle Basiswerte für Derivate ziehen zu können. Für den deutschen Gesamtaktienmarkt gibt die Deutsche Bundesbank einen Gesamtumsatz für das Jahr 2001 von knapp drei Billionen Euro an, so dass der Gesamtwert der Aktien im Jahr mehr als zweimal gehandelt wird. Nach Angaben der Deutschen Börse AG liegen die Werte des DAX bei einem Umsatz von ca. 883 Mrd. €.

Wenn von den genannten Größenordnungen ausgegangen werden kann, wird das gesamte Kapital auf liquiden Aktienmärkten im Laufe eines Jahres zumindest einmal umgesetzt, wobei für einen Futureshandel ein *absolutes* jährliches Umsatzvolumen von ca. 50 Mrd. € (Neuer Markt Indizes) auszureichen scheint (kleinstes Kassamarkt-Umsatzvolumen eines gehandelten Futures).

Eine ähnliche Betrachtung bietet sich für die deutschen Bundesanleihen, Bundesobligationen und Bundesschatzbriefe an, die als Underlying der EUREX-Kapitalmarktprodukte fungieren. Für die Bedienung bzw. Lieferverpflichtung aus den Terminkontrakten sind wiederum nur bestimmte Papiere mit definierten Laufzeiten zugelassen, so dass der Kassamarkt wiederum nicht durch die Gesamtzahl der im Umlauf befindlichen Bundeswertpapiere bestimmt ist, sondern durch einige wenige lieferbare Anleihen. Die Angabe eines Streubesitzes, ähnlich wie bei Aktien, ist hingegen kaum möglich. Der Anteil der festverzinslichen Wertpapiere, die einem regen Handel unterliegen, dürfte jedoch zumindest nicht 100% er-

---

[122] Vgl. Deutsche Börse, Monthly Statistics, 2002, o.S.

reichen. Dies kann zu Mangelerscheinungen bei Lieferverpflichtungen aus Terminkontrakten führen.

Aufgrund des nicht eindeutig definierbaren Preises von Staatsanleihen ist für die Kapitalmarktprodukte ein physischer Ausgleich eines Kontraktes bei Laufzeitende vorgesehen, d.h. es erfolgt kein Barausgleich wie bei den Aktienindex- oder Geldmarktzinskontrakten. Die physische Lieferung erfordert die genaue Angabe der Papiere, die akzeptiert werden und einen Preisfindungsmechanismus, mit dem die zugelassenen Anleihen mit verschiedenen Laufzeiten und Kupons in gleichwertige Aktiva umgewandelt werden können. Dies geschieht mit einem Umrechnungsfaktor, der im Falle des BOBL-Futures die Anleihen der Laufzeit zwischen 4,5 und 5,5 Jahren auf eine Verzinsung von 6% basiert.[123]

Da diese Anpassung Mängel aufweist, existiert immer eine günstigste lieferbare Anleihe, die sogenannte „Cheapest To Deliver (CTD)". Wenn der Umlauf dieses Papiers gering ist, kann es z.b. durch Monopolisierungsversuche von Banken zu Engpässen dieser Anleihen, die aus Lieferverpflichtungen aus Short-Positionen von Futureskontrakten resultieren, kommen.[124] Somit entsteht aus dem voluminösen Markt der Staatspapiere ein zeitweise enger Kassamarkt für die Kapitalmarktfutures. Strebt die Bundesregierung in Zukunft einen ausgeglichenen Haushalt an, dürfte die Kreditaufnahme und damit der Korb lieferbarer Staatsanleihen für Kapitalmarktfutures schrumpfen.

Die Angabe des Geldmarktvolumens ist schon allein aufgrund der undifferenzierten Abgrenzung des Marktes komplexer, zudem lassen sich die Interbankengeschäfte dieses Laufzeitsegments schwierig beziffern. Die angegebenen Größen sollen wiederum als Richtgrößen dienen.

Die Bedeutung der Marktgröße für die Etablierung börsengehandelter Derivate zeigt sich auch bei den Immobilienaktien. Die verminderte Bedeutung dieser Aktiengattung in Europa hat bisher keine nennenswerten Anstrengungen, mit Ausnahme von Optionsscheinen, in dieser Hinsicht hervorgebracht.

---

[123] Vgl. EUREX, Produkte, 2000, S. 27.
[124] Vgl. Jeanneau, Serge; Scott, Robert, Engpass, 2001, S. 37.

Immobilienmarktindikator	Marktgröße Mrd. €	Handelbare Marktgröße Mrd. €	Jahresumsatz Mrd. €
Offene Immobilienfonds	55,9	55,9	-
DIMAX	13,6	ca. 2,7	-
EPIX 50	64,2	-	-
EPRA-Index	65,3	-	-
NAREIT-Index	172,1	-	-

Tabelle 3: Kassamarktgröße indirekter Immobilienmarktindikatoren[125]

Vor allem die durch den Index DIMAX repräsentierten deutschen Immobilienaktien leiden unter einer geringen Wahrnehmung. Im Gegensatz dazu ist der Handel von terminbörslichen Optionen auf die amerikanischen REIT-Indizes seit geraumer Zeit möglich. Hier ist eine wesentliche höhere Marktkapitalisierung vorhanden und es ist von höheren Streubesitzquoten auszugehen. So werden Optionen an der Chicago Mercantile Exchange bzw. Chicago Board Options Exchange auf den S&P REIT Index und den DJ Equity REIT Index gehandelt.

Es stellt sich an dieser Stelle die Frage, warum es keine Derivate auf europäische Immobilienaktienunderlyings gibt. Auf alleiniger Basis der Marktgröße könnten Derivate auf die europäisch ausgerichteten Immobilienaktienindizes etabliert werden. Hinderlich ist in diesem Zusammenhang weiterhin die vorherrschende verminderte Wahrnehmung dieser Aktienklasse mit der Ausnahme der amerikanischen und britischen Gesellschaften. Dazu trägt vor allem die nur kurze Historie bei. Reine Immobilienaktiengesellschaften existieren bei weitem nicht so lange wie dies bei anderen Industriezweigen in dieser Rechtsform der Fall ist.[126]

b) Immobilienmärkte

Da der Immobilienmarkt der größte Bereich des Kapitalmarktes ist,[127] scheint die Bedingung der ausreichenden Kassamarktgröße auf den ersten Blick erfüllt zu sein, für die Liquidität muss das nicht zwangsläufig gelten.

---

[125] Die Daten beziehen sich auf Ende 2001 bzw. das Gesamtjahr 2001. Quellen: BVI, Fondsvermögen, 2002, o.S.; Bankhaus Ellwanger und Geiger, Titelliste DIMAX, 2002, o.S.; Bankhaus Ellwanger und Geiger, Titelliste EPIX, 2002, o.S.; EPRA, EPRA Indices, 2002, o.S.; NAREIT, NAREIT Indices, 2002, o.S. Vgl. Schreier, Matthias, Immobilienaktiengesellschaften, 2002, S. 158. Siehe Anhang 1.

[126] Vgl. Plewka, Torsten, Immobilienaktiengesellschaften, 2000, S. 2f.

[127] Vgl. z.B. Deutsche Bundesbank, Monatsbericht Januar 1999, S. 42f.

In diesem Zusammenhang spielt die ausgeprägte Regionalität dieses Marktes eine erhebliche Rolle. Die Veräußerung eines breit gestreuten Immobilienportefeuilles dürfte in entsprechend ausreichender Zeit ohne weitere Einflüsse auf das allgemeine Immobilienpreisniveau möglich sein, der Verkauf eines ähnlich großen Portefeuilles auf einem regional beschränkten Markt wird hingegen nicht ohne Auswirkungen bleiben. Liquiditätswirksam sind ebenso ausgeprägte Marktzyklen. In Boomphasen („hot markets") sind die Märkte fähig, größere Volumina aufzunehmen, in rezessiven Phasen ist die Liquidität der Immobilienmärkte häufig „ausgetrocknet".[128]

Bei der Messung der Marktkapitalisierung zu realistischen Werten ergeben sich vor allem beim Immobilienmarkt beträchtliche Schwierigkeiten. Laut Volkswirtschaftlicher Gesamtrechnung beziffert sich die Gesamtgröße des Immobilienmarktes im Jahr 2001 auf ca. *8.349 Mrd. €* zu Wiederbeschaffungspreisen, wobei die Werte des Grund und Bodens noch nicht erfasst sind.[129] Das Gesamtvermögen gliedert sich grafisch wie folgt auf:[130]

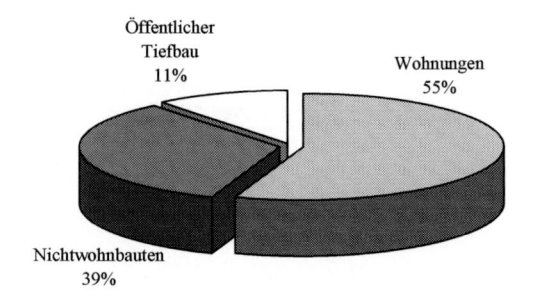

Abbildung 3: Gesamtvolumen des Immobilienmarktes

Das bundesdeutsche Immobilienvermögen liegt überwiegend in privater Hand. Ob es vollständig als Kassamarkt für potenzielle Immobilienderivate angesehen werden kann, ist fraglich, da ein Großteil nicht als Anlagegegenstand gesehen und selten gehandelt wird. Für viele Unternehmensimmobilien, unabhängig ihres Typs, dürfte zudem das gleiche gelten. Die

---

[128] Vgl. Krainer, John, Theory of Liquidity, 2001, S. 32; Krainer, John, Real Estate Liquidity, 1999, S. 14 und den Beitrag von Clayton, Jim, Market Efficiency, 1998.
[129] Vgl. Statistisches Bundesamt, Jahrbuch, 2001, S. 659.
[130] Die Verhältniszahlen in der Grafik beziehen sich auf die Angaben für das Jahr 1995.

Investitionsmotive der Privaten sind häufig mit Emotionalität und Prestigegründen verbunden. Daraus ergeben sich keine rationalen Entscheidungen, die für eine Klassifikation als Anlagegegenstand nötig sind.

Mit den Wiederbeschaffungspreisen wird ein sachwertähnlicher Wertansatz durch das Statistische Bundesamt gewählt. In der Studie des DIW, die sich nur auf das private Immobilienvermögen für das Jahr 1995 bezieht, wird genauer zwischen Sach-, Ertrags- und Verkehrswerten unterschieden. Dabei liegt der an dieser Stelle wichtige Ansatz des *Verkehrswertes* näher am *Sachwert* als am *Ertragswert*, so dass bezüglich der Wohnbauten ein guter Schätzwert für diesen Immobilienteilmarkt angenommen werden kann. Wohnimmobilien befinden sich vorzugsweise in privatem Besitz, die v.a. bei den häufigen eigengenutzten Immobilien meist mittels des Sachwertverfahrens beurteilt werden. Auf Basis des *Verkehrswertes* ergibt sich für das Jahr 1995 ein Gesamtvermögen der privaten Haushalte von ca. 3.574 Mrd. €.[131]

Das Immobilienvermögen besteht zu einem nicht unwichtigen Teil aus Nichtwohnbauten, bei denen sich der Verkehrswert vermutlich mehr nach dem Ertragswert richtet.

Vor diesem Hintergrund und der hohen Bedeutung des Büroimmobilienmarktes in den aufgeführten deutschen „Immobilienhochburgen" ist der Bestand dieser Flächen in der folgenden Tabelle angegeben. Um den Markt dieser physischen Flächen mit Wertpapiermärkten vergleichbar zu machen, sind monetäre Größenangaben erforderlich. Aufgrund mangelnder Daten in Sekundärquellen wird deshalb mit Hilfe des vereinfachten Ertragswertverfahrens ein potenzieller Verkehrswert geschätzt.

---

[131] Vgl. Bach, Stefan; Bartholmai, Bernd, Immobilienvermögen, 1998, o.S. Zum Vergleich: Die Preise zu Wiederbeschaffungspreisen liegen 2001 zu 22% über denen des Jahres 1995. Bei gleicher Veränderung der Verkehrswerte wäre im Jahr 2001 also von ca. 4.360 Mrd. € Wohnimmobilienermögen auszugehen.

Marktsicht 51

Immobilienmarktindikator - national	Bestand		Umsatz
Gesamtimmobilienmarkt Wert	Mrd. €		Mrd. €
Gesamt	8.349		143
Nichtwohnbauten (ohne Tiefbau)	3.256		40
Wohnbauten	4.649		103[132]
Fläche	Mio. m²	Mrd. €	*Mio. m² (Vermietung)*
Wohnfläche	*3.202*	-	-
Büroflächen	*335*	-	-
Einzelhandelsflächenbestand	*107,5; 39*[133]	-	-
Gewerbegrundstücke	*2.589*[134]	-	-
Großstädte			
Büroflächenbestand Citylagen			
Berlin	*17,2*	36,4	*0,48*
Düsseldorf	*4,9*	10,7	*0,32*
Frankfurt	*10,2*	37,7	*0,57*
Hamburg	*11,8*	26,2	*0,52*
Köln	*6,2*	11,1	*0,16*
Leipzig	*3,2*	3,5	*0,08*
München	*12,0*	33,1	*0,73*
Stuttgart	*6,1*	12,3	*0,24*
Summe	*71,6*	170,9	*3,1*
		Marktgröße Mrd. €	Umsatz Mrd. €[135]
DIX		25,1	2,2
Handel		2,2	0,2
Büro		15,3	1,1
Wohnen		3,2	0,3
Gemischt Handel/Büro		1,2	0,1
Sonstige Nutzungen		3,1	-

Tabelle 4: Größen von deutschen Immobilienteilmärkten[136]

---

[132] Summe der jährlichen Umsätze an Wohnimmobilien (Grundstücke und Gebäude), gewerblichen Immobilien (Nichtwohngebäude und Bauland für gewerbliche Objekte) und sonstigen unbebauten Grundstücken (i.d.R. Flächen für die Land- und Forstwirtschaft sowie für den Gemeinbedarf). Die Angaben basieren auf Daten des Jahres 1998 und beziehen sich größtenteils auf Transaktionen im Objektbestand, vgl. GEWOS, Immobilienmarkt, 2002, o.S. Siehe Anhang 1.

[133] Großstädte über 100.000 Einwohner.

[134] Bestand in Gewerbeparks, vgl. Jones Lang LaSalle, Gewerbegebiet Report, 2001, S. 12.

[135] Transaktionsvolumen, welches in Bezug auf den Portfoliowert berechnet wurden. Die Verhältniszahlen entstammen dem Jahr 1999 und wurden auf die 2000er Zahlen bezogen.

Dabei wird vom Bodenwert an dieser Stelle abstrahiert, obwohl sich die gemessenen Flächen vermutlich auf relativ höherwertigen Grundstücken befinden, d.h. es ist in der Realität durchgängig von höheren als den angegebenen Verkehrswerten auszugehen.

Diese Vorgehensweise ähnelt durch die gemeinsame Betrachtung von Gebäuden und Grundstücken den angelsächsischen Wertermittlungsverfahren, bei denen keine grundsätzliche Trennung bei der Bewertung erfolgt.[137]

Ertragswert = Reinertrag * Vervielfältiger

Gleichung 2: Vereinfachtes Ertragswertverfahren[138]

Ausgehend von den Büroflächenbeständen der aufgeführten Städte (Daten der Bulwien AG) wurde eine durchschnittliche Miete angesetzt und durch Multiplikation der Rohertrag der Flächen ermittelt. Pauschal für alle Städte wurde ein Anteil der nicht umlegbaren Bewirtschaftungskosten von 20% des Rohertrages sowie eine durchschnittliche Restnutzungsdauer von 30 Jahren veranschlagt. Mit der Restnutzungsdauer und den aktuellen Liegenschaftszinssätzen lassen sich regionalspezifische Vervielfältiger für dieses Immobiliensegment bestimmen, die schließlich durch Multiplikation mit den um die Bewirtschaftungskosten verminderten Roherträge näherungsweise zu Verkehrswerten führen.

An diesem Punkt wird die Regionalität des Marktes deutlich. Bei der Konstruktion eines relativ homogenen Basiswertes, der für die großen Bürostandorte angenommen werden könnte, schrumpft der Gesamtwert resp. Kassamarkt der enthaltenen Immobilien beträchtlich. *Dennoch bleibt abso-*

---

[136] Die Daten beziehen sich auf das Jahr 2000 bzw. 2001. Datenquellen: Bulwien AG, GEWOS GmbH, DID, DIX Deutscher Immobilien Index, 2002, o.S., GfK Prisma, German Retail Network, 2002, S. 7, Statistisches Bundesamt, Jahrbuch, 2001, S. 244, 659; DID; Bulwien AG, Immobilienmarkt, 2000, eigene Berechnungen. Sieh Anhang 1. Vgl. auch die Berechnungen und Angaben im Frühjahrsgutachten des „Rates der Immobilienweisen" für den deutschen Markt: 3,8 Bio. € privates Haus- und Grundvermögen, Anzahl Wohneinheiten 38 Mio., Wert des gesamten deutschen Immobilienbestandes 7,14 Bio. €, vgl. o.V., Milliardenbranche, 2003, S. 4.

[137] KLEIBER u.a. geben pauschalierte Bewirtschaftungskosten für Verwaltung, Instandhaltung und Mietausfallwagnis von Büro- und Geschäftsgebäuden mit einer sehr breiten Spanne von 12,5% bis 40% an. Für die zu schätzenden Objekte wird von relativ geringen Bewirtschaftungskosten ausgegangen und deren Höhe mit 20% veranschlagt; vgl. Kleiber, Wolfgang u.a., Verkehrswertermittlung, 1998, S. 2149.

[138] Vgl. Kleiber, Wolfgang u.a., Verkehrswertermittlung, 1998, S. 1417.

lut gesehen ein Markt mit einem großen Volumen erhalten. Die geringe absolute und relative Umsatzleistung des Marktes drückt sich in der Vermietungsleistung aus. Prinzipiell dürften Neuvermietungen häufiger stattfinden als konkrete Veräußerungen der gleichen Flächen, d.h. die Umsatzhäufigkeit in diesem Sinne wäre dann noch geringer. Das Volumen bei einer Veräußerung eines Objektes ist wiederum weitaus größer, allerdings bei geringer Liquidität.

Vergleichbar ist dieser Umstand mit der Situation am Aktienmarkt, bei dem es zu sogenannten Block Trades kommen kann. In diesem Fall wird zu einem Zeitpunkt ein großes Volumen gehandelt, von Liquidität über einen längeren Zeitraum kann damit allein hingegen nicht ausgegangen werden.

Für den britischen Wohnimmobilienmarkt stellt GEMMILL ein interessantes Verhältnis zwischen der Anzahl der Wohnhaustransaktionen und der Transaktionen von Staatsanleihen fest. Für das Jahr 1989 beziffert er erstere mit 1,8 Millionen und einem Volumen von 106 Milliarden Pfund Sterling, letztere mit 0,5 Millionen Transaktionen und einem Volumen von 264 Milliarden Pfund Sterling. Aufgrund dieses Verhältnisses und des regen Handels mit Futures auf britische Staatsanleihen sieht er die Bedingung der Mindestgröße dieses Immobilienteilmarktes bzw. der Mindestanzahl der Transaktionen resp. Mindestliquidität für erfüllt an.[139]

Als weiteres Indiz für die Größe des Kassamarktes, für den potenziell Immobilienderivate in Frage kommen könnten, lässt sich zunächst das institutionell gehaltene Immobilienvermögen identifizieren. Selbst in diesem Segment sind jedoch keine zuverlässigen Angaben über den Umfang des Marktes möglich, so dass eine Bestimmung nur durch die Verwendung von Hilfsgrößen möglich ist. So basiert die folgende Übersicht auf verschieden berechneten Zahlen aus verschiedenen Perioden. Aufgrund der mangelhaften Verfügbarkeit besserer Daten muss jedoch darauf zurückgegriffen wer-

---

[139] Vgl. Gemmill, Gordon, Futures Trading and Finance, 1990, S. 198.

den. Zur Verdeutlichung der Marktgröße und zum Vergleich der verschiedenen Anteile ist die Angabe jedoch ausreichend aussagekräftig:[140]

- Versicherungen und Pensionskassen
  Geschätzter Verkehrswert: ca. 46 Mrd. €
- Geschlossene Immobilienfonds
  Investitionsvolumen: ca. 108 Mrd. €
- Offene Immobilienfonds
  Verkehrswerte: ca. 50 Mrd. €
- Ausländische Investoren
  Geschätzte Verkehrswerte: ca. 18 Mrd. €
- Immobilienleasinggesellschaften
  Anschaffungswerte: ca. 48 Mrd. €
- Immobilienaktiengesellschaften
  Marktkapitalisierung: ca. 11 Mrd. €

Das Gesamtvermögen des so definierten institutionell gehaltenen Immobilienvermögens beläuft sich in der Summe auf ca. 246 Mrd. € im Jahr 2000 und teilt sich grafisch wie folgt auf:

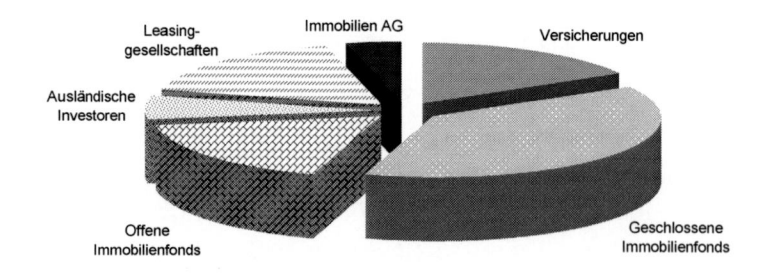

Abbildung 4: **Immobilienanlagen institutioneller Investoren von ca. 246 Mrd. € (2000)**[141]

---

[140] Vgl. DID, Offene Immobilienfonds, 2000, S. 3f. und DID; Bulwien AG, Immobilienanlagen, 2003, S. 45.
[141] Vgl. DID, Offene Immobilienfonds, 2000, S. 5f.

Die Angaben des Volumens des institutionell gehaltenen Immobilienvermögens darf nicht mit dem zu Anlagezwecken gehaltenen verwechselt werden, welches wiederum erheblich größer ist.[142]

Die Messung der Größe des jeweils relevanten *Kassamarktes im engeren Sinne*, als Größe des Kassamarktes, welcher dem Underlying eines potenziellen Immobilienderivats entspricht, gestaltet sich für den Immobilienmarkt schwierig. Wird ein Immobilienindex als Basisinstrument eines Immobilienderivats genutzt, müsste derjenige Teil des angesprochenen Marktes untersucht werden, der durch den Index noch ausreichend repräsentiert wird. Dies könnte beispielsweise ein regionaler oder typspezifischer Teilmarkt sein.

Die erfassten Daten durch einen Index können nur ein Anhaltspunkt für die Größe des Kassamarktes sein, da kaum alle relevanten Objekte berücksichtigt werden können. Problematisch für die Messung der Kassamarktgröße über einen Immobilienindex ist z.B. die alleinige Erfassung institutionellen Immobilienanlagevermögens beim DIX. So gibt die DID Deutsche Immobilien Datenbank GmbH in neueren Schätzungen die Größe des institutionell geprägten Marktes mit ca. 265 Mrd. € an, die im Index erfassten Objekte belaufen sich auf 117 Mrd. €.[143]

Im Vergleich der Gesamtmarktgröße mit den im Index befindlichen Immobilien ist das Missverhältnis offensichtlich. Auf Grundlage der Daten nach VGR beläuft sich der Wert der Nichtwohnbauten auf 3.256 Mrd. €, die selbst nach Abzug des nicht zu Anlagezwecken gehaltenen Immobilienvermögens nicht mit den im Index enthaltenen Immobilien vergleichbar sind.

Die Situation wäre mit einem Aktienindex vergleichbar, in dem nur das Aktienvermögen institutioneller Anleger enthalten ist. Bekanntermaßen ist der Anteil des Immobilienvermögens institutioneller Anleger gering, so dass im Index auch nur geringe Volumina enthalten sind. Die Funktion des Index ist im Sinne dieser Arbeit jedoch nicht als Maßstab der Größe des Kassamarktes zu sehen, sondern als Wert- bzw. Preismaßstab. D.h., der

---

[142] Das zu Anlagezwecken gehaltene private Immobilienvermögen wäre hinzuzufügen.
[143] Vgl. DID, DIX Deutscher Immobilienindex, 2002, o.S.

Index soll „lediglich" die Wertentwicklung des Marktes abbilden, der durch die Auswahl der Immobilientypen und Regionen im Index definiert ist.

Zum Vergleich der nationalen Marktgrößen seien die verfügbaren Zahlen jedoch für den britischen und den US-amerikanischen Markt genannt.[144] Ein direkter Vergleich der Gesamtmarktgrößen zeigt einen nur geringen relativen Größenvorteil für den amerikanischen Markt. Zwar basieren diese Zahlen auf dem Jahr 1993, jedoch dürfte dieser Markt den deutschen bei gleichen Berechnungsgrundlagen um ein Vielfaches übersteigen.

Immobilienmarktindikator - international	Bestand	Umsatz
Gesamtimmobilienmarkt USA Wert	Mrd. $	Mrd. $
Gesamt	12.835	-
Nichtwohnbauten	5.285	-
Wohnbauten	7.550	-
NCREIF Index	73	-
Gesamtimmobilienmarkt GB		
IPD-Index	126	-

Tabelle 5: Größen von internationalen Immobilienteilmärkten[145]

Neben der reinen Größe der Anlageklasse Immobilien spielt auch die Zahl und die Größe sowie die Professionalität der Marktteilnehmer eine entscheidende Rolle. Der Immobilienmarkt unterscheidet sich von Waren- oder Kapitalmärkten durch seine stark zersplitterte und einzelindividuelle Prägung, die sich auf die Struktur der auf dem Markt Handelnden niederschlägt. So existiert eine Vielzahl von Kleinanlegern und Selbstnutzern.

Professionell agierende und spekulativ ausgerichtete Anleger oder Händler sind auf dem Immobilienmarkt weit weniger vertreten als auf anderen Märkten mit existierenden derivativen Instrumenten. Dies ist prinzipiell nachteilig, da viele Marktteilnehmer keinen professionellen Umgang mit dem Gut vornehmen und keine Volumina erreichen, bei denen ein Interesse für entsprechende Derivate entstünde. Der Immobilienmarkt gilt nicht zu-

---

[144] Vgl. auch Miles, Mike u.a., Investment Markets, 1994, S. 41.
[145] Board of Governors of the Federal Reserve System, zitiert nach: Iversen, Edwin, Real Estate Indices, 2001, S. 341; Lizieri, Colin; Ward, Charles; Real Estate Returns, 2000, S. 4f.

letzt aus diesen genannten Gründen als ein sehr intransparenter Markt, auf dem tatsächliche Markt- und Preisverhältnisse nur schwer erkennbar sind.[146]

Zusammenfassend kann die Größe des Immobilienmarktes unabhängig von der Messung jedoch als ausreichend für einen Kassamarkt derivativer Instrumente angesehen werden.

II. Preisrisiken der Basisinstrumente

Sinnvoll erscheint die Einführung terminbörslich gehandelter Derivate beim Vorhandensein beträchtlicher Marktschwankungen,[147] die v.a. in Deutschland bezüglich der Wert- bzw. Preisentwicklung von Grundstücken in den vorangegangenen Jahrzehnten kaum auftraten. Ein stetig steigender oder auch fallender Markt veranlasst die Akteure nicht, über derartige Absicherungsmöglichkeiten nachzudenken, da die Prognostizierbarkeit der Marktentwicklung in diesem Fall ausreichend wäre und Marktakteure frühzeitig entsprechende Maßnahmen ergreifen könnten. Erst die in der letzten Dekade gehäuft auftretenden stärkeren Volatilitäten auf den Immobilienmärkten verursachen einen wachsenden Bedarf. So wird für einige Teilmärkte die Frage aufgeworfen, ob die „größte Spekulationsblase der Welt" entstünde.[148] Ein weiteres Beispiel stark schwankender Immobilienmärkte ist der japanische Markt der neunziger Jahre. Zwischen den Jahren 1992 und 1997 sind die Bodenpreise für gewerbliche Objekte um 70% und die Mieten um 40% gefallen.[149] Die weit verbreitete Ansicht, nach welcher sich der Immobilienmarkt mehr statisch bewege, kann nicht überall gelten.

Das Vorhandensein einer ausreichenden Anzahl von Spekulanten wird als ein wichtiger Erfolgsfaktor bei der Einführung von neuen handelbaren Terminkontrakten angesehen, da sie die Liquidität bereitstellen, die es den Hedgern ermöglicht, ihre Hedgepositionen schnell und zu relativ geringen

---

[146] Vgl. Gemmill, Gordon, Futures Trading and Finance, 1990, S. 199.
[147] Vgl. auch Hübner, Roland, Immobilienderivate, 2002, S. 124ff.
[148] Die Preise v.a. britischer Einfamilienhäuser sind im Jahr 2002 um über 20% gestiegen. In der Londoner Region haben sich damit die durchschnittlichen Preise in fünf Jahren verdoppelt. Die Gefahr eines scharfen Rückgangs der Preise sei nicht auszuschließen. Vgl. o.V., Immobilienpreise, 2002, S. 31 und o.V., Spekulationsblase, 2003, S. 23.
[149] Vgl. o.V., Japan, 1997, S. 1.

Transaktionskosten öffnen und schließen zu können.[150] Spekulanten werden jedoch nur bei einer adäquaten Volatilität Interesse an einem Markt zeigen, da die Wahrscheinlichkeit eines Gewinns mit der Stärke der Schwankungen zunimmt. Wie eingangs erwähnt, wird auch „der Hedger" nur bei entsprechenden Preisschwankungen seiner Vermögenspositionen Interesse an der Teilnahme am Terminmarkt zeigen.

Trotzdem wird die, relativ gesehen, geringe Schwankungsanfälligkeit immobilienbezogener Preise und Renditen häufig als einer der Hauptgründe für das bisherige Ausbleiben terminbörslicher Immobilienderivate angesehen. Die Konstanz in der Wertentwicklung ist gerade eines der Hauptmotive für eine Immobilieninvestition. Die zu geringe Variabilität der Preise vermag kein ausreichendes Interesse von kurzfristig handelnden Terminmarktinvestoren zu induzieren, die jedoch für eine hohe Liquidität und damit eine faire Preisbildung auf dem Terminmarkt nötig sind.[151] Diese Behauptung soll im Folgenden näher untersucht werden.

Im Gegensatz zu dieser schlüssigen Argumentation stellen HOLLAND und FREMAULT VILA zwar eine gewisse Gleichläufigkeit von Volatilität des Kassamarktes und dem Interesse von Futureshändlern, gemessen am Umsatzvolumen des dazugehörigen Futureskontraktes, fest, der Effekt ist jedoch nicht signifikant. Daher kann die Hypothese, nach der ein volatiler Kassamarkt Bedingung für einen erfolgreichen Futuresmarkt ist, nicht uneingeschränkt gelten.[152]

Der Zusammenhang zwischen den Kassavolatilitäten und dem Erfolg von börsengehandelten Terminkontrakten fand bereits Reflexion in der Literatur. HELWING und HÜBNER analysierten die Periode vor der Einführung neuer Kontrakte auf der Suche nach Gesetzmäßigkeiten, die als Anhaltspunkte für die Einführung neuer Terminkontrakte dienen können.[153] Dabei

---

[150] Vgl. Black, Deborah G., Success and Failure, 1986, S. 3.
[151] GELTNER, MILLER, und SNAVELY argumentieren im Hinblick auf eine zu schwache Schwankung bei eigengenutzten Wohnimmobilien. Ob die Volatilität der Wertentwicklung gewerblicher Immobilien hingegen ebenso zu gering für die Anziehung kurzfristig orientierter Marktakteure ist, bleibt an dieser Stelle offen. Vgl. Geltner, David u.a., HEITs, 1995, S. 73.
[152] Vgl. Holland, Allison; Fremault Vila, Anne, Successful Contract, 1997, S. 183.
[153] Vgl. Helwing, Bert; Hübner, Roland, Volatilität, 2000, S. 3.

wird eine Volatilitätserhöhung vor einer Terminprodukteinführung vermutet. Diesem Ansatz soll an dieser Stelle nicht gefolgt werden, vielmehr steht der Zeitraum der Koexistenz von Kassa- und Termininstrument im Vordergrund. Interessant ist dabei die Fragestellung, ob eine Veränderung der Volatilitäten der Kassapreise signifikante Änderungen im Absicherungs- oder Spekulationsinteresse der jeweiligen Marktteilnehmer erzeugen, die sich in einem veränderten Handelsvolumen niederschlägt. Zudem kommt der absoluten Höhe der Kassapreisschwankungen erfolgreicher Futureskontrakte im Vergleich zu dem hier interessanten Immobilienmarkt große Bedeutung zu.

Demgegenüber existieren auch Strategien mit Optionen, bei denen auf eine geringe Volatilität gewinnbringend spekuliert werden kann. Mit den bevorzugt betrachteten Futures ist das allerdings nicht möglich.

a) Volatilität

Steigende Immobilienindikatoren, wie Mietpreise und Verkehrswerte bzw. Transaktionspreise, können für die Akteure ebenso als Risiko aufgefasst werden, wie fallende. So können zukünftige Mieter oder Investoren von steigenden Preisen negativ beeinflusst werden, wenn eine zukünftige Investition/Anmietung geplant ist. In diesem Sinne ist die mittels der *Standardabweichung* oder Varianz berechnete Volatilität ein sinnvolles Risikomaß, da fallende und steigende Werte gleichermaßen auf das Risiko einwirken.

1. Empirischer Test der Basisinstrumente gehandelter Kontrakte

Für die Untersuchung gehandelter EUREX-Produkte und ihrer Underlyings werden folgende Terminkontrakte betrachtet:

Kontrakt	Underlying
DJ EURO STOXX 50^{SM}-Future	DJ EURO STOXX 50^{SM}
DJ STOXX 50^{SM}-Future	DJ STOXX 50^{SM}
DAX-Future	DAX
MDAX-Future	MDAX
SMI-Future	SMI
One-Month-EURIBOR-Future	Einmonats-EURIBOR (100% - EURIBOR Zinssatz)
Three-Month-EURIBOR-Future	Dreimonats-EURIBOR (100% - EURIBOR Zinssatz)
Euro-BUND-Future	Arithmetisches Mittel der 8-, 9-, und 10jährigen REX-Kursindizes
Euro-BOBL-Future	Arithmetisches Mittel der 4-, 5-, und 6jährigen REX-Kursindizes
Euro-SCHATZ-Future	Arithmetisches Mittel der 1-, 2-, und 3jährigen REX-Kursindizes
Euro-BUXL-Future	Keine adäquaten Indizes verfügbar.
Euro-Jumbo-Pfandbrief-Future	Arithmetisches Mittel der 4-, 5-, und 6jährigen PEX-Kursindizes

Tabelle 6: **Untersuchte EUREX-Kontrakte und Basiswerte**

Die Wahl des Underlyings für die Untersuchung der (Aktien-) Index- und Geldmarktprodukte (EURIBOR-Futures) unproblematisch, da sie real existieren und berechnet werden. Für die Kapitalmarktprodukte (BUND-, BOBL-, SCHATZ-Futures) muss erst ein Underlying konstruiert werden, da jeweils eine *fiktive* Anleihe mit fixierten Laufzeiten und Kupons als Underlying fungiert. So wird für den BUND-Future eine fiktive langfristige Schuldverschreibung der Bundesrepublik Deutschland mit 8½- bis 10½-jähriger Laufzeit und einem Kupon von 6% als Kontraktgegenstand angesetzt. Die Lieferverpflichtung des BOBL- und des SCHATZ-Futures unterscheidet sich nur in der Laufzeit von 4½ bis 5½ bzw. 1¾ bis 2¼ Jahren. Der Jumbo-Pfandbrief-Future hatte einen fiktiven 3½- bis 5-jährigen und ebenfalls mit 6% zu verzinsenden Pfandbrief zur Grundlage. Um den jeweils vollen Laufzeitbereich abzudecken, wurde das arithmetische Mittel der jeweiligen Kursindizes als Underlying für die Kapitalmarktprodukte berechnet.[154]

Ab dem 30.12.1998 erfolgte die Berechnung der den Geldmarktprodukten zugrundeliegenden EURIBOR-Zinssätze, für alle davor liegenden Datensätze wurden die laufzeitäquivalenten FIBOR-Zinssätze als Substitut ver-

---

[154] Vgl. EUREX, EUREX Produkte, 2001, S. 64; 68; 72.

wendet. Damit wird der Vorgehensweise bei der Angabe dieser Interbanken-Zinssätze durch die Deutsche Bundesbank (Datenquelle) gefolgt. Für die meisten Zeitreihen lagen aufgrund der problematischen Datenbeschaffung nur unterschiedliche Perioden vor. Der Vergleich der Zeitreihen mit verschiedenen Perioden ist suboptimal, soll jedoch zur Erreichung einer maximalen Ausschöpfung der vorliegenden Daten und damit zur bestmöglichen Qualität der getroffenen Aussagen in Kauf genommen werden.[155]

Für eine gemeinsame Basis würden teilweise nur unbefriedigend wenige Datensätze v.a. für die Jahresveränderungen zur Verfügung stehen. Zudem liegt die Beurteilung der Asset-Klassen an sich im Vordergrund. In der Mehrzahl der Fälle weichen die durchschnittlichen Volatilitäten zudem nicht wesentlich zwischen verschiedenen Perioden ab, so dass die Beurteilung und der Vergleich untereinander davon unberührt bleiben.

Zunächst erfolgt die Betrachtung der absoluten Höhe der Volatilitäten der Basisinstrumente gehandelter EUREX-Terminkontrakte. Die nachstehende Tabelle zeigt dabei die Volatilität der Preisveränderung auf Basis täglicher, monatlicher und jährlicher Veränderungen. Sie sind dabei als Mittelwert der in den Klammern angegebenen Spannen definiert. Das bedeutet für die monatlichen Veränderungen des DAX z.B. innerhalb eines Jahres eine minimale Volatilität von 3,39% und eine maximale von 8,21%, der Mittelwert aller so berechneten Volatilitäten beträgt schließlich 5,59%. Die Definition der Volatilität als Mittelwert mehrerer Volatilitäten hat einen tendenziell geringeren Wert zur Folge als über die direkte Berechnung über alle Monatsveränderungen.[156] Dies hat jedoch den Vorteil, dass verschieden lange Datenreihen besser miteinander zu vergleichen sind. Im Mittel wird die Standardabweichung einer Reihe von Monatsveränderungen mit der Länge zunehmen, der Durchschnitt von jeweils zwölf Datensätzen hin-

---

[155] Zu den verwendeten Perioden der Datensätze siehe Tabelle 32 im Anhang 1.
[156] Berechnet wurde so z.B. die durchschnittliche Volatilität der Monatsveränderungen des DAX über den Mittelwert aus 15 Einzelvolatilitäten (15 Datensätze von 1985-2000) mit dem angegebenen Wert 5,59%. Die Standardabweichung über alle Monatsveränderungen (15*12=192 Datensätze) beträgt demgegenüber 6,12%.

gegen weniger. Zudem dürfte die Schwankung mit einer Jahresperspektive für den Terminmarkt von größerem Interesse sein, als über Jahrzehnte.

Kontrakt	Volatilität (%) - tägliche Veränderungen	Volatilität (%) - monatliche Veränderungen	Volatilität (%) - jährliche Veränderungen
DJ EURO STOXX 50^{SM}	1,41 (0,57-3,31)	4,65 (3,50-5,70)	-
DJ STOXX 50^{SM}-	1,33 (0,48-2,65)	4,58 (3,39-5,18)	-
DAX	1,12 (0,28-3,90)	5,59 (3,19-8,21)	23,53
MDAX	0,80 (0,43-1,96)	4,53 (2,98-8,66)	19,80
SMI	1,15 (0,44-2,91)	4,71 (2,56-8,94)	19,51
One-Month-EURIBOR (FIBOR)	0,025 (0,001-0,207)	0,188 (0,107-0,426)	1,16
Three-Month-EURIBOR (FIBOR)	0,021 (0,000-0,090)	0,165 (0,104-0,251)	1,16
REX (8;9;10-jährige)	0,30 (0,09-0,82)	1,11 (0,63-1,44)	8,40
REX (4;5;6-jährige)	0,19 (0,07-0,39)	0,71 (0,29-0,96)	6,02
REX (1;2;3-jährige)	0,073 (0,000-0,146)	0,31 (0,13-0,38)	2,52
REX (gesamt)		0,94 (0,31-2,18)	4,84
REXP (gesamt)		0,94 (0,32-2,19)	5,20
PEX Kursindex (4;5;6-jährige)	0,12 (0,03-0,28)	0,72 (0,46-1,07)	5,15

Tabelle 7: Volatilitäten der Basisinstrumente von EUREX-Terminkontrakten[157]

Die Ergebnisse zeigen die erwartungsgemäße Tendenz niedriger Schwankungsbreiten bei den Underlyings der Geldmarktprodukte und den Kapitalmarktprodukten zugrundeliegenden Anleihen, die mit Hilfe der laufzeitadäquaten Rentenindizes ermittelt wurden. Die Aktienindexderivate weisen eine jeweils ähnlich hohe Schwankungsintensität auf, die beim wichtigsten deutschen Index DAX leicht erhöht ist. Für die Indizes der STOXX-

---

[157] Die Volatilität wurde mit der Standardabweichung gemessen. Eigene Berechnungen, Datenquellen: STOXX Ltd., Karlsruher Kapitalmarktdatenbank, SWX, Deutsche Bundesbank, Deutsche Börse AG, Bloomberg. Siehe Anhang 1.

Familie konnten aufgrund der erstmaligen Berechnung im Januar 1999 keine Volatilitäten auf Basis jährlicher Veränderungen angegeben werden. Der MDAX und die PEX-Indizes bewegen sich in ihrer Schwankungsbreite auf der vergleichbarer Indizes, so dass aus dieser Tatsache keine Annahmen aufgrund zu geringer Volatilitäten als Ursache der Future-Delistings resultieren.

Im Vergleich der relativ „stabilen" Rentenindizes zu den weit höher volatilen Aktienindizes muss die Forderung hoher Volatilitäten für den Erfolg von Terminkontrakten relativiert werden. Für den über das Handelsvolumen definierten Erfolg muss demnach lediglich eine gewisse Grenze oder Bandbreite erreicht werden, um einen Derivathandel zu etablieren. Zieht man den SCHATZ-Future als einen der erfolgreicheren Kontrakte heran, scheint eine Volatilität jährlicher Veränderungsraten von ca. 2,5% bereits angemessen, viele Marktteilnehmer zu einem Handel zu bewegen.

2. Empirischer Test potenzieller Immobilienmarkt-Basisinstrumente

Der Vergleich mit den absoluten Volatilitäten verschiedener Immobilienmarktindikatoren unterteilt sich in indirekte und direkte. Unter den indirekten sollen dabei Investitionsformen in Immobilien in Wertpapierform verstanden werden, sie dienen an dieser Stelle lediglich der Gegenüberstellung. Die Verwendungsfähigkeit als Maßstab der Wertentwicklung resp. Performance des Immobilienmarktes ist jedoch sehr eingeschränkt, als Bestandteil immobilienverbundener Investitionsmöglichkeiten und der Schaffung synthetischer Immobilienanlagen finden sie dennoch Eingang in die Untersuchung.

i) Indirekte Indikatoren

Die Renditen der deutschen offenen Immobilienfonds eignen sich aufgrund der zeitweise sehr hohen Anteile der nicht immobilienbezogenen Vermögensbestandteile im Sondervermögen nicht als Performance- oder Preismaßstab direkter Immobilienanlagen.[158] Zudem weisen sie eine sehr gerin-

---

[158] So ist es den offenen Immobilienfonds nach § 8 Abs. 3 KAGG gestattet, bis zu 49% des Sondervermögens in liquiden Anlagen zu halten, was zeitweise auch ausgeschöpft wurde.

ge Volatilität auf Jahresbasis auf und zeigten keine negativen Renditen im Zeitverlauf. Die offensichtlich vorliegenden Schwankungen des Immobilienmarktes spiegeln sich somit nicht ausreichend in der Wertentwicklung der Fondsanteilpreise wider. Eine Ursache dafür kann neben der benannten Liquiditätsanteilproblematik der Sondervermögen in der konservativen Bewertungspraxis und den Bewertungsspielräumen der Gutachter gesehen werden, so dass im Zeitverlauf geglättete Renditeverläufe entstehen. Zudem ist der Anteilwert kein durch Transaktionen induzierter Marktpreis, sondern ein durch die Institutionen offener Immobilienfonds festgelegter Wert.

Als besser geeigneter Vergleichsmaßstab soll dabei eine extrahierte Immobilienrendite der offenen Immobilienfonds dienen. Dabei wurde versucht, die Gesamtrendite der Sondervermögen um die Ergebnisbeiträge der Zinsanlagen zu korrigieren, um somit die Rendite der Immobilienanlagen zu erhalten und eine Immobilienindexrendite zu konstruieren.[159] Ist die Wertentwicklung des Sondervermögens und der jeweilige Anteil der Immobilien- und Zinsanlagen bekannt, lässt sich über die Extrahierung die Rendite der kurz-, mittel- und langfristigen Zinsanlagen über die benannten Geldmarkt- und Rentenindizes die Rendite des Immobilienanteils zeigen. Dabei wird allerdings eine Rendite der Zinsanlagen der offenen Immobilienfonds in Höhe des Marktniveaus unterstellt, die nicht immer der Realität entsprechen muss. Trotz des Verfahrens ist die Rendite und damit die Berechnung der Volatilität nur eingeschränkt als Benchmark für den gesamten Immobilienmarkt interpretierbar. Neben der erwähnten Bewertungsproblematik unterliegen die Sondervermögen einem aktiven Portfoliomanagement, d.h. je nach Fähigkeit des Managements befinden sich vorzugsweise hochrentierliche Objekte im Fondsvermögen, verlustbringende Objekte sollten veräußert werden. Einer passiven Indexnachbildung und damit einer Abbildung des durchschnittlichen Immobilienmarktes entspricht diese Vorgehensweise nicht. Daneben dürfte der zum Teil hohe Auslandsanteil der Fonds ebenfalls zu einer Glättung der Ergebnisse führen und die Re-

---

[159] Die Zeitreihe beruht auf den Ergebnissen eines Forschungsprojektes an der Universität Leipzig, vgl. Nowak, Michael, Wertentwicklung, 2001, S. 33; vgl. auch Maurer, Raimond u.a., Immobilienindizes, 2000, S. 8.

präsentativität bezüglich einer Volatilitätsbestimmung des deutschen Immobilienmarktes vermindern. Dies führt in der Zusammenfassung verschiedener Immobilienrenditen offener Immobilienfonds ebenso zu einer stets positiven Wertentwicklung auf Jahressicht und zu einer vergleichsweise niedrigen Volatilität von 2,18%.

Die als indirekte Immobilienmarktindikatoren angegebenen Immobilienaktienindizes können ebenfalls nur sehr beschränkt für Aussagen des Immobilienmarktes herangezogen werden. Gerade der deutsche Immobilienaktienmarkt befindet sich in einer im Vergleich zum beispielsweise britischen und amerikanischen Markt sehr frühen Entwicklungsphase. Große und börsennotierte Gesellschaften, die sich vorwiegend im innerdeutschen Immobiliengeschäft bewegen, sind kaum vorhanden. Der größte Anteil der im deutschen Immobilienaktienindex DIMAX vertretenen Gesellschaften wird durch einige wenige Titel bestimmt, die zum Teil ihren Hauptertragsanteil aus immobilienfremden Aktivitäten generieren. Die größten vier Aktiengesellschaften erreichen dabei mehr als 50% der Marktkapitalisierung des gesamten Index und sind außerdem über Beteiligungen eng miteinander verbunden. Dies widerspricht der Repräsentativitätsanforderung eines Index. Selbst wenn die Wertentwicklung der Aktien theoretisch genau der in der Gesellschaft befindlichen Vermögensgegenstände entspräche, kann nicht von einer Immobilienperformance und einer damit verbundenen Volatilität gesprochen werden.

Der häufig geäußerte Kritikpunkt der hohen Korrelation mit „sonstigen" Aktien, der den Rückschluss von Immobilienaktien auf die Immobilienperformance verhindert, ließ sich zwar nicht feststellen, eine hohe Korrelation zur Immobilienperformance besteht hingegen auch nicht.[160] Allein die absolute Höhe der Volatilität charakterisiert die Immobilienaktien eher als Bestandteil der Vermögensklasse Aktien und nicht als Repräsentant der Immobilienwertentwicklung.[161]

---

[160] Die Korrelationen der angegebenen Immobilienaktienindizes mit den klassischen Aktienindizes ist nahe Null und zum Teil leicht negativ.
[161] Vgl. den Punkt 3. Abschnitt:C.III.a) im 3. Abschnitt.

Trotz der angeführten Problematik sollen die Immobilienaktien als theoretisches Underlying betrachtet werden, da sie ein, wenn auch nur sehr indirektes, Medium für Immobilienanlagen darstellen. Aufgrund ihrer mehr aktientypischen Charakteristika gehen von ihnen weit weniger Probleme für die Verwendung als Basisinstrument eines Derivats aus.

Immobilienmarktindikator	Volatilität (%) - monatliche Veränderungen	Volatilität (%) - jährliche Veränderungen
Offene Immobilienfonds	-	1,86
Extrahierte Immobilienrendite	-	2,18
DIMAX	3,25 (0,63-6,05)	27,87
EPIX 50	3,48 (2,05-5,13)	22,69
EPRA-Index	3,06 (2,09-4,62)	21,80
NAREIT-Index	3,72 (1,47-9,66)	20,32

Tabelle 8: Volatilitäten indirekter Immobilienmarktindikatoren[162]

Die hohe Volatilität des deutschen Immobilienaktienindex DIMAX ist durch dessen eingeschränkte Repräsentativität als nicht sehr aussagekräftig zu bewerten. Schwanken die großen Werte erheblich, bedingen sie auch eine starke Schwankung im Index, obwohl die Mehrzahl der enthaltenen Aktien in der gleichen Periode eine stabile Entwicklung aufweisen kann.

Auf europäischer Ebene ist die Entwicklung des Immobilienaktienmarktes weiter als in Deutschland vorangeschritten, so dass die europäischen Indizes EPRA[163] und EPIX 50[164] auf ihre Volatilitätseigenschaften untersucht wurden. Das Schwankungsniveau beläuft sich durchweg mindestens auf dem der breiten Aktienindizes, bei denen ein Futures- und Optionshandel angeboten wird.

---

[162] Eigene Berechnungen mit Basis Ende 2001. Datenquellen: BVI, Bankhaus Ellwanger und Geiger, EPRA. Siehe Anhang 1.
[163] Verwendet wurde der EPRA-Return Index der European Public Real Estate Association.
[164] Der European Property Stock Index wird konzeptionell wie der DIMAX vom privaten Bankhaus Ellwanger und Geiger berechnet. Gegenüber dem EPIX 30 beinhaltet der verwendete EPIX 50 auch Gesellschaften aus der Nicht-Eurozone und damit auch den wichtigen britischen Markt.

Mit dieser Eigenschaft erfüllen die Immobilienaktien damit die Volatilitätsanforderungen hinreichend. Mit den EPRA- und den EPIX-Indizes könnten unter der Vernachlässigung der sonstigen Anforderungen demnach Terminkontrakte mit der auftretenden Volatilität bestehen können. Das bisherige Fehlen muss demnach andere Ursachen haben.

ii) Direkte Indikatoren

Für die Messung der Volatilität direkter Immobilienmarktindikatoren sind zahlreiche Varianten denkbar. Einerseits bietet die Entwicklung der *Mieten* einen zweckmäßigen Ansatzpunkt, der relativ starken Schwankungen unterliegt und somit Absicherungsbedarf induzieren könnte. Innerhalb dieses Indikators sind wiederum viele Untersuchungspunkte denkbar. Dabei kann von

1. Spitzen- oder Durchschnittsmieten,
2. Mieten aus Neuvertragsabschlüssen,
3. Brutto- oder Nettomieten,
4. Mieten nach Stadtzonen – City, City-Rand, Peripherie
5. oder Mieten nach Regionen bzw. verschiedenen Städten

ausgegangen werden.

Der Ansatzpunkt der Mietentwicklung erscheint vor dem Hintergrund typischer Interessen der Marktteilnehmer schlüssig, da es für zukünftige Vertragsabschlüsse für Mieter- und Vermieterseite von Interesse sein kann, gewisse Mietniveaus sichern zu können. Diesbezüglich sind die Neuvertragsmieten ein vergleichsweise aktueller Anzeiger von Veränderungen auf dem Markt. Ein Nachteil ist dabei allerdings in der geringen Marktabdeckung zu sehen, die über die Neuvermietungen erreicht werden.

Die Vermietung von Flächen geschieht zudem häufiger als die Veräußerung eines Objektes, so dass zumindest ein Teil eines Objektes seinen aktuellen Marktpreis offen legt. Dadurch kommt es zu häufigeren Anpassungen und besser beobachtbaren Volatilitäten bei einem potenziellen Terminkontrakt-Basisinstrument.

Andererseits bieten *Verkaufspreise* bzw. gutachterlich ermittelte *Verkehrswerte* einen Ansatzpunkt zur Messung der Immobilienmarktvolatilität. Aufgrund der häufig langfristigen Mietverträge sollte der ermittelte Verkehrswert der Immobilien systembedingt nicht den Schwankungen von Neuvertragsmieten unterliegen, da kurzfristige Mietniveauänderungen nicht in die Bewertungen einfließen, sondern nachhaltig erzielbare Mieterträge.[165] Die errechneten Volatilitäten zeigen jedoch eher das Gegenteil.

Ein verfügbarer Immobilientransaktionsindex dürfte demgegenüber höhere Volatilitäten aufweisen, da sich reale Marktpreise nicht zwangsläufig genau den Bewertungen anpassen müssen und kurzfristigere Marktbedingungen berücksichtigen können.

Die Mehrzahl der Kriterien bei den Mieten und Immobilienwerten lassen sich in einem nächsten Schritt auf verschiedene Immobilientypen anwenden, also Vermietungen im Büro-, Einzelhandels-, Industrie- oder Wohnimmobilienbereich.

Allein durch die Menge der möglichen Indikatoren und deren Kombinationsmöglichkeiten entsteht eine Vielzahl potenzieller Basisinstrumente, welche die Problematik der Derivate auf immobilienbezogene Underlyings zeigt. Die Interessen der Marktteilnehmer können durch viele Parameter berührt werden. Die Konzentration auf eine Einflussgröße zur Maximierung der Liquidität eines Kontraktes führt die Gefahr herbei, einen Großteil der Marktteilnehmer damit nicht anzusprechen.

Nationale Indikatoren

Die Auswahl der Daten der folgenden Übersicht der direkten nationalen Immobilienindikatoren erfolgte nach Datenverfügbarkeit. Für die Daten des *Deutschen Immobilienindex DIX* sind auffällig geringe Schwankungsbreiten festzustellen. Für alle Bestandsgrundstücke, die Eingang in den Index finden, tritt lediglich eine Volatilität jährlicher Veränderungen von 0,84% auf. Die Veränderungen der Verkehrswerte von Gewerbeimmobilien ergeben durchschnittliche Schwankungsbreiten von etwas mehr als

---

[165] Zumindest im Wertverständnis des deutschen Ertragswertverfahrens. Die britischen Ansätze zielen eher auf das höchste erzielbare Mietniveau.

1%. Die gleichmäßige Entwicklung kann in der bereits angeführten Bewertungsproblematik der offenen Immobilienfonds, die z.Z. die Hauptdatenlieferanten des Index darstellen, begründet sein. Eine konservative Bewertungspraxis muss sich neben der Gesamtfondsrendite auch in den Werten der einzelnen Immobilien widerspiegeln. Die Unterschiede zwischen den angegebenen Immobilientypen im Gewerbebereich sind vergleichsweise gering.

Einerseits ist jedoch die bisherige Datenqualität zu hinterfragen, die sich im Ursprung der Daten (Lieferant, Bewertung) und in der Marktabdeckung bemisst. Die den DIX berechnende Deutsche Immobiliendatenbank GmbH beziffert die Abdeckung des Index auf ca. 25% des relevanten Marktes und erreicht damit prinzipiell ein repräsentatives Niveau.[166] *Andererseits* mangelt es durch die lediglich jährliche Berechnung an ausreichender Aktualität, die für Terminmarktakteure nicht akzeptabel ist. Aufgrund der geringen Anzahl der Datensätze, die v.a. für die DIX-Daten vorlagen (1996-2000), sind keine Veränderungen der Volatilität im Zeitablauf messbar. Zudem ist die Aussagekraft dadurch gering.

Auffällig ist die auftretende höhere Volatilität der Verkehrswerte im Vergleich zu den nachhaltig erzielbaren Roherträgen (mit Ausnahme der gemischt genutzten Immobilien). Durch die Bewertung der Immobilien auf Basis des Ertragswertverfahrens werden Schwankungen der nachhaltig erzielbaren Mieteinnahmen geglättet, da diese nicht jede Schwankung aktueller Mietpreise einer Region nachzeichnen. Die empirischen Werte widersprechen jedoch dieser Annahme.

---

[166] Vgl. DID, DIX Deutscher Immobilien Index, 2002, o.S.

Immobilienmarktindikator - national	Volatilität (%) - jährliche Veränderungen		
	Total Return	Wertänderung	Änderung der Roherträge
DIX	0,84	1,05	0,42
Handel	0,82	1,06	0,97
Büro	0,95	1,08	0,44
Wohnen	3,10	3,23	1,49
Gemischt Handel/Büro	1,50	1,33	1,57
Bulwien Index Gewerbeimmobilien		4,34	
Bulwien Index Wohnimmobilien		3,56	
Büromieten Citylagen (Ø m²-Preis)		5,79	
Einzelhandelsmieten Citylagen (m²-Preis)		4,26	
Gewerbegrundstücke (m²-Preis)		4,84	
Wohnungsmieten Neubau		4,40	
ETW Kaufpreise (m²-Preis)		3,34	
Bulwien Büromieten Citylagen (Ø m²-Preis)			
Berlin		18,38	
Düsseldorf		7,37	
Frankfurt		8,98	
Hamburg		6,03	
Köln		7,83	
Leipzig		3,82	
München		9,66	
Stuttgart		5,57	
Spitzenmieten Büro, Frankfurt Bulwien AG		11,81	
DTZ Zadelhoff		11,67	
Atis Real Müller		11,38	

Tabelle 9: Volatilitäten direkter Immobilienmarktindikatoren (national)[167]

Entgegen den Erwartungen sind in diesem Beispiel auch die Veränderungsraten der Wohnimmobilien mit Abstand am volatilsten. Die in Deutschland anzutreffende restriktive Gesetzgebung zum Wohnimmobilien-Mietvertragsrecht erlaubt es den Vermietern nur unter bestimmten Voraussetzungen Mietpreiserhöhungen durchzusetzen. Damit wird eine

---

[167] Eigene Berechnungen, Datenquellen: Bulwien AG, DTZ Zadelhoff, Müller International. Siehe Anhang 1.

schnelle und flexible Marktanpassung und damit eine stärkere Schwankung verhindert.[168]

Auf Basis des DIX in seiner heutigen Form ist der Aufbau eines Terminkontrakthandels allein im Hinblick auf die ausgewiesenen Volatilitäten nicht zu erwarten.

Eine völlig verschiedene Indexkonstruktion und eine komplett andere Datenbasis führt bei den Marktindizes sowie den Miet- und Immobilienpreisangaben der *Bulwien AG* auch zu abweichenden Volatilitätsangaben. Die der Bulwien AG zur Verfügung stehenden Daten haben ihren Ursprung bei Maklern, Bauträgern, Banken und Gutachterausschüssen der jeweiligen Regionen, so dass auch reale Transaktionspreise in die Datenerhebung Eingang finden. Im Gegensatz zu den Daten der DID gibt die Bulwien AG Miet- und Preisniveaus der verschiedenen Objekt- und Standorttypen nicht über ein mathematisches Mittel unterschiedlicher Objekte an, sondern ermittelt zum Stichtag nachhaltig erzielbare Mietertrags- und Preisgrößen für spezielle Objekttypen.[169] Durch die bei der DID vorgenommene Mittelung vieler Daten ist tendenziell eine Verminderung der Schwankungen um den Mittelwert anzunehmen und die auftretende niedrige Volatilität zumindest ansatzweise zu erklären. Daneben ist die sehr konservative Anlagepolitik mit einer daraus folgenden risikominimierenden Investitionsstrategie ein weiterer Anhaltspunkt dafür.

Die Bulwien-Indizes für Gewerbe- und Wohnimmobilien erreichen eine Volatilität auf Jahresbasis, die sich im Rahmen der mittel- bis kurzfristigen Rentenindizes bewegt. Die regionale und zeitliche Basis dieser Immobilienindizes ist im Vergleich zum DIX wesentlich breiter, denn es werden seit 1975 neun Immobiliensegmente in 50 west- und seit 1992 in 10 ostdeutschen Städten miteinander verglichen. Die Städte sind nach ihrer Einwohnerzahl gewichtet, während die Immobilienarten gleichwertig behandelt werden.[170]

---

[168] So z.B. durch das Miethöhegesetz (MHG).
[169] Vgl. DID, Bulwien AG, Immobilienmarkt, 2000, S. 6.
[170] Vgl. Bulwien AG, Immobilienindex 1975 bis 2000, 2001, S. 2.

Die angenommene geringere Schwankungsanfälligkeit des Wohnimmobilienmarktes im Vergleich zu den gewerblichen Segmenten kann zwar mit den Bulwien-Indizes bestätigt werden, die Volatilitätsunterschiede sind hingegen nicht von wesentlicher Größe. Allerdings scheinen Erstbezugsmieten von Neubauten und Preise neu vermieteter Wohnflächen eine nicht unerhebliche Rolle bei der Ermittlung des Index einzunehmen, die stärker schwanken dürften, als die Miethöhen der Bestandsmietverträge. Bei deren Einbeziehung ist deshalb von geringeren Volatilitäten auszugehen.

Als ein wichtiger Gewerbeimmobilienmarktindikator wurden die Veränderungen der durchschnittlichen Büromieten in ausgewählten Metropolen untersucht. Dabei stellt sich eine wesentlich höhere Volatilität im Vergleich zum deutschen Gesamtmarkt heraus. Auffällige Ausreißer sind dabei Berlin (West) mit über 18% und Leipzig (andere Datenbasis) mit knapp 4%. Die hohe Schwankung des Berliner Marktes kann auf die veränderten Verhältnisse nach der Wiedervereinigung und den Wechsel des Regierungssitzes nach Berlin zurückgeführt werden. Für Leipzig zeigt sich eine relativ stetige Entwicklung, die seit der Beobachtung allerdings stetig negativ ist. Daran zeigt sich zugleich der Mangel einer Risikobetrachtung anhand der Volatilität resp. Standardabweichung, bei der ein niedriges Volatilitäts- bzw. Risikoniveau den Blick auf stetig fallende Werte verstellen kann. Die alleinige Höhe der Volatilität erreicht allerdings in allen Metropolen und auch auf dem Gesamtmarkt durchweg mindestens das Niveau der EUREX-Geld- und Kapitalmarktprodukte.

Gegen die Verwendung eines Bulwien-Index als Basis eines jeglichen derivativen Instruments in börslicher oder außerbörslicher Form spricht die Intransparenz der Ermittlung. Diese ist für Außenstehende aufgrund der Vielzahl eingehender Daten nur schwer durchschaubar.

Die Angaben von Immobilienmarktindikatoren verschiedener Herausgeber weichen zum Teil nicht unwesentlich voneinander ab. Aus diesem Grund wurde die Volatilität der Bürospitzenmietenveränderungen des Standortes Frankfurt von drei Anbietern verglichen. Die absoluten Werte unterschieden sich zeitweise, die Volatilität ist jedoch bemerkenswert gleichläufig.

Dies muss zwar nicht zwangsläufig für andere Märkte oder Segmente gelten, soll aber einen Anhaltspunkt zum Vergleich verschiedener Datenquellen geben. Die Volatilität der Spitzenmieten ist insgesamt weitaus höher, deckt aber auch nur einen kleinen Teil des Büromarktes ab.

Internationale Indikatoren

Der Fokus der Betrachtung dieser Arbeit liegt zwar auf Deutschland, aufgrund der mangelhaften Situation zuverlässiger und verfügbarer Daten für diesen Immobilienmarkt soll die Analyse auf den *britischen* und *amerikanischen* Markt ausgedehnt werden. Hier spielt der britische IPD-Index des gleichnamigen Datenbankanbieters eine herausragende Rolle. Zum einen diente dieser bereits als Underlying der ersten an einer Terminbörse je gehandelten Immobilienfutures, andererseits findet er eine breite Akzeptanz unter den Marktteilnehmern als Voraussetzung für einen darauf bezogenen Derivathandel. Zur Verdeutlichung der Charakteristika der Asset-Klasse Immobilien ist die Verwendung des IPD-Index daher dienlich. Zudem bietet der IPD-Index die einzigartige Möglichkeit unterjährige Immobilienmarktdaten zu untersuchen, da neben den üblichen Jahresdaten auch Monatsdaten generiert werden. Neben diesem ist der amerikanische NCREIF-Index für die Performance von US-amerikanischen Immobilien ein Indikator mit langer Historie und ebenfalls unterjähriger Preisfixierung.

Bei den internationalen Märkten erfolgt zunächst eine Beschränkung auf verschiedene Immobilienarten. Eine Unterscheidung nach unterschiedlichen Regionen soll an späterer Stelle vorgenommen werden.

Im Vergleich des deutschen Marktes zum britischen und amerikanischen Markt scheint das Grundpostulat der Kapitalmarkttheorie erfüllt zu sein, nachdem eine höhere Rendite nur mit einem höheren Risiko zu erzielen ist. Die Renditen der internationalen Märkte sind zum Teil erheblich höher, über 10% Rendite innerhalb eines Jahres sind beispielsweise für den Gewerbeimmobilienmarkt in Großbritannien keine Seltenheit. Wenn es sich um ausreichend effiziente Märkte handelt, muss in diesem Sinne auch das Risiko höher sein, welches sich, neben anderen Risikomaßen, in einer höheren Volatilität niederschlägt.

Immobilienmarktindikator - international	Volatilität (%) - monatliche Veränderungen (01/87-12/99)	Volatilität (%) - jährliche Veränderungen (01/71-12/00)
IPD-Index - Total Return(All Property)	0,44 (0,14-1,00)	10,83 (11,23) (01/87-12/99)
Britische Aktien – Total Return	4,32 (1,90-10,20)	31,30
Britische Anleihen – Total Return	0,36 (0,01-1,48)	15,18
IPD	(12/97-12/99)	(01/81-12/00)
All Property – Total Return	0,84	8,84
Capital Value Growth	-	8,88
Rental Value Growth	0,29	8,30
Retail – Total Return	0,87	7,25
Capital Value Growth	-	7,36
Rental Value Growth	0,34	5,67
Office - Total Return	0,76	10,84
Capital Value Growth	-	10,90
Rental Value Growth	0,49	11,31
Industrial – Total Return	0,83	9,87
Capital Value Growth	-	9,60
Rental Value Growth	0,31	7,62
	-vierteljährliche Veränderungen (I/78-IV/01)	- jährliche Veränderungen (I/78-IV/01)
NCREIF-Index – Total Return	1,73	6,31
Retail	1,51	4,84
Office	2,70	9,21
Industrial	1,66	6,17
Apartment (IV/84-IV/01)	1,19	4,01
London – Spitzenmieten Büro (DTZ)		15,10
Paris - Spitzenmieten Büro (DTZ)		9,26

Tabelle 10: Volatilitäten direkter Immobilienmarktindikatoren (international)[171]

Zur Gegenüberstellung sei zudem die Volatilität des britischen Wohnimmobilienmarktes auf jährlicher Basis genannt, sie beträgt für den Zeitraum 1970-1990 7,4%.[172]

Wie erwähnt führt die geschilderte Methodik der Volatilitätsberechnung über die Durchschnittsbildung zu geringeren Werten als über die einfache

---

[171] Eigene Berechnungen, Datenquellen: IPD, IPD Indices, 2002; DTZ Zadelhoff. Siehe Anhang 1.
[172] Vgl. Gemmill, Gordon, Futures Trading and Finance, 1990, S. 198.

Berechnung über den gesamten Betrachtungszeitraum. Die Differenz sollte dabei mit der Länge des zu untersuchenden Zeitraumes zunehmen. Die Berechnung über alle Monate (ohne Durchschnittsbildung) führt dementsprechend zu einem erheblich höheren Wert von 0,89 beim IPD-Index für die monatlichen Angaben. Bei einer eher längerfristig orientierten Immobilieninvestition ist dieser Umstand nicht irrelevant. Die Unterschiede werden aber akzeptiert, um eine einheitliche Vorgehensweise und die Vergleichbarkeit zu gewährleisten. Somit resultiert auch bei den Volatilitätsberechnungen der anderen Underlyings die Differenz zwischen den Durchschnittsvolatilitäten und Gesamtzeitraum-Volatilitäten.

iii) Ursachen verschiedener Volatilitäten

Beim Vergleich der Volatilitäten des deutschen und des britischen Marktes auf Basis von Bewertungsindizes müssen die Unterschiede der verschiedenen Verfahren berücksichtigt werden, da sie in der Wertfindung voneinander abweichen und dadurch verschiedene Schwankungsbreiten im Zeitablauf verursachen können.[173]

Der fundamentale Unterschied vom angelsächsischen zum deutschen Verständnis der Wertschöpfung ist die prinzipielle Orientierung am zu erwartenden Cash-Flow eines Investments.[174] Eine Trennung der Wertansätze bei Immobilien von Boden und Gebäude wird dabei nicht vorgenommen. Gesetzliche Regelungen, wie sie in Deutschland durch das BauGB, die WertV und die WertR vorgegeben sind, existieren in Großbritannien nicht in dieser Art und Weise. Diesbezügliche Aufgaben sind einem Berufsverband übertragen, der „Royal Institution of Chartered Surveyors" (RICS). Definitionen und Handlungsanweisungen bei Bewertungen sind im sog. „Red Book" festgehalten.

Darin wird das Pendant zum deutschen Verkehrswert als *„Open Market Value"* (OMV) bezeichnet. Daneben bestehen noch weitere Bewertungsansätze, wie „Existing Use Value" (EUV) und „Depreciated Replacement

---

[173] Siehe zur Eignung der Wertdefinitionen für Indexkonstruktionen Crosby, Neil; Murdoch, Sandy, Performance Measurement, 2001. Die Erläuterungen entsprechen den Ausführungen in Plewka, Torsten, Immobilienaktiengesellschaften, 2000, S. 25f.
[174] Vgl. Schulz-Wulkow, Christian, Internationaler Vergleich, 1999, S. 12.

Cost", die aber nicht weiter betrachtet werden sollen.[175] Die Definition des „market value", wie sie vom „International Valuation Standards Committee" (IVSC) vorgenommen wird, unterscheidet sich inhaltlich nicht von der deutschen Verkehrswertdefinition.[176]

Der OMV wird als der beste Preis betrachtet, zu dem der Verkauf einer Immobilie ohne Bedingungen und bei Barzahlung am Bewertungsstichtag erfolgen würde, unter der Voraussetzung

- verkaufsbereiter Eigentümer,
- eines angemessenen Vermarktungszeitraums vor der Bewertung,
- unveränderter (Markt-) Verhältnisse und Umstände,
- unberücksichtigter spezieller Interessen des potenziellen Käufers und
- rationalen und zwanglosen Handelns der Vertragsparteien.[177]

Open Market Value und der deutsche Verkehrswert ähneln sich demnach in den grundlegenden Bestandteilen. Beide unterliegen der Prämisse des gewöhnlichen Geschäftsverkehrs und der Nichtbeachtung spezieller Umstände und Interessen. Der OMV zielt jedoch auf einen besten Preis ab, der im Geschäftsverkehr erzielt würde.[178] Für die britische Wertermittlungslehre gilt damit die Philosophie des „highest and best use".[179] Im Gegensatz dazu liegt der Schwerpunkt des Verkehrswertkonzeptes auf einem durchschnittlichen Preis, d.h., dass der OMV eher an der oberen Grenze der Preisskala, der Verkehrswert mehr im Mittelfeld dieser anzusiedeln ist.[180] Wie bei den anzusetzenden Mieten kann aus diesem Umstand ein differierendes Volatilitätsergebnis angenommen werden. Die Spitzenpreise und -mieten schwanken nach dieser Annahme also stärker als gemittelte Werte.

Der OMV wird i.d.R. mit einer dem deutschen Ertragswertverfahren vergleichbaren Methode, dem „income approach" bzw. „investment method"

---

[175] Vgl. RICS, Manual, 1999, Practice Statement 12.2.1, S. 1. Vgl. auch Isaac, David, Property Investment, 1998, S. 135.
[176] Vgl. Leopoldsberger, Gerrit, Kontinuierliche Wertermittlung, 1998, S. 85.
[177] Vgl. Schulz-Wulkow, Christian, Internationaler Vergleich, 1999, S. 13, vgl. Leopoldsberger, Gerrit, Kontinuierliche Wertermittlung, 1998, S. 86f.
[178] Vgl. Jenyon, Bruce, Valuation Methods, 1995, S. 76.
[179] Vgl. Vogel, Roland, Angelsächsische Investitionsverfahren, 2000, S. 203.
[180] Vgl. Leopoldsberger, Gerrit, Kontinuierliche Wertermittlung, 1998, S. 87f.

ermittelt, obwohl auch Vergleichs- und Sachwertansätze[181] vorhanden sind. Die Basis dieser Investmentmethode stellen ebenso die Mieterträge einer Immobilie dar. Davon werden Bewirtschaftungskosten abgezogen, um den Reinertrag zu ermitteln. Mieterträge und Bewirtschaftungskosten sind den Mietverträgen zu entnehmen, d.h. es kommen die tatsächlich anfallenden Erträge und Aufwendungen zum Ansatz und nicht die nachhaltig erzielbaren Mieten und nachhaltig anfallenden Bewirtschaftungskosten.[182]

Darüber hinaus unterscheidet eine stärkere Differenzierung bezüglich der Mieterträge und Vervielfältiger die britische von der deutschen Methode. Man unterteilt die Objekte dabei in Vermietungen zu Spitzenmieten (rackrented) und Vermietungen oberhalb (over-rented) und unterhalb (underrented) der Marktmiete.[183] Entspricht die Vermietung den am Markt üblicherweise gezahlten Mieten, kommt ein Vervielfältiger bzw. ein Kapitalisierungszinsfuß zum Einsatz, der aus erfolgten Transaktionen vergleichbarer Objekte ermittelt wird (all risk capitalisation rate).[184] Liegt die vereinbarte Miete aber über der marktüblichen, so wird der übersteigende Betrag mit einem höheren Zinssatz kapitalisiert, da man annimmt, dass sich das Mietniveau des Objektes nach Auslaufen des Vertrages den Marktmieten anpasst und somit auch ein höheres Risiko des Fortbestandes der derzeitigen Miethöhe besteht.[185] Der dem momentanen Mietniveau entsprechende Anteil wird wie eine ewige Rente kapitalisiert. Analog ist bei under-rented Objekten vorzugehen, wobei die niedrigeren Erträge aufgrund ihres geringen Risikos[186] mit einem entsprechend niedrigeren Zinssatz zu diskontieren sind. Schließlich müssen wertbeeinflussende Umstände und Erwerbsnebenkosten zur Ermittlung des OMV berücksichtigt werden.

---

[181] Die dem Vergleichswertverfahren ähnelnde Methode wird als „Direct Value Comparison Approach" bezeichnet. Die „Depreciated Replacement Cost" entsprechen dem sachwertorientierten Verfahren.
[182] Vgl. Nack, Ulrich, Shareholder Value, 1998, S. 84.
[183] Vgl. Nack, Ulrich, Shareholder Value, 1998, S. 84.
[184] Vgl. Jenyon, Bruce, Valuation Methods, 1995, S. 73.
[185] Vgl. Schulz-Wulkow, Christian, Internationaler Vergleich, 1999, S. 26.
[186] Bei Neuvermietung ist mit eher höheren Einnahmen zu rechnen. d.h. die heutigen können mit größerer Sicherheit angenommen werden.

Methodisch unterscheiden sich das Ertragswertverfahren und die Investmentmethode also nicht. Letztere verzichtet auf die Trennung der Wertansätze von Boden und baulichen Anlagen, wobei die unterschiedliche Restnutzungsdauer nicht explizit gewürdigt wird.[187] *Hauptunterschied zum deutschen Verfahren ist der Ansatz der tatsächlichen Ertrags- und Aufwandsströme, wodurch eine näher am Markt orientierte und damit exaktere Bewertung erreicht wird.*[188] *Diese dürfte neben dem allgemein wesentlich höheren Renditeniveau die um ein Vielfaches höhere Volatilität des britischen IPD-Index gegenüber dem deutschen DIX vom Grunde erklären.*

Analog zu den Volatilitätswerten des DIX lässt sich der vermutete grundsätzliche Unterschied der Schwankungen von Immobilienwerten und erzielbaren Mieterträgen nicht nachweisen. Die Volatilität des aus den Wertsteigerungen der Immobilien und Mieterträge zusammengesetzten Total Return ist zudem regelmäßig höher als die alleinige Volatilität der Mieterträge, so dass von höheren Schwankungen bei den Immobilienwerten auszugehen ist. Für die Einführung eines Terminkontraktes auf die erwähnten Indizes ist das Bürosegment in der Perspektive der alleinigen Volatilitätsbedingung für den britischen und den amerikanischen Markt besonders interessant, da hier durchweg die höchsten Schwankungen erreicht werden.

Alle ermittelten Volatilitätswerte britischer Immobilienmarktindikatoren erreichen das Niveau von Geld- und Rentenmarkt und eignen sich daher prinzipiell als Underlying für Terminkontrakte.

Die bereits angesprochene Problematik der Verwendung von geschätzten Verkehrswerten anstatt von Transaktionspreisen wird durch das sogenannte „Smoothing" (Glättung) der Zeitreihen verschärft.[189] Es wird dabei von im Vergleich zu realen Markttransaktionen weniger unabhängigen Veränderungen bei den Wertermittlungen im Zeitablauf ausgegangen. D.h. es erfolgt die Unterstellung, dass Gutachter bei der Erstellung einer neuen Wertermittlung eines Objektes zum Teil die vorhergehende mit einbeziehen und nicht nur zukünftige Mieteinnahmen, Liegenschaftszinssätze und

---

[187] Vgl. Leopoldsberger, Gerrit, Kontinuierliche Wertermittlung, 1998, S. 109.
[188] Vgl. Leopoldsberger, Gerrit, Kontinuierliche Wertermittlung, 1998, S. 110.
[189] Vgl. den 3. Abschnitt 3. Abschnitt:B.II.b).

Restnutzungsdauern ansetzen. Darüber hinaus werden bewertungs- oder transaktionsbasierte Immobiliendaten eines Zeitraums auf einen Zeitpunkt bezogen, so dass es zu einer Durchschnittsbildung und damit zur Glättung der Indexzeitreihe kommt. Die damit berechneten Volatilitäten werden daher unterschätzt.[190]

Beruhen die Wertermittlungen zum Teil auf den vorangegangenen, wird die tatsächliche Wertentwicklung geglättet dargestellt. Die realen Schwankungen der genannten Eingangsgrößen werden durch den fortgeschriebenen Immobilienwert gemildert. Dieser Umstand schlägt sich zum Beispiel in hohen Werten des Autokorrelationskoeffizienten dieser Zeitreihen nieder.[191] Dies gilt vor allem bei der unterjährigen Fortschreibung eines Index, da Bewertungen i.d.R. nur einmal jährlich vorgenommen werden.[192]

Prinzipiell kann also, unter der Annahme des „Smoothing", von einer tendenziellen Unterschätzung der Volatilitäten bzw. Unsicherheiten in der Zeitreihe ausgegangen werden.[193]

Bei der Betrachtung der nationalen und internationalen Immobilienmarktindikatoren ist daher eine Hauptaussage im Hinblick auf die absolute Volatilität der Veränderungsraten möglich:

Die absolute Höhe der Volatilität erreicht ein Niveau, welches das der Underlyings erfolgreicher Terminkontrakte zum Teil übersteigt und damit prinzipiell, unter der Abstrahierung sonstiger Anforderungen, einen solchen Derivathandel gestatten würde.

3. Zusammenhang zwischen Volatilität und Handelsvolumen

Anhand des folgenden empirischen Tests soll die Abhängigkeit des Handelsvolumens der Kontrakte von der Volatilität der Kassapreise untersucht werden. Dazu wurde die Korrelation der Veränderungsraten der Volatilität und des Handelsvolumens berechnet. Die häufige Forderung einer hohen

---

[190] Vgl. Calhoun u.a., Temporal Aggregation, 1995, S. 436.
[191] Vgl. Maurer, Raimond u.a., Immobilienindizes, 2000, S. 11, vgl. den Abschnitt zum Test der Autokorrelation.
[192] Vgl. Maurer, Raimond u.a., Immobilienindizes, 2000, S. 11.
[193] Die These des Smoothing bzw. dessen Auswirkung auf die Volatilität ist allerdings nicht unumstritten, vgl. z.B. Lai, Tsong-Yue; Wang, Ko, Appraisal Smoothing, 1998, S. 511.

Schwankungsintensität als Voraussetzung für die Etablierung neuer Terminkontrakte wird damit überprüft. Nicht eindeutig scheint hingegen die Beeinflussung der Volatilität der Kassamärkte durch bereits bestehende Terminmärkte zu sein.[194]

Zudem wird untersucht, ob die Veränderung der Volatilität Kreuzkorrelationen mit dem Umsatzvolumen unterliegt, d.h. dass diese Veränderungen eher in den folgenden Perioden zu Absicherungs- oder Spekulationsinteressen resp. Umsätzen in den Futuresmärkten führt (Korrelation (+1)) und wie groß der Zusammenhang bei einem gleitenden Dreimonatsdurchschnitt ist (Korrelation (3M)). Mit α wird die Irrtumswahrscheinlichkeit für die Korrelationskoeffizienten angegeben. Erfolgt keine Angabe, liegt diese über 5%, so dass keine statistische Sicherheit für die Nichtzufälligkeit eines Zusammenhangs angenommen werden kann.

Kontrakt	Korrelation	α	Korrelation (+1)	α	Korrelation (3M)	α
DJ EURO STOXX 50^{SM}-Future	0,02	-	0,24	-	0,22	-
DJ STOXX 50^{SM}-Future	0,20	-	0,11	-	0,07	-
DAX-Future	0,28	0,01	0,02	-	0,35	0,001
MDAX-Future	-0,09	-	0,00	-	-0,34	0,05
SMI-Future	0,23	-	0,10	-	0,50	0,001
One-Month-EURIBOR-Future	-0,19	-	-0,23	-	0,01	-
Three-Month-EURIBOR-Future	0,16	-	-0,03	-	0,10	-
Euro-BUND-Future	0,28	0,01	-0,03	-	0,30	0,01
Euro-BOBL-Future	0,36	0,001	-0,12	-	0,40	0,001
Euro-SCHATZ-Future	0,50	0,001	-0,11	-	0,35	0,05
Euro-Jumbo-Pfandbrief-Future	-	-	-	-	-	-

Tabelle 11: Korrelationen der monatlichen Veränderungsraten der Volatilität des Basisinstruments und des Umsatzes von Futureskontrakten[195]

---

[194] Siehe den Punkt 5. Abschnitt:C.II des 5. Abschnitts.
[195] Eigene Berechnungen, Datenquellen: STOXX Ltd., Karlsruher Kapitalmarktdatenbank, SWX, Deutsche Bundesbank, Deutsche Börse AG, Bloomberg, EUREX. Siehe Anhang 1.

Marktsicht

Bis auf die gescheiterten Kontrakte auf den MDAX und den Einmonats-EURIBOR zeigen sich durchweg positive Zusammenhänge beider Variablen auf Monatsbasis. Bis auf den SCHATZ-Future mit einem Korrelationskoeffizienten von 0,50 zeigen sie sich jedoch als schwach und häufig als nicht statistisch gesichert,[196] obwohl über den Dreimonatsdurchschnitt teilweise stärkere Beziehungen entstehen. Das bedeutet, dass eine Zunahme der Volatilität am Kassamarkt zwar positive, jedoch nur geringe Umsatzveränderungen im korrespondierenden Terminmarkt verursacht.

Die linke Skala der nachfolgenden Grafik bezeichnet die jeweiligen Veränderungsraten von DAX-Volatilität und DAX-Futures Umsatz zum Vormonat:

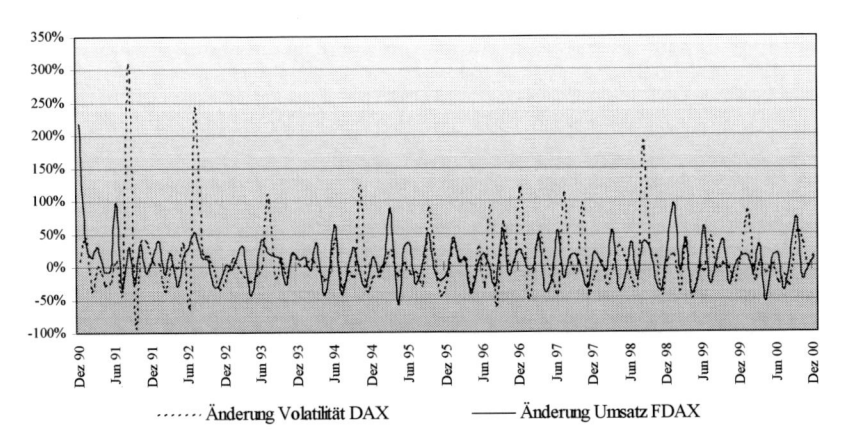

Abbildung 5: Veränderungsraten zum Vormonat von Volatilität des DAX und Umsatzvolumen des DAX-Futures[197]

In der abgebildeten Grafik ist ein Zusammenhang zwischen den relativen monatlichen Veränderungen der Volatilität im Basisinstrument (DAX) und der relativen Veränderung des Umsatzes im korrespondierenden Termininstrument (DAX-Future) nicht von der Hand zu weisen. Tendenziell erscheint jedoch entgegen der Annahme eine Umsatzveränderung im Future

---

[196] Die fehlende statistische Sicherheit bei einzelnen Futures kann in der geringen Anzahl Datensätze, die teilweise vorlag, begründet sein. Für alle betrachteten Futures, für die ein statistisch gesichert anzunehmender Korrelationskoeffizient berechnet wurde, lagen Daten für wesentlich längere Untersuchungsperioden vor.

[197] Eigene Berechnung. Datenquelle: EUREX, Karlsruher Kapitalmarktdatenbank. Siehe Anhang 1.

zeitlich eher vor einer Volatilitätsveränderung im Basisinstrument zu liegen und diese damit hervorzurufen und nicht umgekehrt. Dies lässt sich wiederum nicht durch einen Korrelationskoeffizienten mit einer Verzögerung (Lag) der Daten von einer Periode beweisen. Es besteht ein signifikanter Korrelationskoeffizient ohne Phasenverschiebung zwischen den beiden Variablen von 0,28 bzw. 0,35 bei der Verwendung des gleitenden 3-Monatsdurchschnitts.

Neben der relativen Betrachtung der beiden Variablen sind die *absoluten* Höhen im Rahmen der Untersuchung des Einflusses der Volatilität auf das Handelsvolumen interessant, v.a. für die Vergleichbarkeit mit potenziellen Immobilienmarktindikatoren. Hintergrund ist dabei die Vermutung, dass die Anzahl der gehandelten Kontrakte nur langfristig auf ein verändertes Volatilitätsniveau reagiert und nicht einer auf Monatsdaten basierenden Korrelation folgt. Folgende Grafik verdeutlicht den Zusammenhang für den DAX-Future, wobei die linke Skala für die Volatilität und die rechte für die Anzahl der gehandelten Kontrakte steht:

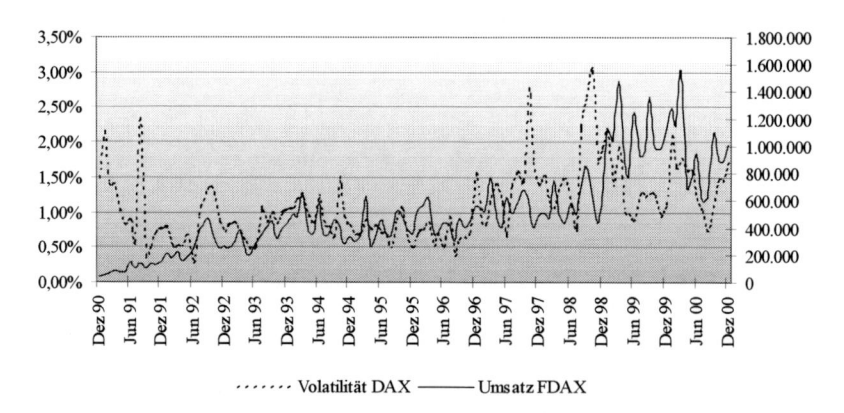

Abbildung 6: **Volatilität des DAX und Umsatzvolumen des DAX-Futures**[198]

Bis auf die ersten beiden Jahre ist ein gewisser Zusammenhang erkennbar, obwohl seit Ende 1998 wieder verstärkt Abweichungen zwischen den absoluten Größen auftreten.

---

[198] Eigene Berechnung. Datenquelle: EUREX, Karlsruher Kapitalmarktdatenbank. Siehe Anhang 1.

Für die besonders umsatzstarken Kapitalmarktprodukte der EUREX gilt überraschenderweise dieser Zusammenhang nicht, die starken Umsatzzuwächse der vergangenen Jahre vollzogen sich während einer Phase abnehmender Schwankungen in den Rentenmarktindizes als den Basiswerten dieser Futures.[199]

Für die Futures auf die Indizes der STOXX-Familie ist ein auffällig zyklisches Verhalten der Umsätze und Volatilitäten zu verzeichnen. Mit erstaunlicher Regelmäßigkeit schwankt v.a. der Umsatz mit einer Frequenz von ca. drei Monaten, wobei im jährlichen Zeitablauf in etwa immer die gleichen Zeitpunkte jeweils einen hohen oder niedrigen Umsatz aufweisen.[200] Eine Gleichläufigkeit der absoluten Größen der Variablen lässt sich jedoch auch hier nicht zweifelsfrei feststellen. Eine Ausnahme in diesem Sinne stellt der Future auf den Schweizerischen Aktienindex SMI dar, bei dem etwa seit Mitte 1998 beide absolute Größen simultan abnehmen.

Bei der Betrachtung der grafischen Darstellung des geschilderten Abhängigkeitsverhältnisses sind teilweise Perioden starken und schwachen Zusammenhangs festzustellen. So ergibt sich bspw. ein Korrelationskoeffizient beim BOBL-Future von 0,36 für den gesamten Untersuchungszeitraum (hier Juni 1993-Dezember 2000), für die Zweijahresperiode zwischen Oktober 1997 und November 1999 resultiert hingegen ein Koeffizient von 0,57 und damit ein wesentlich stärkerer Zusammenhang.

Die Berechnung der Daten für den Jumbo-Pfandbrief-Future ließ das vorhandene Datenmaterial für eine sinnvolle Aussage nicht zu.

Die Volatilität des Basisinstruments ist kein eindeutiger Einflussfaktor für das Umsatzvolumen eines Futureskontraktes. Die Veränderungen in der Schwankungshäufigkeit der Basistitel veranlassen die Marktakteure, Geschäfte auf dem korrespondierenden Terminmarkt abzuschließen, d.h. bei einer relativen Betrachtung besteht ein teilweise signifikanter Zusammenhang. Dies gilt in kurzfristiger Hinsicht über wenige Monate. Vergrößert sich die Schwankungsstärke beispielsweise innerhalb von drei Monaten,

---

[199] Die Grafiken für alle anderen Kontrakte finden sich im Anhang 2.
[200] So erweisen sich z.B. der Januar und jeweils drei Folgemonate als Umsatzhochpunkte.

resultiert bei einigen Kontrakten auch ein hohes Umsatzniveau in dieser Zeit.

Die Betrachtung der absoluten Werte lässt einen solchen Rückschluss allerdings nicht zu, selbst bei sinkenden absoluten Volatilitäten über einen längeren Zeitraum kann das Handelsvolumen von Terminkontrakten stark zunehmen. Die im Vergleich am geringsten schwankenden Basiswerte der Kapitalmarktprodukte führen daneben zu den mit Abstand umsatzstärksten und erfolgreichsten Futureskontrakten (der Welt).

Somit kann der Behauptung, nach der zwingend hohe Volatilitäten für hohe Umsätze und den Erfolg von (neuen) Futureskontrakten erforderlich seien, nicht gefolgt werden. Die Volatilität beeinflusst zwar das Handelsvolumen innerhalb relativ kurzer Perioden, mit der absoluten Höhe kann jedoch keine Aussage über die zu erwartendenden Umsätze gemacht werden.

b) Unvorhersehbarkeit

Als Anforderung an das Basisinstrument wird die Unvorhersehbarkeit der Marktentwicklung genannt, damit Unsicherheiten Absicherungstendenzen hervorrufen.[201]

Der Immobilienmarkt reagiert auf Nachfrage- und Angebotsveränderungen sehr unelastisch, d.h. Anpassungsreaktionen erfolgen nicht zeitgleich und nicht in voller Höhe.[202] Besteht so z.B. ein Nachfrageüberhang an Büroflächen an einem Standort, kann die Angebotsseite nicht sofort darauf reagieren. Die Planungs- und Erstellungszeiträume für entsprechende Objekte belaufen sich auf mehrere Jahre, so dass zum Fertigstellungstermin bereits völlig veränderte Marktverhältnisse vorliegen können. Die erhebliche Unflexibilität bedingt demnach auch weiter auf den Markt kommende Objekte und Flächen, wenn schon ein erstes Überangebot erkennbar ist und der Marktabschwung deutlich eingesetzt hat. Zu diesem Zeitpunkt wird der jeweilige Trend somit verstärkt, Auf- und Abschwünge erfolgen durch die geringe Elastizität in einem höheren Ausmaß als bei sich schnell anpassen-

---

[201] Vgl. auch Hübner, Roland, Immobilienderivate, 2002, S. 126ff.
[202] Vgl. Chinloy, Peter, Real Estate Cycles, 1996, S. 189.

den Marktverhältnissen. Diese Umstände erschweren in ihrer Konsequenz die Kalkulierbarkeit und erhöhen das Risiko der Investition.

1. Zyklizität des Immobilienmarktes

Die Zyklen auf dem Immobilienmarkt verursachen bzw. unterliegen den Marktentwicklungen zugeordneter Teilmärkte, sie sind also interdependent. Hierbei können u.a. die folgenden identifiziert werden:[203]

1. Markt der vermietbaren Flächen,
2. Markt der Objekte (Immobilienpreise),
3. Markt der Erstellung (Bauproduktion),
4. Arbeitsmarkt,
5. Kapitalmarkt

Alle Teilmärkte stehen demnach in Beziehung und beeinflussen sich untereinander. Zyklische Marktschwankungen wirken somit auf die jeweiligen Teilmärkte und verursachen Kapazitätsanpassungsaufwendungen, die durch die Trägheit hohe Ausmaße annehmen können. Kann die individuelle zukünftige Position der Marktteilnehmer mittels Immobilienderivaten zumindest teilweise abgesichert werden, verringern sich theoretisch diese zukünftigen Aufwendungen.

Markant auftretende Trends auf dem Immobilienmarkt ziehen wiederum trendverstärkende Spekulationen der Marktteilnehmer nach sich. Da ein Großteil des Vermögens v.a. der privaten Investoren in Immobilien investiert ist, wirken sich die Marktschwankungen dementsprechend stark auf deren Vermögenssituation aus.[204] Die angesprochenen Zyklen immobilienverbundener Teilmärkte repräsentieren prinzipiell ein Risiko, dem die Immobilienmarktakteure ausgesetzt sind.

Weisen Marktentwicklungen starke Eigendynamiken auf und bleiben sie weitgehend losgelöst von der gesamtwirtschaftlichen Entwicklung, dehnen sich Trends demnach weiter aus, als dies auf von stochastischen Prozessen

---

[203] Vgl. auch Rottke, Nico; Wernecke, Martin, Immobilienzyklus, 2001, S. 11.
[204] Vgl. Thomas, Guy R., Indemnities, 1996, S. 40.

gekennzeichneten Finanzmärkten der Fall ist.[205] Die ausgeprägte Bildung langfristiger Trends führt damit zu einem ausgesprochen zyklischen Verhalten des Immobilienmarktes, welches unter dem Schlagwort „Schweinezyklus" auch für andere Wirtschaftszweige gilt und empirisch nachvollzogen werden kann. Stark zyklische Marktbewegungen bedeuten für den einzelnen Marktteilnehmer Nachteile, die durch Aufwendungen in Form ständig notwendiger Kapazitätsanpassungen hervortreten.

Fraglich ist allerdings, ob die Trendeigenschaft die Vorhersehbarkeit für den Kassamarktteilnehmer tatsächlich unterstützt bzw. ob sie ihm nutzen kann, da Anpassungen nur sehr unflexibel vorgenommen werden können.

Institutionelle Investoren des deutschen Immobilienmarktes nennen unerwartete Marktentwicklungen als den Hauptgrund für den Misserfolg von Immobilieninvestitionen.[206] Diese ließen sich beim Vorhandensein von Immobilienderivaten vermindern, wenn so zum Beispiel Veräußerungserlöse bereits in der Planungsphase festgelegt werden könnten. Der damit offensichtliche Bedarf an Absicherungsmöglichkeiten für Immobilieninvestitionsprojekte spielt eine wichtige Rolle als Anstoß für die Etablierung von Immobilienterminprodukten.

2. Autokorrelation der Immobiliendatenreihen

Problematisch für die Schaffung eines (immobilienverbundenen) Derivatmarktes ist die mit der ausgeprägten Trendeigenschaft einhergehende Autokorrelation der Datenreihen, welche die Vorhersehbarkeit zukünftiger Marktverhältnisse und der Indexstände begünstigt.

Das Zustandekommen eines Derivatmarktes ist an das Vorhandensein von beidseitigen Interessen, Kauf- und Verkaufsinteressen, gebunden. Diese

---

[205] THOMAS geht von der Random-Walk-Hypothese aus, d.h. die Kursbewegungen von *Wertpapieren* beruhen auf rein zufälligen Größen. Vgl. Thomas, Guy R., Indemnities, 1996, S. 39f. Die Random-Walk-Hypothese ist jedoch nicht unumstritten. Vgl. z.B. Hielscher, Udo, Investmentanalyse, 1996, S. 86-88.

[206] 33% der befragten institutionellen Immobilieninvestoren einer Studie der Universität Hamburg gaben eine unvorhergesehene Entwicklung des Immobilienmarktes vor einer falschen Standortwahl bzw. Nutzungskonzept als bedeutsamsten Grund für den Misserfolg bei Immobilieninvestitionen an. Vgl. Pfnür, Andreas; Armonat, Stefan, Immobilienkapitalanlage, 2001, S. 40.

müssen simultan in ausreichender Höhe vorliegen.[207] *Problematisch ist daher eine vorwiegend einseitige Erwartungshaltung steigender oder fallender Preise, wenn hohe Autokorrelationen der zugrundeliegenden Datenreihen vorherrschen. Nur wenn beide Richtungen der Marktbewegung erwartet werden, finden sich gleichzeitig Käufer und Verkäufer von derivativen Kontrakten. Weist die Preisentwicklung des Basisinstruments eine hohe Autokorrelation auf, ist von gleichgerichteten Erwartungshaltungen auszugehen. Ein derivatives Instrument ist dann auf dieser Basis schwer zu realisieren.*

Sind zukünftige Indexstände mit einer relativ hohen Wahrscheinlichkeit vorhersehbar, wird kein Terminmarktteilnehmer bereit sein, gegen diesen Trend Positionen einzugehen.

Schwankungen der Marktpreise können nur dann als Risiko empfunden werden, wenn Veränderungen unerwartet auftreten und keine Schutzmaßnahmen ergriffen werden können. Die zu erwartenden Umweltzustände müssen von Unsicherheit geprägt sein.[208] Die Autokorrelation würde danach einen Terminkontrakthandel ungünstig beeinflussen.

THOMAS nennt eine hohe Autokorrelation der (Wohn-) Immobilienpreisbewegungen als eine mögliche Konsequenz fehlender institutioneller Investoren, so dass Erwartungen zukünftiger Preisentwicklungen eher durch Extrapolation vergangener Trends als durch realwirtschaftlich oder demografisch bedingte Prozesse beschrieben werden können. Der Immobilienmarkt wird anhand verschiedener Tests häufig als ineffizient betrachtet.[209]

---

[207] Vgl. Geltner, David u.a., HEITs, 1995, S. 72.

[208] Vgl. z.B. Carlton, Dennis, Futures Markets, 1984, S. 242.

[209] Vgl. auch Case, Karl; Shiller, Robert, Efficiency of the market, 1989, S. 125. CASE und SHILLER testen den Markt für Einfamilienhäuser. Dabei stellen sie die erwähnten Preistrends fest, nach denen die Preise eines Jahres denen des Vorjahres tendenziell folgen. Veränderungen, die sich beispielsweise durch veränderte Zinssätze ergeben, spiegeln sich nicht oder nur teilweise in den Preisen dieser Vermögensklasse wider. Ähnliche Ergebnisse erzielen sie in einer weiteren Untersuchung, vgl. Case, Karl; Shiller, Robert, Forecasting Prices, 1990, S. 271. Vgl. auch die Beiträge von Gatzlaff, Dean, Excess Returns, 1994; Zhou, Zhong-guo, Forecasting Sales and Price, 1997; Hudson-Wilson, Susan u.a., Modeling Office Returns, 2000.

In einem solchen Markt sind anormale Renditen möglich, da die preisausgleichende Funktion des Marktes gestört ist.[210] Dies würde in der Konsequenz bedeuten, dass ein potenzieller Immobilienterminmarktteilnehmer die Trendeigenschaft ausnutzen könnte, ein Kassamarktteilnehmer durch die geringe Elastizität hingegen nicht. Damit würde ein Auseinanderfallen von Kassa- und Terminmarktpreisen einhergehen, welches durch die eingeschränkte Arbitragefunktion zwischen beiden Märkten nur schwer auszugleichen ist.

In dieser Hinsicht muss untersucht werden, wie stark die Trendeigenschaft bei den Immobilienindikatoren und im Vergleich zu den Underlyings der gehandelten Kontrakte ausgeprägt ist.

3. Empirischer Test der Autokorrelation

Zur Überprüfung der Trendeigenschaft werden die Veränderungsraten der Kassainstrumente auf Autokorrelation der Datenreihen untersucht.[211] Damit erfolgt eine Überprüfung des Zusammenhangs zwischen der Veränderung einer Periode und der nachfolgenden bis zu 16 Perioden.[212] Diesbezüglich spielt v.a. eine Verzögerung von einer Periode die größte Rolle, also der Zusammenhang der Veränderungsraten zweier aufeinander folgender Perioden. Wird ein hoher positiver Autokorrelationskoeffizient ausgewiesen, deutet dies auf einen starken Zusammenhang zwischen den Veränderungsraten und damit auf eine stärkere Trendabhängigkeit hin. Werden über mehrere Perioden positive Koeffizienten ermittelt, ziehen sich demzufolge die Trends über längere Perioden hin.

i) Underlyings gehandelter Kontrakte

Die folgende Tabelle zeigt die Ergebnisse der Autokorrelationsanalyse der Basisinstrumente gehandelter EUREX-Derivate:

---

[210] Die These des ineffizienten Immobilienmarktes ist jedoch nicht unumstritten. Vgl. Gau, George, Abnormal Returns, 1985, S. 15 und Gau, George, Efficient Real Estate Markets, 1987, S. 9.
[211] Alle Auswertungen erfolgten mit der Statistiksoftware SPSS 9.0.
[212] Siehe Abbildung 7.

Kontrakt	Monatliche Veränderungen			Jährliche Veränderungen		
Verzögerung	Lag 1	Lag 2	Lag 3	Lag 1	Lag 2	Lag 3
DJ EURO STOXX 50^{SM}	0,04	0,20	0,06	-	-	-
DJ STOXX 50^{SM}-	0,08	0,08	0,06	-	-	-
DAX	-0,08	0,13	-0,14	-0,21	-0,10	-0,08
MDAX	0,08	0,06	0,09	-0,22	-0,25	-0,19
SMI	0,01	-0,22	0,01	-	-	-
One-Month-EURIBOR (FIBOR)	0,09	0,09	0,21	0,27	-0,02	0,10
Three-Month-EURIBOR (FIBOR)	0,32	0,10	0,11	0,22	0,01	0,15
REX (8;9;10-jährige)	0,15	-0,03	0,08	-0,48	0,04	0,14
REX (4;5;6-jährige)	0,23	0,01	0,17	-0,51	0,001	0,21
REX (1;2;3-jährige)	0,31	0,11	0,22	-0,43	-0,10	0,28
REX (gesamt)	0,22	0,04	0,07	-0,07	0,02	-0,16
REXP (gesamt)	0,22	0,04	0,08	-0,06	-0,01	-0,17
PEX Kursindex (4;5;6-jährige)	0,29	0,01	0,11	-0,24	-0,03	0,07

Tabelle 12: Autokorrelationskoeffizienten der Basisinstrumente von EUREX-Terminkontrakten[213]

Für die Basisinstrumente des SCHATZ- und des Jumbo-Pfandbrief-Futures sowie für die beiden breiten Rentenindizes (REX gesamt) kann von statistisch gesicherten autokorrelierten Daten der ersten Ordnung auf Basis der monatlichen Veränderungsraten ausgegangen werden. Allerdings lagen für die Indizes REX und REXP wesentlich längere Zeiträume zur Untersuchung vor, wobei niedrigere Konfidenzhöchstgrenzen entstehen. Bei entsprechender Datengrundlage ist dies auch bei den Underlyings des BOBL- und des BUND-Futures tendenziell zu erwarten, so dass mit ähnlicher Autokorrelation gerechnet werden kann. Nahe am Signifikanzniveau sind die berechneten Koeffizienten des Dreimonats-EURIBOR.

Die Berechungen zeigen bei den Aktienindexfutures eine durchweg geringe Autokorrelation, d.h. die Unsicherheit über die Veränderungen in den nächsten Perioden ist relativ groß, wodurch ein Terminkontrakthandel begünstigt wird. Auf Jahresbasis trifft dies auch für den REX und den REXP zu. Diese Aussage soll aufgrund der besseren Datenbasis auch für die laufzeit*spezifischen* Rentenindizes (Underlyings der Kapitalmarktprodukte) angenommen werden. Selbst die als gesichert anzunehmenden Korrelati-

---

[213] Eigene Berechnungen, Datenquellen: STOXX Ltd., Karlsruher Kapitalmarktdatenbank, SWX, Deutsche Bundesbank, Deutsche Börse AG, Bloomberg. Siehe Anhang 1. Eine 95%ige statistische Sicherheit vorliegender Autokorrelation wurde mit fett markierten Angaben verdeutlicht.

onskoeffizienten weisen zwar einen Zusammenhang nach, dieser ist jedoch mit maximal 0,31 nur schwach ausgeprägt. D.h., bei den untersuchten Indizes besteht teilweise eine Beziehung zwischen den Veränderungsraten zweier aufeinander folgender Perioden, die Unsicherheit für eine Vorhersage zukünftiger Veränderungen ist dennoch groß.

ii) Potenzielle Immobilienmarkt-Underlyings

Für die indirekten Immobilienmarktindikatoren zeigt sich ein differenziertes Bild. Die näher an den Performanceeigenschaften von Direktanlagen liegenden offenen Immobilienfonds unterliegen einer weitaus höheren Autokorrelation als die Immobilienaktienindizes, die neben der Volatilitätseigenschaft auch bei der Autokorrelation eher der Aktien- als der Immobilienkategorie zuzuordnen sind. Dennoch lassen sich signifikante Korrelationskoeffizienten nachweisen, die aber von geringem Ausmaß sind.

Immobilienmarktindikator	Monatliche Veränderungen			Jährliche Veränderungen		
Verzögerung	Lag1	Lag 2	Lag 3	Lag1	Lag 2	Lag 3
Offene Immobilienfonds	-	-	-	0,66	0,31	0,05
Extrahierte Immobilienrendite	-	-	-	0,39	0,37	0,02
DIMAX©	0,19	0,04	0,04	-0,02	-0,20	-0,25
EPIX 50	0,19	0,10	0,09	-0,27	-0,12	0,09
EPRA-Index	0,25	0,16	0,13	-0,20	-0,21	0,04
NAREIT-Index	0,07	-0,04	0,02	0,16	-0,35	-0,10

Tabelle 13: Autokorrelationskoeffizienten indirekter Immobilienmarktindikatoren[214]

Der Vergleich mit den direkten Immobilienindikatoren und damit mit den Underlyings von potenziellen Immobilienderivaten zeigt hingegen teils ausgeprägte Autokorrelationen. Für die langfristig vorliegenden Datenreihen der Bulwien AG sind im Gegensatz zu den Aktien-, Kapital- und Geldmarktmarktdaten erheblich höhere Koeffizienten für die Autokorrelation festzustellen. Sie weisen für eine Verzögerung von einer Periode durchweg signifikante, mittlere bis starke Zusammenhänge nach. Auch nach zwei Perioden sind diese noch festzustellen. Im Falle dieser Daten

---

[214] Eigene Berechnung. Datenquelle: BVI; Bankhaus Ellwanger und Geiger, EPRA, NAREIT. Siehe Anhang 1.

kann also mit relativ hoher Wahrscheinlichkeit von der Veränderungsrate einer Periode auf die der nächsten Periode in gleicher Richtung geschlossen werden.

Wird theoretisch ein Derivat auf einen solchen Index bezogen, würde sich der Preis des Derivats vorfristig nach diesem zukünftigen Preis richten und sich vom heutigen Niveau lösen. Damit würden die Preise des Kassa- und Terminmarktes beträchtlich voneinander abweichen und Absicherungsstrategien ließen sich nicht adäquat umsetzen.

Immobilienmarktindikator – national	Monatliche Veränderungen			Jährliche Veränderungen		
Verzögerung	*Lag 1*	*Lag 2*	*Lag 3*	*Lag 1*	*Lag 2*	*Lag 3*
Bulwien Index Gewerbeimmobilien	-	-	-	0,83	0,51	0,16
Bulwien Index Wohnimmobilien	-	-	-	0,83	0,48	0,06
Büromieten Citylagen (∅ m²-Preis)	-	-	-	0,67	0,32	0,01
Einzelhandelsmieten Citylagen (m²-Preis)	-	-	-	0,71	0,38	0,13
Gewerbegrundstücke (m²-Preis)	-	-	-	0,57	0,41	0,1
Wohnungsmieten Neubau	-	-	-	0,84	0,49	0,06
ETW Kaufpreise (m²-Preis)	-	-	-	0,67	0,37	0,02
Bulwien **Büromieten Citylagen** (∅ m²-Preis)						
Berlin	-	-	-	0,37	0,09	-0,01
Düsseldorf	-	-	-	0,20	-0,02	0,11
Frankfurt	-	-	-	0,27	0,14	0,23
Hamburg	-	-	-	0,43	0,16	-0,17
Köln	-	-	-	0,55	0,31	-0,05
Leipzig	-	-	-	0,31	-0,47	-0,42
München	-	-	-	0,28	0,08	0,01
Stuttgart	-	-	-	0,10	-0,30	-0,35
Spitzenmieten Büro, Frankfurt	-	-	-			
Bulwien AG				0,11	0,19	-0,13
DTZ Zadelhoff				0,09	0,26	-0,13
Atis Real Müller				0,51	0,29	-0,03

Tabelle 14: Autokorrelationskoeffizienten direkter Immobilienmarktindikatoren (national)[215]

Weniger ausgeprägt ist die Verknüpfung mit nachfolgenden Perioden bei den Büro-Mietpreisen, bei denen kein statistisch gesicherter Koeffizient ermittelt wurde. Dies spricht in dieser Perspektive für deren Verwendung

---

[215] Eigene Berechnung. Datenquelle: Bulwien AG; DTZ Zadelhoff, Atis Real Müller International. Siehe Anhang 1.

als Basisinstrument. Das lässt die Annahme zu, dass spezifischere Immobilienmarktindikatoren eine geringere Vorhersehbarkeit aufweisen. Die Entwicklung eines aus vielen Daten aggregierten Index scheint hingegen stärker trendbeeinflusst und damit prognosesicherer zu sein.

Deutlicher wird der Zusammenhang der Autokorrelation der Datenreihen in der grafischen Darstellung. Die Balken geben dabei die Koeffizienten der Autokorrelation für verschiedene Verzögerungen wieder, die eingezeichneten Linien markieren die Konfidenzhöchstgrenzen. Überschreitet der Balken die Linie, kann mit 95%iger Sicherheit Autokorrelation für die angegebene Verzögerung angenommen werden.

Beispielhaft wurde hier der Bulwien Index Gewerbeimmobilien über seine maximal verfügbare Datenreihe mit einer Verzögerung bis zu 16 Perioden untersucht, dabei werden also Korrelationen zwischen Datenreihen berechnet, die bis zu 16 Perioden auseinander liegen. Ein ähnliches Bild mit unwesentlichen Differenzen ergibt sich für die weiteren Bulwien Gesamtmarktangaben, diese werden daher aus Platzgründen nicht gesondert gezeigt. Das zyklische Verhalten des Immobilienmarktes kommt in der Grafik gut zum Ausdruck. Bis zu einer Verzögerung von drei Jahren sind positive Zusammenhänge festzustellen, worauf mehrere Perioden (allerdings nicht statistisch gesicherter) negativer und wiederum positiver Zusammenhänge folgen.

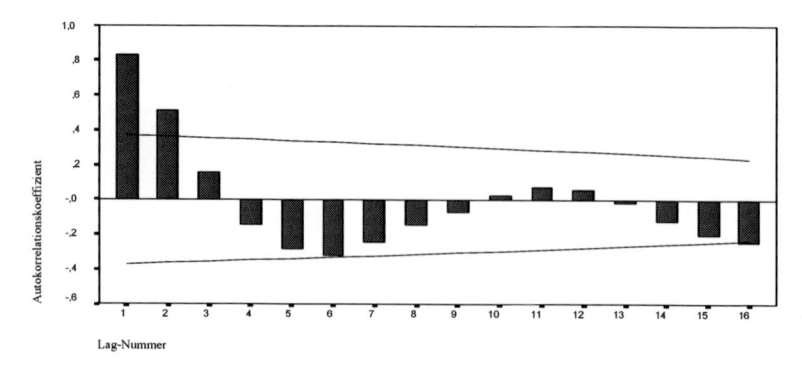

Abbildung 7: Autokorrelation des Bulwien Index Gewerbeimmobilien[216]

---

[216] Eigene Darstellung. Datenquelle: Bulwien AG.

Es erscheint allerdings fraglich, ob die Veränderungsraten nach drei Jahren tatsächlich noch mit denen der aktuellen Periode in Verbindung stehen, oder ob sich die berechneten Korrelationen eher aus den Korrelationen erster Ordnung ergeben, die in jeweils abgeschwächter Form auf größere Verzögerungen zurückwirken.[217] Vor diesem Hintergrund bietet sich die Berechnung der partiellen Autokorrelation an, bei der die Korrelationen größerer Lags um die Korrelationen geringerer Verzögerungen bereinigt werden.[218] Für die Korrelationen erster Ordnung findet freilich keine Veränderung statt, die nachfolgenden zeichnen hingegen ein völlig anderes Bild.

Zwischen der Periode zum Zeitpunkt $t=0$ und $t=2$ resultiert statt eines positiven, mittleren und signifikanten Korrelationskoeffizienten ein eben solcher in negativer Form. Bis auf die erste, allerdings in diesem Fall wichtigste, Periode lässt sich eine zukünftige Veränderungsrate so nur schwer abschätzen.

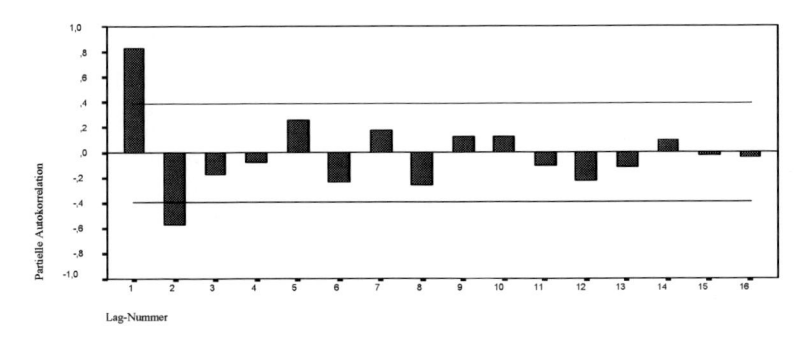

Abbildung 8: Partielle Autokorrelation des Bulwien Index Gewerbeimmobilien[219]

Entsprechend der gewählten Vorgehensweise werden auch der britische und der amerikanische Markt auf Autokorrelation untersucht:

---

[217] Es ist also die Frage zu beantworten, ob beispielsweise der Zusammenhang zwischen der Periode 0 und 3 tatsächlich vorliegt, oder der berechnete Koeffizient eher durch den Zusammenhang der Perioden 2 und 3 entstanden ist.
[218] Vgl. Brosius, Gerhard; Brosius, Felix, SPSS, 1998, S. 759.
[219] Eigene Darstellung. Datenquelle: Bulwien AG.

Immobilienmarktindikator – GB	Monatliche Veränderungen			Jährliche Veränderungen		
Verzögerung	Lag1	Lag 2	Lag 3	Lag1	Lag 2	Lag 3
IPD-Index - Total Return (All Property)	0,89	0,85	0,81	0,27	-0,13	-0,37
Britische Aktien – Total Return	0,07	-0,17	-0,12	-0,33	-0,06	-0,15
Britische Anleihen – Total Return	0,41	0,40	0,42	-0,18	-0,01	-0,35
	(12/97-12/99)			(01/81-12/00)		
All Property – Total Return	0,83	0,61	0,35	0,41	-0,25	-0,52
Capital Value Growth	-	-	-	0,44	-0,19	-0,47
Rental Value Growth	0,80	0,60	0,43	0,78	0,31	-0,15
Retail – Total Return	0,79	0,56	0,33	0,27	-0,26	-0,36
Capital Value Growth	-	-	-	0,32	-0,19	-0,31
Rental Value Growth	0,74	0,50	0,38	0,78	0,35	-0,03
Office - Total Return	0,84	0,56	0,25	0,50	-0,17	-0,51
Capital Value Growth	-	-	-	0,53	-0,11	-0,46
Rental Value Growth	0,82	0,63	0,37	0,76	0,32	-0,14
Industrial – Total Return	0,87	0,69	0,41	0,34	-0,15	-0,42
Capital Value Growth	-	-	-	0,34	-0,15	0,43
Rental Value Growth	0,76	0,50	0,32	0,75	0,25	-0,20

Tabelle 15: Autokorrelationskoeffizienten direkter Immobilienmarktindikatoren (Großbritannien)[220]

Auffällig geringe Autokorrelationen weist der *jährliche* IPD-Index in seiner aggregierten Form auf, aber auch die immobilientypspezifischen Indizes sind zum Teil weniger autokorreliert als die Daten des Bulwien Index Gewerbeimmobilien. Für die folgenden Jahresveränderungen des Index ist demnach keine sichere Prognose möglich. Lediglich im Bereich der Veränderungen der nachhaltig erzielbaren Reinerträge (Rental Value Growth) tritt Autokorrelation in stärkerem Ausmaß auf. Die Ursache hierfür liegt in den häufig langfristig vereinbarten Mietverträgen. Dies setzt sich bei den immobilientypspezifischen Angaben fort. Mittlere und signifikante Werte auf Jahresbasis resultieren lediglich für den Büroimmobiliensektor.

---

[220] Eigene Berechnung. Datenquelle: IPD. Siehe Anhang 1.

Immobilienmarktindikator – USA	Vierteljährliche Veränderungen (I/78-IV/01)			Jährliche Veränderungen (I/78-IV/01)		
NCREIF-Index – Total Return	0,68	0,69	0,60	0,80	0,51	0,25
Retail	0,43	0,52	0,34	0,72	0,31	0,17
Office	0,55	0,59	0,52	0,80	0,58	0,30
Industrial	0,74	0,71	0,67	0,80	0,52	0,19
Apartment (IV/84-IV/01)	0,60	0,47	0,48	0,65	0,21	-0,01
London – Spitzenmieten Büro (DTZ)	-	-	-	0,60	0,23	-0,14
Paris – Spitzenmieten Büro (DTZ)	-	-	-	0,60	0,36	0,14

Tabelle 16: Autokorrelationskoeffizienten direkter Immobilienmarktindikatoren (USA)[221]

Der Verlauf des NCREIF Index ähnelt dem des Bulwien Index, so dass analoge Schlussfolgerungen gezogen werden können. Das angesprochene zyklische Verhalten gilt für alle drei Immobilienmarktindizes auf Jahresbasis, beim IPD-Index sind die Phasen hingegen verkürzt und von geringerer Stärke.

Auf jährlicher Basis ist die Unsicherheit demzufolge beim IPD-Index am größten und damit auch die Eignung als Underlying eines Terminkontraktes, wenn man alle anderen Anforderungen außer Acht lässt.

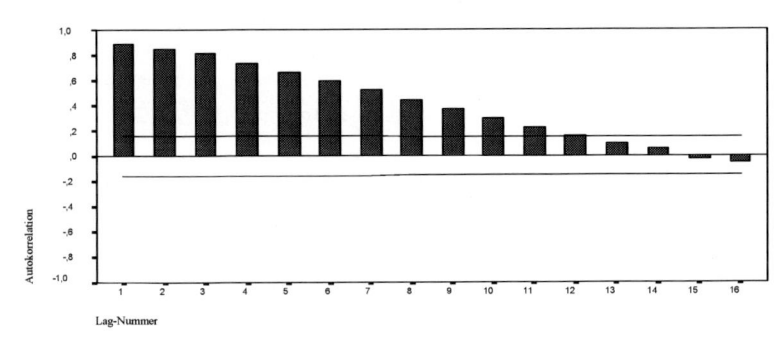

Abbildung 9: Autokorrelation des monatlichen IPD-Index[222]

Der Immobilienkonjunkturverlauf innerhalb eines Jahres differiert stark von dem über mehrere Jahre. IPD-Monats- und NCREIF-Quartalsindex unterscheiden sich untereinander in ihrem Ablauf dabei nur unwesentlich.

---

[221] Eigene Berechnung. Datenquelle: IPD, NCREIF. Siehe Anhang 1.
[222] Eigene Darstellung. Datenquelle: IPD.

Auch im Vergleich der verschiedenen Immobilientypen sind keine essentiellen Unterschiede festzustellen. Die Autokorrelation ist zunächst stark positiv und nimmt dabei kontinuierlich mit zunehmender zeitlicher Entfernung von der aktuellen Periode ab. Bei der Berechnung der partiellen Autokorrelation[223] zeigen sich dagegen stark positive Zusammenhänge nur für die ersten beiden folgenden Perioden. Demzufolge ist auf Monatsbasis eine Vorhersage der Veränderungsraten zumindest der folgenden zwei Perioden durchaus denkbar.

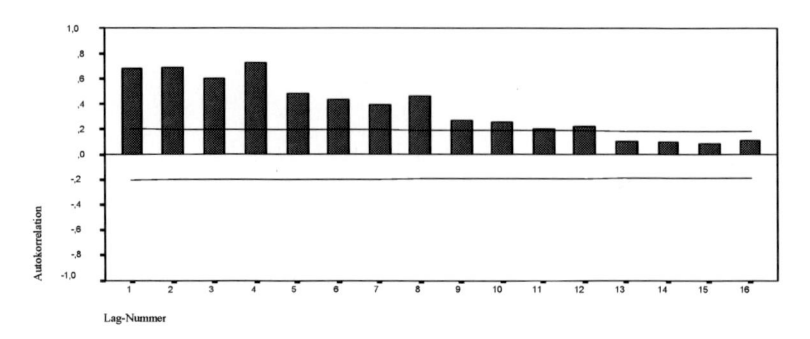

Abbildung 10:   Autokorrelation des Quartals- NCREIF Index[224]

Basis der beiden Indizes sind Immobilienbewertungen und häufig langfristige Mietverträge. Starke Schwankungen innerhalb eines Jahres sind daher nicht zu verzeichnen. Wird die Wertveränderung einer Immobilie danach über mehrere Monate fortgeschrieben, autokorrelieren die Indexveränderungen damit automatisch.

Trotz der für ein potenzielles Immobilienderivat negativen Trendeigenschaft des Immobilienmarktes, sollte deren Einfluss nicht überbewertet werden. Die Probleme und Unsicherheiten bei Prognosen von Immobilienmarktdaten sind weitreichend bekannt. Zudem muss festgehalten werden, dass Autokorrelationen allein durch die Aggregation zufälliger Daten entstehen können.[225] D.h., das noch zu erläuternde Aggregationsproblem

---

[223] Siehe Erläuterung dazu bei der Berechnung der Autokorrelation des Bulwien Index Gewerbeimmobilien.
[224] Eigene Darstellung. Datenquelle: NCREIF.
[225] Vgl. Fisher, Jeffrey, Real Time Valuation, 2002, S. 214.

bei Immobilienindizes verhindert einen realistischeren Blick auf das originäre Verhalten von Immobilienmarktdaten.[226]

III. Freie Marktverhältnisse

Der zu einem Terminmarkt gehörende Kassamarkt muss nach Ansicht mehrerer Autoren freien und wettbewerblichen Marktverhältnissen unterliegen.[227] Danach sollten Angebot und Nachfrage des jeweiligen Gutes weder monopolistischen noch staatlich bedingten Eingriffen unterliegen, so dass eine *freie und wettbewerbsgemäße Preisbildung* garantiert werden kann. Die Terminmarktteilnehmer fordern eine Unabhängigkeit des Marktes, bei der Einflüsse Dritter keine Manipulationen hervorrufen können. Diese Manipulationen können demnach monopolistischer oder staatlicher Natur sein.

Die Forderung nach Unabhängigkeit steht in direkter Verbindung mit der nach unsicherer und nicht vorhersehbarer Marktzustände. Ein politisch oder monopolistisch angestrebter Preis bewegt sich nicht frei, die Marktteilnehmer werden zu ähnlichen Erwartungen gelangen. Demzufolge bestünden wesentlich geringere Unsicherheiten, welche die Hedgeinteressen und damit den Handel mit Derivaten beeinträchtigen.

Demnach ist zu untersuchen, ob auf den für potenzielle Immobilienderivate zugrundeliegenden Märkten solche freien Marktverhältnisse vorliegen bzw. welcher „Grad an Freiheit" nötig ist.

Deutliche Beeinflussungen des Marktgeschehens im Hinblick auf Angebots- und Preisverhältnisse herrschen zumindest auf einem Teil des Wohnimmobilienmarktes. Ein freier und den reinen Marktmechanismen folgender Wohnungsmarkt ist politisch nicht gewollt und auch in Zukunft nicht zu erwarten. Beeinflussungen staatlicher Seite können dabei in den Interventionsbereichen Angebot, Transaktion oder Nachfrage liegen. Das Angebot wird so z.B. durch Subventionen oder Steuervorteile, die Nachfrage

---

[226] Vgl. den Punkt 3. Abschnitt:B.II.b) im 3. Abschnitt.
[227] Vgl. z.B. Carlton, Dennis, Futures Markets, 1984, S. 251, Black, Deborah G., Success and Failure, 1986, S. 9f., Janssen, Stefan, Kontraktdesign, 1993, S. 23, Brozen, Yale, Open Markets, 1966, S. 37.

vor allem durch das Wohngeld beeinflusst.[228] Die Mietvertragsparteien sind mit Ausnahme des preisgebundenen Wohnungsbaus in der Preisgestaltung (Transaktion) zwar grundsätzlich frei, es bestehen jedoch einige gesetzliche Regelungen, die diese Freiheit zum Teil erheblich einschränken.

Im Segment des öffentlich geförderten Wohnungsbaus unterliegt der Vermieter und damit dessen Mietpreisspielraum bis zur Rückzahlung der öffentlichen Baudarlehen den Vorschriften des Wohnungsbindungsgesetzes. Mit dem geförderten Wohnungsbau wird ein Angebot geschaffen, dessen Preis kein Marktpreis sondern eine auf den Anschaffungs- und Herstellungskosten beruhende Kostenmiete ist.[229] Diese ist unabhängig von Angebot und Nachfrage und spiegelt demzufolge auch keine Knappheiten wider. Sie folgt vielmehr den durchschnittlichen Bau- und Finanzierungskosten im Wohnungsbau. Der Vermieter muss als Gegenleistung für die in Anspruch genommenen öffentlichen Fördermittel Restriktionen beim Mietpreis und beim Nachfrager hinnehmen. Dadurch entsteht ein Teilmarkt ohne freie Preisbildung mit Zugangsbeschränkungen für den Wohnungsnachfrager.[230] Von freien Marktverhältnissen kann hier demzufolge nicht gesprochen werden.

Aber auch der frei finanzierte und nicht gebundene Wohnungsmarkt unterliegt nicht den Gesetzen eines freien Marktes. Für die Preisbestimmung sind hier vor allem das Miethöhegesetz (MHG) bzw. die Regelungen des BGB, sowie das WiStG und das StGB von Interesse. So ist es dem Vermieter nicht gestattet, eine Mieterhöhung über die gesetzlich festgelegten Kappungsgrenzen durchzuführen bzw. über die ortsübliche Vergleichsmiete hinausgehende Mieten zu verlangen. Weitere Einschränkungen freier Marktverhältnisse bestehen bezüglich des Vertragsverhältnisses. So können durch den Anbieter des Gutes Wohnung einseitig Kündigungen nur in sehr begrenztem Maße durchgeführt werden. Eine Änderungskündigung

---

[228] Vgl. Grosskopf, Werner, König, Petra, Wohnungspolitik, 2001, S. 169f.

[229] Das Segment des geförderten Wohnungsbaus hat kaum noch praktische Bedeutsamkeit. Allerdings existieren aktuellere, andere Segmente mit ähnlichen Wirkungen: z.B. Sanierungsgebiete mit entsprechenden Satzungen.

[230] Nordalm, Volker; Heuer, Jürgen, Wohnungsmärkte, 1996, S. 39.

zum Zwecke der Mieterhöhung ist gar nicht möglich. Konsequenz dieser staatlichen Eingriffe ist eine nur sehr träge Anpassung und damit eine geringe Schwankungsbreite der Mietpreise und der Preise für Wohnimmobilien (in Deutschland).

Wesentlich freier können sich die Akteure auf dem Gewerbeimmobilienmarkt bewegen. Im Sektor der Gewerbeimmobilien sind die Mieterschutzregelungen des Wohraummietrechts nicht anwendbar. Mietpreise können frei vereinbart werden, die Vertragsgestaltung ist flexibler. Daher unterliegen die entstehenden Preise wesentlich weniger von außen beeinflussbarer Determinanten, so dass ein objektiveres Marktgeschehen vorherrscht. Gewerberaummieten spiegeln daher eher die Verhältnisse von Angebot und Nachfrage und damit die Knappheit auf dem jeweiligen Markt wider. Die Preisentwicklung der Gewerbeimmobilien ist daher wesentlich zufälliger und schwerer vorhersehbar, so dass sie als Basisinstrument eines Derivats aus theoretischer Sicht geeigneter erscheint als die der Wohnimmobilien. Das restriktive Wohnraummietrecht ist allerdings ein typisch deutsches Phänomen, in angelsächsischen Ländern spräche das liberalere Mietrecht und die prinzipiell bessere Vergleichbarkeit der Wohnimmobilien möglicherweise sogar für diesen Sektor als Basisinstrument.

Unabhängig von der Nutzungsart der Immobilien spielt deren Preisfindung bzw. Preisbestimmung bei der Überprüfung ihrer Zweckmäßigkeit als Underlying eine erhebliche Rolle. Bekanntermaßen liegen für Immobilien selten zufriedenstellende Transaktionspreise vor, so dass auf Bewertungen zurückgegriffen werden muss. In die Gutachten fließen wiederum auch subjektive Einschätzungen des Gutachters zwangsläufig mit ein, eine völlig unabhängige und objektive Wertermittlung wie ein unter Wettbewerbsverhältnissen entstandener Marktpreis ist demnach nicht möglich. Zudem besteht hier die Gefahr der Manipulation. Das bedeutet, die fortlaufende Preisermittlung über den Markt ist in diesem Sinne *prinzipiell* der Wertermittlung auf Basis gutachterlicher Bewertungen vorzuziehen.

Neben der freien Preisbildung geht die Forderung nach einem *unbeschränkten Angebot* einher, um niedrige Transaktionskosten für die Beschaffung des anzudienenden Gutes auf dem Kassamarkt zu garantieren.[231] Besonders wichtig ist die Forderung nach unbeschränktem Angebot daher für Kontrakte, die eine physische Lieferung des Kontraktgegenstandes vorsehen. Dies ist bekanntermaßen bei den Kapitalmarktprodukten der EUREX oder auch den Warenfutures an der WTB Hannover der Fall. Generell kann bei den Bundesanleihen ein unbeschränktes Angebot und ein freier Handel auf dem Kassamarkt angenommen werden. Allerdings kristallisiert sich regelmäßig eine spezielle Anleihe als das günstigste lieferbare Papier heraus, welches zur Lieferung in Frage kommt. Fällt diese „Cheapest-to-deliver"-Anleihe auf ein Papier geringen Volumens, kann es jedoch wie erwähnt zu Engpässen bei der Lieferung kommen.[232]

Das konkrete Problem eingeschränkter Lieferbarkeit lässt sich wiederum durch die Einführung des „Cash Settlement"[233] der Kontrakte umgehen, wenn es für das jeweilige Basisinstrument durchführbar ist.

B. Produktsicht

I. Basisinstrumentbezogen

Unter diesem Unterpunkt werden Anforderungen in Bezug auf das Basisinstrument einer Derivatkonstruktion untersucht. Allgemeingültige Anforderungen an einen idealen Index werden im darauf folgenden Abschnitt dargestellt.

a) Homogenität der Elemente

Ein Terminkontrakt beinhaltet stets Verpflichtungen über die Vertragserfüllung durch die beteiligten Parteien. Der Käufer eines Futures erwirbt somit das Recht, eine vorher definierte Anzahl des preislich fixierten Handelsobjektes zum Termin zu kaufen. Dieser Mechanismus beruht auf den Ursprüngen des Futureshandels mit Waren, die auf eine physische Lieferung abzielten. Für den Käufer des Terminkontraktes ist es von erheblicher Bedeutung, von welcher Beschaffenheit und Qualität das Handelsobjekt

---

[231] Vgl. Black, Deborah G., Success and Failure, 1986, S. 9f.
[232] Siehe dazu den Punkt 2. Abschnitt:A.I in diesem Abschnitt.
[233] Siehe den Punkt 4. Abschnitt:C im 4. Abschnitt.

ist. So wurden frühzeitig Qualitäten und Mengen für die ersten Getreidefutures an der Chicago Board Of Trade (CBOT) eingeführt, um den Marktteilnehmern Sicherheit über die zu liefernden bzw. zu beziehenden Waren bieten zu können. Nur wenn Käufer und Verkäufer das jeweilige Objekt akzeptieren, kann ein börslicher Futureshandel entstehen. Eine gegebene Einheit eines Handelsobjektes muss demnach für alle Marktteilnehmer akzeptabel sein, wie eine andere Einheit des gleichen Objektes.[234]

Diese Anforderung können demnach nur Handelsobjekte erfüllen, die ausreichend homogen oder deren Eigenschaften standardisierbar sind.[235] Elementar ist die Standardisierung für den börslichen Futureshandel, ein individuell ausgehandelter und außerbörslicher Forwardkontrakt bleibt davon unberührt.

Mit der Forderung nach Homogenität sind hohe Preiskorrelationen zwischen nur geringfügig verschiedenen als Underlying dienenden Produkten verbunden. Ein Terminmarkt wird umso attraktiver, je höher und nachhaltiger die Preiskorrelationen der verschiedenen Produktspezifikationen und der Handelsorte sind.[236]

Aufgrund ihrer zahlreichen und wertbeeinflussenden Eigenschaften erscheinen konkrete Immobilien als Handelsobjekt für Futures und Optionen vordergründig kaum geeignet. Für den börslichen Terminhandel sind jedoch auch Futures mit relativ heterogenen Basisgütern erfolgreich eingeführt worden.

Grundlage dafür stellt die Festlegung einer Standardqualität und die Messbarkeit der Abweichung von dieser Standardqualität dar, mit deren Hilfe Relationen zu den verschiedenen Ausprägungen des Handelsobjektes erstellt werden können.[237] Diese messbaren Beziehungen zwischen den Qualitäten des Basisgutes vermindern dann den negativen Einfluss der Heterogenität. D.h., es muss ein zuverlässiges und akzeptiertes *Preisfindungs-*

---

[234] Vgl. Black, Deborah G., Success and Failure, 1986, S. 6.
[235] Vgl. Janssen, Stefan, Kontraktdesign, 1993, S. 27.
[236] Vgl. Carlton, Dennis, Futures Markets, 1984, S. 242.
[237] Vgl. Janssen, Stefan, Kontraktdesign, 1993, S. 23; Garbade, Kenneth; Silber, William, Futures Contracts, 1983, S. 250. Vgl. auch Working, Holbrook, Whose Markets?, 1953, S. 2.

und Qualitätsmeßsystem zur Verminderung des Problems der Heterogenität gefunden werden. Für Immobilien scheinen Indizes für diese Funktion in Frage zu kommen.

Anhand der im folgenden 3. Abschnitt gemachten Ausführungen soll über eine Futureskonstruktion mit Hilfe von Indizes bzw. mit der Konstruktion einer „Standardimmobilie" das Problem der Heterogenität bei immobilienbezogenen Derivaten theoretisch gelöst werden. Bei Mieteinnahmen besteht das Problem ebenso in der Identifikation einer geeigneten Bezugsbasis.

Zusammenfassend soll festgehalten werden, dass die Homogenität nur Bedeutung hat, wenn eine physische Lieferung vorgesehen ist. Entscheidender für die Funktion eines Derivats ist, dass der Preisindikator(Index) akzeptiert wird.[238]

b) Replizierbarkeit des Basiswertes (Arbitragemöglichkeit)

Voraussetzung für den Handel mit Immobilienderivaten ist weiterhin die zumindest ausreichende Replizierbarkeit eines dem Terminkontrakt zugrundeliegenden Basiswertes.[239] Dies bedeutet nicht, dass der Basiswert physisch anzuliefern sein muss. Auch beim erfolgreichen Handel von Derivativen auf Aktienindizes ist eine physische Lieferung ausgeschlossen, jedoch lässt sich dessen Struktur ohne weiteres aufgrund der bekannten Titel und deren Gewichtung am Aktienmarkt nachbilden.

Der potenzielle Käufer oder Verkäufer des Immobilienderivats muss in der Lage sein, dessen Preisentwicklung durch ein ausgleichendes Geschäft entsprechend nachzubilden. Eng verbunden mit der Forderung nach Replizierbarkeit ist die nach der Homogenität der zugrundeliegenden Vermögenswerte. Je homogener diese sind, umso einfacher ist es, das Portfolio des Underlyings nachzubilden.

Die Replizierbarkeit ist Voraussetzung für die faire Preisbildung des Derivats,[240] da sie die Möglichkeit zu Arbitrage schafft, welche Preisdifferen-

---

[238] Experteninterview, Frankfurt, 24.01.2002.
[239] Darauf verweist auch Hübner, Roland, Immobilienderivate, 2002, S. 177.
[240] Vgl. z.B. Garbade, Kenneth; Silber, William, Futures Contracts, 1983, S. 249f.

zen zwischen Finanzprodukten am Kassa- und Terminmarkt ausgleicht. Mit der gleichzeitig vollzogenen Derivatposition und der gegenläufigen Kassaposition müsste damit eine risikolose Situation für den Investor entstehen. Nehmen die Marktteilnehmer Fehlbewertungen des Terminkontraktes wahr, können sie durch den Aufbau eines Arbitrageportfolios Preisunterschiede theoretisch risikolos ausnutzen, wodurch eine tendenzielle Gleichbewertung gesichert ist. Diese ist für den Erfolg eines Immobilienderivats von erheblicher Bedeutung, um eine objektive Preisentwicklung möglich zu machen.[241]

Die Replikation eines indexbasierten Immobilienderivats ist nur theoretisch gegeben, kann doch der Derivathändler auf dem Immobilienmarkt aktiv werden und mit einem dem Index gleichgearteten Portfolio dessen Preisbildung nachvollziehen. Diese Möglichkeit besteht jedoch nur eingeschränkt. Die dem Immobilienmarkt immanenten Besonderheiten vermindern die potenzielle Fähigkeit der Replikation des dem Immobilienderivat zugrundeliegenden Underlyings.

Die Eröffnung einer Position ließe sich zum einen nur zeitversetzt durchführen, da Transaktionen am (Kassa-) Immobilienmarkt mit großen Zeitverzögerungen verbunden sind. Zudem ist die Höhe der Transaktionskosten enorm, so dass eine Nachbildung z.B. eines Index nur schwierig umzusetzen wäre. In diesem Sinne müssten Portfoliodeals möglich sein, um indexgetreu Kassageschäfte durchführen zu können.

Prinzipiell muss der Marktteilnehmer zur Erfüllung der Bedingung der Replizierbarkeit nicht unbedingt Eigentümer eines Immobilienportfolios sein. Vorstellbar ist auch eine Situation, ähnlich einer Wertpapierleihe oder eines Swaps, bei welcher der Zahlungsstrom eines Immobilienportfolios für einen festgelegten Zeitraum gegen feste Zahlungen vom Eigentümer auf den Investor übergeht.

Die Forderung nach unbedingter Replizierbarkeit des Basiswertes kann durch die Existenz von Derivaten ohne nachbildbares Underlying teilweise entkräftet werden. Hier sind insbesondere Wetterderivate zu nennen, die

---

[241] Vgl. Roth, Randolf, Volatilitätsderivat, 1999, S. 77.

als OTC- und als Börsenprodukte verfügbar sind.[242] Das Basisinstrument (z.B. Tagestemperatur oder Niederschlag an einem bestimmten Ort) ist in keiner Weise durch die Marktteilnehmer replizierbar. Zudem ist dafür kein (Kassa-) Preis ermittelbar.[243]

Das Hauptkriterium für das Funktionieren dieses Marktes wird in der objektiven Quantifizierbarkeit der zugrundeliegenden Größen gesehen.[244] D.h., akzeptieren die potenziellen Nutzer des Derivats den ermittelten Preis, rückt die Nachbildbarkeit des Basisinstruments in den Hintergrund. *Demzufolge muss die Ermittlung eines hochwertigen Preisindikators für die Anlageklasse Immobilien bei der Konstruktion von Immobilienderivaten im Vordergrund stehen.*

c)   Zusammenhang des Kassa- und des Termininstruments

Derivate dienen als vertragliche Gegenstände dem Transfer von Risiken, d.h. es existieren Risikoüberträger und -übernehmer. Damit geht die Versicherung bestimmter Annahmen der verschiedenen Kontraktparteien über zukünftige Umwelt- bzw. Marktzustände einher.

Der Erfolg eines Derivats bestimmt sich durch den Zusammenhang der Preisentwicklungen von Kassa- und Termininstrument, um die Erwartungshaltung des Kassamarktes mit dem Derivat adäquat umsetzen zu können. Die Funktion der Risikoübertragung wird demzufolge durch das Termininstrument dann erfüllt, wenn die Wertveränderungen der individuellen Kassapositionen stark mit denen der Terminpositionen korrelieren. Nur wenn die Erfüllung der Erwartungshaltung durch das neue Finanzinstrument in akzeptablem Maße erfolgen kann, besteht ein Anreiz in dessen Verwendung.

Dies gilt vor allem für den Hedger, da er bestehende Kassapositionen, so z.B. ein weit gestreutes Immobilienportfolio, gegen Mieteinnahmen- bzw. Wertminderung absichern will und den theoretischen Immobilienforward

---

[242]   Eine Einführung findet sich in: www.xelsius.com.
[243]   Ein weiteres Beispiel von Derivaten ohne nachbildbares Basisinstrument sind (OTC-) Kontrakte auf Konjunkturindikatoren, z.B. Beschäftigtenzahlen, Wirtschaftswachstum, Auftragseingänge der Industrie, Inflation usw. Vgl. o.V., Absicherung gegen Konjunkturrisiken, 2002, S. 27.
[244]   Vgl. Schirm, Antje, Wetterderivate, 2000, S. 722.

oder -future nur dann kaufen bzw. verkaufen wird, wenn dieser die Portfoliorisiken ausreichend nachbildet.

Neben der Höhe der Korrelation muss zwischen der Preisentwicklung des Kassa- bzw. des Termininstruments auch eine ausreichende Konstanz dieser Wechselbeziehung vorhanden sein. Eine nur vorübergehende Abbildung der Preisentwicklungen durch den Index bzw. den Kontrakt hat für den Käufer/Verkäufer des Termininstruments nur einen geringen Nutzen.

1. Hedgingeffizienz

Ein Immobilienderivaten inhärentes Problem liegt in der unbefriedigenden Absicherungswirkung, da das theoretische Termininstrument den „Kassamarkt" niemals genau beschreiben wird und damit eine große Differenz zum Optimum des „*perfect hedge*" besteht. Die unzureichende Diversifizierbarkeit von Immobilienportfolios bedingt ein stetes Abweichen der Wertentwicklungen von Individualportfolio und dem Index zugrundeliegenden Immobilienmarktportfolio. Daraus folgt, dass ein auf einem solchen Index basierender Immobilienkontrakt nur einen unvollständigen Hedge bieten kann.[245] Je stärker der Zusammenhang zwischen den Renditen des Termin- und denen des Kassamarktes, um so besser wird der Hedge sein, so dass Verluste in einem Markt durch Gewinne im anderen ausgeglichen werden.[246]

Etablierte Futureskontrakte sind zwar niemals perfekte Hedges, sie können dem Optimum jedoch sehr nahe kommen.[247] Es stellt sich also die Frage, wie effizient der Hedge mittels Immobilienfutures/-optionen sein muss, um für genügend Hedger attraktiv zu sein. Neben den Hedgern verlangen ebenso Trader und Arbitrageure eine korrekte Abbildung des Marktes, um ihre Markterwartungen entsprechend umsetzen zu können. Eine übergreifende Messung dieser Effizienz ist jedoch aufgrund der stets verschiedenen Individualposition für die einzelnen Investoren kaum möglich. So kann es sein, dass ein auf einen marktbreiten Immobilienindex basierender Immo-

---

[245] Vgl. Baum, Andrew, Property Futures, 1991, S. 239.
[246] Vgl. Holland, Allison; Fremault Vila, Anne, Successful Contract, 1997, S. 182.
[247] Selbst wenn das Basisinstrument genau der individuellen Position entspricht, können sich Abweichungen in zeitlicher und volumenbezogener Hinsicht ergeben.

bilien- oder Mietpreisfuture für einen landesweit operierenden Immobilieninvestor, z.B. eine große Lebensversicherung, einen sehr guten Hedge bietet. Für einen regional aufgestellten Investor wird muss jedoch nicht gelten. Die Hedgingeffizienz bestimmt sich lediglich in der Abbildung des jeweiligen Marktes durch das Termininstrument.

Marktrisiken können demnach durch Indexfutures gut abgebildet werden, spezifische Risiken hingegen weniger. Der Großteil der real gehaltenen Immobilienportfolios beinhaltet jedoch einen hohen Anteil spezifischen (unsystematischen) Risikos. Das Hedgingargument zur Einführung eines breit angelegten Immobilienfutures zur Absicherung von Immobilienrisiken ist daher von geringerer Wirkung.[248] Für das direkte Engagement in Immobilienterminkontrakten kommen hingegen insbesondere institutionelle Anleger in Betracht, welche am ehesten Portfolios halten, deren spezifisches Risiko durch Streuung minimiert wurde. Ein solches Portfolio unterliegt dann definitionsgemäß hauptsächlich dem Marktrisiko und könnte mit den Indexkontrakten gehedgt werden.

Geht man davon aus, dass eine vollständige Risikoeliminierung mit dem Einsatz von börsengehandelten Futures durch die Veränderlichkeit der Preise von Underlying und Futures (Basis) im Zeitablauf nicht möglich ist, kann das bestehende Risiko in der Kassaposition bestenfalls reduziert werden. Das geschieht dann, wenn das Basisrisiko kleiner als das Preisrisiko der Kassaposition ist.[249]

2. Empirischer Test des Zusammenhangs

Um die Forderung einer notwendigen hohen Absicherungswirkung bei Derivaten zu überprüfen, werden ausgewählte bereits gehandelte EUREX-Kontrakte auf ihre Hedgingeffizienz getestet. Darunter wird der Grad der Abbildung des Kassamarktes durch den Terminmarkt verstanden. Danach wird der Zusammenhang der Preisentwicklungen des Kassa- und des Termininstruments in Bezug auf die Langlebigkeit und das Handelsvolumen untersucht. Ziel der Analyse ist es festzustellen, wie stark der Zusammen-

---

[248] Baum, Andrew, Property Futures, 1991, S. 239.
[249] Vgl. Albrecht, Peter; Maurer, Raimond, Risikomanagement, 2002, S. 476.

hang für ein ausreichendes Handelsinteresse (zukünftiger Kontrakte) sein muss.

Da Futureskontrakte eine begrenzte Laufzeit aufweisen, kann über eine die Laufzeit eines Kontraktes hinausgehende Betrachtung nicht an *einem* (zeitlich begrenzten) Futureskontrakt erfolgen. Daraus folgt der Zwang, nach dem „Final Settlement" eines Kontraktes auf einen bzw. den nachfolgenden umstellen zu müssen. Die Preis- und Renditebetrachtung der Futures geschieht am jeweils umsatzstärksten Kontrakt, also demjenigen mit der jeweils kürzesten Laufzeit. Aus Vereinfachungsgründen und zur Wahrung einer gewissen Restlaufzeit erfolgte die Umstellung auf den nächstfolgenden Kontrakt nicht zum „Final Settlement", sondern am Monatsanfang davor.[250]

Nach der Untersuchung ist eine Schlussfolgerung für ein potenzielles Immobilienderivat denkbar, inwieweit der Immobilienterminkontrakt den Kassamarkt abbilden muss, um ein substantielles Handelsvolumen zu erzeugen.

Die Messung der Hedgingeffizienz soll dabei über die Korrelation und Regression der Variablen Kassapreis- und Futurespreisentwicklung erfolgen, wobei letztere die abhängige Variable der Regression darstellt. Mit dieser Analyse kann daher eine Aussage über die nötige Abbildung des Kassamarktes durch den Futuresmarktes getroffen werden. Die untersuchten Kontrakte und dazugehörigen Underlyings entsprechen der vorangegangenen Systematik.[251]

Neben dem Regressionskoeffizienten kommt zunächst dem Korrelationskoeffizienten erhebliche Bedeutung bei der Messung der Hedgingeffizienz zu. Neben der Überprüfung der Güte der Regression wird damit die Stärke und Richtung des Zusammenhangs nachgewiesen. Dabei könnte einmal der Zusammenhang der Entwicklung der Futuresstände und der Stände des jeweiligen Basisinstruments sowie der Zusammenhang von sich ergebenden Renditen, also relative Veränderungen, beider Zeitreihen untersucht

---

[250] D.h., dass die Umstellung bspw. des FDAX 03/99 mit „Final Settlement" 19.03.1999 an dieser Stelle nicht an diesem Tag sondern am 01.03.1999 auf den FDAX 06/99 erfolgte.
[251] Siehe Tabelle 6.

werden. Die relativen Veränderungen zeichnen jedoch ein wesentlich aussagekräftigeres Bild. Mit der Verwendung von Renditen wird zudem der häufige Problemfall der Autokorrelation der Reihe umgangen, der bei der Regression bzw. Korrelation von Kursreihen zwangsläufig auftreten würde. Bei Kursreihen liegen meist Trends vor, die der Forderung der Unabhängigkeit der einzelnen Glieder bei der Korrelations- und Regressionsanalyse widersprechen. Mit steigenden Kursen nehmen in aller Regel auch absolute Differenzen zu, relative hingegen nicht. Der häufig auftretende Fall, wobei der Trend die Ursache bzw. die Kausalität des Zusammenhangs überlagert, wird somit umgangen.[252]

Bei der Betrachtung der Renditen erfolgt zum Teil eine separate Betrachtung verschiedener Zeithorizonte, soweit dies aufgrund der Datenlage möglich war. In diesem Sinne stellen Zeitspannen von jeweils einem Tag und einem Monat gute Basen für die Untersuchung dar. Für die unterschiedlichen Futureskontrakte konnten aufgrund der Datenlage nicht immer übereinstimmende Datenbasen untersucht werden.

i) Korrelationsanalyse

Die Analyse der Kontrakte war von erheblichen Datenbeschaffungsproblemen gekennzeichnet, so dass eine Beschränkung erfolgen musste: Einerseits konnten nicht alle Kontrakte untersucht werden, andererseits lagen Preisdaten für die übrigen EUREX-Futures frühestens ab Januar 1997 vor. Daraus resultieren verschieden lange Perioden. So lagen beispielsweise für den Future auf den DJ EURO STOXX 50^{SM} Renditezeitreihen für 654 Tage vor, aus denen 30 Monatsrenditen extrahiert wurden. Für den weit davor eingeführten DAX-Future konnten neben den Tagesperioden zusätzliche Monatsperioden davor beschafft werden, die zur Verbesserung der Datenqualität auch Berücksichtigung fanden.

In einem zweiten Schritt soll dann der Einfluss der so ermittelten Hedgingeffizienz auf die „Lebensdauer" und das Handelsvolumen der jeweiligen Terminkontrakte überprüft werden.

---

[252] Über den Zeitablauf ließen sich wahrscheinlich auch Unterschiede in den relativen Veränderungen finden, von diesen soll hier jedoch abstrahiert werden.

Bei den verschiedenen EUREX-Futureskontrakten konnten zum Teil erhebliche Differenzen bei den Zusammenhängen zwischen den Kontrakten und zwischen verschiedenen Zeithorizonten festgestellt werden. Die Ergebnisse der Korrelationsanalyse fasst die folgende Tabelle zusammen:

	täglich	Perioden	Signifikanz	monatlich	Perioden	Signifikanz
DJ EURO STOXX 50^{SM}-Future	0,214	654	0,01	0,969	30	0,01
DJ STOXX 50^{SM}-Future	0,297	654	0,01	0,973	30	0,01
DAX-Future	0,955	656	0,01	0,994	54	0,01
MDAX-Future	0,495	715	0,01	0,766	36	0,01
SMI-Future	0,961	503	0,01	0,978	23	0,01
One-Month-EURIBOR-Future	0,094	656	0,05	0,925	34	0,01
Three-Month-EURIBOR-Future	0,103	656	0,01	0,895	30	0,01
Euro-BUND-Future	0,288	654	0,01	0,940	54	0,01
Euro-BOBL-Future	0,295	504	0,01	0,904	47	0,01
Euro-SCHATZ-Future	0,331	504	0,01	0,862	45	0,01
Euro-Jumbo-Pfandbrief-Future	0,326	132	0,01	0,646 (wöchentlich)	28	0,01

Tabelle 17: **Korrelationen (nach Bravais-Pearson) zwischen Termin- und jeweiligen Kassamarktrenditen**[253]

So weisen die Renditezeitreihen des Futures auf den DJ EURO STOXX 50^{SM} für die täglichen Renditen lediglich einen Korrelationskoeffizienten von 0,214 auf, d.h. es besteht nur ein sehr schwacher Zusammenhang. Misst man hingegen den Zusammenhang der Renditen auf Monatsbasis beläuft sich der Korrelationskoeffizient auf 0,969. Ähnlich verhält sich der Zusammenhang zwischen Termin- und Kassapreisrenditen beim Future auf den aus der gleichen Indexfamilie stammenden DJ STOXX 50^{SM}. Dies be-

---

[253] Eigene Berechung. Datenquelle: EUREX; Karlsruher Kapitalmarktdatenbank. Siehe Anhang 1.

deutet eine nur sehr geringe Hedgingeffizienz auf täglicher Basis, bei gleichzeitiger hervorragender Absicherungswirkung mit einem Zeithorizont von einem Monat. Dieser Umstand der höheren Monatskorrelation setzt sich über alle betrachteten Futureskontrakte fort. Selbst für die teilweise nur sehr schwachen Korrelationen gilt jedoch bis auf die Ausnahme des Einmonats-EURIBOR- Future eine hohe statistische Sicherheit von 0,01. D.h., dass mit einer Wahrscheinlichkeit von 99% für alle (bis auf die täglichen Veränderungen des Einmonats-EURIBOR-Futures) betrachteten Renditen ein signifikanter und nicht zufälliger Zusammenhang zwischen Termin- und Kassamarkt besteht.

Auffällig verhalten sich die Kontrakte auf den Deutschen Aktienindex DAX und auf den schweizerischen Aktienindex SMI, die auch auf täglicher Basis sehr hohe Korrelationsmaße aufweisen. Der DAX-Future und der SMI-Future sind etablierte Indexprodukte der Deutschen und der Schweizer Terminbörse bzw. der gemeinsamen Terminbörse EUREX, die seit geraumer Zeit Bestand haben und von Erfolg im Handelsvolumen gekennzeichnet sind. Die Fortbestandsdauer und das Handelsvolumen können jedoch nicht allein für dieses Phänomen ursächlich sein, da der BUND-Future einen ähnlich langen Handelszeitraum und ein beträchtliches Handelsvolumen erreicht hat, aber kurzfristig nicht so stark mit seinem Underlying korreliert. So kann der Grund nicht in der Tradition und in der Anzahl der involvierten Marktteilnehmer liegen. Als eine weitere Erläuterung ließe sich das eindeutige und relativ einfach zu replizierende Underlying der Kontrakte anführen. Die einfache Replizierbarkeit unterstützt die Arbitragebeziehung und trägt somit zu einem kurzfristigen Preisausgleich zwischen Kassa- und Termininstrument bei. Da andere Indexprodukte ähnlich einfach nachzubilden sind und trotzdem weniger korrelieren, soll die Verbindung von Fortbestandsdauer, deutlichem Handelsvolumen und einfacher Nachbildbarkeit als Erklärungsansatz dienen.

Als eine weitere Auffälligkeit sei der nur geringe Korrelationskoeffizient von 0,288 des BUND-Futures genannt. Vergegenwärtigt man sich, dass der BUND-Future der umsatzstärkste Futureskontrakt der Welt ist, überrascht doch die geringe Gleichläufigkeit der Preise bzw. Renditen in kurzfristiger Hinsicht gegenüber den weniger umsatzstarken Indexprodukten.[254] Somit kann nicht behauptet werden, dass die Hedgewirkung eines Kontraktes alleinige Voraussetzung für ein starkes Interesse der Marktteilnehmer ist. D.h. in kurzfristiger Hinsicht genügt das spekulative Element zur Erreichung erfolgsnotwendiger Volumina. In dieser Perspektive soll die Erfolgschance eines indexbasierten Immobilienfutureskontraktes positiver erscheinen, da eine geringere Hedgingeffizienz erwartet wird.

Für die weniger erfolgreichen und zum Teil bereits wieder eingestellten Kontrakte (MDAX-Futures und Jumbo-Pfandbrief-Futures[255]) lässt sich eine zwar hohe Monatskorrelation nachweisen, sie ist jedoch durchweg geringer als die der erfolgreicheren und umsatzstärkeren Kontrakte. Damit kann nachstehende Schlussfolgerung gezogen werden:

Ein erfolgreicher Futureskontrakt muss in kurzen Zeitabständen nicht zwingend eine hohe Korrelation mit seinem Basisinstrument aufweisen, benötigt diese jedoch in längerfristiger Hinsicht. Das Hedgeinteresse muss daher erwartungsgemäß auch eher in einem längeren Horizont liegen.

ii) Regressionsanalyse

Neben der Feststellung der Richtung und Intensität des Zusammenhangs soll die folgende Regressionsanalyse die Proportionalität und Funktionalität des Zusammenhangs messen. Aufgrund der zu erwartenden Gleichläufigkeit und der Streuungsdiagramme der Renditen wird auf eine lineare Regressionsfunktion abgestellt. Die folgende Gleichung beschreibt dabei eine klassische einfache Regressionsfunktion, die auf den Zusammenhang der beiden Variablen Anwendung findet:

---

[254] Diesbezüglich muss jedoch auf das weniger eindeutige Underlying der Kapitalmarktprodukte gegenüber den Indexprodukten hingewiesen werden. So musste ein solcher Basiswert erst durch das arithmetische Mittel laufzeitverschiedener REX-Indizes konstruiert werden, so dass die Eindeutigkeit der verwendeten Aktienindizes nicht erreicht werden kann.

[255] Aufgrund des kurzen Handelszeitraums mussten für den Jumbo-Pfandbrief-Future statt der Monatsrenditen Wochenrenditen benutzt werden, um längere Zeiträume und eine ausreichende Anzahl für die Analyse zu generieren.

$R(F) = a + bR(K) + \varepsilon$

Gleichung 3: Regressionsfunktion der Renditen von Kassa- und Terminmarkt

$R(F)$ bezeichnet hierbei die Rendite, die sich durch den Future ergibt, $R(K)$ die Rendite des jeweiligen Kassainstruments. Die Variable a bezeichnet dabei die Konstante der Regressionsgeraden, b den Regressionskoeffizienten und damit den Anstieg der Geraden.

Neben der Einflussgröße Rendite des Kassainstruments $R(K)$ existieren noch weitere Faktoren, die auf den Preis des Termininstruments wirken, so z.B. die jeweiligen Nettobestandshaltekosten und das allgemeine Zinsniveau. Diese haben aber im Vergleich zur Entwicklung der Kassapreise und -renditen einen wesentlich geringeren Einfluss, so dass sie in der Störgröße ε zusammengefasst werden sollen. Sie stellt in der Regressionsfunktion die Gesamtheit der Residuen dar, also die Differenz zwischen den tatsächlichen Beobachtungswerten und den berechneten Funktionswerten. Bei der Verwendung dieses Regressionsmodells wird eine konstante Wahrscheinlichkeitsverteilung dieser Störgröße ε und der beobachteten Größe $R(F)$ vorausgesetzt.[256]

Ähnlich der Ergebnisse der Korrelationsanalyse verliefen auch die Resultate der Regressionsrechnung. Eindeutige Zusammenhänge im Korrelationskoeffizienten, drücken sich durch einen hohen Betrag des Bestimmtheitsmaßes R^2 für den Regressionskoeffizienten aus.

Die nachfolgende Übersicht soll die Ergebnisse verdeutlichen. Die jeweils erste Zeile entspricht der Regressionsfunktion der täglichen Renditen, die zweite den monatlichen:

---

[256] Vgl. Hellmund, Uwe u.a., Statistik, 1992, S. 189.

	a	b	t	R^2	F	Durbin-Watson
DJ EURO STOXX	2,225E-04	**0,210**	5,593	0,046	31,283	2,299
50^{SM}-Future	8,252E-05	**1,046**	20,811	0,939	433,089	3,185
DJ STOXX 50^{SM}-	1,634E-04	**0,291**	7,929	0,088	62,874	2,340
Future	4,370E-04	**1,002**	22,115	0,946	489,076	3,275
DAX-Future	-9,390E-07	**0,965**	82,600	0,913	6822,750	2,844
	1,442E-04	**0,988**	64,713	0,988	4187,812	2,836
MDAX-Future	1,469E-04	**0,861**	15,221	0,245	231,693	2,945
	-1,327E-03	**0,844**	6,938	0,586	48,131	2,831
SMI-Future	2,266E-05	**0,973**	77,779	0,924	6049,572	2,860
	7,137E-04	**0,926**	21,427	0,956	459,136	2,728
One-Month-	-1,531E-05	**0,244**	2,419	0,009	5,849	2,683
EURIBOR-Future	-4,146E-05	**0,828**	13,758	0,855	189,296	2,721
Three-Month-	-1,425E-05	**0,156**	2,655	0,011	7,051	2,127
EURIBOR-Future	9,387E-05	**1,097**	10,629	0,801	112,981	2,706
Euro-BUND-Future	-6,890E-05	**0,328**	7,681	0,083	58,992	2,504
	1,482E-04	**0,996**	19,907	0,884	396,306	2,623
Euro-BOBL-Future	-2,210E-05	**0,282**	6,923	0,087	47,922	2,460
	9,447E-05	**0,774**	14,175	0,817	200,928	2,642
Euro-SCHATZ-	-1,953E-05	**0,495**	7,859	0,110	61,756	2,450
Future	1,124E-04	**1,046**	11,164	0,743	124,453	2,796
Euro-Jumbo-	-3,495E-05	**0,802**	3,977	0,106	15,819	2,872
Pfandbrief-Future	-3,224E-04	**0,928**	4,311	0,417	18,584	2,840

Tabelle 18: Regression der Termin- und der jeweiligen Kassamarktrenditen[257]

Für alle dargestellten Regressionskoeffizienten b wurden t-Werte berechnet, die eine Irrtumswahrscheinlichkeit von 1 % ergeben. Lediglich der Wert des auf den täglichen Renditen des Dreimonats-EURIBOR-Futures basierende beträgt 5 %. Für das Bestimmtheitsmaß R^2 gelten die gleichen statistischen Sicherheiten (F-Test).

Für einen Terminmarktteilnehmer dürfte eine genau gleichläufige Entwicklung der Renditen von Termin- und Kassainstrument ideal sein, um seine Erwartungen vom Kassamarkt über den Terminmarkt adäquat umsetzen zu können. Dies ist dann der Fall wenn der Regressionskoeffizient genau den Wert 1 annimmt. Dieser Forderung kommen die Futures auf den DJ STOXX 50^{SM}, auf die langfristigen Bundesanleihen und den DAX mit einer Abweichung von lediglich 0,2%, 0,4% und 1,2% auf Basis der Monatswerte am nächsten. Das bedeutet, dass sich z.B. bei einer Veränderung des

---

[257] Eigene Berechnung. Datenquelle: EUREX; Karlsruher Kapitalmarktdatenbank. Siehe Anhang 1.

DAX um 100 Punkte innerhalb eines Monats der Future durchschnittlich um 98,8 Punkte während des Beobachtungszeitraums verändert hat. Die mit einem relativ geringen Handelsvolumen ausgestatteten Kontrakte weisen dagegen ein stärker abweichendes b auf, d.h. im Einzelfall traten durchschnittlich über 10% Abweichung innerhalb eines Monats in der Untersuchungsperiode auf.[258] Damit sieht sich ein Investor der Situation ausgesetzt, dass seine Markterwartungen, unabhängig von einer Hedge-, Trading- oder Arbitragestrategie, nur zu ca. 90% mit dem Termininstrument umgesetzt wurden. Diese Abweichungen wirken auf die Effektivität eines solchen Finanzprodukts abträglich, so dass ein Scheitern des Kontraktes neben anderen Gründen begünstigt wird. Der mit einem besonders niedrigen Koeffizienten von 0,828 und damit einer hohen Abweichung von ca. 17% ausgestattete Future auf den Einmonats-EURIBOR existiert zwar formal, kann aber aufgrund seines über lange Zeiträume[259] zu verzeichnenden Null-Umsatzes als ebenso erfolglos gelten. Der Dreimonats-EURIBOR Future erzielt mit einer durchschnittlichen Abweichung von knapp 10% hingegen ein akzeptables Umsatzvolumen. Der umsatzstarke BOBL-Future stellt einen Ausreißer in der sonst gültigen Regelmäßigkeit des Zusammenhangs zwischen Kassa- und Terminmarktrenditen dar. Die Erklärung der geringeren Repräsentativität des erstellten Underlyings[260] kann aufgrund der Ergebnisse bei den ähnlich strukturierten Kapitalmarktprodukten BUND- und SCHATZ-Futures nur eingeschränkt gelten.

Betrachtet man die Abweichungen der auf den Monatsdaten basierenden Regressionskoeffizienten von 1, ist trotzdem eine Tendenz zu beobachten. Der über das Umsatzvolumen definierte Erfolg eines Futureskontraktes hängt daher an einer guten Abbildung der Renditen des Kassainstruments durch das Termininstrument. Neu einzuführende Futureskontrakte sollten daher einen Fehler in der Abbildung von ca. 10% nicht überschreiten, besser scheint ein maximaler Fehler von ca. 5% bei den Betrachtungsobjekten

---

[258] Die Preisentwicklungen der umsatzschwachen Kontrakte sind zum Teil durch Phasen mit einem Umsatz von Null gekennzeichnet, so dass die Preise kein Resultat von Angebot und Nachfrage nachzeichnen. Damit ist auch kein ständiger Ausgleich durch Arbitrageprozesse gewährleistet. Dies beeinflusst die Nachbildung des Kassamarktes zusätzlich negativ.

[259] Seit Beginn des Jahres 2000 sind die Umsätze auf faktisch Null zurückgegangen.

[260] Siehe Tabelle 6.

zu sein. Dies könnte demnach auch für potenzielle Immobilienfutures gelten, die je nach Konstruktion eben eine solche Abbildungsqualität erreichen müssten.

In der Studie von HOLLAND und FREMAULT VILA war hingegen kein signifikanter Zusammenhang zwischen der Hedgingeffizienz und dem Umsatzvolumen feststellbar,[261] so dass die unbedingte Forderung nach hoher Hedgingeffizienz für erfolgreiche Kontrakte nicht zweifellos akzeptiert werden kann.

Ein verhältnismäßig niedriger Regressionskoeffizient muss nicht zwangsläufig eine unzureichende Hedgingeffizienz bedeuten. Bleibt der Koeffizient über lange Zeiträume konstant, können Handelsstrategien die Differenzen beim Hedging ausgleichen. Tendenziell sollen die Aussagen zur Hedgingeffizienz jedoch gültig bleiben – höhere Regressionskoeffizienten bieten bessere Absicherungseffekte.

Andere Untersuchungen kommen auf das Ergebnis, dass die Hedgingeffizienz einen wesentlichen Einflussfaktor auf das erzeugte Handelsvolumen der Kontrakte hat. Dabei wird festgestellt, das nicht nur das Basisrisiko[262] sondern auch die Markttiefe[263] für den Erfolg der Kontrakte maßgeblich ist.[264]

iii) Test der Funktionen

Eine Interpretation der auf den *täglichen* Renditen basierenden Regressionskoeffizienten ist nur für die DAX- und SMI-Futures aussagekräftig, da nur deren Korrelationskoeffizient einen ausreichenden Zusammenhang nachgewiesen hat. Folgende Diagramme sollen den Sachverhalt verdeutlichen:

---

[261] Zwischen beiden Variablen herrschte teilweise sogar ein negativer Korrelationskoeffizient. Vgl. Holland, Allison; Fremault Vila, Anne, Successful Contract, 1997, S. 182.
[262] Siehe 4. Abschnitt 5. Abschnitt:A.II.
[263] Siehe 2. Abschnitt 2. Abschnitt:B.II.b).
[264] Vgl. Pennings, Joost; Leuthold, Raymond, Contract Viability, 1999, S. 27.

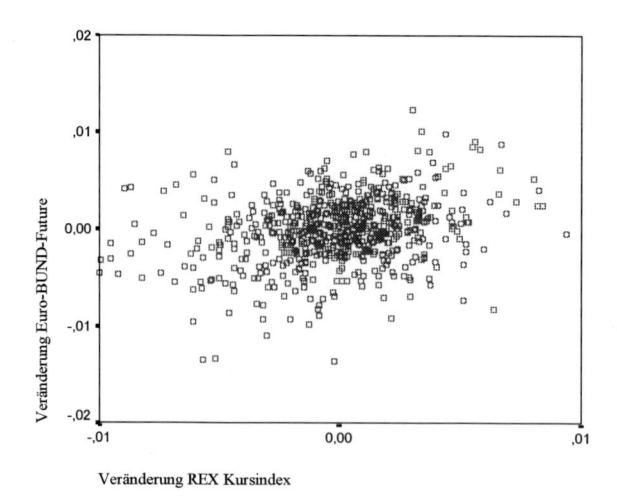

Abbildung 11: Streuung der täglichen Renditen eines Futures und seines Underlyings[265]

Die Mehrzahl der Futures weist ein solches oder ähnliches Streuungsdiagramm für die täglichen Renditen auf.[266] Die Verteilung der Renditen lässt dabei keinen eindeutigen Trend erkennen, die Eintragung der Regressionsgeraden würde kaum zu einem Erkenntnisgewinn führen. Berechnet man eine solche Funktion, kann dies nur in einer schlechten Anpassung dieser an die empirischen Werte geschehen. Die Güte der Anpassung der Funktion spiegelt sich im Bestimmtheitsmaß R^2 wider, welches für jede Funktion in der vorangegangenen Tabelle zu finden ist. Für obiges Abhängigkeitsverhältnis zwischen Termin- und Kassainstrument des BUND-Futures kann demzufolge ein nur sehr schwaches R^2 von 0,089 resultieren. Je geringer R^2, um so größer sind die Abweichungen der empirischen Werte von den Funktionswerten und um so schlechter ist damit die Anpassung der Funktion.

Die *Monatsrenditen* liefern erwartungsgemäß durchweg eine wesentlich geringere Streuung als die täglichen Renditen. Der Streuungsverlauf zeichnet eine eindeutig lineare Funktion, so dass die Wahl dieses Funktionstyps

---

[265] Eigene Darstellung. Datenquelle: Karlsruher Kapitalmarktdatenbank. Siehe Anhang 1.
[266] Das gewählte Beispiel soll stellvertretend für ähnlich verlaufende Streuungen anderer Futures sein.

akzeptiert werden kann. Die Abweichungen der empirischen von den Funktionswerten ist wesentlich geringer und kommt in einem hohen Bestimmtheitsmaß von 0,884 zum Ausdruck.

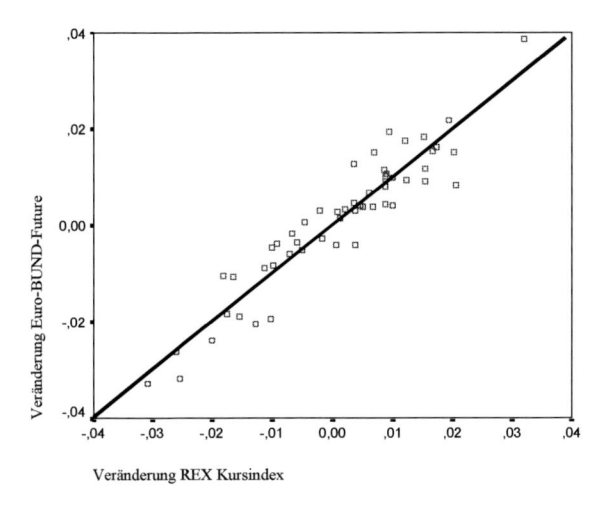

Abbildung 12: **Streuung der monatlichen Renditen eines Futures und seines Underlyings**[267]

Für die Residuen ε_i der Regressionsfunktion wurde eine konstante Wahrscheinlichkeitsverteilung vorausgesetzt, die durch den Zentralen Grenzwertsatz durch eine Normalverteilung approximiert werden kann. Wenn ε normalverteilt ist, gilt das auch für die Funktionswerte der Regressionsfunktion, denn diese sind lediglich eine lineare Funktion von ε.[268] Beispielhaft dafür sollen wieder die Daten des BUND-Futures zur Veranschaulichung dienen, die als Repräsentanten für die Untersuchung aller anderen Underlyings stehen sollen.

---

[267] Eigene Darstellung. Datenquelle: Karlsruher Kapitalmarktdatenbank. Siehe Anhang 1.
[268] Vgl. Hellmund, Uwe u.a., Statistik, 1992, S. 189.

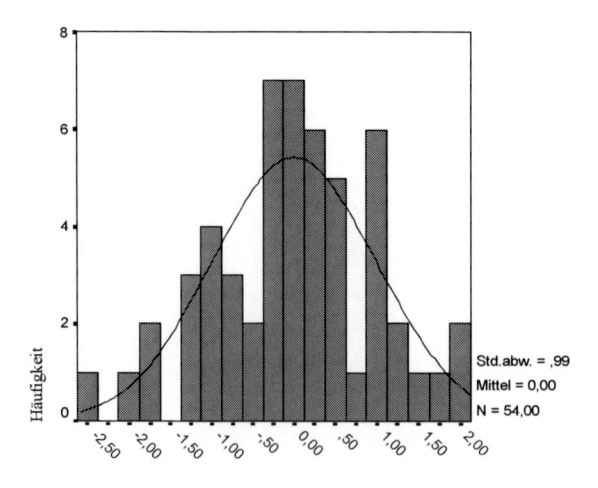

Abbildung 13: Histogramm der monatlichen Residuen eines Futures

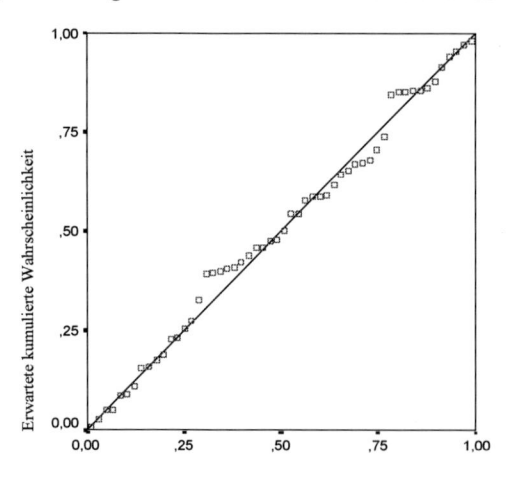

Abbildung 14: Normalverteilungsplot der Residuen (Euro-BUND-Futures)[269]

In den Grafiken wird die tatsächliche Häufigkeitsverteilung mit einer Normalverteilung verglichen. Im Histogramm zeigen sich Abweichungen der durch die Balken dargestellten empirischen Werte von der Normalverteilungskurve. Dieser Umstand wird durch das Normalverteilungsplot (Sum-

---

[269] Eigene Darstellungen. Datenquelle: Karlsruher Kapitalmarktdatenbank. Siehe Anhang 1.

menhäufigkeit) etwas relativiert, es zeigt sich eine akzeptable Anpassung der Residuen (Punkte) an die Normalverteilung (Gerade).

Die Verteilung ist weit davon entfernt, perfekt zu sein, bildet eine Normalverteilung aber annähernd nach, so dass der Forderung ausreichend entsprochen wird. Für die anderen Futures ergeben sich zum Teil schlechter angepasste Normalverteilungen der Residuen, jedoch liegen meist nur ca. 30 Monatswerte vor, die eine realistische Beschreibung der tatsächlichen Verteilung verhindern.

Eine weitere Forderung des angewendeten Regressionsmodells ist die Zufälligkeit und Unabhängigkeit der Residuen untereinander, d.h. zwischen aufeinanderfolgenden Residuen sollen keine systematischen Beziehungen und damit keine Autokorrelation bestehen. Die Autokorrelation einer Reihe wird dabei über die aufgeführten Werte des DURBIN-WATSON-Koeffizienten getestet. Keine oder nur relativ geringe Autokorrelation liegt bei Werten von ca. 1,6 bis 2,4 vor, exakte Werte sind nicht möglich.[270] Ab einem Koeffizienten von 3,0 kann von erheblicher Autokorrelation ausgegangen werden, so dass die Mehrzahl der untersuchten Futureszeitreihen in einem Grenzbereich liegen, bei den Futures auf die beiden Indizes der STOXX-Familie muss daher die Nullhypothese abgelehnt werden, d.h. der Zusammenhang der Residuen ist nicht zufällig. Die häufig vorgeschlagene Einführung neuer unabhängiger Variablen zur Verbesserung der Funktionen und der Erklärung der Zusammenhänge[271] wurde demzufolge für die Futures auf den DJ EURO STOXX 50^{SM} und den DJ STOXX 50^{SM} getestet. Dabei wurde der Zusammenhang durch die Veränderung des risikolosen Zinssatzes, approximiert durch die Umlaufrendite von Anleihen der öffentlichen Hand, als einen weiteren wichtigen Einflussfaktor auf die Futurespreise seit der Einführung des Futures überprüft. Dafür konnten jedoch keine signifikanten Korrelations- und Regressionskoeffizienten ermittelt und keine bessere Anpassung an die Funktion erreicht werden.

---

[270] Vgl. Winker, Peter, Wirtschaftsforschung, S. 165.
[271] So z.B. Hübler, Olaf, Ökonometrie, 1989, S. 195.

Aufgrund der guten Anpassung der Funktionen durch hohe Bestimmtheitsmaße und die grafische Darstellung sollen somit die linearen Funktionen jedoch trotzdem akzeptiert werden.[272]

Bei der Analyse des Abhängigkeitsverhältnisses zwischen Kassa- und den Termininstrumenten besteht Unklarheit darüber, welche Größe die abhängige ist. Wenn sich eine geringe Abbildung des Kassamarktes durch den Terminmarkt in einem geringen Umsatzvolumen der Kontrakte niederschlägt, ist der Gedankengang zweifellos logisch. Jedoch führt auch ein geringes Umsatzvolumen nur zu seltenen Anpassungsprozessen zwischen beiden Märkten und damit auch zwangsläufig zu einem schlechteren Preisausgleich.

Es stellt sich somit die Frage nach Ursache und Wirkung des beobachteten Zusammenhangs. Ein Erklärungsansatz könnte die Wechselwirkung zwischen beiden Phänomenen sein, d.h. niedriges Umsatzvolumen und schlechte Abbildung begünstigen einander. So kann es zu einer negativen Spirale kommen, bei der sich beide Erscheinungen immer weiter gegenseitig antreiben und ein Scheitern des Kontraktes herbeiführen.

II. Termininstrumentbezogen

Neben den Anforderungen an das Basisinstrument werden weitere an das Termininstrument selbst gerichtet. Aufgrund der höheren Anforderungen an Terminbörsenderivate stehen diese hier im Vordergrund. Für nicht standardisierte Instrumente gelten diese nicht oder in abgeschwächter Form.

a) Fehlen geeigneter Substitute

Für das Entstehen eines börslichen Derivatmarktes wird auch das Fehlen geeigneter Substitute genannt.[273] Es darf demnach keine zu einem Cross Hedge geeigneten Kontrakte geben.

Danach werden potenzielle Marktteilnehmer nur dann zum Handel motiviert, wenn es keine bereits bestehenden Finanzinstrumente gibt, welche

---

[272] Vgl. auch die Annahmen bei Regressionsmodellen unter dem Punkt 3. Abschnitt:B.I.b)2 im 3. Abschnitt.
[273] Vgl. Fitzgerald, Desmond M., Financial Futures, 1993, S. 7.

die Funktion des neuen in einem für die Händler akzeptablen Maße bereits erfüllen. Könnte so z.B. ein Immobilienportfolio mit einem Zinsderivat adäquat abgesichert werden, bestünde ein nur geringes Interesse für die Nutzung von Immobilienderivaten. Derzeit existieren solche Finanzinstrumente allerdings nicht bzw. nicht in der gewünschten Form.[274]

Nicht gesichert scheint hingegen die Bedeutung eventuell gehandelter oder gescheiterter OTC-Kontrakte zu sein. Prinzipiell legt jedoch ein außerbörslicher Handel von Derivaten die Vermutung nahe, dass die Basismotive für die Nutzung vorhanden sind. So ist in diesem Fall von entsprechendem Absicherungsinteresse auszugehen. Um diese Bedürfnisse der Marktteilnehmer zu befriedigen, sind nicht zwangsläufig organisierte Futures- und Optionsmärkte erforderlich. Außerbörslich gehandelte Produkte können diese Funktion auch ohne weiteres erfüllen. Allerdings unterscheidet sich der Börsenhandel in verschiedenen Aspekten erheblich vom OTC-Handel, so dass er nicht als perfektes Substitut dazu angesehen werden kann.[275] Beim außerbörslichen Handel besteht jederzeit das Risiko des Ausfallens der Vertragspartei. Zudem müssen viele Einzelheiten zur Vertragsgestaltung beiderseitige Akzeptanz finden (Qualitäten, Zeitpunkte, Liefermodalitäten etc.). Der Börsenhandel eliminiert diese Schwierigkeiten durch die Clearingstelle und die Standardisierung der Produkte, die allerdings eine geringere Hedgingeffizienz der Kontrakte hervorruft.

So ist der OTC-Markt vielmehr ein Indikator für zukünftig handelbare Terminbörsenderivate, als ein Substitut bzw. direkter Konkurrent.[276] Die Schaffung eines börslich organisierten Derivathandels liegt somit zeitlich i.d.R. nach bzw. neben der Entstehung des OTC-Marktes.[277]

b) Liquidität

Der Erfolg eines handelbaren Terminkontraktes kann, wie erwähnt, allgemein auf verschiedene Arten gemessen werden: in der langfristigen Exis-

---

[274] Zu abstrahieren wäre höchstens von den PIFs der Barclays Bank.
[275] Vgl. Black, Deborah G., Success and Failure, 1986, S. 11.
[276] Experteninterview, Frankfurt, 24.01.2002.
[277] Vgl. auch Fitzgerald, Desmond M., Financial Futures, 1993, S. 7.

tenz, im jeweiligen Handelsvolumen, im noch zu erläuternden „Open Interest" und im Verhältnis der beiden Zahlen.

An dieser Stelle soll auf das Handelsvolumen bzw. die Liquidität eines Terminkontraktes eingegangen werden. In der Liquidität spiegelt sich die Möglichkeit der Marktteilnehmer wider, Positionen am Markt möglichst schnell, in gewünschter Höhe und möglichst kostengünstig öffnen und schließen zu können. Das gesamte Handelsvolumen eines Kontraktes könnte sich im Extremfall auf eine Transaktion an einem Tag konzentrieren. Selbst wenn diese Transaktion von enormer Höhe und damit das Volumen groß ist, kann nicht von einem liquiden Handel gesprochen werden. Im Regelfall kann jedoch von einer Gleichläufigkeit von Handelsvolumen und Liquidität ausgegangen werden.

Diese, den Erfolg maßgeblich bestimmenden Determinanten werden wiederum durch verschiedene Einflussfaktoren bestimmt. Es stellt sich dabei die Frage, ob ein hohes Handelsinteresse, in Form hohen Volumens und hoher Liquidität, Ursache oder Resultat eines erfolgreichen Terminkontraktes ist. An dieser Stelle erscheint die Betrachtung eines Handels über einen langen Zeitraum mit einem entsprechenden Handelsvolumen als Erfolgskriterium sinnvoll, d.h., es wird der Frage nachgegangen, ob die Liquidität als Voraussetzung für den so definierten Erfolg eines Kontraktes gelten kann.

1. Empirischer Test

Die Liquidität eines Terminkontraktes lässt sich dabei auf verschiedene Arten ermitteln. Dabei bietet sich die absolute Höhe des Handelsvolumens und des Open Interests, sowie das Verhältnis dieser beiden Größen an. Das Open Interest bezeichnet dabei die Summe aller zu einem bestimmten Zeitpunkt offenen (Kauf- und Verkauf-) Kontraktpositionen.[278] Handelsvolumen und Open Interest lassen sich an der Anzahl der Kontrakte oder in einer Währungseinheit messen.

---

[278] Vgl. die Untersuchung von Holland, Allison; Fremault Vila, Anne, Successful Contract, 1997. Vgl. Bruns, Christoph; Meyer-Bullerdiek, Frieder, Portfoliomanagement, 1996, S. 427.

Treten Käufer und Verkäufer in einen Vertrag neu ein, entsteht ein „Open Interest" von einem Kontrakt. Veräußert der Käufer hingegen seinen Kontrakt durch ein Gegengeschäft an einen anderen, entsteht kein weiteres „Open Interest".[279] Bis auf wenige Ausnahmen im Bereich von 1-2% werden Futures vor ihrem Auslaufen per Gegengeschäft glattgestellt, um die physische Lieferung des Kontraktgegenstandes zu vermeiden. Zum Ende der Laufzeit nimmt daher das „Open Interest" rapide ab.

Die Nutzung der Kontraktanzahl als Liquiditätsmaß impliziert einerseits Nachteile in Bezug auf die Vergleichbarkeit verschiedener Kontrakte untereinander,[280] andererseits ist unter Liquiditätsaspekten ein klarer Vorteil zu sehen.

Die Beschränkung der Betrachtung auf die reine Verhältniszahl birgt die Gefahr, dass die absoluten Werte der Größen Volumen und Open Interest vernachlässigt werden. So kann eine große Verhältniszahl Liquidität suggerieren, die evtl. bei nur wenigen gehandelten Kontrakten jedoch nicht vorliegt. Aus diesem Grund sollen zunächst beide absolute Größen verschiedener, an der europäischen Terminbörse EUREX gehandelter Kontrakte gegenübergestellt werden. Dabei erfolgt eine Betrachtung der wichtigsten Futureskontrakte und der Optionen auf Indizes im Zeitraum seit ihrer Einführung. Die Daten umfassen jeweils monatliche Angaben zu beiden Größen und stammen ausnahmslos von der EUREX.

i) Handelsvolumen

Zunächst wird das *durchschnittliche tägliche Handelsvolumen* der Kontrakte untersucht, wobei jeweils das erste vollständige Handelsjahr,[281] das zweite und das Jahr 2000 dargestellt wird. Bei einer exakten historischen Betrachtung der gehandelten EUREX-Produkte muss die Umstellung auf

---

[279] Vgl. Kolb, Robert W., Financial Derivatives, 1993, S. 32f.

[280] Prinzipiell wäre eine Betrachtung des Handelsvolumens in der Maßeinheit der Währung € oder DM vorzuziehen. Aufgrund der vorliegenden langfristigen Volumenangabe in Kontrakten muss jedoch darauf verzichtet werden. Eine nachträgliche Umrechnung ist mit adäquatem Aufwand für die Indexterminkontrakte nicht möglich, so dass auf die Kontraktanzahl abgestellt wird, um eine einheitliche Maßeinheit für alle zu untersuchenden Produkte zu gewährleisten.

[281] Ausnahme bildet dabei der BUXL-Future und der Jumbo/ Jumbo-Pfandbrief-Future, deren tatsächliches erstes Handelsjahr verwendet wurde.

die europäische Einheitswährung Euro beachtet werden. Um möglichst langfristige Reihen zu erhalten, sollen dabei die Kontrakte vor und nach der Umstellung als *ein* Instrument betrachtet werden. Dies kann ohne weiteres für Instrumente gleichen Underlyings erfolgen. Die gesonderte Betrachtung dieses Umstands ist für vor und nach dem Jahreswechsel 1998/1999 gehandelte Kontrakte nötig.

Bei den Indexfutures auf den deutschen Aktienindex DAX und MDAX erfolgte zu diesem Zeitpunkt eine Aufsplittung der Kontrakte in zwei Einheiten: Round Lots und Odd Lots.[282] Aufgrund ihres geringen Handels und Volumens werden die Odd Lots außer Acht gelassen. Mit der Konversion auf den Euro wurde im DAX-Future eine gleichzeitige Kontraktwertreduzierung von vormals 100 DM auf 25 € pro Indexpunkt des DAX beschlossen.[283] Dadurch ergibt sich die Notwendigkeit, die Volumenangaben (in Kontrakten) anzupassen, da sonst nach der Umstellung eine ca. doppelte Anzahl gehandelter Kontrakte bei jedoch etwa gleichem Volumen (in der Währung) entstehen würde. D.h. die real gehandelten Kontrakte ab Januar 1999 werden durch eine auf das vorherige Kontraktvolumen bezogene Verhältniszahl transformiert. Damit wird die Vergleichbarkeit in langfristiger Hinsicht hergestellt. In der folgenden Grafik schlägt sich dies durch eine ungefähre Halbierung der tatsächlichen Anzahl gehandelter DAX-Futures für das Jahr 2000 nieder. Die DAX-Option und der MDAX-Future können hingegen unter Inkaufnahme der geringfügigen Rundungsdifferenz als konstant im Kontraktvolumen betrachtet werden. Für die auf die verschiedenen Dow Jones STOXX Indizes gehandelten Terminkontrakte ist die Anpassung aufgrund der vorherigen ECU Notierung nicht erforderlich.

Prinzipiell unterscheiden sich die zu dieser Zeit eingeführten Geldmarktprodukte nicht von den vorangegangen, ihre unterschiedlichen Underlyings (FIBOR, LIBOR, EURIBOR) sind von unterschiedlichen Institutionen festgestellte Interbanken-Terminzinssätze, deren Laufzeiten identisch sind.

---

[282] Die Aufteilung wurde erforderlich, um „runde" Kontraktparameter, wie der Kontraktwert, zu erhalten. Die Differenz zwischen diesem neuen Euro-Kontrakt und dem vorherigen DM-Kontrakt spiegelte sich in den Odd Lot Kontrakten wider. Deren „Lebensdauer" sollte von vornherein beschränkt bleiben, so dass an dieser Stelle keine gesonderte Betrachtung nötig ist. Vgl. Deutsche Börse AG; Euro Guide, 1997, S. 5.
[283] Vgl. Deutsche Börse AG; Euro Guide, 1997, S. 10.

Die realen Abweichungen dürften vernachlässigbar sein, so dass für die folgenden Betrachtungen lediglich Dreimonats- und Einmonats-EURIBOR-Futures als aktuelle Kontrakte und Nachfolger der Euromark-Futures unterschieden werden sollen. Damit wird der Vorgehensweise der EUREX bei historischen Volumenangaben gefolgt. Der Kontraktwert belief sich betragsmäßig auf den jeweils gleichen Wert in DM und Euro, so dass eine Umrechnung der Handelsvolumina ebenfalls nötig ist.

Für die Kapitalmarktprodukte wurden in der Übergangszeit auf Euro und DM notierende Kontrakte parallel gehandelt. Die neuen Euro Kontrakte weisen ein etwas geringeren Kontraktwert als die DM Kontrakte auf und werden daher ebenso anzahlmäßig transformiert.

Es zeigt sich mit der Ausnahme der DAX-Option eine dominante Position bei den Kapitalmarktprodukten, von denen drei die Grenze von 100.000 zum Teil weit übertreffen. Der BUND-Futureskontrakt erreicht dabei mit knapp (real) 600.000 durchschnittlich gehandelten Kontrakten pro Tag im Jahr 2000 eine weltweite Spitzenposition.

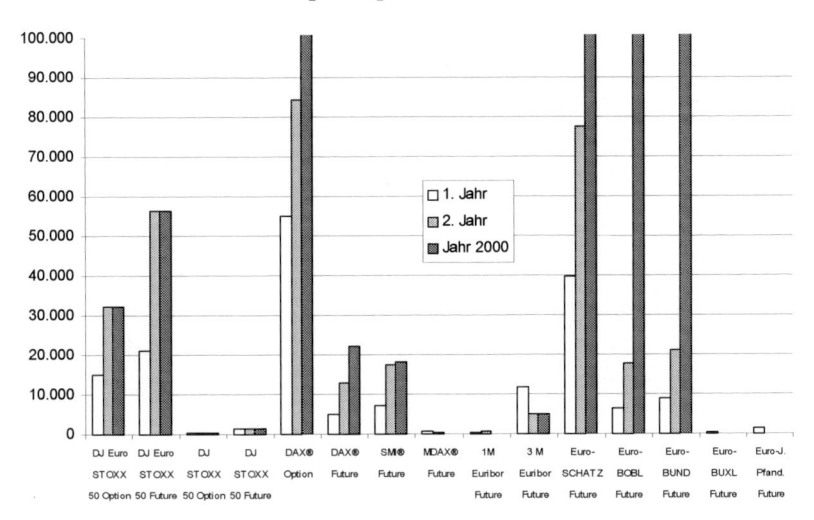

Abbildung 15: Durchschnittliches tägliches Handelsvolumen an der EUREX (transformiert)[284]

---

[284] Eigene Darstellung. Datenquelle: EUREX. Siehe Anhang 1.

Interessant erscheint die Tatsache, dass trotz eines Handelsvolumens nahe Null der Einmonats-EURIBOR-Futures sowie der BUXL-Futures weiter zum Handel angeboten werden, der MDAX-Futures und der Jumbo-Pfandbrief-Futureskontrakt hingegen eingestellt wurden. Der Fortbestand erstgenannter Kontrakte erscheint bei einem dauerhaft ausbleibendem Handelsinteresse jedoch fraglich. Allerdings werden die BUXL-Futures bereits seit 1996 mit einem vernachlässigbaren Volumen gehandelt bzw. angeboten. Betrachtet man die Geldmarktprodukte mit einmonatiger Zinsbasis als eine Produktkategorie, die sich prinzipiell nicht unterscheiden,[285] findet auch hier ein Handel mit geringen Umsätzen seit geraumer Zeit statt. Das geringe Handelsvolumen bei den Geldmarktprodukten resultiert dabei nicht aus einer geringen Nachfrage nach diesen Produkten, sondern ist in der Konkurrenzsituation zwischen den europäischen Terminbörsen begründet. So hat sich der europäische Handel von börslichen Geldmarkt-Termininstrumenten in London (LIFFE) konzentriert, der Handel der Kapitalmarktprodukte dagegen an der Frankfurter EUREX.

Allgemein kann daher davon ausgegangen werden, dass ein hohes Handelsvolumen die Erfolgsaussichten eines Kontraktes positiv beeinflusst. Jedoch bedeutet ein geringes bzw. nachlassendes Handelsvolumen oder -interesse keine zwingende Einstellung des Kontraktes.[286]

ii) Open Interest

Für das *Open Interest* der EUREX-Kontrakte lagen zuverlässige Zeitreihen nur ab dem Jahr 1994 vor, so dass die direkte Vergleichbarkeit beider Grafiken für die davor gehandelten Kontrakte für die ersten beiden Jahre (DAX-, BUND- und BOBL- Kontrakte) eingeschränkt ist. Stellvertretend für die ersten beiden vollständigen Handelsjahre wurden demzufolge die

---

[285] So stehen der 1 Monats EURIBOR-Future, der 1 Monats Euromark Future, der 1 Monats LIBOR-Future und der FIBOR-Future in einem engen konzeptionellen Zusammenhang.

[286] HOLLAND und FREMAULT VILA weisen in ihrer Studie über gehandelte Kontrakte an der Londoner Terminbörse LIFFE auf den T-bond-Futures hin, der in den ersten Handelsjahren ein relativ hohes Volumen von 5000 täglich gehandelten Kontrakten aufwies und trotzdem eingestellt wurde. Sie schlussfolgern daraus, dass selbst ein frühzeitiges nicht unbedeutendes Volumen keine Garantie für den langfristigen Erfolg eines Terminkontraktes ist. Vgl. Holland, Allison; Fremault Vila, Anne, Successful Contract, 1997, S. 182.

Produktsicht 127

Jahre 1994 und 1995 der genannten Kontrakte verwendet. Der Entwicklungstrend ist jedoch ersichtlich.[287]

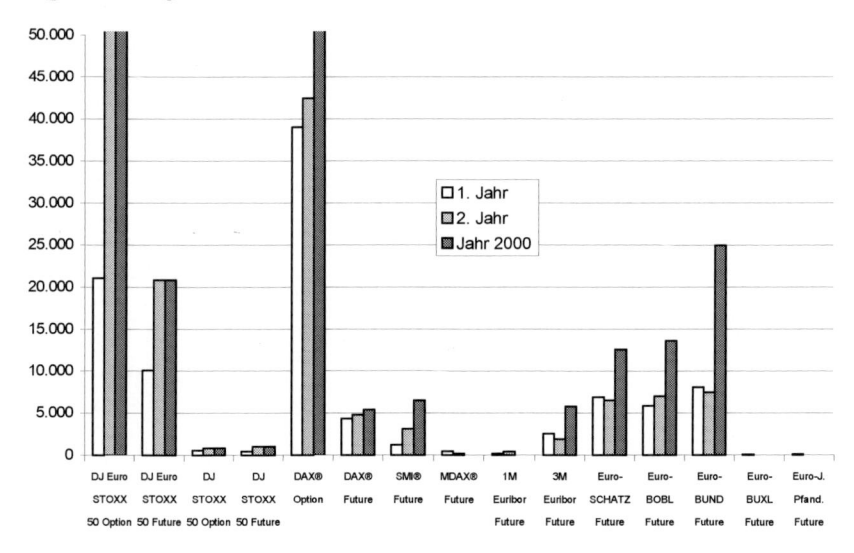

Abbildung 16: Durchschnittliches tägliches Open Interest an der EUREX (transformiert)[288]

Die Anmerkungen bezüglich der Transformation der Daten aufgrund der Umstellung auf den EURO und der Kontraktwertherabsetzung der DAX-Futures zur besseren Vergleichbarkeit der Entwicklung im Zeitverlauf gelten analog auch für die Darstellung des Open Interest.

Eine interessante Tatsache ergibt sich bei der Betrachtung der Volumenentwicklung im Vergleich zur Entwicklung des Open Interest v.a. im Jahr 2000. Der enorme Volumenanstieg bei den Kapitalmarktprodukten wird bei weitem nicht durch ein ähnlich stark steigendes Open Interest mitgetragen. Es scheint demnach eine große Anzahl von Marktakteuren allein am Handel mit diesen Futures interessiert zu sein. Das Absicherungsinteresse mittels offener Positionen ist folglich von geringerer Bedeutung. Angesichts der relativ geringen Schwankungsbreite der den Kapitalmarktpro-

---

[287] Mit einer schätzungsweise halbierten Anzahl der Open Interest Angaben der ersten beiden Jahre (der Basis 1994/1995) könnte der tatsächliche Wert angenommen werden.
[288] Eigene Darstellung. Datenquelle: EUREX. Siehe Anhang 1.

dukten zugrundeliegenden Staatsanleihen überrascht dieser Umstand allerdings nicht.

Im Gegensatz dazu stieg das Open Interest bei (Aktien-) Indexprodukten wesentlich stärker als das Handelsvolumen an. Diese Entwicklung steht in Einklang mit der bei den Kapitalmarktprodukten beobachteten. Die wesentlich höhere Volatilität der Aktienmärkte resultiert in einer wesentlich höheren Anzahl offener (Hedge-) Positionen im Terminmarkt.

Bezüglich der langfristigen Erfolgsaussichten eines Terminkontraktes können ähnliche Schlüsse wie beim Handelsvolumen gezogen werden. Demnach zeichnen sich langfristig bestehende Kontrakte durch ein substantielles Hedge-Interesse in Form offener Positionen aus.

Für die BUXL- und Einmonats-EURIBOR-Futures existiert ein mit dem Handelsvolumen vergleichbar geringes Open Interest. Im Gegensatz zum Jumbo-Pfandbrief-Future und zum MDAX-Future, die ebenfalls ein nur sehr geringes Open Interest erzeugten, bestehen beide Kontrakte auch noch am Markt. Die erwartete Gleichläufigkeit der beiden Variablen Volumen und Open Interest ist hingegen nicht festzustellen.

Um Positionen entsprechend schnell veränderten Bedingungen anpassen zu können, werden Arbitrageure und v.a. Spekulanten benötigt. Diese stellen die nötige Liquidität in Form eines fortwährenden Handels bereit. Ist das Verhältnis der gehandelten Kontrakte im Vergleich zum Open Interest groß, beteiligen sich weit mehr Marktteilnehmer am Geschehen, als langfristige Halter offener Positionen. Damit besteht für die verschiedenen Interessenten am Markt stets die Möglichkeit des zeitnahen und liquiden Handels. *Die Verhältniszahl ist daher ein Maßstab für die Liquidität eines Kontraktes.*[289]

Das Open Interest spiegelt sich jedoch nicht allein im Interesse der Hedger, vielmehr können auch Spekulanten offene Positionen eingehen und halten, um so Gewinnpotenziale auszuschöpfen. Vom Grundsatz wird ein aktiver Trader jedoch weit öfter Positionen öffnen und schließen und so für ein hohes Handelsvolumen im Verhältnis zum Open Interest sorgen. D.h. bei-

---

[289] Vgl. Holland, Allison; Fremault Vila, Anne, Successful Contract, 1997, S. 184.

de Parameter stehen in engem Zusammenhang und sollten im Verhältnis betrachtet werden.

Aus diesem Grund soll der Vergleich der Verhältnisse aus Handelsvolumen und Open Interest zwischen den Kontrakten durchgeführt werden. Dieser wird auf Basis der Daten von Beginn 1994 durchgeführt, um einen einheitlichen Bezugspunkt zu erhalten. Die Betrachtung einer relativen Zahl gehandelter Kontrakte macht hierbei die Transformation nach der Währungsumstellung überflüssig. Aussagekräftige Kennzahlen resultieren jedoch nur bei Kontrakten, die regelmäßig gehandelt werden und ein substantielles Open Interest aufweisen. Werden nur einzelne Futures oder Optionen über einen längeren Zeitraum umgesetzt, können extreme Verhältniszahlen auftreten, die keinen Aussagewert besitzen.

Ziel des Vergleiches ist die Feststellung, ob ein erfolgreicher Kontrakt stets liquide im Sinne eines hohen Verhältnisses zwischen Handelsvolumen und Open Interest ist, bzw. ob ein liquider Kontrakt stets erfolgreich ist.

Im Gegensatz zu den aufgeführten Grafiken erfolgt eine Betrachtung aller wesentlichen Kontrakte der EUREX mit Ausnahme der zahlreichen Aktienoptionen. Auffällig ist das geringere Verhältnis bei den Indexprodukten und dort verstärkt bei den Optionen auf Indizes. Demzufolge führen die Marktteilnehmer Absicherungsstrategien eher mit Optionen, Tradingstrategien vermehrt mit Futures durch. Dieser Umstand legt die Einführung beider Kontraktformen bei Terminproduktinnovationen, wie Immobilienterminprodukten, nahe. Der Vorteil dieser bestmöglichen Abdeckung der Handelsinteressen der Marktteilnehmer brächte indessen den Nachteil der Aufteilung des Handelsvolumens auf zwei oder mehr Kontrakte mit dem selben Underlying mit sich.

Trotz der vermuteten Abhängigkeit, scheint eine niedrige Verhältniszahl, also eine relativ geringe Liquidität zum Handelsvolumen, den dauerhaften Bestand eines Kontraktes nicht negativ zu beeinflussen. Bei der DAX-Option ist sogar das Gegenteil der Fall, bei einer seit Beginn der Betrachtungsperiode feststellbaren stetigen Abnahme des Verhältnisses, hat sich das Volumen unter den Indexprodukten am stärksten entwickelt. Damit ist die DAX-Option das bisher erfolgreichste Indexprodukt.[290]

	1994	1995	1996	1997	1998	1999	2000
DJ EURO STOXX 50^{SM}-Option					0,83	0,73	0,50
DJ EURO STOXX 50^{SM}-Future					1,93	2,02	2,73
DJ STOXX 50^{SM}-Option					1,32	0,61	0,29
DJ STOXX 50^{SM}-Future					2,09	1,29	1,48
DAX-Option	2,39	2,27	2,01	1,77	1,73	1,80	1,55
DAX-Future	4,85	4,17	3,78	5,23	6,44	5,46	4,67
MDAX-Future			0,71	1,55	1,32	1,23	
SMI-Option				0,93	0,81	0,98	0,87
SMI-Future				5,89	5,96	4,18	2,86
FOX-Option						1,25	0,89
FOX-Future						1,86	1,83
NEMAX 50-Option							0,63
NEMAX 50-Future							2,02
VOLAX-Future					6,68		
FIBOR-Future	3,95	1,95	0,73				
One-Month-EURIBOR-Future				1,53	1,02	1,02	2,39
Three-Month-EURIBOR-Future				1,61	1,96	1,95	1,74
Euro-SCHATZ-Future				5,47	5,97	9,25	10,67
Euro-BOBL-Future	3,91	4,23	5,20	8,20	10,13	14,44	14,37
Euro-BUND-Future	7,13	6,75	8,11	12,35	15,49	19,90	18,84
Euro-BUXL-Future	4,49	1,61		0,13			
Euro-Jumbo-Pfandbrief-Future					5,95		
CONF-Future					3,38	3,09	2,59

Tabelle 19: Verhältnis gehandelter Kontrakte zum Open Interest[291]

Wie bereits angedeutet, erreichen v.a. die Kapitalmarktprodukte eine außerordentlich hohe Liquidität, die zum Teil fast das Zwanzigfache des Open Interest erreicht hat. Betrachtet man dagegen weniger erfolgreiche Kontrakte, lässt sich ein relativ geringes Verhältnis feststellen.[292] *Daraus folgt, dass hoch liquide Kontrakte, wie die SCHATZ-, BOBL- und der BUND-Futures stets erfolgreich waren, ein weniger liquider Terminkontrakt (gemessen an der Verhältniszahl), wie die Indexoptionen, jedoch keinen Misserfolg bedeuten muss.*

---

[290] Für einen kürzeren Zeitraum und damit mit geringerer Sicherheit gelten die Aussagen auch für die Option auf den Dow Jones Euro STOXX 50. Vgl. eine Beschreibung der Kontrakte und der Basisinstrumente unter: www.eurexchange.com.
[291] Eigene Berechnung. Datenquelle: EUREX. Siehe Anhang 1.
[292] Stellvertretend sind hier der MDAX, der Einmonats-EURIBOR und der BUXL-Future zu nennen.

Das primäre Interesse am Handel mit Terminprodukten liegt entgegen der vorherrschenden Meinung nicht immer im reinen Absicherungsinteresse, wenn man das Open Interest als Indikator dafür akzeptiert. Bei den Kontrakten mit weniger volatilen Basisinstrumenten, so z.B. bei den Kapitalmarktprodukten mit den zugrundeliegenden Staatsanleihen, findet ein besonders reger Handel statt. Nimmt man für den Immobilienmarkt ähnlich niedrige Schwankungen an, ließe sich bei separater Betrachtung allein aus diesem Grund ein potenziell hohes Tradinginteresse an immobilienindexbasierten Terminprodukten erwarten. Dies setzt jedoch eine akzeptable Abbildung des Immobilienmarktes durch den Index voraus.

Sollte hingegen das Absicherungsinteresse überwiegen und ein nur geringes Verhältnis zwischen Volumen und Open Interest bei einem potenziellen Immobilienderivat entstehen, muss nicht zwangsläufig mit einem Misserfolg gerechnet werden. Ein sicherer Weg zur Etablierung eines börsengehandelten Immobilienderivats bestünde jedoch demzufolge in der Erzielung eines hohen Verhältnisses von Handelsvolumen zu Open Interest.

Eine wichtige Rolle bei der Bereitstellung einer Mindestliquidität spielen die direkten Börsenteilnehmer und -händler. Beteiligen sich diese mit eigenem spekulativen Kapital und leiten nicht nur Aufträge von Kunden weiter, ist eine stete Liquidität gesichert. Damit erleichtert sich die Orderausführung, ohne dass erhebliche Preisschwankungen vorliegen müssen.[293]

Die Liquidität hat also zwei Dimensionen bzw. Auswirkungen: 1. auf die Zeit, d.h. wie *schnell* können Futurespositionen eröffnet oder geschlossen werden und 2. in welchem *Volumen*, ohne unbeabsichtigte Preisveränderungen hervorzurufen. Die volumenmäßige Aufnahme- bzw. Abgabefähigkeit wird auch als *Markttiefe* bezeichnet, die sich in Großmengenzu- und -abschlägen bemisst.[294] Beide Variablen bestimmen somit das Ausübungsrisiko des Futureshändlers. Entgegen der Erwartung stellen HOLLAND und FREMAULT VILA in ihrer Studie keine signifikanten Unterschiede in den

---

[293] Vgl. Silber, William, Innovation, 1981, S. 129.
[294] Vgl. Janssen, Stefan, Kontraktdesign, 1993, S. 18.

täglichen Preisschwankungen weniger oft gehandelter zu häufig gehandelten Kontrakten fest. Allein Ausführungsverzögerungen können bei den weniger liquiden Futures erwartet werden.[295]

2. Liquiditätsproblematik von Immobilienderivaten

Bei der so immens wichtigen Liquidität, die über die faire Preisentwicklung des Derivats entscheidet, besteht bei Immobilienderivaten ein Interessenskonflikt. Immobilien gehören bekanntermaßen zu einer der heterogensten Asset-Klassen. Um eine möglichst hohe Korrelation der Entwicklung des Basisinstruments und des Marktes bzw. Teilmarktes zu erreichen, wäre eine hohe Spezialisierung bzw. Konzentration des Underlyings vorteilhaft.

Denkbar wären einerseits regional angelegte Indikatoren zur Messung von Preis- und Wertveränderungen von Immobilien bzw. aus ihnen resultierende Mieteinnahmen, da die regionalen Unterschiede teils erheblich sein können. Somit könnte nur ein lokal begrenzter Wertmaßstab die individuelle Wert- und Preisentwicklung ausreichend beschreiben und somit eine der Grundvoraussetzungen für das Funktionieren eines Immobilienderivats erfüllen. Andererseits differenziert der Immobilienmarkt ebenso grundlegend im Hinblick auf verschiedene Immobilientypen, so dass auf einem regional begrenzten Markt wiederum Differenzen entstehen können und die Repräsentativität eines Index mindern würden. Schließlich erschiene ein regional und immobilientypspezifischer Indikator für Immobilienpreise und Mieteinnahmen am geeignetsten, Marktparteien für eine Teilnahme am Derivathandel zu gewinnen.[296]

Die für den individuellen Investor angepassten Indizes bieten jedoch nur einem kleinen Kreis die nötige Attraktivität und schränken daher die Anzahl der Nachfrager deutlich ein. Damit ließe sich also die Forderung nach Liquidität im Handel mit dem Immobilienderivat nicht erreichen, so dass ein Weg gefunden werden muss, mit einem Indikator möglichst viele potenzielle Akteure anzusprechen.

---

[295] Vgl. Holland, Allison; Fremault Vila, Anne, Successful Contract, 1997, S. 184.
[296] Dies könnte durch die Bildung von Clustern erreicht werden.

Eine theoretische Lösung liegt in mittels multipler Regression (ökonometrische Modelle) bestimmten Faktoren, die den Zusammenhang von Regional- und Gesamtimmobilienmärkten beschreiben sollen.[297] Das bedeutet, dass zuerst Annahmen über den Gesamtmarkt getroffen werden müssen, die in einem zweiten Schritt auf die nächst kleinere Einheit zu beziehen sind. Voraussetzung dafür ist das Vorhandensein von Daten der wichtigsten Märkte über eine ausreichend lange Periode und deren statistische Analyse. Damit ließe sich zumindest partiell ein Substitut für den regional angelegten Index schaffen und somit ein überregional gültiges Basisinstrument konstruieren. Eine analoge Vorgehensweise lässt sich für verschiedene Immobilientypen entwickeln. Untersuchungsgegenstand hierbei wäre dann die Beziehung zwischen dem Gesamtimmobilienmarkt und einem typspezifischen Teilmarkt, so z.B. dem Büroimmobilienmarkt. Ausgehend von der Erwartung des Gesamtimmobilienmarktes ließe sich insofern eine Prognose des Teilmarktes erstellen, auf der die Entscheidung in die Investition in das Immobilienderivat erfolgen kann.

Auf diese Weise könnte ein einziges Derivat, beispielsweise in Form eines Futures oder Forwards, für einen Großteil der Investoren von Interesse sein und die nötige Liquidität erzeugen.

c) Niedrige Transaktionskosten

Neben der hohen Liquidität, die schnelle Transaktionen erlaubt, verlangt ein Terminhändler i.d.R. geringste Preisspannen zwischen Kauf- und Verkaufspreisen (Bid-Ask-Spread), um effektiv handeln zu können. Umso größer die Differenz zwischen beiden Kursen ist, umso höher sind die Transaktionskosten für einen aktiven Händler. Da in diesem Spread u.a. Gewinnmargen und ein Risikoausgleich für die Marketmaker einer Terminbörse enthalten sind, kann davon ausgegangen werden, dass bei einer kleinen Anzahl gehandelter Kontrakte die Margen steigen. Die Ergebnisse der genannten Studie widerlegen jedoch auch diese Hypothese, d.h. die

---

[297] Vgl. die Ausführungen unter dem Punkt 3. Abschnitt:B.I.b) im 3. Abschnitt.

festgestellten Spreads zwischen den häufig und den seltener gehandelten Kontrakten wichen nicht signifikant voneinander ab.[298]

Welche Effekte treten auf, wenn die Liquidität nicht die nötige Höhe erreicht? Mit abnehmender Liquidität steigt regelmäßig die Spanne zwischen Geld- und Briefkurs des gehandelten Titels. Damit erhöhen sich gleichzeitig die Kosten für Hedger und Trader, wodurch der Terminhandel an Attraktivität verliert.

d) Rechtliche Rahmenbedingungen und Börsenstruktur

Die Funktion einer Börse ist es, Transaktionen zwischen den Marktteilnehmern durch einen zentralisierten Handelsplatz und die Anonymität des Vertragspartners zu vereinfachen. Die Festlegungen der Rahmenbedingungen einer Terminbörse dürfen im Hinblick auf den zukünftigen Erfolg eines neuen Terminkontraktes nicht unterschätzt werden. Sie können für das Funktionieren derivativer Instrumente eine zentrale Rolle einnehmen.[299] Zu den entscheidenden Faktoren zählen gesetzliche Regelungen zur Zulässigkeit von Börsentermingeschäften, steuerliche Regelungen, Festlegungen zur Abwicklung der Kontrakte (Clearing), Vorschriften zur Institution der Börse und der potenziellen Marktteilnehmer etc.[300]

Verschiedene Kriterien beeinflussen den Erfolg verschiedener Börsen im Wettbewerb um gleiche oder ähnliche Kontrakte. Im Zentrum des Interesses stehen hier der „first-mover" Effekt, die Handelsplattform, die gesellschaftliche Struktur und die Größe der Börse.[301]

Für Immobilienderivate sind diese Aspekte jedoch nicht von Relevanz. Im Sinne dieser Arbeit sind sie daher nicht entscheidend, da sie rein technische Merkmale des Börsenhandels darstellen. Sie werden daher nicht weiter verfolgt.

---

[298] Für die untersuchten Futures wurde ein konstanter Spread in der Höhe der Tick-Größe unabhängig vom jeweiligen Handelsvolumen festgestellt, vgl. Holland, Allison; Fremault Vila, Anne, Successful Contract, 1997, S. 184f.

[299] Vgl. Hasekamp, Uwe, Finanzinnovationen, 2000, S. 180.

[300] Vgl. Janssen, Stefan, Kontraktdesign, 1993, S. 41 und das Börsengesetz.

[301] Vgl. Holder, Michael u.a., Competition, 1999, S. 19; Fitzgerald, Desmond M., Financial Futures, 1993, S. 7; Tsetsekos, George; Varangis, Panos, Derivatives Exchanges, 2000, S. 93; Silber, William, Financial Innovation, 1983, S. 129.

3. Abschnitt: Konstruktion der Immobilien-Basisinstrumente

Das Kernproblem bei der Konstruktion derivativer Produkte mit einem immobilienbezogenen Basisinstrument besteht darin, ein geeignetes Abbild des Immobilienmarktes zu finden.[302] Da die physische Lieferung potenzieller Immobilienderivate praktisch ausgeschlossen ist, kommt nur ein Cash Settlement für die Erfüllung eines Immobilienkontraktes in Frage.[303] Diese Erfüllungsvariante benötigt einen Referenzpreis, an dem sich die Zahlungen orientieren. Dieser ist häufig ein Index.[304]

Der wesentlichste Teil bei der Konstruktion eines Derivats besteht demnach in der Auswahl bzw. in der Konstruktion des Basisinstruments. Die Underlyings bereits gehandelter Kontrakte wurden in den vorangegangenen Abschnitten dargestellt. Kern dieses Abschnittes ist die Überprüfung geeigneter Basisinstrumente für potenzielle Immobilienderivate, in dessen Zentrum das Indexkonzept steht. Aus diesem Grund werden beginnend theoretische Grundlagen und Anforderungen zur Indexkonstruktion dargestellt. Daran schließt sich eine Beurteilung vorhandener Immobilienindexkonstruktionen an. Das Grundproblem adäquater Immobilienindizes liegt in der Heterogenität des Gutes Immobilie. Für die Lösung des Problems existieren verschiedene Indexvarianten, die auf ihre Eignung untersucht werden.

Das Indexkonzept scheint am geeignetsten zur Konstruktion immobilienbasierter Derivate, trotzdem sollen daran folgend auch alternative Möglichkeiten für Underlyings einer Derivatkonstruktion überprüft werden.

A. Ideale Immobilienindexstruktur

Indexzahlen, die kurz als Indizes bezeichnet werden, sind beschreibende Kennzahlen für den Vergleich von aggregierten Veränderungen.[305] Sie

---

[302] Vgl. Pelzl, Wolfgang, Entwicklungsperspektiven, 2001, o.S.
[303] Siehe den Punkt 4. Abschnitt:C im 4. Abschnitt.
[304] Vgl. Gehr, Adam K., Applications, 1995, S. 1142 und auch Sormani, Philippe, Immobilien-Derivate, 2001, o.S.
[305] Vgl. Lippe, Peter, Indexzahlen, 2000, S. 220.

spiegeln eine Gesamtheit von Veränderungen der im Index berücksichtigten Werte in einer einzigen Maßzahl wieder. Im einfachsten Fall werden ökonomische oder sozialökonomische Größen zweier Perioden miteinander verglichen: die Merkmalsgröße des Berichtszeitpunktes p_t und die Merkmalsgröße des Basiszeitpunktes p_0 (z.B. Preise).[306]

I. Idealanforderungen und Funktionen eines Index

RICHARD unterscheidet Aktienindizes hinsichtlich ihrer Verwendung treffend in *deskriptive* und *operative* Anwendungen.[307] Unter der deskriptiven Anwendung sind die Dokumentation der Kursentwicklungen und deren Vergleichbarkeit hervorzuheben. Die hier interessante operative Anwendung umschließt die Anlage- und Handelsfunktion der Indizes. Im Sinne der Anlage können Indizes als Grundlage einer passiven Portfoliostrategie (Indexnachbildung) oder eben als Basisinstrument für derivative Finanzinstrumente dienen. Die Anforderungen, die ein Index für diese Funktion zu erfüllen hat, übersteigen diejenigen zur reinen Informationsfunktion weitgehend.

Um einen idealen Index zu definieren, müssen zunächst dessen Eigenschaften bzw. zu erfüllende Anforderungen geklärt werden. Diese unterteilen sich in den Index betreffende substantielle und mathematisch-statistische Anforderungen. Für den Erfolg eines Indexderivats müssen sicher nicht alle genannten Bedingungen in vollem Maße erfüllt sein. Die Festlegung von Mindestgrenzen wäre hilfreich, sie sind jedoch schwer zu identifizieren. Die Auflistung der Kriterien dient daher „lediglich" der Definition anzustrebender Ziele bei einer Indexkonstruktion.

a) Substantielle Anforderungen

Um den Informationsgehalt und die Glaubwürdigkeit eines Index und damit das Vertrauen der Marktteilnehmer auf möglichst hohem Niveau zu halten, sollten die folgenden Kriterien bestmöglich erfüllt werden:[308]

---

[306] Vgl. Hartung, Joachim u.a., Statistik, 1995, S. 57.
[307] Vgl. Richard, Hermann-Josef, Aktienindizes, 1992, S. 20.
[308] Vgl. Punkt 3 bei Thomas, Matthias, Performanceindex, 1997, S. 44f. und die Ausführungen bei Schmitz-Esser, Valerio, Aktienindizes, 2000, S. 104f. und 109.

1. *Repräsentativität*: Die Indexkomponenten sollten mit denjenigen der Anleger übereinstimmen und die Performance- und Risikoeigenschaften des relevanten Marktes möglichst genau abbilden.
2. *Replizierbarkeit*: Dem Investor muss es möglich sein, das Indexportfolio nachbilden zu können, d.h. die im Index enthaltenen Positionen sollten vom Investor erworben werden können. Darin spiegelt sich die Forderung nach der Homogenität der Komponenten wider, je gleichartiger die Bestandteile des Index sind, um so einfacher lässt sich der Index nachbilden.
3. *Transparenz*: Die Forderung nach einer transparenten Indexgestaltung geht mit der nach Einfachheit und Nachvollziehbarkeit einher. Die Zusammensetzung und die Berechnungsart des Index sollten jederzeit bekannt und frei verfügbar sein.
4. *Historie*: Eine ausreichend lange Historie der Indexzeitreihe ist für eine breite Akzeptanz im jeweiligen Markt von großer Bedeutung. Die Marktteilnehmer können nur so die Qualität der Marktabdeckung (z.B. die Korrelation der Index- und der Individualportfoliorenditen) richtig einschätzen. Lang zurückreichende Datenreihen erlauben es, die statistischen Eigenschaften zu analysieren.
5. *Aktualität*: Die Aktualität der Daten spielt für die Verwendung von Indizes als Underlyings von Derivaten eine herausragende Rolle. Je häufiger eine Indexaktualisierung erfolgt, um so besser ist dies für einen Derivathandel einzuschätzen. Eine monatliche Indexermittlung ist aus immobilienwirtschaftlicher Sicht bereits beachtlich, für börsengehandelte Instrumente allerdings wahrscheinlich nicht akzeptabel.
6. *Neutralität*: Vertrauen in einem Markt kann nur entstehen, wenn die Marktteilnehmer von der Unabhängigkeit der Datengenerierung durch eine unabhängige Institution überzeugt sind. Die Möglichkeit der Manipulation muss ausgeschlossen sein.
7. *Öffentliche und ständige Verfügbarkeit*: Die Indexdaten sollen frei zugänglich und ständig verfügbar sein und nach Möglichkeit kostenlos angeboten werden.

Der Kern eines veritablen Indizes liegt in hochwertigen und aktuellen Inputdaten. Sie bilden die Basis, aufgrund derer ein adäquater Index aufgebaut werden kann. Die Anwendung verschiedener Inputdaten (Bewertungs- oder Transaktionsdaten) soll an späterer Stelle geklärt werden.

b) Mathematisch-statistische Anforderungen

Die Indexberechnung selbst, sollte speziellen Anforderungen genügen. Somit ergeben sich Anforderungen an einen Preisindex, auch als Index-Axiome bezeichnet.[309] Diese wären erweiterbar, es sollen daher nur die wichtigsten genannt werden:

1. Monotonie: Der Index muss einen höheren Wert ausweisen, wenn die Komponenten im Wert gestiegen sind: $I(q0, pt) > I(q0, p0)$ für $pt > p0$.
2. Lineare Homogenität: Wenn alle Preise der Basisperiode um einen bestimmten Faktor x erhöht werden, muss der neue Index dem x-fachen des alten entsprechen: $xI(q0, p0) = I(q0, xp0)$.
3. Identität: Bei unveränderten Preisen in Basis- und Berichtsperiode muss der Index gleich eins sein: $I(q0, p0) = I(q0, pt)$ für $pt = p0$.
4. Dimensionalität: Der Index muss unabhängig von der Maß- bzw. Währungseinheit der Preise sein: $I(xp0, xpt) = I(p0, pt)$.
5. Kommensurabilität: Der Index muss unabhängig von der Mengeneinheit sein, auf die sich die Preisnotierung bezieht.
6. Aggregierbarkeit: Wird ein Gesamtindex durch die Entwicklung verschiedener (z.B. regionaler oder sektoraler) Teilmärkte berechnet, kann dies mit der Berechnung von Teilindizes erfolgen. Der Gesamtindex muss in diesem Fall mittels Gewichtung aus den Teilindizes aggregierbar sein.
7. Zeitumkehrbarkeit: Das Vertauschen von Basis- und Berichtsperiode soll zum reziproken Wert des Index führen.
8. Zirkularität: Der Gesamtindex muss sich aus beliebigen Teilintervallen berechnen lassen. Das bedeutet, dass beispielsweise der Index eines Jahres aus denen der Halbjahre aggregierbar sein muss.

---

[309] Die Kriterien orientieren sich an Lippe, Peter, Indexzahlen, 2000, S. 226-228 und Bohley, Peter, Statistik, 2000, S. 46-52.

Zur Erfüllung der Anforderungen eines Immobilienindex sei dessen prinzipielle Aufgabe abschließend definiert:

Die Funktion eines geeigneten Immobilienindex liegt in der Bereitstellung einer Informationsgrundlage für die exakte Rendite- und Risikomessung von verschiedenen Immobilienteilmärkten.

II. Indexbestandteile

a) Auswahl

Zentraler Bestandteil einer Indexkonstruktion ist die Auswahl der eingehenden Werte bzw. Objekte und der zur Verfügung stehenden Daten.[310] Erfasst ein Index alle relevanten Daten im Sinne einer Vollerhebung, kann kein Zweifel bezüglich seiner Repräsentativität bestehen, so dass prinzipiell ein hoher Anteil erfasster Indexwerte an der Grundgesamtheit angestrebt werden sollte.

Der Immobilienmarkt ist bekanntermaßen ein Aggregat vieler Teilmärkte. Somit ist eine Aussage über die Performance des gesamten Immobilienmarktes nicht immer aussagekräftig, häufig steht die Entwicklung eines speziellen Teilmarktes im Vordergrund. Zudem ist eine Vollerhebung aller performancerelevanter Daten des Gesamtmarktes praktisch unmöglich, so dass bereits durch diesen Zwang eine Beschränkung bei einer Indexkonstruktion vorgenommen werden muss.

Im Hinblick auf die Verwendung des zu identifizierenden Immobilienindex als Underlying eines Derivats stehen dessen potenzielle Nutzer im Zentrum des Interesses. *D.h., derjenige Index, der den Immobilienteilmarkt der potenziellen Nutzer am besten abdeckt, ist im Sinne seiner Indexbestandteile anderen Indizes vorzuziehen.* Als potenzielle Nutzer sollen primär *institutionelle Anleger* und Marktteilnehmer gelten, die auch den Derivathandel der etablierten Kontrakte beherrschen.

---

[310] Siehe zur Auswahl von Indexwerten die Ausführungen bei Thomas, Matthias, Performanceindex, 1997, S. 48ff.

Unterstellt man dieser Investorengruppe die Absicht, Immobilien als Anlagegegenstand zu betrachten und Renditen erzielen zu wollen, ist bereits eine weitere Abgrenzung eines Immobilienteilmarktes erfolgt. Die Beschränkung auf zu Anlagezwecken gehaltenen Immobilien erscheint auch deswegen sinnvoll, da hier von Rationalität ausgegangen werden kann. Die Nutzung eines immobilienbezogenen Derivats wird nur unter der Annahme der Rationalität der agierenden Marktteilnehmer erfolgen. Wurde eine „Liebhaberimmobilie" ohne Erwerbszweck angeschafft, wird der Eigentümer Wertminderungen in Kauf nehmen oder ignorieren.

Werden nur „Investmentimmobilien" betrachtet, stellt sich daran anschließend die Frage der Abgrenzung nach den folgenden Kriterien:

Auswahlkriterien für einen Immobilienindex/ Kriterien zur Subindexbildung			
qualitative Kriterien		**quantitative Kriterien**	
Makrolage	Land, Region, Stadt	*Objektanzahl*	Voll-/Teilerhebung
Mikrolage	City, City-Rand, 1a-, 1b-Lage etc.	*Objektgröße*	physische Kriterien: BGF, GFZ etc.
Nutzungsart	Gewerbenutzungsarten, Wohnimmobiliennutzungsarten	*Objektvolumen*	monetäre Kriterien: Objektwert, Miethöhe
Datenbasis	Mieten, Objektwert/- preis, Renditen	*Bewertungshäufigkeit*	jährlich, monatlich

Abbildung 17: Auswahlkriterien für einen Immobilienindex

Obwohl die technische Erfassung aller relevanten Daten des *Aktienmarktes* denkbar ist, werden die meisten Aktienindizes ebenfalls auf eine vorher bestimmte Grundgesamtheit zahlenmäßig beschränkt. Zudem kann davon ausgegangen werden, dass eine bestimmte Auswahl an Gesellschaften den Gesamtmarkt exakt wiedergeben kann.[311]

---

[311] Vgl. Richard, Hermann-Josef, Aktienindizes, 1992, S. 44.

Die Verwendung des Index als Underlying eines Derivats schränkt die Auswahl der Indexwerte auch hier ein. Es sollten nur Aktien im Index aufgenommen werden oder sein, in denen ein ständiger Handel erfolgt.[312] *Übertragen auf Immobilien könnte dies die Forderung regelmäßiger Bewertungen, Veräußerungen oder Vermietungen bedeuten.*

Eine zu große Zahl an Indexgesellschaften erschwert bei Aktienindizes die Nachbildung am Kassamarkt. Für Immobilienindizes gilt eine andere Bedingung: die korrekte Nachbildung ist praktisch ausgeschlossen, da die Objekte nicht frei gehandelt werden. Demzufolge bleibt dem Investor nur die Möglichkeit, den Zahlungsstrom des Indexportfolios möglichst exakt abzubilden. Dies ist wiederum nur dann möglich, wenn der Index durch hohe Diversifizierung ein nur noch sehr geringes unsystematisches bzw. Individualobjektrisiko enthält. Eine große Anzahl an Objekten hat weitere Vorteile im Hinblick auf eine geringere Manipulierbarkeit und höhere Stabilität des Index. Gehen bei einer wiederholten Berechnung im Zeitverlauf neue Objekte in den Index ein oder verlassen bisherige das Indexportfolio, so bleibt die Auswirkung bei einem viele Objekte umfassenden Index gering.

Gemäß der genannten Anforderung der Repräsentativität sollte der Index danach den jeweiligen Markt als Ganzes abbilden, so dass darin kein oder nur ein geringes unsystematisches Risiko enthalten ist. Diese Bedingung ist wiederum direkt mit der *Anzahl* der im Index enthaltenen Objekte und der *Korrelation* zwischen ihnen verbunden. Je höher die Anzahl der Objekte im definierten Teilmarkt und je höher die Korrelation unter den Objekten ist, um so besser wird die Abdeckung des Marktes durch den Index sein.

BROWN und MATYSIAK berechnen für eine 95%ige Risikoreduzierung (unsystematisches Risiko), unter der Annahme eines niedrigen durchschnittlichen Korrelationskoeffizienten zwischen den Objekten von 0,1 in einem Indexportfolio, eine benötigte Objektanzahl von 171 (gleichgewichtet). Beträgt das Immobilienmarktrisiko beispielsweise 10% pro Jahr,[313] erreicht das verbleibende Residualrisiko bei einer Objektanzahl von 200 noch über

---

[312] Vgl. Richard, Hermann-Josef, Aktienindizes, 1992, S. 44.
[313] Angenommen als Standardabweichung.

2%. Sie schlussfolgern, dass ein Index mit einem hohen Diversifikationsgrad des unsystematischen Risikos wenigstens 300 Immobilien enthalten muss.[314] Die Annahme geringer Korrelationen erscheint vor dem Hintergrund der Heterogenität der Immobilien, die sich in heterogenen Zahlungsströmen niederschlägt, schlüssig.

1. Nutzungsart/Datenbasis

Ein wichtiges Entscheidungskriterium bei der Indexauswahl bzw. -konstruktion besteht in der Bestimmung der Nutzungsart der eingehenden Immobilien.

Geht man von der genannten Prämisse der Betrachtung von Investmentimmobilien und institutionellen Marktteilnehmern aus, stehen gewerblichen Zwecken dienende Grundstücke im Vordergrund. Zu diesem Sektor gehören wiederum verschiedene Nutzungsarten. Dabei sollten nur diejenigen Eingang in einen Index finden, deren Volumen eine quantitative Bedeutung für den institutionellen Markt haben.

Der Fokus der institutionellen Anleger bei Gewerbe-Investmentimmobilien liegt auf einigen wenigen Nutzungsarten, so dass deren Vielfalt unberücksichtigt bleiben kann. Für den deutschen Gewerbeimmobilienmarkt kommen entsprechend der Indexkonstruktion des DIX vorzugsweise Büro- und Handelsimmobilien sowie deren Mischformen in Betracht. Für den britischen Markt offeriert der Indexanbieter IPD zusätzlich den Bereich „Industrial", der für diesen Sektor ebenfalls von Bedeutung ist. Im Rahmen des amerikanischen NCREIF-Index werden zudem auch verlässliche Wohnimmobilienindizes angeboten.

Eine in den etablierten Indizes unberücksichtigte Nutzungsart, die häufig Anlagegegenstand institutioneller Marktteilnehmer ist, stellen die oft unter dem Oberbegriff der Sonderimmobilien erfassten Hotels dar. Dieses relativ homogene Segment des Immobilienmarktes könnte somit den potenziellen

---

[314] Vgl. Brown, Gerald, Matysiak, George, Property indices, 1995, S. 32f., vgl. auch Thomas, Matthias, Performanceindex, 1997, S. 50f. BYRNE und LEE geben zur Ausschaltung des unsystematischen Risikos in einem Immobilienportfolio eine Objektzahl von nur 20-40 an. Vgl. Byrne, Peter; Lee, Stephen, Risk Reduction, 1999, S. 1.

Nutzern generell auch als Basisinstrument eines Derivats dienen bzw. in einem solchen integriert sein.

Die nachfolgende Abbildung zeigt die denkbaren Nutzungsarten, die einem Immobilienderivat zugrunde liegen könnten. Die jeweilige Bedeutung kann im Anteil der einzelnen Nutzungsarten in der DID Deutsche Immobiliendatenbank abgelesen werden:

Gewerbeimmobilien		**Wohnimmobilien**	
Nutzungsart	*Anteilwert in der DID (2000) in %*	*Nutzungsart*	*Anteilwert in der DID (2000) in %*
Büro	63,3	Wohnen	14,3
Handel	8,9	(Mehrfamilienobjekte)	
Industrie	0,3	(Wohnungen)	
Hotels	-		
Unbebaute Grundstücke	-		

Abbildung 18: Relevante Nutzungsarten potenzieller Immobilienderivate[315]

Der Wohnimmobiliensektor als Basis eines Derivats erscheint vordergründig wenig geeignet, obwohl Wohnimmobilien zweifellos Anlageimmobilien sein können und sich im Besitz institutioneller Anleger befinden. Der Anteil dieser Nutzungsart in Höhe von 14,3% in der DID ist nicht unerheblich. Die gesetzlich und administrativ beschränkte Preisbildung bei *vermieteten* Wohnimmobilien wurde bereits als Mangel dieses Marktsegments herausgestellt. Zudem fehlt zumindest in Deutschland eine qualitative und zuverlässige Datengrundlage.

Daneben dürfte die marktbedingte systematische Wertminderung einer *eigengenutzten* Wohnimmobilie den („typisch deutschen") Eigentümer kaum zu Absicherungsbestrebungen mit innovativen Finanzprodukten be-

---

[315] Anteilwerte aus DID; Bulwien AG, Immobilienmarkt, 2001.

wegen.[316] Entscheidungen über eigengenutzte Objekte werden selten frei von irrationalen Einflüssen getroffen. Wertveränderungen mindern, wenn sie überhaupt wahrgenommen werden, nicht den im Vordergrund stehenden Nutzwert der Immobilie.

Diese Aussage trifft jedoch nicht für angelsächsische und im speziellen US-amerikanische Verhältnisse zu. Die Wertveränderung eigengenutzter Immobilien hat dort einen fundamentalen Einfluss auf das dem Haushalt zur Verfügung stehende Vermögen. Die Haushalte sind bei entsprechenden Werterhöhungen ihrer Wohnung wesentlich schneller bereit, diese zum höheren Preis zu verkaufen bzw. Hypotheken zu erhöhen, um Kapital zu generieren.[317] Damit sind die Märkte stark von den Preisentwicklungen der Eigenheime abhängig, so dass die Entwicklung dieses Sektors eher großvolumige Absicherungswünsche hervorrufen könnte.

Ein weiterer Vorteil des Wohnimmobiliensektors könnte in der enormen Anzahl der Objekte gesehen werden, die das Handelsvolumen prinzipiell fördert und somit Marktpreise transparenter macht. Das Vorhandensein von Wohnungsteileigentum unterstützt diesen Umstand, da einzelne Wohnungen häufiger am Markt auftreten als gesamte Wohnobjekte und somit auch auf den Gesamtpreis bzw. -wert geschlossen werden kann.

Demzufolge wäre ein den genannten Indexanforderungen genügender Wohnimmobilienindex in diesen Ländern durchaus für eine Derivatkonstruktion denkbar. Folglich soll der Teilmarkt der Wohnimmobilien aufgrund seiner Bedeutung nicht als Underlying ausgeschlossen und entsprechende Indizes untersucht werden.

Zur Untersuchung der Zusammenhänge zwischen den verschiedenen Objektklassen wird eine *Korrelationsanalyse* durchgeführt. Daten für Einzelobjekte lagen nicht vor, so dass nur Aussagen über Objektgruppen je nach verfügbarer Datengrundlage gemacht werden können. *Das Ziel liegt darin, diejenigen Eigenschaften der Objekte zu identifizieren, welche starke und*

---

[316] Der Anteil der eigengenutzten Wohnimmobilien beläuft sich in Deutschland auf ca. 41% und liegt damit am unteren Ende im europäischen Vergleich. Die Eigentumsquoten erreichen in Spanien Spitzenwerte von ca. 85%. Vgl. Statistisches Bundesamt, Jahrbuch, 2001, S. 250 und LBS, Markt für Wohnimmobilien, 2001, S. 22f.

[317] Vgl. o.V., Spekulationsblase, 2003, S. 23.

gleichgerichtete Zusammenhänge aufweisen und sich somit für die Konstruktion eines Underlyings gut oder schlecht eignen.

Die Ergebnisse für den deutschen Immobilienmarkt müssen unter Vorbehalt betrachtet werden, da der DIX bzw. die DID als Datenquelle historische Zeitreihen frühestens ab 1996 anbietet. Die Korrelationskoeffizienten basieren somit auf lediglich fünf bzw. sechs Werten und können daher nur als Anhaltspunkt dienen. Zuverlässige Ergebnisse sind jedoch von den britischen und amerikanischen Indizes zu erwarten, deren Daten für wesentlich längere Zeiträume vorliegen.

Zur Verbesserung der Aussagekraft werden jeweils drei verschiedene *Datenbasen* verwendet:[318]

1. Total Return (*TR*) – Gesamtertrag – Totalrendite
2. Capital Value Growth (*CVG*) – Wertänderungsrendite
3. Rental Value Growth (*RVG*) – Veränderung der nachhaltigen Roherträge.

Damit lassen sich Unterschiede in den Zusammenhängen bei Mieten, Verkehrswerten und der sich daraus ergebenden Gesamtrendite besser erkennen. Die fett dargestellten Koeffizienten der DID-Daten sind mit einer statistischen Sicherheit von wenigstens 95% gesichert. Für die britischen und die amerikanischen Daten kann sogar mit einer Sicherheit von 99% davon ausgegangen werden, dass die jeweiligen Zusammenhänge nicht rein zufälliger Natur sind.

Zur Berechnung der Korrelationskoeffizienten wurden jährliche Daten verwendet, um eine einheitliche Vorgehensweise und die Vergleichbarkeit zu garantieren. Für kürzere Zeiträume müssen die festgestellten Zusammenhänge dagegen nicht in gleichem Maße zutreffen. Daher wurde der monatliche IPD-Index auf Korrelationen zwischen den Nutzungsarten untersucht. Die Korrelationskoeffizienten sind jedoch nur leicht geringer, d.h. auf dieser Basis ergibt sich ein ähnliches Bild wie das gezeigte.

---

[318] Siehe die Erläuterungen auf Seite 191.

	All Property / Bestandsgr.			Retail / Handel			Office / Büro			Industrial / Indus-		
	TR	CVG	RVG	TR	CVG	RVG	TR	CVG	RVG	TR	CVG	RVG
DIX												
Alle Bestandsgr.	1,00	1,00	1,00									
Handel	-0,04	0,31	-0,85	1,00	1,00	1,00						
Büro	0,88	0,79	0,93	-0,43	-0,12	-0,63	1,00	1,00	1,00			
Industrie	-	-	-	-	-	-	-	-	-	-	-	-
Wohnen	0,58	0,71	0,69	0,63	0,85	-0,58	0,13	0,35	0,63	-	-	-
IPD												
Alle Bestandsgr.	1,00	1,00	1,00									
Handel	0,93	0,93	0,97	1,00	1,00	1,00						
Büro	0,98	0,98	0,98	0,85	0,87	0,92	1,00	1,00	1,00			
Industrie	0,87	0,86	0,91	0,72	0,71	0,92	0,84	0,83	0,85	1,00	1,00	1,00
Wohnen	-	-	-	-	-	-	-	-	-	-	-	-
NCREIF												
Alle Bestandsgr.	1,00											
Handel	0,74			1,00								
Büro	0,97			0,61			1,00					
Industrie	0,97			0,68			0,94			1,00		
Wohnen	-0,54			-0,61			-0,48			-0,55		

Tabelle 20: Korrelationen internationaler Immobilienindizes[320]

---

[319] Bestandsgrundstücke.
[320] Eigene Berechnungen. Datenquelle: DID, IPD und NCREIF. Siehe Anhang 1.

Die folgende Abbildung verdeutlicht grafisch die Zusammenhänge inklusive des *Income Return* für die britischen Daten für alle Nutzungsarten:

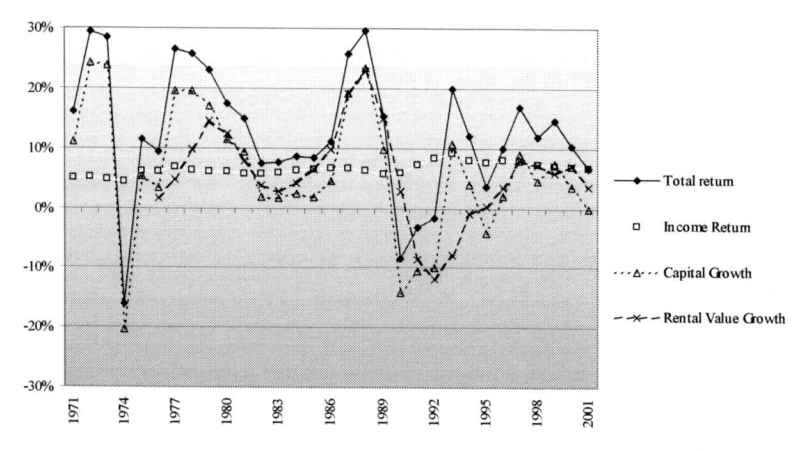

Abbildung 19: Vergleich verschiedener IPD-Datenbasen im Zeitverlauf[321]

Allgemein ist ein hoher Gleichlauf der Reihen bis auf den Income Return zu verzeichnen. Eine vergleichsweise hohe Aktualität besitzen die Veränderungsraten der Verkehrswerte. Vor allem zu Beginn der Ermittlung der Veränderungen der Mieterträge (ab ca. 1977) zeigen die Verkehrswertveränderungen Marktveränderungen eher an. Das Ende der 80er Jahre, der Anfang der 90er und die letzten drei Jahreswerte zeigen ein ähnliches Bild.

Die für den deutschen Markt anhand der DID-Daten ermittelten Korrelationskoeffizienten geben erwartungsgemäß keinen eindeutigen Aufschluss über die herrschenden Verhältnisse, zudem sind die meisten nicht statistisch gesichert. Hohe Korrelationen ergeben sich lediglich zwischen den Bürogrundstücken und der Summe aller Bestandsgrundstücke. Dies überrascht aufgrund des hohen Anteils der Büroflächen in der Datenbank jedoch nicht.

Die Datenproblematik für den deutschen Immobilienmarkt wurde bereits angesprochen. Aufgrund der nicht verfügbaren langfristigen Zeitreihen bei den DID-Daten, die für eine aussagekräftige Korrelationsanalyse wichtig ist, wird auf die Daten der unabhängigen Bulwien AG zurückgegriffen. Die

---

[321] Eigene Darstellung. Datenquelle: IPD.

nicht eindeutige Ermittlung der Bulwien-Daten verhindert zwar eine genaue Zerlegung und Verifizierung, zur Beschreibung von Entwicklungstrends über die Zeit sind sie jedoch geeignet.

Besonders offenkundig tritt an dieser Stelle der Unterschied bei den beiden Datenquellen zu Tage. Die Mieten der Immobilienklassen Büro und Handel zeigen bei den Bulwien-Daten einen relativ starken Zusammenhang mit einem signifikanten Korrelationskoeffizienten von +0,67. Die DID-Daten weisen einen (allerdings mit einer statistischen Sicherheit unter 95% liegenden) negativen Zusammenhang mit etwa dem gleichen Betrag auf. Dies kann zum einen in der kurzen Historie dieser Daten oder in unterschiedlichen Datengrundlagen der Anbieter begründet sein. Aufgrund der längerfristigen Ermittlung und des hohen Signifikanzniveaus von über 99%, soll den Ergebnissen auf Grundlage der Bulwien-Daten eine höhere Bedeutung eingeräumt werden.

Bulwien	Index Gewerbe	Index Wohnen	Einzelhandelsmieten City (Mieten pro m²)	Büromieten City (Mieten pro m²)	Gewerbegrundstücke
Index Gewerbe	1,00				
Index Wohnen	0,79	1,00			
Einzelhandelsmieten	0,91	0,75	1,00		
Büromieten	0,87	0,69	0,67	1,00	
Gewerbegrundstücke	0,86	0,63	0,76	0,61	1,00

Tabelle 21: Korrelationen von Immobiliennutzungsarten in Deutschland[322]

Insgesamt ergeben sich in Übereinstimmung mit den internationalen Daten hohe positive Korrelationskoeffizienten, die auf relativ starke gleichgerichtete Zusammenhänge in den Entwicklungen der betrachteten Märkte deuten.

Für Schlussfolgerungen zur optimalen Zusammensetzung eines Underlyings für ein Immobilienderivat erscheinen die Daten von IPD am besten geeignet, jedoch kann keine unmittelbare Übertragung auf hiesige Verhältnisse erfolgen.

---

[322] Eigene Berechnung. Datenquelle: Bulwien AG. Siehe Anhang 1.

Es zeigen sich durchweg hohe positive Korrelationen zwischen den verschiedenen Nutzungsarten und damit auch zwischen den einzelnen Nutzungsarten und ihrer Zusammenfassung im Gesamtindex. Vor allem die Klassen der Handels- und Büroimmobilien korrelieren stark miteinander. Die Zusammenhänge sind vor allem bei den Veränderungsraten der Roherträge mit Korrelationskoeffizienten über +0,9 besonders hoch. Verändern sich nachhaltig erzielbare Mieten und/oder die Verkehrswerte von (britischen) Büroimmobilien, steigen oder fallen diese Variablen von Handelsimmobilien in der gleichen Richtung. Für Industrieimmobilien gilt dieser Zusammenhang zumindest für die nachhaltigen Mieterträge in nur minder abgeschwächter Form. Ein Investor, der nur in Büroimmobilien angelegt hat, könnte das auf Basis beider Nutzungsarten konstruierte Derivat theoretisch nutzen, um sein (diversifiziertes) Portfolio abzusichern. Diese Unabhängigkeit von der jeweiligen Portfoliostruktur der Anleger erweitert den Kreis der potenziellen Nutzer und damit die Erfolgsaussichten des Derivats.

Folglich scheint eine Kombination dieser Immobilientypen und die Nutzung der nachhaltigen Mieterträge bei der Konstruktion des Basisinstruments vorteilhaft.

Für den amerikanischen Markt ergeben sich ebenfalls positive Zusammenhänge zwischen den Gewerbeimmobiliennutzungsarten, sie sind aber nicht so stark ausgeprägt wie bei den britischen. Auffällig verhalten sich hier die Wohnimmobilien, die klar negativ mit den Gewerbeimmobilien korrelieren. Dies spricht gegen einen gemeinsamen Index aus Gewerbe- und Wohnimmobilien als Basisinstrument eines Derivats für diese Region.

Die Kennzahl der nachhaltigen Roherträge hat den Vorteil geringerer Manipulierbarkeit gegenüber Verkehrswerten (Wertänderungen) oder einer Kombination beider in einer Renditekennzahl (Total Return). Die Verkehrswertermittlung nach dem Ertragswertverfahren oder ähnlich strukturierten Methoden beinhaltet stets die Komponente der Bewirtschaftungskosten. Diese sind sehr objektspezifisch und können durch das Management beeinflusst werden.

2. Makrolage

Die Definition des Lagekriteriums der zu integrierenden Objekte bestimmt, hervorgerufen durch die Standortabhängigkeit der Immobilien, einen wesentlichen Teil eines Index resp. eines Underlyings.

Es stellt sich hierbei die fundamentale Frage, ob das Basisinstrument eines potenziellen Immobilienderivats auf nationalen, regionalen oder lokalen Indikatoren beruhen soll.

An dieser Stelle liegt abermals die Konzentration auf die Perspektive der institutionellen Anleger als potenzielle Nutzer des Derivats nahe. Es ist also zu fragen, wie der Großteil institutioneller Immobilienportfolios strukturiert bzw. diversifiziert ist. Daten zu den Beständen deutscher institutioneller Anleger sind hauptsächlich für die Gruppe der offenen Immobilienfonds durch die Veröffentlichungen in den Rechenschaftsberichten verfügbar. Die Liegenschaften anderer Anleger sind wesentlich intransparenter. Einen Anhaltspunkt bieten die Daten der DID, die neben den hauptsächlichen Datenlieferanten der offenen Immobilienfonds auch andere institutionelle Anleger wie Pensionskassen und Versicherungen erfassen.

Für den wertmäßigen Schwerpunkt der Immobilienanlagen dieser Anlegergruppe ergibt sich folgendes Bild:

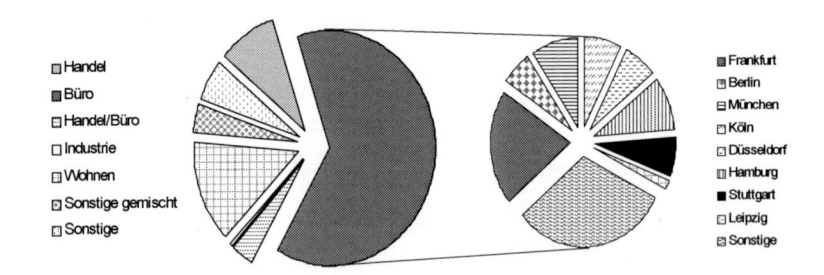

Abbildung 20: Investitionsschwerpunkte institutioneller Anleger in Deutschland[323]

Es zeigt sich eine klare Fokussierung der Anleger bei den Nutzungsarten, die Anteile der Büro- und Handelsimmobilien sowie deren Mischformen

---
[323] Eigene Darstellung, vgl. Anteilwerte aus DID; Bulwien AG, Immobilienmarkt, 2001.

summieren sich auf über 75%. Eine deutliche Konzentration ist auch für die geografische Diversifikation zu erkennen. Der Anteil der Anlageimmobilien im Segment der wichtigsten Nutzungsart Büro, der sich in den aufgelisteten Großstädten befindet, beläuft sich auf über 80%.

Setzt man eine Gleichverteilung der Immobilien in den Portfolios der institutionellen Anleger nach dieser Struktur voraus, deckt man mit einer Basisinstrumentkonstruktion, die sich auf Büroimmobilien in den genannten Städten bzw. Ballungsräumen beschränkt, bereits die wertmäßige Hälfte dieser Portfolios ab.

Ist dies bei den sonstigen Nutzungsarten auch der Fall, erhöht sich dieser Anteil bei deren Integration respektive. Die Konzentration der für das potenzielle Derivat in Frage kommenden Nutzer auf diese wenigen Nutzungsarten und Standorte sollte bei der Entscheidung bzw. Konstruktion des Underlyings eine ausschlaggebende Rolle spielen. Die geringe Anzahl der eingehenden Parameter erleichtert es den Investoren zudem, den Zahlungsstrom des Indexportfolios nachzubilden.

Im europäischen Vergleich stellt sich der deutsche Immobilienmarkt im Hinblick auf die geografische Verteilung der Immobilien institutioneller Anleger allerdings für eine Indexkonstruktion problematischer dar. Die dezentrale Struktur der Bundesrepublik ruft eine ebenso dezentrale Anordnung der Wirtschaftszentren und damit auch des Immobilienmarktes hervor. Ein Underlying müsste somit mehrere eventuell wenig voneinander abhängige Immobilienmärkte umfassen. Zentral aufgebaute Staaten wie Frankreich oder Großbritannien verfügen mit Paris und London über zentralisierte Immobilienmärkte enormer Größe, die ein homogenes Immobilienmarkt-Underlying grundsätzlich begünstigen.

Die Datenbankstruktur der IPD zeigt eine starke Konzentration auf die beiden Nutzungsarten Handel und Büro. In Verbindung mit der festgestellten hohen Korrelation ergibt sich eine vorteilhafte Situation für ein Immobilienmarkt-Underlying.

Ähnlich verhält es sich mit der regionalen Verteilung der Investmentimmobilien. Der Standort Greater London umfasst mehr als ein Drittel aller institutionellen Immobilienanlagen in Großbritannien. Je größer der Anteil eines oder weniger großer Standorte ist, um so weniger wirkt sich die nachteilige Heterogenität des Immobilienmarktes aus.

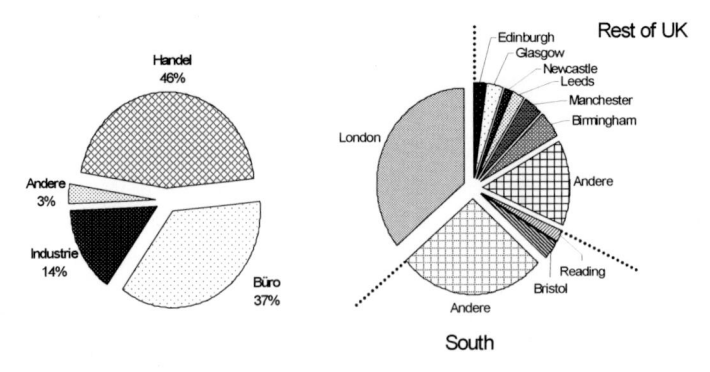

Abbildung 21: Investitionsschwerpunkte institutioneller Anleger in Großbritannien[324]

Zur Untersuchung der Abhängigkeiten des Gesamtimmobilienmarktes von diesen verschiedenen Teilmärkten wird die Korrelationsanalyse erweitert. Liegt ein Immobilienderivat vor, welches aus Liquiditätsgründen auf einem Gesamtmarkt-Underlying basiert, können somit die Abweichungen zu den einzelnen geografischen Teilmärkten verdeutlicht werden. Ein Investor, der ein nur regional gestreutes Immobilienportfolio besitzt, dessen Entwicklung aber stark mit dem Gesamtmarkt korreliert, könnte somit ein „Gesamtmarkt-Derivat" zur Umsetzung von Hedging- oder Tradingstrategien nutzen.

Für die Korrelationsanalyse der deutschen Makrostandorte werden wieder die Daten der Bulwien AG genutzt. In den Datenreihen sind allerdings häufig Perioden ohne Veränderungen über zum Teil mehr als fünf Jahre bei den verschiedenen Standorten zu finden. Dies führt zwangsläufig zu hohen Korrelationen. Auf die Darstellung der einzelnen Korrelationen zwischen den Städten wird an dieser Stelle verzichtet. Die Angaben beziehen sich deshalb auf den jeweiligen Zusammenhang zwischen der Immobiliennutzungsart in einer Stadt zu dieser Nutzungsart in Gesamtdeutschland und zum Gesamtindex aller Gewerbeimmobiliennutzungsarten in Deutschland. Bei den fett markierten Zahlen kann wiederum von einem nicht zufälligen

---

[324] Eigene Darstellung. Datenquelle: IPD, Annual Index, 2002.

Zusammenhang mit einer statistischen Sicherheit von 95% ausgegangen werden.

Nimmt man einen hohen Wahrheitsgehalt und eine entsprechende Aktualität in den genutzten Daten an, ergibt sich trotz der dezentralen Struktur des deutschen Immobilienmarktes ein relativ homogenes Bild zum Gesamtmarkt. Bis auf die weniger bedeutsamen unbebauten Grundstücke zeigen sich stets positive Zusammenhänge, die bei den Hauptnutzungsarten Büro und Handel bis auf wenige Ausnahmen zudem von mittlerer bis hoher Intensität gekennzeichnet sind.

Bulwien	Index Gewerbe	Deutschland	Berlin	Düsseldorf	Frankfurt (Main)	Hamburg	Köln	München	Stuttgart
Einzelhandelsmieten City (Mieten pro m²)									
Index Gewerbe	1,00	0,91	0,71	0,56	0,63	0,47	0,71	0,17	0,49
Deutschland		1,00	0,79	0,69	0,55	0,51	0,84	0,34	0,48
Durchschnittliche Büromieten City (Mieten pro m²)									
Index Gewerbe	1,00	0,87	0,60	0,42	0,55	0,76	0,65	0,62	0,31
Deutschland		1,00	0,86	0,25	0,67	0,80	0,77	0,67	0,17
Gewerbegrundstücke (Kaufpreis pro m²)									
Index Gewerbe	1,00	0,86	0,62	-0,41	0,45	-0,26	0,02	0,78	0,74
Deutschland		1,00	0,83	-0,38	0,34	-0,16	0,14	0,83	0,63
Eigentumswohnungen (Kaufpreis pro m²)									
Index Gewerbe	1,00	0,88	0,74	0,67	0,63	0,65	0,48	0,62	0,52
Deutschland		1,00	0,85	0,65	0,79	0,70	0,59	0,78	0,59

Tabelle 22: Korrelationen von Immobiliennutzungsarten an deutschen Standorten[325]

Wenn die berechneten Zusammenhänge gelten, ist der Einsatz eines Gewerbeimmobilien-Gesamtmarktderivats für einen Handelsimmobilieninvestor, der sich nur auf den Berliner oder Kölner Raum konzentriert, wesentlich effizienter als für einen in München agierenden Anleger. Es stellt

---

[325] Eigene Berechnung. Datenquelle: Bulwien AG. Siehe Anhang 1.

sich dabei die Frage, welcher Absicherungs- bzw. Abdeckungsgrad durch den Index bzw. das Derivat erreicht werden muss, damit es für weniger diversifizierte Portfolios genutzt werden kann. Die Beantwortung wird jedoch stets individuell sein, so dass keine allgemeingültige Aussage getroffen werden kann.

Für den britischen Immobilienmarkt wurden jeweils die Korrelationen zwischen dem Gesamtmarkt und unterschiedlich großen geografischen Teilmärkten sowie die Korrelationen zwischen diesen Teilmärkten berechnet. Dabei erfolgt wiederum eine Unterscheidung in die Hauptnutzungsarten und die verschiedenen Datenbasen Total Return, Wertänderungsrendite und Veränderung der nachhaltigen Roherträge.

Die Teilmärkte der IPD gliedern sich in innerstädtische Gebiete (London), Gesamtstädte und Regionen.[326] Sie erfassen damit die wichtigsten Kriterien bei einer geografischen Segmentierung des Immobilienmarktes. Allerdings weichen die jeweiligen Komponenten dieser drei Gruppen zwischen den Nutzungsarten ab. So wird der Teilmarkt Handel in London, aber auch für die Städte und Regionen anders geografisch untergliedert als der Teilmarkt Büro und Industrie. Ein Vergleich an dieser Stelle unterliegt demnach methodischen Schwächen im Sinne nicht konsistenter Datengrundlagen. Die Ergebnisse liefern dennoch einen wertvollen Anhaltspunkt, wie sich die Teilmärkte im Vergleich zum Gesamtmarkt und untereinander entwickelt haben.

Die Vielzahl der Regionen und Städte (Local Districts) ergeben eine Fülle von berechenbaren Korrelationskoeffizienten, die an dieser Stelle nicht abgebildet werden können. Daher sind die (gleichgewichteten) Mittelwerte aus den Beträgen sowie die Spannweiten[327] der Korrelationen zwischen den geografischen Teilmärkten und dem Gesamtmarkt dargestellt.

Die erste Ergebniszelle in der Tabelle interpretiert sich daher folgendermaßen: Die Korrelationen des Total Return von Handelsimmobilien Londoner Stadtteile mit dem Total Return des gesamten britischen *Handelsimmobi-*

---

[326] Siehe Anhang 3.

[327] Die Spannweiten der Korrelationen für die städtischen Bezirke (Local Districts) sind um Ausreißer (5%-Quantile) bereinigt.

lienmarktes streuen zwischen 0,76 und 0,93 und erreichen im Mittel einen Wert von 0,88. Um die wichtigen Zusammenhänge zum *Gesamtimmobilienmarkt* darzustellen, wurden die jeweiligen Korrelationen dazu in der letzten Spalte abgetragen. Deren erstes Ergebnis ergibt danach eine mittlere Korrelation des Total Return von Handelsimmobilien Londoner Stadtteile mit dem Total Return aller Datenbankgrundstücke von 0,90.

Im Vergleich der Korrelationen zwischen den Regionen und den einzelnen Städten zum Gesamtmarkt zeigt sich erwartungsgemäß ein stärkerer Zusammenhang bei der geografisch größeren Einheit. Bei der kleinsten Einheit der Londoner Stadtteile setzt sich diese Beobachtung jedoch nicht fort. Hier bestehen wiederum stärkere Zusammenhänge mit dem Gesamtmarkt, die jedoch ihre Ursache in den hohen Anteilen Londoner Objekte in der Datenbank haben können.

IPD	Handel			Büro			Industrie			Handel	Büro	Industrie
	TR	CVG	RVG	TR	CVG	RVG	TR	CVG	RVG	TR		
	UK Retail			UK Offices			UK Industrial			UK All Property		
London Districts	0,88 (0,76-0,93)	0,86 (0,85-0,93)	0,88 (0,82-0,92)	0,95 (0,90-0,99)	0,95 (0,90-0,99)	0,96 (0,89-0,99)	-	-	-	0,90 (0,85-0,93)	0,93 (0,86-0,99)	-
Local Districts	0,86 (0,73-0,96)	0,87 (0,77-0,96)	0,85 (0,71-0,95)	0,76 (0,56-0,92)	0,76 (0,57-0,93)	0,73 (0,46-0,90)	0,89 (0,68-0,97)	0,88 (0,68-0,97)	0,86 (0,59-0,97)	0,78 (0,64-0,90)	0,78 (0,57-0,93)	0,76 (0,49-0,92)
Regions	0,94 (0,85-0,98)	0,95 (0,86-0,98)	0,94 (0,84-0,98)	0,82 (0,46-0,99)	0,82 (0,53-0,99)	0,79 (0,41-0,99)	0,91 (0,69-1,00)	0,90 (0,66-0,99)	0,89 (0,61-1,00)	0,85 (0,67-0,96)	0,81 (0,44-0,99)	0,71 (0,35-0,92)

Tabelle 23: Durchschnittliche Korrelationskoeffizienten von Makrolagen mit dem Gesamtmarkt[328]

---

[328] Eigene Berechnung. Datenquelle: IPD. Siehe Anhang 1.

Übergreifend ergeben sich für den Großteil der betrachteten Teilmärkte hohe positive Korrelationen, die auf starke und gleichgerichtete Zusammenhänge hindeuten.

Für den amerikanischen Markt ist aufgrund der verfügbaren Daten nur ein einfacher Vergleich der Regionen mit dem Gesamtmarkt ohne die Unterscheidung in verschiedene Nutzungsarten und Datenbanken möglich. Die Ergebnisse deuten auf einen ähnlich starken Zusammenhang zwischen den einzelnen Regionen und dem Gesamtmarkt hin, so dass ähnliche Aussagen für das potenzielle Interesse an einem solchen Derivat gemacht werden können.

NCREIF	National	East	South	Midwest	West
National	1,00				
East	0,96	1,00			
South	0,85	0,74	1,00		
Midwest	0,87	0,85	0,64	1,00	
West	0,98	0,91	0,81	0,80	1,00

Tabelle 24:   **Korrelationskoeffizienten von Makrolagen mit dem Gesamtmarkt (NCREIF)**[329]

Schlussfolgernd zur Betrachtung der Makrolagen lässt sich festhalten, dass die Heterogenität der Wertentwicklung regional diversifizierter Immobilienportefeuilles bei weitem nicht so ausgeprägt ist, wie zunächst angenommen. Die meisten Teilmärkte hängen in Bezug auf die Nutzungsarten und die geografische Verteilung stark vom Immobiliengesamtmarkt ab. Für die meisten regional investierten Investoren könnte auch ein auf dem nationalen Gesamtmarkt der Gewerbeimmobilien basierendes Immobilienderivat Nutzen stiften.

3. Mikrolage

Die Mikrolage soll an dieser Stelle den Standort eines Objektes in Abhängigkeit vom Zentrum einer Stadt oder eines Ballungsraumes bezeichnen.

---

[329] Eigene Berechnung. Datenquelle: NCREIF. Siehe Anhang 1.

Eine Aussage über die innerstädtische Lage der Investmentimmobilien ist den Veröffentlichungen der DID nicht zu entnehmen. Für die Anlagepolitik der deutschen offenen Immobilienfonds kann jedoch in Abhängigkeit von der Nutzungsart eine Bevorzugung bestimmter Standorte angenommen werden. So werden Büro- und Geschäftsimmobilien in 1a- oder 1b-Lagen der Großstädte bevorzugt. Entsprechend der Nutzungsart entscheiden sich die Fondsmanager bei Fachmärkten, Einkaufszentren oder Gewerbeparks für verkehrsgünstige Randlagen innerhalb kaufkräftiger Ballungsgebiete.[330]

Zur Untersuchung der Zusammenhänge innerhalb einer Stadt können Daten der Bulwien AG genutzt werden:

Bulwien Handelsimmobilien	Bulwien Index Gewerbe	Deutschland	Deutschland Nebenlagen (NL)
Bulwien Index Gewerbe	1,00		
Deutschland	0,91	1,00	
Deutschland NL	0,90	0,86	1,00
Berlin	0,71	0,79	0,61
Berlin NL	0,79	0,72	0,91
Düsseldorf	0,56	0,69	0,62
Düsseldorf NL	0,72	0,69	0,77
Frankfurt (Main)	0,63	0,55	0,57
Frankfurt (Main) NL	0,63	0,55	0,56
Hamburg	0,47	0,51	0,48
Hamburg NL	0,73	0,66	0,84
Köln	0,71	0,84	0,59
Köln NL	0,71	0,65	0,67
München	0,17	0,34	0,28
München NL	0,77	0,73	0,79
Stuttgart	0,49	0,48	0,43
Stuttgart NL	0,51	0,62	0,53

Tabelle 25: Korrelationskoeffizienten von innerstädtischen Lagen von Handelsimmobilien mit dem Gesamtmarkt[331]

Die Gesellschaft veröffentlicht ihre Angaben zu den Mietentwicklungen bei Handelsimmobilien unterteilt in City- und Nebenlagen (*NL*). Bei Büro-

---

[330] Vgl. Schreier, Matthias, Anlagestrategie, 1997, S. 27.
[331] Eigene Berechnung. Datenquelle: Bulwien AG. Siehe Anhang 1.

immobilien werden drei lokale Lagekriterien unterschieden: City, Cityrand (CR) und Peripherie (PP).

Die Ergebnisse liefern meist höhere Korrelationskoeffizienten der Nebenlagen mit dem Gesamtmarkt als die City-Lagen. Dies könnte auf einen hohen Anteil von Nebenlagen bei der Erfassung der Daten durch die Bulwien AG zurückzuführen sein.

Für die Underlyingkonstruktion sind die Ergebnisse unter der Annahme ihrer Richtigkeit positiv zu bewerten, da mit der Höhe des Zusammenhangs der verschiedenen Lagen mit dem Gesamtmarkt die Akzeptanz des Derivats bei nicht deutschlandweit engagierten Anlegern steigt.

Bulwien Büroimmobilien	Bulwien Index Gewerbe	Deutschland
Bulwien Index Gewerbe	1,00	
Deutschland	0,92	1,00
Berlin	0,70	0,92
Berlin CR	*0,46*	*0,72*
Berlin PP	*0,50*	*0,75*
Düsseldorf	0,60	0,51
Düsseldorf CR	*0,52*	*0,34*
Düsseldorf PP	*0,41*	*0,50*
Frankfurt (Main)	0,48	0,71
Frankfurt (Main) CR	*0,60*	*0,84*
Frankfurt (Main) PP	*0,79*	*0,83*
Hamburg	0,87	0,96
Hamburg CR	*0,83*	*0,83*
Hamburg PP	*0,82*	*0,71*
Köln	0,76	0,72
Köln CR	*0,84*	*0,89*
Köln PP	*0,71*	*0,88*
München	0,82	0,93
München CR	*0,59*	*0,65*
München PP	*0,75*	*0,64*
Stuttgart	0,71	0,54
Stuttgart CR	*0,60*	*0,44*
Stuttgart PP	*0,92*	*0,96*

Tabelle 26: Korrelationskoeffizienten von innerstädtischen Lagen von Büroimmobilien mit dem Gesamtmarkt[332]

---

[332] Eigene Berechnung. Datenquelle: Bulwien AG. Siehe Anhang 1.

Die Entwicklung der Cityrand (*CR*)- und Peripherielagen (*PP*) unterscheidet sich von den zentral gelegenen Standorten nicht gleichmäßig verteilt über alle Städte. Die Zusammenhänge mit dem Gesamtmarkt können größer, kleiner oder etwa gleich in Relation zu den Citylagen sein. Demzufolge ergeben sich ähnliche Schlussfolgerungen im Bezug auf die Attraktivität eines potenziellen Gesamtmarktderivats.

4. Objektgröße und -volumen

Im Bezug auf die zu integrierende Objektanzahl wurde bereits auf eine zwangsläufige Beschränkung aufgrund des nicht zu vertretenden Aufwands bei einer Vollerhebung hingewiesen.

Bei den institutionellen Anlegern ergibt sich eine eindeutige Tendenz in Bezug auf die favorisierten physischen und monetären Größenklassen der gehaltenen Objekte. In der folgenden Abbildung 22 ist die jeweilige Verteilung aller Immobiliennutzungsarten sowie die der beiden wichtigsten „Büro" und „Handel" institutioneller Anleger in Abhängigkeit von der Flächengröße[333] dargestellt. Eine Fokussierung auf größere Objekte ist für alle Nutzungsarten klar zu erkennen.

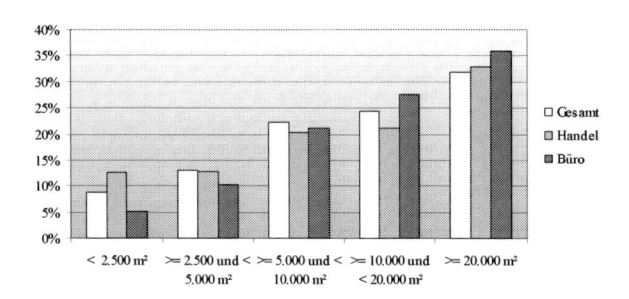

Abbildung 22: Anteil der Objektgrößen der DID-Objekte nach der Fläche[334]

Diese Tendenz setzt sich erwartungsgemäß bei der Betrachtung in Abhängigkeit von der Höhe der Verkehrswerte fort. Die für potenzielle Immobilienderivate wichtige Anlegergruppe bevorzugt also mittlere und große Investmentimmobilien in physischer und monetärer Sicht. Folglich sollte

---

[333] Die „Flächengröße" wird in der Datenquelle nicht genauer spezifiziert.
[334] Eigene Darstellung. Datenquelle: DID; Bulwien AG, Immobilienmarkt, 2001.

bei der Auswahl der Objekte für das Basisinstrument keine Beschränkung nach oben gemacht werden. Eine Begrenzung käme allenfalls für sehr kleine Objekte in Betracht, die den Datenbeschaffungsaufwand unnötig erhöhen und dem hier gezeigten Profil nicht entsprechen.

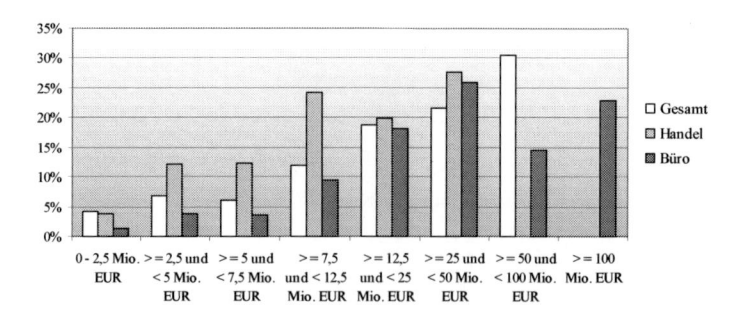

Abbildung 23: Anteil der Objektgrößen der DID-Objekte nach dem Verkehrswert[335]

Diese Feststellung wird durch größere Performanceunterschiede bei kleineren Objekten untermauert. So wurden für Objekte unter 2.500 m² und unter einem Verkehrswert von ca. 5 Mio. € auffällige Differenzen in der Wertänderungsrendite festgestellt.[336] Es kann demzufolge von geringen Korrelationen der Wertentwicklungen von Objekten kleiner physischer und monetärer Größenklassen ausgegangen werden. Folglich können diese Objektkategorien am ehesten bei einer Basisinstrumentkonstruktion ausgeschlossen werden.

b) Gewichtung

Die Gewichtung der Komponenten bestimmt einen Index maßgeblich. Sie entscheidet darüber, ob der Index die Wertentwicklung einer Vielzahl diversifizierter Portefeuilles adäquat abbildet. Bei Aktienindizes kann grundlegend in Gleichgewichtung, Kursgewichtung und Kapitalisierungsgewichtung unterschieden werden.[337] Weiterhin ist die Berücksichtigung des Börsenumsatzes, des Grundkapitals der Gesellschaft oder der Marktwert des Streubesitzes denkbar. Die Gewichtung soll dabei die Bedeutung

---

[335] Eigene Darstellung. Datenquelle: DID; Bulwien AG, Immobilienmarkt, 2001.
[336] Vgl. DID; Bulwien AG, Immobilienmarkt, 2001, S. 34.
[337] Vgl. Schmitz-Esser, Valerio, Aktienindizes, 2000, S. 147.

einer einzelnen Gesellschaft bzw. bei einem Immobilienindex die eines Objektes im Verhältnis zum jeweiligen Gesamtmarkt ausdrücken.

Die Gleichgewichtung kommt deshalb nicht in Frage. Kleine und unbedeutende Objekte dürfen den Index nicht in gleichem Maße beeinflussen wie größere. Die Kursgewichtung beinhaltet ebenso erhebliche Probleme bei der Konstruktion von Aktienindizes, obwohl beispielsweise der Dow Jones Industrial Average als kursgewichteter Index noch immer ein Leitindex des amerikanischen Aktienmarktes ist. Es besteht neben den erwähnten die Möglichkeit der Gewichtung mit dem Umsatz, die allerdings aufgrund der ständigen Änderungen nicht empfohlen wird.[338]

Als geeignet werden kapitalisierungsgewichtete Kursindizes bzw. Wertindizes bei der Berechnung von Aktienindizes angesehen. Damit ist nicht der jeweilige (nicht aussagekräftige) Kurs der Aktie, sondern der Wert der gesamten Gesellschaft entscheidend. Diese Vorgehensweise erscheint auch für Immobilienindizes zweckmäßig.

THOMAS argumentiert, dass die Wahl eines Gewichtungsfaktors bei einer Immobilienindexkonstruktion stets willkürlich wäre. In diesem Sinne bestehe keine alternative Vorgehensweise zur impliziten Gewichtung der Immobilien über deren Wert bzw. Preis.[339] Bezogen auf die Analyse der von institutionellen Anlegern bevorzugten Größenklassen ist eine Höhergewichtung großer und kapitalintensiver Objekte ebenfalls sinnvoll.

III. Grundlegende Berechnung

Prinzipiell kann die Indexberechnung einerseits einfache (z.B. Preis- und Mengenindizes) Verhältniszahlen umfassen. Berücksichtigen diese Kennzahlen andererseits nicht nur einzelne Eigenschaften sondern Kombinationen verschiedener Zahlen (z.B. Umsätze als Produkt von Preis und Menge), handelt es sich um zusammengesetzte Indizes. Diese sind dann jeweils von den Veränderungen beider Komponenten abhängig. Will man hingegen nur die Preisveränderungen sichtbar machen, müssen die Veränderungen der Mengen durch die Festlegung einer konstanten Größe ausgeschal-

---

[338] Vgl. Janßen, Birgit, Rudolph, Bernd, DAX, 1992, S. 15.
[339] Vgl. Thomas, Matthias, Performanceindex, 1997, S. 57.

tet werden. In diesem Fall erhält man zusammengesetzte Indizes mit fester Struktur, die sogenannten Aggregatindizes.

Aufgrund der getroffenen Entscheidung, nur kapitalisierungsgewichtete Indizes zuzulassen, werden auch nur dementsprechende Formeln betrachtet.

a) Indexformel

Als Beispiel dient an dieser Stelle ein Preisindex nach Laspeyres und die Indexformel der anerkannten Aktienindizes der Deutschen Börse AG.

$$Index = \frac{\sum_{i=1}^{n}(p_{it} * q_{i0})}{\sum_{i=1}^{n}(p_{i0} * q_{i0})} \qquad DAX = K_{t1} * \frac{\sum_{i=1}^{n}(p_{it} * q_{it1} * c_{it})}{\sum_{i=1}^{n}(p_{i0} * q_{i0})}$$

mit:

q_{it1} = Anzahl zugrundeliegender Aktien der Gesellschaft i zum Zeitpunkt t_1

q_{i0} = Anzahl der Aktien der Gesellschaft i zum Basiszeitpunkt

p_{it} = Preis der Aktie i zum Zeitpunkt t

p_{i0} = Preis der Aktie i zum Basiszeitpunkt

K_{it} = Verkettungsfaktor

c_{it} = Korrekturfaktor einer Gesellschaft i zum Zeitpunkt t

n = Anzahl der Aktien

t = Berechnungszeitpunkt des Index

t_1 = Zeitpunkt der letzten regelmäßigen Verkettung

Gleichung 4: **Indexformeln zur Berechnung der Aktienindizes der Deutschen Börse AG**[340]

Die Preisindexformel nach LASPEYRES misst die Aktienpreise der Berichtsperiode bezogen auf die Basisperiode, wobei die Gewichtung mit der Anzahl der jeweiligen Aktien konstant bleibt. D.h., die Veränderung der

---

[340] Vgl. Deutsche Börse, Aktienindizes, 2001, S. 23.

Marktkapitalisierung, die auf einer Veränderung der Aktienanzahl beruht, wird für den betrachteten Zeitraum „ausgeschaltet".

Für die Aktienindizes der Deutschen Börse AG ergibt sich ein leicht verändertes Bild. Es wird nicht explizit die Menge der Aktien des Basiszeitraumes im Zähler verwendet, da regelmäßig Anpassungen infolge von Dividenden und verschiedenen Kapitalmaßnahmen notwendig sind. Das Gewicht einer Aktie (q_{it1}) kann sich demnach im Zeitverlauf ändern, so dass nicht nur Preisveränderungen die Veränderungen des Index bestimmen.

Zudem erfolgen regelmäßig Veränderungen der Indexzusammensetzung, so z.B. bei Fusionen von Indexgesellschaften. Diese Problematik ist für die Konstruktion von Immobilienindizes interessant, da durch die selteneren Preis- und Wertfeststellungen der Indexbestandteile eine Vielzahl anderer Objekte in die Messung eingehen kann. Um möglichst viele Objekte und Transaktionen für eine ausreichende Repräsentativität und Aktualität integrieren zu können, wird der Index keine konstante Struktur aufweisen können.

Ein Wertindex für die Berechnung eines Aktienindex ermittelt sich dagegen folgendermaßen:

$$Index = \frac{\sum_{i=1}^{n}(p_{it} * q_{it})}{\sum_{i=1}^{n}(p_{i0} * q_{i0})}$$

Gleichung 5:   Wertindexformel für Aktienindizes[341]

Der Index misst in diesem Falle die Veränderung der Börsenkapitalisierung des Indexportfolios über den betrachteten Zeitraum. Dazu wird die Indexkapitalisierung der Berichtsperiode durch die der Basisperiode geteilt.

Diese Vorgehensweise entspricht prinzipiell der Performancemessung mit Immobilienindizes, bei denen ebenfalls die Verkehrswerte als Äquivalent zu den Marktwerten ganzer Gesellschaften über einen Zeitraum verglichen

---

[341] Vgl. Schmitz-Esser, Valerio, Aktienindizes, 2000, S. 153.

werden. Die Anzahl q_i entspricht bei Immobilien 1 und ist nicht veränderlich, da der Objektbesitz nicht über Wertpapiere verteilt ist.

Die gezeigten Indexformeln stellen die Wertentwicklung der Papiere als sogenannte Performanceindizes dar, d.h. neben den Kursveränderungen werden Dividendenzahlungen zum Zeitpunkt der Entstehung als sofort wieder angelegt betrachtet. Bei Kursindizes werden diese zwischenzeitlichen Zahlungen dagegen nicht beachtet.

Der Total Return einer Periode berechnet sich bei Wertpapieranlagen demnach vereinfacht aus dem Verhältnis von Vermögensendwert zu Vermögensanfangswert. Der Vermögensendwert setzt sich somit aus dem aktuellen Kurs und den zwischenzeitlich angefallenen laufenden Erträgen des Papiers zusammen. Diese Zahlungen sind von einer Einflussnahme des Anlegers unabhängig. Die Zahlungen aus Immobilien sind dagegen durch Managementmaßnahmen beeinflussbar (Direkteigentum).

Die Performanceermittlung unterscheidet sich bei Immobilien wesentlich, so dass auch die Indizes anders zu interpretierende Ergebnisse liefern. Diese Differenz soll in den nachfolgenden Unterpunkten untersucht werden.

b)   Berechnungsintervall

Die Eignung eines Index als Underlying eines Derivats hängt in fundamentaler Weise vom Berechnungsintervall ab. Dieser bereits unter der Aktualität der Daten erwähnte Aspekt gestaltet sich bei Immobilienindizes schwierig.

Die Berechnungsfrequenz der Aktienindizes der Deutschen Börse AG liegt bei einer Minute, DAX und NEMAX 50 werden alle 15 Sekunden neu berechnet. Dies unterstützt den Derivathandel auf diese Indizes an der Terminbörse. Da die Papiere der im DAX gelisteten Unternehmen sehr häufig gehandelt werden, liegen deren Preise ständig neu vor. Das Intervall der Berechnung bei Aktienindizes ist daher ein eher technischer als ein assetbezogener Aspekt.[342]

---

[342] Vgl. Deutsche Börse, Aktienindizes, 2001, S. 11.

Der Handel mit festverzinslichen Wertpapieren des Bundes, die ihrerseits über EUREX-Derivate verfügen, ist mit dem Aktienhandel vergleichbar. Eine einheitliche Preisfeststellung erfolgt zwar nicht im Sinne einer ständigen Neuberechnung des Underlyings, wie dies bei den Aktienindizes der Fall ist, die Preisfeststellungsfrequenz ist jedoch als ähnlich zu betrachten. Der EURIBOR-Zinssatz, auf den ebenfalls Terminbörsenderivate gehandelt werden, wird lediglich täglich berechnet, obwohl Preismeldungen der Banken mehrmals täglich beim ermittelnden Bankenpanel eingehen.[343]

Diese Wiederholungszahl ist für Immobilienindizes mit traditionellen Datenerhebungsmethoden nur schwierig erreichbar. Selbst wenn eine untertägige Neuberechnung vorgenommen würde, ist der Informationsgehalt dieser Veränderungen kritisch zu hinterfragen. Es werden zwar täglich Verkäufe oder Vermietungen auf dem Immobilienmarkt vorgenommen, aufgrund der Heterogenität des Anlagegegenstandes würde aber eine Übertragung einzelner Transaktionen auf die Allgemeinheit und damit auf einen Index dessen Repräsentativität einschränken. Die jeweils aktuelle Indexzahl würde in diesem Fall zum großen Teil auf Basis historischer Immobilienwerte oder Mietpreise berechnet.

Die Möglichkeit einer häufigen Berechnung von Immobilienindizes hängt daher direkt mit der Anzahl der darin enthaltenen Objekte zusammen, da einzelne Objekte selten gehandelt oder neu vermietet werden.[344] Je mehr Objekte in den Index eingehen, um so häufiger werden Transaktionen jeglicher Art den Indexstand anpassen können.

Bei einer gegebenen Objektanzahl führt die Erhöhung der Berechnungsfrequenz des Index zu mehr Fehlern in den berechneten Perioden. Abweichungen vom tatsächlichen Wert entstehen dabei durch Zufallsfehler und zeitliche Verzögerungen bei der Ermittlung von Immobilienperformancedaten. Daher ist eine Frequenzerhöhung nur mit erheblichem höherem Aufwand bei der bisherigen Datenbeschaffung zu erreichen. Durch die

---

[343] Vgl. Steiner, Manfred; Bruns, Christoph, Wertpapiermanagement, 2000, S. 135.
[344] Vgl. Thomas, Matthias, Performanceindex, 1997, S. 60.

Trägheit der Vermögensklasse Immobilien verringert sich mit jeder Frequenzerhöhung der Gewinn an Informationsgehalt der Indexdaten.[345]

An dieser Stelle muss auf die zahlreichen Ausprägungen von Derivaten hingewiesen werden. Ein hoher Aktualitätsanspruch gilt mit großer Sicherheit für die bisher im Vordergrund stehenden börsengehandelten Derivate. Bei nicht an Terminbörsen gehandelten Kontrakten kann in diesem Sinne von einer geringeren Anforderung ausgegangen werden. Ein außerbörsliches Termingeschäft unterliegt in der Regel gar keinem Handel, es erfolgt lediglich eine Kontraktvereinbarung, die zum Termin zu erfüllen ist. Daher genügt häufig eine wesentlich seltenere Preisberechnung.

Die von Barclays Bank eingeführten Property Index Forwards und Certificates basieren auf *jährlich* berechneten IPD-Indizes,[346] so dass das Berechnungsintervall für diesen Zweck zumindest ausreichend sein muss. Das bedeutet, für nicht börsengehandelte Derivate auf Immobilienindizes kann bei dem üblichen Einjahresintervall von ausreichender Aktualität gesprochen werden. Allerdings wird der monatliche IPD-Index für den Handel während eines Jahres zur Preisanpassung genutzt.[347]

Wird ein an Terminbörsen gehandeltes Derivat angestrebt, müsste eine mehrfache Aktualisierung innerhalb eines Monats erfolgen. Könnte eine tägliche und repräsentative Berechnung stattfinden, wäre die Anforderung einer ausreichenden Aktualiät vermutlich erfüllt.

Das derzeitige Berechnungsintervall von herkömmlichen Immobilienindizes eignet sich demzufolge für OTC-Derivate, ein Börsenhandel ist damit jedoch nicht zu erwarten.

Ein interessanter Vergleich ergibt sich bei der Betrachtung von börslichen *Warentermingeschäften*, die in Deutschland seit 1998 an der WTB Hannover abgewickelt werden können. Weitaus längere Tradition und Verbreitung haben diese Termingeschäfte in den USA am Chicago Board of Trade (CBOT).

---

[345] Vgl. Geltner, David; Ling, David, Benchmarks Part 1, 2000, S. 13.
[346] PIFs basieren auf dem IPD Annual Capital Growth Index, PICs auf dem entsprechenden Total Return Index, also jährlich berechneten Indizes.
[347] Vgl. API, Capital Growth Index, 2002, o.S.

Hierfür existieren Kassamärkte in Form des nichtorganisierten Handels und als sogenannte Produkten- oder Warenbörsen, an denen Kassapreise für landwirtschaftliche Produkte entstehen. Diese können als Leitpreise für den weiteren Umschlag angesehen werden. Diese Börsen sind aber nicht mit den Wertpapier- oder Devisenbörsen zu vergleichen. Sie stellen vielmehr meist *wöchentliche* Zusammenkünfte der Marktteilnehmer dar, bei denen neben dem Handel Gespräche stattfinden und Informationen ausgetauscht werden. Eine Notierungskommission stellt zum Börsentag Preise für die gehandelten Waren fest, die als Referenzpreise für amtliche Statistiken öffentlich-rechtliche Aufgaben erfüllen. Die Preisermittlung basiert demzufolge auf wöchentlicher Basis, allerdings existieren mehrere deutsche Börsen, die an unterschiedlichen Tagen ihre Preise feststellen. Die Preise gleicher oder ähnlicher Produkte differieren zwar regional, könnten bei größeren Differenzen aber durch Transport ausgeglichen werden.[348]

Folglich liegt die Preisfeststellungsfrequenz bei den Warentermingeschäften zugrundeliegenden Agrarprodukten zwischen wenigen Tagen und einer Woche. Sie genügt für einen erfolgreichen Futureshandel. Der Argumentation muss der Umstand häufig hoher Volatilitäten der Warenpreise hinzugefügt werden, welche die Absicherungsbedürfnisse und damit den Futureshandel begünstigen.

CASE, SHILLER und WEISS verweisen auf die bereits erwähnte Trägheit der Preisbewegungen des Immobilienkassamarktes, so dass die Hypothese des Random-Walk[349] für Immobilienpreise fraglich erscheint und tägliche Preisveränderungen gering sind. Die immobilienbezogenen Derivate könnten hingegen wertpapierähnliche Preisentwicklungen aufweisen, da die Kontrakte auf tägliche Neuigkeiten über die Zukunft der beeinflussenden Märkte reagieren können.[350] Damit entstünden mehr

---

[348] Vgl. Kariger, Albert; Heine, Hans-Peter, Arbeitsweise, 2003, o.S.
[349] Nach der Random-Walk-Hypothese lassen sich Kursveränderungen von Vermögensgegenständen in ähnlicher Weise beschreiben wie die zufälligen Bewegungen kleinster physikalischer Teilchen (Brownsche Bewegungen). Vgl. Hielscher, Udo, Investmentanalyse, 1996, S. 84f.
[350] Vgl. Case, Karl u.a., Index-Based Futures, 1993, S. 88.

zufallsabhängige Veränderungen, die den Erfolg der Instrumente begünstigen.

c) Korrekturen

Beim deutschen Aktienindex DAX wird die Strategie verfolgt, nur die vom Markt herrührende Wertentwicklung der zugrundeliegenden Papiere abzubilden.[351] Die Kursentwicklung der Aktien wird aber von einer Vielzahl nicht marktbedingter Faktoren beeinflusst, so z.b. unternehmensspezifische wie Dividendenzahlungen oder Kapitalveränderungen. Diese werden bei der Indexermittlung über Korrekturen eliminiert.[352] Um eine Gesamtperformance zu erhalten, werden Renditebestandteile in Form von Dividenden oder Bezugsrechten zum Zeitpunkt ihrer Entstehung als wiederangelegt betrachtet.

Um den Korrekturaufwand bei der Immobilienperformanceindexkonstruktion gering zu halten, schlägt THOMAS die Annahme einer einmaligen Mietzahlung für das ganze Jahr direkt vor dem Zeitpunkt der Indexermittlung vor. Er stellt fest, dass diese Integration nur über das Portefeuille erfolgen kann, da eine Reinvestition in ein einzelnes Objekt nicht möglich ist.[353]

Im Unterschied zu Aktien widerfährt Immobilien allerdings kein Kursabschlag bei der (monatlichen) Zahlung der „Dividende", so dass zumindest keine Kurskorrektur zu diesen Zeitpunkten vorgenommen werden muss. Die Mietzahlung muss nur Eingang in die Performanceermittlung finden.

Problematischer für einen repräsentativen Immobilienindex als Basisinstrument eines Derivats ist die Veränderung der Datenbasis, die durch Käufe und Verkäufe von Indeximmobilien auftritt. Theoretisch muss sich auch dann keine Veränderung der Indexzusammensetzung ergeben, da ein veräußertes Objekt ohne weiteres im Indexportfolio verbleiben kann. Prak-

---

[351] Vgl. Richard, Hermann-Josef, Aktienindizes, 1992, S. 80.
[352] Siehe dazu die DAX-Indexformel in Gleichung 4.
[353] Zudem wird die Bereinigung von wertverändernden Maßnahmen an den Immobilien gefordert, die in Form von Modernisierungen o.ä. auftreten können. Diese Maßnahmen würden sonst ähnlich der Kapitalherauf- oder -herabsetzung etc. bei Aktien nicht marktbedingte Wert- und Indexveränderungen hervorrufen. Vgl. Thomas, Matthias, Performanceindex, 1997, S. 64.

tisch ist dies aber nicht immer möglich. Die Veränderung des Indexportfolios durch Käufe und Verkäufe sollte durch eine große Anzahl an Objekten gering gehalten werden.

Wird ein theoretisches Derivat auf einen Immobilienindex gehandelt, so könnte sich während der Haltezeit eine Veränderung des Kontraktgegenstandes bzw. des Kontraktpreises aufgrund dieser Veränderungen ergeben. Die Ermittlung eines Index, welcher die Bestandsgrundstücksperformance und die Gesamtperformance getrennt misst, erscheint sinnvoll. Diese Vorgehensweise steht in Analogie zur Ermittlung des DIX.

Ein konstantes Portfolio von Indexbestandteilen ist zwar von Vorteil, aber keine zwingende Notwendigkeit. Als Basisinstrument verwendete Aktienindizes mit einer Vielzahl von Aktien werden ebenso aktualisiert und es erfolgt regelmäßig ein Austausch von Indexgesellschaften (so z.B. beim S&P 500).[354]

B. Verwendbarkeit vorhandener Immobilienindizes

In den vorangegangenen Punkten wurden die theoretischen Anforderungen für einen Immobilienindex als Basisinstrument eines Derivats erörtert. Folgend müssen existente Indizes hinsichtlich ihrer Eignung für Derivate untersucht werden.

Bei der Betrachtung direkter Immobilieninvestitionen sind grundsätzlich zwei Konstruktionsweisen zu unterscheiden: transaktions- und bewertungsbasierte Immobilienindizes.[355] Gelegentlich werden Immobilienaktienindizes als Abbildung der Performance des Immobilienmarktes genutzt. Dieser Vorgehensweise wird an dieser Stelle nicht gefolgt. Ihre Eignung als Underlying wird separat nach der Analyse direkter Immobilienindizes geprüft. Die folgende Grafik zeigt die im Vordergrund dieser Arbeit stehenden Konstruktionsformen von Immobilienindizes:

---

[354] Vgl. Geltner, David; Ling, David, Benchmarks Part 1, 2000, S. 12.
[355] Einen Überblick über die verwendeten Indexmethoden bieten Fisher, Jeffrey u.a., Value Indices, 1994.

```
Immobilienindexkonstruktionen
├── bewertungsbasiert
│   ├── Total Return
│   ├── Wertänderung
│   └── Cash-Flow Rendite
├── transaktionsbasiert
│   ├── Immobilienpreisänderung
│   └── Mietpreisänderung
└── Immobilienaktien
```

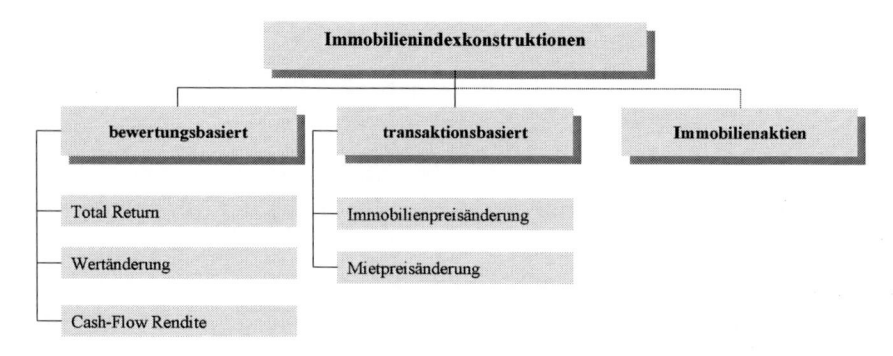

Abbildung 24: Varianten der Indexkonstruktion von Immobilienanlagen

Grundsätzliche Probleme bei Immobilienindizes ergeben sich im Vergleich zu Wertpapierindizes durch die immobilienspezifischen Besonderheiten (hauptsächlich die Heterogenität). Vor allem die für ideale Indizes geforderte:

- Nachbildbarkeit,
- Reinvestierbarkeit der Erträge[356] und
- Aktualität der Datenermittlung

wird von herkömmlichen Immobilienindizes regelmäßig nicht adäquat erfüllt.

Eine Aussage über die Güte eines Immobilienindex kann nicht pauschal gegeben werden. Die Funktionalität ist immer an die Verwendung des Index gebunden. Die Konstruktion bisheriger Immobilien(performance)indizes konzentrierte sich auf deren Verwendung als *deskriptive* Vergleichsmaßstäbe. Die Verwendbarkeit dieser Indizes als *operative* Basis ist damit nicht zwangsläufig gegeben. Es ist an dieser Stelle zu untersuchen, ob die etablierten Indizes operativen Anforderungen genügen können.

Die Performance von Immobilien unterscheidet sich in fundamentaler Weise von der der Wertpapiere. Sie ist abhängig von objekt- und individualspezifischen Besonderheiten, insbesondere von Investitionen oder Desinvestitionen in den Objektbestand. Damit ist die resultierende Rendite keine

---

[356] Vgl. Maurer, Raimond u.a., Immobilienindizes, 2000, S. 3.

unbeeinflussbare Variable. Die Totalrendite wird in nicht unerheblichem Ausmaß durch die *Wert*änderungsrendite (im Falle von bewertungsbasierten Daten) beeinflusst. Der Verkehrswert wird wiederum durch Managementleistungen maßgeblich bestimmt, so z.B. durch verschiedene Kostenstrategien bei der Bewirtschaftung. Sind Immobilienrenditen von Einflüssen des Anlegers (Eigentümers) direkt abhängig, ist der Index aus diesen Daten auf seine Objektivität zu überprüfen. Ziel bei der Konstruktion eines operativen Immobilienindex muss die Unbeeinflussbarkeit sein.

Dabei liegt der Vergleich zwischen Aktienindizes und Unternehmensbewertungen nahe. Die Differenz errechneter Unternehmenswerte und tatsächlich realisierter Preise von Aktien an Wertpapierbörsen kann große Ausmaße annehmen.

Allerdings unterliegen die transaktionsbasierten Immobilienindizes ebenso methodischen Schwächen, so dass beide Kategorien nicht ohne weiteres als Underlying nutzbar sind.

GELTNER und LING fordern die Trennung bisheriger Immobilienindizes (in diesem Fall die amerikanischen NCREIF-Indizes) in zwei Gruppen:

- Real Estate Asset Class Research Indizes und
- Evaluation Benchmark Indizes.[357]

Der Anspruch, der an den Research Index gestellt wird, entspricht dem passiver Marktindizes, die unbeeinflusst von Managementleistungen die „reine" Performance von Vermögensklassen abbilden. Die Eigenschaften kommen den genannten Anforderungen für einen operativ zu verwendenden Index nahe. Sie sind daher im Hinblick auf die Perspektive dieser Arbeit von Interesse.

Der Research Index soll dabei die Asset-Klasse Immobilien ohne äußere Einflüsse möglichst exakt abbilden und zuverlässige Zeitreihen liefern. Der Benchmark Index zielt auf die Einschätzung der Performanceleistung von institutionellen Anlegern wie Immobilienfonds oder Pensionskassen. Er

---

[357] Vgl. Geltner, David; Ling, David, Benchmarks Part 1, 2000, S. 2.

muss dazu die jeweilige *Grundgesamtheit* erfassen, um die relative Leistung der Portfoliomanager messen zu können.

Im Vordergrund des Research Index steht dagegen eine feste *Auswahl* von Objekten, die zu statistischen Zwecken genutzt werden kann. Wesentliche Unterschiede bestehen zudem in der Form der Berechnung und in den eingehenden Daten.[358]

Die Autoren sehen so z.b. den NCREIF Index und alle anderen etablierten Indizes näher an den Bedingungen eines Benchmark Index, obwohl sie zur Zeit beide Funktionen erfüllen sollen.[359]

I. Transaktionsbasierte Indizes

Im Idealfall liefern transaktionsbasierte Indizes reale Marktdaten und sind im Hinblick auf die Verwendung als Underlying börsengehandelter Derivate bewertungsbasierten Daten vorzuziehen. Bewertungen stellen lediglich einen Ersatz für fehlende Transaktionsdaten dar.

a) Konstruktive Probleme

Wenn stets die gleiche Anzahl an Objekten mit gleicher Qualität in jeder betrachteten Indexperiode veräußert würde, ließe sich ein Immobilienindex leicht berechnen.[360] Ähnlich eines Aktienindex könnte ein gewichteter oder ungewichteter Durchschnitt eine akkurate Indexzahl liefern.

Für transaktionsbasierte Indizes ergeben sich hauptsächliche Fehlerquellen durch die:

- Heterogenität der Objekte und die
- Seltenheit der Transaktionen.

Die Heterogenität der Objekte bedingt ein Grundproblem dieser Immobilienindex-Konstruktionsart. Wird ein Indexpreis unabhängig von seiner Ermittlungsweise aufgrund von Transaktionen berechnet, so besteht keine Garantie, dass die Veränderung bei der folgenden Indexveröffentlichung

---

[358] Vgl. Geltner, David; Ling, David, Benchmarks Part 1, 2000, S. 4.
[359] Vgl. Geltner, David; Ling, David, Benchmarks Part 1, 2000, S. 14.
[360] Vgl. Knight, J. R. u.a., Varying Parameters, 1995, S. 188.

nur auf Basis von Preisänderungen der Objekte geschieht. In der oder den folgenden Perioden gehen meist Transaktionen anderer Objekte in den Index ein, so dass allein aufgrund neu erfasster Objekte Veränderungen auftreten.[361] Zudem liegen häufig Veränderungen der Objekte oder der Objektcharakteristika vor, so dass die Indexveränderungen zumindest teilweise auf Daten*basis*verschiebungen beruhen. Demzufolge können Indexveränderungen verschiedener Perioden einem Zufallsfehler unterliegen. Analog der noch zu behandelnden Problematik bei bewertungsbasierten Immobilienindizes treten Glättungs- und Verzögerungsfehler auf, wenn Transaktionspreise unterschiedlicher Zeitpunkte für einen Veröffentlichungstermin des Index zusammengefasst werden.[362]

Prinzipiell können auch die sog. Maklerindizes als transaktionsbasiert gelten, allerdings genügen sie wissenschaftlichen Ansprüchen häufig nicht. Ihre Konzeption ist auf ihre Verwendung als deskriptive Vergleichsmaßstäbe ausgerichtet. Sie bieten daher Anhaltspunkte über die Entwicklung der abgebildeten Teilmärkte und fokussieren häufig auf Mietpreise und Anfangsrenditen. Bei diesen Indizes werden weder Anpassungen aufgrund der Qualität der Objekte, noch Gewichtungen verschiedener Teilmärkte vorgenommen.[363] Als operative Indizes sind sie abzulehnen, so dass eine genauere Untersuchung an dieser Stelle nicht erfolgt.[364]

Auf dem deutschen Immobilienmarkt sind Transaktionsdaten häufig nicht verfügbar. Interessanterweise kann von der fehlenden Existenz dieser Daten aber nicht gesprochen werden. Im Gegenteil: Deutschland verfügt über ein bislang einzigartiges System zur unabhängigen Erfassung aller Immobilienverkäufe, welche bei den *Gutachterausschüssen* der jeweiligen Gemeinde angesiedelt ist. Die Kaufpreissammlungen beinhalten detaillierte Marktdaten über Transaktionen der letzten 40 Jahre und sollen primär den

---

[361] Für amerikanische Einfamilienhäuser werden in diesen Zusammenhang häufig sog. „starter homes" genannt. Diese werden häufiger gehandelt als andere und verzerren das Bild der Grundgesamtheit bei transaktionsbasierten Indizes. Häufig verkaufte Gewerbeimmobilien könnten einen ähnlichen Effekt erzeugen. Darauf verweisen z.B. Munneke, Henry; Slade, Barrett, Price Index, 2001, S. 57 oder Wolverton, Marvin; Senteza, Jimmy, Hedonic Estimates, 2000, S. 235.
[362] Vgl. Ong, Seow Eng, Biases, 2000, S. 293.
[363] Vgl. Turner, Neil; Thomas, Matthias, Property market indices: Part II, 2001, S. 297.
[364] Ein Überblick über die wichtigsten Indizes dieser Kategorie findet sich bei Thomas, Matthias, Performanceindex, 1997, S. 74ff.

Sachverständigen eine transparente Datengrundlage zur Bewertung von Objekten liefern.[365]

Prinzipiell ergäben sich damit interessante Grundlagen zur Konstruktion von Immobilienindizes. Allerdings sind diese Informationen nicht frei verfügbar. Eine Veränderung bei der Zugänglichkeit ist durch notwendige politische Entscheidungen in naher Zukunft nicht zu erwarten.

Für die Verbesserung der Indexkalkulation werden verschiedene statistische Verfahren angewendet.[366] Im Vordergrund stehen dabei hedonische und Repeat Sales Price Indizes. Sie werden zur Verringerung der Fehlerwahrscheinlichkeit herkömmlicher transaktionsbasierter Immobilienindizes angewendet und werden auf ihre Eignung als Basisinstrument untersucht.

b) Hedonisches Preismodell

Hedonische Indizes werden auch als „Constant Quality Price"-Indizes bezeichnet.[367] Mit Hilfe der statistischen Methode wird die Qualität der zu messenden Indexbestandteile über einen Zeitraum konstant gehalten, um deren Einfluss auf die Preisbildung auszuschalten.

Um hedonische Indizes konstruieren zu können, ist eine Vielzahl von beobachtbaren Transaktionen und Transaktionspreisen notwendig.[368] Diese Preise werden zu den Eigenschaften (Größe, Lage etc.) der jeweiligen Objekte (Wohn- oder Gewerbeimmobilien) ins Verhältnis gesetzt. Es wird dabei die Frage gestellt, welchen Einfluss die einzelnen Merkmale auf den Preis haben. Der Preis des Objektes ergibt sich als Summe der erworbenen einzelnen Eigenschaften. Damit lässt sich ein genaueres Bild der eigentlichen Marktpreisänderungen zeichnen, welches nicht durch die Heterogenität der Objekte verzerrt ist. Es erfolgt im theoretischen Sinne die Transaktion eines Eigenschaftenbündels.[369]

---

[365] Vgl. Vogel, Roland, Investitionsverfahren, 2000, S. 203.
[366] Einen guten Überblick über die Methoden bietet Shiller, Robert, Macro Markets, 1998, S. 116ff.
[367] Die Methode geht hauptsächlich auf Griliches, Zvi, Hedonic Price, 1961 zurück.
[368] Die Zahl der Beobachtungen muss wenigstens größer sein als die Zahl der Variablen, vgl. Mark, Jonathan; Goldberg, Michael, Multiple Regression, 1988, S. 93.
[369] Vgl. Albrecht, Peter; Maurer, Raimond, Risikomanagement, 2002, S. 634.

Entscheidend für die Aussagekraft und Repräsentativität eines hedonischen Index ist die Annahme, dass trotz der großen Zahl preisbeeinflussender Charaktermerkmale eines komplexen Gutes (Immobilie) eine relativ kleine Anzahl der wichtigsten Attribute ausreicht, einen großen Teil der Preisentwicklung zu erklären.[370]

Dem hedonischen Preismodell liegt eine multiple Regressionsfunktion zugrunde. Die zu erklärende Variable ist der beobachtete Transaktionspreis, die unabhängigen bzw. erklärenden Variablen werden durch die wertbeeinflussenden Eigenschaften der Immobilien beschrieben. Im Falle von (Wohn-) Immobilien können das die Anzahl der Räume, die Grundfläche, die Entfernung zum Stadtzentrum oder andere Eigenschaften sein. Nicht alle sind jedoch metrisch messbar, so z.B. das Vorhandensein eines Aufzugs, Balkons, der Bauzustand usw. Für derartige Merkmale wird eine Dummy-Variable vergeben, die nur den Wert 1 im Falle des Vorhandenseins oder 0 im Falle des Fehlens der Eigenschaft annehmen kann. So wird aus qualitativen Merkmalen über diese Variable ein metrischer Wert für die Eigenschaft in die Regressionsfunktion eingesetzt.[371]

Das angestrebte Ergebnis der Regression sind die zu ermittelnden Regressionskoeffizienten. Sie erklären den jeweiligen marginalen Beitrag einer Eigenschaft zum empirischen Transaktionspreis der Immobilie. So ist ein positiver Regressionskoeffizient für die Eigenschaft Fläche pro m² in einer solchen Regressionsfunktion zu erwarten, da größere Objekte im Durchschnitt höhere Preise erzielen werden. Der Betrag des Koeffizienten gibt dann die Veränderung des durchschnittlichen Transaktionspreises an, der sich durch die Veränderung der Eigenschaft um eine Einheit (z.B. +1m²) ceteris paribus ergibt.

Die Regressionskoeffizienten sind demnach als implizite Preisfaktoren dieser Eigenschaften zu interpretieren.[372] Es findet eine Messung des Wertes bzw. des (marginalen) Preisbeitrages jeder Eigenschaft statt.

---

[370] Vgl. Ferri, Michael, Hedonic Indexing, 1977, S. 456 und Janssen, Christian u.a., Hedonic Models, 2001, S. 358.

[371] Vgl. Maurer, Raimond u.a., Transaktionsbasierte Indizes, 2001, S. 14. Siehe auch Auer, Ludwig von, Ökonometrie, 1999, S. 241f.

[372] Vgl. Case, Karl; Shiller, Robert, New Indexes, 1987, S. 46.

1. Modellvarianten

Das gleiche Prinzip erfolgt beim sogenannten *intertemporalen Modell* mit den Zeitpunkten der Transaktion.[373] Die zeitlichen Intervalle müssen je nach Anzahl der jeweils verfügbaren Transaktionen pro Periode ausgewählt werden, um statistisch signifikante Ergebnisse zu erzielen. Es wird demzufolge wiederum je eine Dummy-Variable pro Periode vergeben. Sie nimmt den Wert 1 an, wenn der Verkauf in der speziellen Periode vorgenommen wurde. Für alle sonstigen Perioden wird ein Wert von 0 eingesetzt. Das Modell um fasst demnach *eine* Regressionsgleichung mit einer Vielzahl von Objektmerkmalen und Transaktionszeitpunkten als erklärende Variablen.

Mit der Verwendung dieses Modells erfolgt die Unterstellung der Konstanz des Einflusses der Merkmale über den gesamten Beobachtungszeitraum.[374] Es ist fraglich, ob über längere Zeiträume Einflussfaktoren konstant bleiben (z.B. qualitative Veränderung von Lagen).

Eine dynamische Veränderung dieser Variablen im Bezug auf den Preis von Immobilien ist vor dem Hintergrund des hohen Berechnungsaufwandes hingegen nicht zu erwarten, die Trägheit dieser Vermögensklasse dürfte eine gewisse Konstanz bewirken. Demzufolge wäre eine Aktualisierung der Preisbeeinflussung der einzelnen Variablen zu bestimmten Zeitabständen denkbar, die weiter auseinander liegen als die einzelnen Indexperioden. Anpassungen nach längeren Zeiträumen an neue Strukturen des beobachteten Marktes sind bei einer Vielzahl von Indizes geläufig.

Eine Alternative zum *intertemporalen Modell* wäre die ständige Neuberechnung der Regressionsgleichungen für jede Periode, die in der Literatur als „*Varying Parameter Approach*" bezeichnet wird. Die Veränderungen der preisbeeinflussenden Faktoren über die Zeit werden dabei berücksich-

---

[373] Ein Vergleich der beiden Varianten findet sich bei Leishman, Chris; Watkins, Craig; House Price Indices, 2002, S. 39f.

[374] D.h., dass die Regressionskoeffizienten der Objektmerkmale als konstant über den Zeitraum betrachtet werden. Es ändern sich nur die Koeffizienten der Dummyvariablen der Transaktionszeitpunkte. Vgl. Knight, J. R. u.a., Varying Parameters, 1995, S. 191.

tigt. Für jeden Transaktionszeitpunkt wird also eine eigene Regressionsgleichung geschätzt.[375]

Hierfür sind noch größere Bestände verfügbarer Daten des beobachteten Marktes notwendig. Zu jedem Transaktionspreis jeder Periode müssen alle Zustände der in die Regressionsgleichung eingehenden Eigenschaften bekannt sein. Bei diesem Modell können sich die Parameter der Attribute in der Gleichung von Periode zu Periode verändernden Umweltveränderungen anpassen. In diesem Fall wird der Index analog der beschriebenen hedonischen Methode berechnet, die Gleichung enthält nur keine Variablen für den Transaktionszeitpunkt. Zu jeder Indexveröffentlichung müssen die Regressionsgleichungen neu geschätzt werden. Die Preis- bzw. Indexveränderungen beruhen dann auf den Veränderungen der einzelnen Koeffizienten aller Attribute (Objekteigenschaften). Beide Indexkonstruktionen rufen keine Unterschiede in den *Tendenzen* des Index hervor, allerdings unterscheiden sich die Veränderungsraten in nicht unerheblichem Ausmaß.[376]

2. Formale Berechnung

Formal lässt sich das Regressionsmodell folgendermaßen darstellen:

$P = f(\alpha, \beta_i, X_i, r_t, D_t, \varepsilon)$ oder beispielsweise in der log-linearen Form als

$\ln P = \sum_{i=1}^{k} \beta_i \ln X_i + \sum_{t=2}^{T} r_t D_t + \varepsilon$ [377]

mit:

P	=	Preis des Objektes
α	=	Konstante
β_i	=	Regressionskoeffizient i der Eigenschaft X_i mit $i = 1...k$
X_i	=	Eigenschaft i des Objektes

---

[375] Vgl. Knight, J. R. u.a., Varying Parameters, 1995, S. 191.
[376] Vgl. Knight, J. R. u.a., Varying Parameters, 1995, S. 202.
[377] Für das Modell nach dem "Varying Parameters Approach" fällt der Term der Dummy-Variablen D in der Gleichung weg. Vgl. Knight, J. R. u.a., Varying Parameters, 1995, S. 190f.

r_t = Regressionskoeffizienten t der Dummy-Variablen D_t mit $t = 1...T$

D_t = Dummy-Variable, kennzeichnet eine Transaktion mit einem Wert von $D = 1$ in der Periode t, für alle sonstigen Perioden gilt $D = 0$

ε = Störvariable

Gleichung 6: Allgemeine hedonische Preisfunktion

Mit der Nutzung eines Regressionsmodells und damit der Methode der kleinsten Quadrate werden folgende Annahmen getroffen:[378]

1. Der Erwartungswert des Störterms ist gleich Null.
2. Die Störterme sind untereinander unkorreliert (zufällig) und normalverteilt.
3. Der Störterm ist unkorreliert mit der abhängigen Variablen.
4. Die Varianz des Störterms ist konstant (Homoskedastizität).
5. Die unabhängigen Variablen sind nicht perfekt korreliert (Multikollinearität).

Die Erfüllung aller Annahmen für Daten des Immobilienmarktes ist nicht sicher. Daher können Probleme auftreten, wenn Variablen nicht vernachlässigbar miteinander korreliert sind.[379]

Über die *Form* der zu wählenden Regressionsfunktion besteht keine Einigkeit in der wissenschaftlichen Diskussion. Die Regressionsfunktion wird häufig in linearer, semi-logarithmischer oder log-linearer Form dargestellt.[380] Die Annahme einer linearen Funktionsform ist für ökonomische Zusammenhänge nicht immer sinnvoll, vielmehr ist sie ein spezieller Fall eines per Regressionsanalyse ermittelten Zusammenhangs. Um andere Funktionstypen trotzdem in eine lineare Funktionsform zu überführen, be-

---

[378] Vgl. z.B. Hellmund, Uwe u.a., Statistik, 1992, S. 209 und Auer, Ludwig von, Ökonometrie, 1999, S. 132f., 134.

[379] Vgl. Mark, Jonathan; Goldberg, Michael, Multiple Regression, 1988, S. 91.

[380] Vgl. Albrecht, Peter; Maurer, Raimond, Risikomanagement, 2002, S. 634. Siehe die Arbeiten von Halvorsen, Robert; Pollakowski, Henry, Functional Form, 1981; Cassel, Eric; Mendelsohn, Robert, Functional Forms, 1985; Rasmussen, David; Zuehlke, Thomas, Functional Form, 1990.

dient man sich der Linearisierung durch eine Transformation.[381] Die Transformationen werden zur Anpassung der Daten an die Normalverteilung vorgenommen, wodurch Rechenvorteile entstehen. Bestimmte Analysemethoden sind erst unter der Voraussetzung der Normalverteilung anwendbar. Liegt ein exponentieller Zusammenhang vor, wird der natürliche oder dekadische Logarithmus auf die Zahlenreihe angewendet. Ein Wachstumsprozess in exponentieller Form (z.B. Kapitalwachstum bei gleichbleibender Verzinsung bei Wiederanlage) lässt sich durch die Logarithmierung in linearer Form darstellen.[382] Eine Transformation der Dummy-Variablen wird dabei nicht vorgenommen, da sie den Wert Null annehmen können und der Logarithmus von Null nicht definiert ist.

MAURER u.a. kritisieren diese willkürliche Festlegung der Funktionsform trotz ihrer einfacheren ökonomischen Interpretierbarkeit. Sie legen eine Funktionsbestimmung bzw. Transformation nach der Methode von BOX/COX[383] nahe, da bei der Indexberechnung der Abbildung der tatsächlichen Preisbewegung auf dem Immobilienmarkt Vorrang vor der Interpretierbarkeit der einzelnen Variable eingeräumt wird.[384] Die BOX/COX-Methode wird genutzt, da selten vorher bekannt ist, welche Transformation der Daten die am besten angepasste ist. Die Funktion bzw. ihre Parameter werden meist über die Maximierung der Likelihood-Funktion geschätzt.[385]

Liegen die Ergebnisse der Regressionsschätzung in Form der Koeffizienten vor, kann ein beliebig konstruierter Index berechnet werden. Die Regressionskoeffizienten der Dummy-Variable Transaktionszeitpunkt repräsentieren die Veränderungen der Preise zwischen den einzelnen Perioden und der Basisperiode bei konstant gehaltenen sonstigen Einflussfaktoren (konstante Qualität). Sie könnten also bereits als Index dienen.

---

[381] Vgl. z.B. Hellmund, Uwe u.a., Statistik, 1992, S. 204.
[382] Vgl. Bohley, Peter, Statistik, 2000, S. 222.
[383] Box, G.E.P.; Cox, D. R., Transformations, 1964.
[384] Vgl. Maurer, Raimond u.a., Transaktionsbasierte Indizes, 2001, S. 5.
[385] Zur Beschreibung der Maximum-Likelihood-Methode vgl. z.B. Hartung, Joachim u.a., Statistik, 1995, S. 126.

3. Anwendungen hedonischer Indizes

Bisherige Anwendungen der hedonischen Berechnungsmethode beschränkten sich meist auf regional abgegrenzte Räume (Großstädte und Agglomerationen) und auf den Markt der Wohnungsimmobilien.

Für die Nutzung der Technik als Basisinstrument von derivativen Produkten ist ein geografisch größerer Raum vorteilhafter, da so mehr potenzielle Nutzer angesprochen würden. Statt der Lageparameter innerhalb einer Stadt müssten diese für gesamte Stadträume vergeben werden. Die zum Teil relativ stark voneinander abhängigen Entwicklungen der verschiedenen Ballungsgebiete, die über die Korrelationen bestimmt wurden, begünstigen prinzipiell eine solche Konstruktion.

Eine Ausnahme stellen die hedonischen Indizes der britischen Hypothekeninstitute „*Nationwide*" und „*Halifax*" dar, die landesweit berechnet werden. Besonders interessant ist erstgenannter Einfamilienhauspreis-Index aufgrund seiner Verwendung als Basisinstrument der erwähnten London-FOX-Kontrakte. Die historische Datenreihe reicht bis in das Jahr 1952 zurück und bietet somit eine ausreichende Länge. Grundlage der Berechnung ist eine repräsentative Standard-Immobilie.

Das Institut erreicht bei der Indexermittlung einen nationalen Abdeckungsgrad von ca. 9%, so dass die Repräsentativität der Daten nicht zweifelsfrei ist. Seit dem Jahr 1993 wird der Index auch auf monatlicher Basis ermittelt.[386] Um Ausreißer zu eliminieren, extrahiert man deutlich unter dem Marktwert liegende Verkaufspreise, Preise über einer Höchstmarke, häufig veräußerte und über physischen Grenzen liegende Objekte. Zweitgenannter Index kann allerdings auf eine größere Datenanzahl und damit höhere Repräsentativität verweisen.

Aber auch bei diesen empirisch verwendeten Modellen bleibt das Problem der Auswahl und der Repräsentativität der Stichprobe für die Grundgesamtheit. Die Preisdaten resultieren nur aus Verkaufsfällen der jeweiligen Institute und bei denen Hypotheken zur Finanzierung herangezogen werden.

---

[386] Vgl. Nationwide, Methodology, 2003, o.S. und Halifax, Methodology, 2003, o.S.

Problematischer ist die Verwendung des Modells für heterogenere Immobilien des Gewerbesektors. Hierfür existieren ebenfalls Untersuchungen, jedoch nicht in gleichem Umfang und Ausführlichkeit.[387] Die Anforderungen an die Datenbasis sind hier noch höher, da Gewerbeimmobilien in der Regel durch mehr Eigenschaften bestimmt werden und weniger zahlreich vorhanden sind als Wohnimmobilien. Diese Daten liegen meist nicht vor oder sind nur mit erheblichem Aufwand zu beschaffen. Im Vergleich zu den Wohnimmobilien sind die Transaktionen auf dem Gewerbemarkt weniger zahlreich, da die Objekte ungleich größer sind und mehr Kapital auf wenige Objekte binden. Die Gefahr, wichtige preisbestimmende Variablen zu vernachlässigen, welche die Indexqualität maßgeblich bestimmen, ist demzufolge erhöht. Folglich verstärkt sich der potenzielle Zufallsfehler.[388]

Als eine frühe Arbeit zur hedonischen Index- bzw. Preisberechnung gewerblicher Immobilien kann der Beitrag von HOAG gesehen werden. Im Gegensatz zu den wohnungsmarktorientierten hedonischen Indizes wird dabei neben immobilienspezifischen Variablen Wert auf regional sowie national bedingte, makroökonomische Einflussfaktoren des Transaktionspreises von Immobilien gelegt (Wirtschaftswachstum, Leerstandsraten, Baupreise etc.).[389] Je mehr diese als generelles ökonomisches Klima bezeichneten Faktoren die Transaktionspreise maßgeblich beeinflussen, um so häufiger können Veränderungen auf das allgemeine Preisniveau der Immobilien abgelesen werden. Allerdings erhöhen sich mit jeder Variablen die Komplexität und die Schwierigkeiten bei der Nachvollziehbarkeit des Regressionsmodells.

---

[387] Vgl. Gatzlaff, Dean; Geltner, David, Transaction-Based Index, 1998, S. 8. Vgl. auch den Beitrag von Webb, Brian u.a., Transactions, 1992. Sie untersuchen allerdings die Abhängigkeiten einzelner Gewerbeimmobilien und nicht die einer Vielzahl zur Bestimmung eines aggregierten Index, vgl. Webb, Brian u.a., 1992, Transactions, S. 333. JUD und WINKLER nutzen Steuerbehörden vorliegende Wertangaben zur Erklärung von Transaktionspreisen von Gewerbeimmobilien, vgl. Jud, Donald; Winkler, Daniel, Assessed Value, 1999, S. 72.

[388] Vgl. Gatzlaff, Dean; Geltner, David, Transaction-Based Index, 1998, S. 8.

[389] Vgl. Hoag, James W., Indices, 1980, S. 571 und Din, Allan u.a., Environmental Variables, 2001, die Daten eines Geoinformationssystems (GIS) nutzen.

4. Fiktive Standardobjekte als Basisinstrument

MAURER u.a. berechnen einen Wohnungsindex für Paris, der die Preisentwicklung einer aus allen verfügbaren wertbeeinflussenden Parametern gebildeten Durchschnittswohnung misst. Das betrachtete Objekt ist demzufolge eine *fiktive Standardwohnung*, die von den preisbestimmenden und beobachteten Merkmalen genau die durchschnittliche Menge besitzt.[390] In diesem Sinne erfolgt eine Rückberechnung des Transaktionspreises dieser hypothetischen Immobilie durch die Definition ihrer Eigenschaften und deren Multiplikation mit den Koeffizienten. Die Preisänderungsraten decken sich mit den Koeffizienten für die Transaktionszeitpunkte.

Analog der Vorgehensweise bei Wohnungsmarktindizes wird die Konstruktion einer fiktiven Standard-Gewerbeimmobilie vorgeschlagen. Aufgrund der hohen Bedeutung soll dem Büroimmobiliensektor Vorrang eingeräumt werden. Die hohen Korrelationen zu Handelsimmobilien und die Vermeidung der Volumenzersplitterung eines potenziell darauf zu beziehenden Derivats legen eine Konzentration darauf nahe.

Die Veröffentlichungen der DID[391] bilden die Grundlage ermittelbarer Ausprägungen der Merkmale der Objekte. Der Verkehrswert stellt das arithmetische Mittel der Verkehrswerte aller DID-Büroobjekte dar, der durchschnittliche Verkehrswert pro m² wird direkt in der Publikation veröffentlicht. Dementsprechend ergibt sich eine Flächengröße des Objektes, die nur geringfügig vom dichten Mittel der verfügbaren Gruppenangaben abweicht. Unter der Annahme der Gleichverteilung ließe sich die Flächengröße nämlich auch als das dichte Mittel der verfügbaren Gruppen angeben.

Der Standort des Objektes befindet sich zu den angegebenen Anteilen in den zuvor festgelegten deutschen Großstädten. Analog dazu wird der jeweilige Anteil des Objektes in den verschiedenen Baujahrklassen ermittelt.

---

[390] Sie bilden dabei den arithmetischen Durchschnitt der Eigenschaften. Das bedeutet im Beispiel dieser Berechnung, dass eine Wohnung durchschnittlich eine Fläche von 54,6 m² aufweist, 0,86 Badezimmer sowie 0,23 Garagen besitzt und in der 4,09ten Etage liegt. Vgl. Maurer, Raimond u.a., Transaktionsbasierte Indizes, 2001, S. 18. Denkbar ist hier auch die Verwendung des Logarithmus an Stelle des Absolutbetrages des arithmetischen Durchschnitts.

[391] DID; Bulwien AG, Immobilienmarkt, 2001.

Zieht man die Daten der DID mit dem Jahr 2000 als Grundlage heran, könnte das Objekt folgende wesentliche Eigenschaften aufweisen:

Merkmal	Ausprägung/Größe	Merkmal	Ausprägung/Größe
Verkehrswert	18 Mio. €	*Standort*	
Verkehrswert pro m²	2.500 €	*Frankfurt*	30,1%
Fläche	7.200 m²	*Berlin*	8,9%
Baujahr		*München*	13,7%
< 1960	14,5%	*Köln*	10,9%
1960 - 1969	15,5%	*Düsseldorf*	10,0%
1970 - 1979	12,6%	*Hamburg*	13,9%
1980 - 1989	21,3%	*Stuttgart*	10,4%
1990 - 1994	22,7%	*Leipzig*	2,2%
1995 - 1999	12,9%		

Tabelle 27: Merkmale einer fiktiven Standard-Büroimmobilie[392]

Neben den genannten müssen noch weitere qualitative und quantitative Merkmale erfasst werden, deren Ausprägung auf der Basis der öffentlich zugänglichen DID-Daten jedoch nicht angegeben werden kann. Als allgemeiner Qualitätsmaßstab eines eingehenden Objektes lässt sich ein Faktor verwenden, der das durchschnittliche Mietniveau des Objektes beschreibt.

Auf einer zweiten Ebene würden standort- bzw. lagebestimmende Eigenschaften festgelegt, so z.B. Kriterien für die Kaufkraft. Zu nennen sind z.B. der Mikrostandort mit weiteren daran anknüpfenden Parametern (Verkehrsanbindung, Qualität, Ausstattung, Entfernung zum Zentrum etc.). Die überregionale Lageeigenschaft, der Mikrostandort und die Größe des Objektes sind die wichtigsten preisbeeinflussenden Merkmale.

---

[392] Eigene Berechnung. Datenquelle: DID; Bulwien AG. Siehe Anhang 1.

Nach der Festlegung der Eigenschaften dieser Standardbüroimmobilie müssten Transaktionspreise oder Verkehrswerte aller verfügbarer Büroobjekte inklusive der Ausprägungen der wertbeeinflussenden Variablen der angegebenen Standorte gesammelt werden. Liegen diese Daten vor, sind die Regressionskoeffizienten ermittelbar. In einem dritten Schritt wird die so ermittelte Regressionsgleichung auf das Standardobjekt angewendet und dessen fiktiver Preis oder Wert im Zeitverlauf ermittelt.

Die Bestimmung der Koeffizienten der Variablen der Regressionsgleichung kann auf jährlicher Basis vorgenommen werden. Aufgrund des Berechnungsaufwandes, der Trägheit der Vermögensklasse und der bereits angedeuteten Vermutung relativer hoher Konstanz der preisbeeinflussenden Wirkung der Objektmerkmale bei der Ermittlung der Koeffizienten könnte eine jährliche Anpassung genügen. Innerhalb des Jahres würden nur die Koeffizienten der *Transaktionszeitpunkte* neu berechnet und alle anderen Koeffizienten als konstant angenommen.

Alternativ zur Beschränkung auf eine Nutzungsart könnten auch mehrere wichtige Gewerbenutzungsarten in einem Index zusammengefasst werden: Büro, Handel und Industrie, wobei dafür wieder Dummy-Variablen zum Einsatz kommen.[393]

Problematisch ist die Methode der hedonischen Indexberechnung vor dem Hintergrund verfügbarer Transaktionsdaten. Die Qualität der Indexdaten hängt unmittelbar an der Qualität und Quantität der eingehenden Rohdaten. Dies gilt um so mehr, je höher die Frequenz der Indexveröffentlichung liegen soll. Das bedeutet eine hohe Wahrscheinlichkeit eines Zufallsfehlers, ebenso sind zeitliche Verzögerungen auf der Indexebene zu erwarten. Es wird daher unterstellt, dass durch die jeweils kleine Stichprobenauswahl künstliche Volatilität im Index erzeugt wird. In ihrer vielbeachteten Untersuchung stellen FISHER, GELTNER und WEBB zudem keine Verbesserung bei der frühzeitigen Erfassung von Marktveränderungen im Vergleich zum bewertungsbasierten Index fest.[394]

---

[393] Vgl. Fisher, Jeffrey u.a., Value Indices, 1994, S. 150f.
[394] Vgl. Fisher, Jeffrey u.a., Value Indices, 1994, S. 152.

Die Nichtbeachtung von Variablen führt zu der Gefahr, Verzerrungen in der Indexermittlung hervorzurufen. Dies droht insbesondere dann, wenn sich die impliziten Preise der *nicht beobachteten* Variablen über den Zeitverlauf unterschiedlich zu den *beobachteten* verändern.[395]

Eine weitere Fehlerquelle des hedonischen Modells liegt in der zwangsläufigen Beschränkung der Stichprobenauswahl. Die vorliegenden Transaktionspreise, die zur Indexberechnung herangezogen werden, stellen immer nur einen kleinen Teil der Grundgesamtheit dar, so dass die Repräsentativität des Index nicht zweifelsfrei ist. Daneben beschränkt sich die hedonische Indexmethode auf die Messung der Preisveränderungen, zur Performancemessung müsste zusätzlich der Saldo aus Mietzahlungen und Bewirtschaftungskosten ermittelt werden.[396]

Unabhängig von der Entscheidung über die spezielle Berechnung und die Funktionsform bietet das hedonische Modell einen interessanten Ansatz zur Bestimmung der Entwicklung von Immobilienmarktpreisen. Die heterogene Anlageklasse wird quasi standardisiert und vergleichbar gemacht. Die Möglichkeit der Konstruktion von Preisindizes für Standardobjekte ist für die Verwendung als Basisinstrument derivativer Instrumente von großem Vorteil. Allerdings ist die Indexberechnung mit einem nicht unerheblichen Aufwand verbunden und bisher nur für historische Zeitreihen vorgenommen worden. Eine zeitnahe Kalkulation ist durch die Informationsbeschränkungen auf dem Immobilienmarkt beeinträchtigt.

c) Repeat Sales Preismodell

Repeat Sales Price (RSP)[397] Indizes stellen eine Alternative für hedonische Indizes dar.[398] Hierbei werden nur Verkaufsfälle von Objekten betrachtet, für die bereits Transaktionspreise vergangener Perioden vorliegen. Objek-

---

[395] Vgl. Leishman, Chris; Watkins, Craig; House Price Indices, 2002, S. 39f.
[396] Vgl. Thomas, Matthias, Performanceindex, 1997, S. 172.
[397] Auch als Repeat Sales Regression (RSR) oder allgemein als Repeat Measures Regression (RMR) bezeichnet.
[398] Die RSR-Methode geht auf den Beitrag von Bailey, M. u.a., Regression Method, 1963 zurück. Siehe die Arbeiten von Shiller, Robert J., Repeat Sales, 1991; Fisher, Jeffrey, Repeat Sales, 2000; Clapp, John; Giacotto, Carmelo, Price Indices, 1992; und Clapp, John; Giaccotto, Carmelo, Repeat Sales, 1999; Gatzlaff, Dean; Haurin, Donald, Selection Bias, 1997.

te, deren Preis nur für eine Periode vorliegt, gehen in die Berechnung nicht ein. Für ein Objekt müssen also wenigstens zwei Verkaufsfälle vorliegen. Bei diesem Modell muss daher die Qualität der Eigenschaften und ihr Einfluss auf Preisbewegungen nicht bestimmt werden. Sie ist für eine Periode konstant, da die Objekte zweier Preismessungen als identisch angenommen werden.[399]

Formal stellt sich der Zusammenhang folgendermaßen dar:

$$\ln\left(\frac{P_z}{P_e}\right) = \sum_{t=1}^{n} r_t D_t + \varepsilon$$

mit:

P_z = Preis der zweiten Veräußerung eines Objektes

P_e = Preis der ersten Veräußerung eines Objektes

D_t = Dummy-Variable der Periode t (t = 1...n) mit einem Wert von 1, wenn die Periode t zwischen ersten und zweitem Verkaufszeitpunkt liegt und einem Wert von 0 für alle sonstigen Fälle

r_t = Veränderungsrate in der Periode t

ε = Störvariable

Gleichung 7: Repeated Sales Price Methode[400]

Der Preis der zweiten Veräußerung hängt damit unmittelbar an dem der ersten und den Veränderungsraten in den Perioden bei den einzelnen Objekten.[401] Je nach Anzahl der paarweise vorliegenden Transaktionsdaten ergibt sich eine Reihe von Gleichungen, deren Unbekannten (Veränderungsraten) über eine Regressionsschätzung ermittelt werden.

---

[399] Vgl. Knight, J. R. u.a., Varying Parameters, 1995, S. 189.

[400] In Anlehnung an Gatzlaff, Dean; Geltner, David, Transaction-Based Index, 1998, S. 10, vgl. auch Case, Karl; Shiller, Robert, New Indexes, 1987, S. 56 und Knight, J. R. u.a., Varying Parameters, 1995, S. 190.

[401] Ausgehend von zwei Transaktionen (Periode 1 und Periode 3) eines Objektes und einem multiplikativen System $P_z/P_e = (1 + r_1)(1 + r_2)(1 + r_3)$ wird wieder der natürliche Logarithmus $\ln(P_z/P_e) = \ln(1 + r_1)D_1 + (1 + r_2)D_2 + (1 + r_3)D_3$ zur Linearisierung verwendet. Da andere Objekte zu verschiedenen Zeitpunkten veräußert werden, lassen sich Rückschlüsse auf die unbekannten Veränderungsraten (hier r_2) ziehen. Vgl. Gatzlaff, Dean; Geltner, David, Transaction-Based Index, 1998, S. 9f.

Der Nachteil der Methode liegt in der Nichtbeachtung vieler Transaktionsdaten, da nur wiederholte Transaktionen relevant sind. Diese sind im Vergleich zur Gesamtanzahl aller Transaktionen meist weit weniger zahlreich, so dass die Repräsentativität der generierten Daten abnimmt. CLAPP und GIACOTTO schätzen den Anteil wiederholter Transaktionen bei ihrer Untersuchung auf nur ca. 3% der Grundgesamtheit.[402] Damit ist das RSP-Modell zu einem gewissen Grad ineffizient. Die Stichprobe wiederholt gehandelter Objekte kann auf minderwertige Objekte deuten und muss nicht mit der Grundgesamtheit übereinstimmen. Die Objekttransaktionen müssen ebenfalls nicht einmalig gehandelten, oder unveräußerten Objekten entsprechen.

Potenzielle Fehlerquellen ergeben sich daher aus den folgenden Positionen, die nicht überschneidungsfrei sind:[403]

1. Qualitätsveränderungen eines Objektes zwischen zwei Verkaufsfällen,[404]
2. Hedonischer Messfehler (Veränderung der Preisbeeinflussung (Inkonsistenz) einzelner Faktoren),[405]
3. Eingeschränkte Repräsentativität der Stichprobe (häufig gehandelte Objekte),[406]
4. Geringe Stichprobenanzahl (ausschließlich gehandelte Objekte, die zusätzlich mehrfach am Markt auftreten),[407]
5. Fehler aufgrund der zeitlichen Zusammenfassung der Daten (Aggregation).[408]

---

[402] Vgl. Clapp, John; Giacotto, Carmelo, Price Indices, 1992, S. 302.
[403] Vgl. Cho, Man, House Price Dynamics, 1996, S. 158.
[404] Siehe z.B. die Arbeiten von Case, Bradford u.a., Index Methodologies, 1991; Taylor, William, Estimation, 1992 und Thion, Bernard u.a., Ventes Repetees, 2001.
[405] Vgl. Goodman, Allen; Thibodeau, Thomas, Repeat Sales, 1998, S. 152 und Goodman, Allen; Thibodeau, Thomas, Hedonic House Price, 1995, S. 28.
[406] Vgl. z.B. Munneke, Henry; Slade, Barrett, Price Index, 2001, S. 57 oder Wolverton, Marvin; Senteza, Jimmy, Hedonic Estimates, 2000, S. 235 und Clapp, John; Giaccotto, Carmelo, Repeat Sales, 1999, S. 82.
[407] Siehe die Arbeiten von Gatzlaff, Dean; Haurin, Donald, Selection Bias, 1997; Haurin, Donald; Hendershott, Patric, House Price Indexes 1991 und Steele, Marion; Goy, Richard, Repeat Sales, 1997.
[408] Vgl. Geltner, David, Temporal Aggregation, 1993, S. 142 und Calhoun u.a., Temporal Aggregation, 1995, S. 421. Siehe auch Dombrow u.a., Aggregation Bias, 1997.

Die Annahme der Konstanz der Objekteigenschaften zwischen den Verkaufsfällen unterliegt mit zunehmender Länge des Beobachtungszeitraumes der Gefahr, verletzt zu werden.[409] Unberücksichtigt bleiben so z.B. Veränderungen des Objektes aufgrund der Alterung und Änderungen des Makro- oder Mikrostandortes in Form verbesserter oder verschlechterter Infrastrukturbedingungen.[410] Typische Immobilienindexrenditen werden auf Basis eines arithmetischen Durchschnitts einzelner Objektrenditen ermittelt, während RSP-Indizes auf geometrischen Durchschnitten beruhen. RSP-Renditen tendieren daher im Vergleich zu niedrigeren Werten.[411]

Der Vergleich der RSP-Methode mit allen Transaktionen im angesprochenen Beispiel führte hingegen über lange Zeiträume zu nur sehr geringen und statistisch nicht signifikanten Unterschieden auf der Indexebene.[412] Tendenziell wird eine Unterbewertung der tatsächlichen Marktpreise vermutet, die sich in geringem Maße auch in der Grafik zeigen:

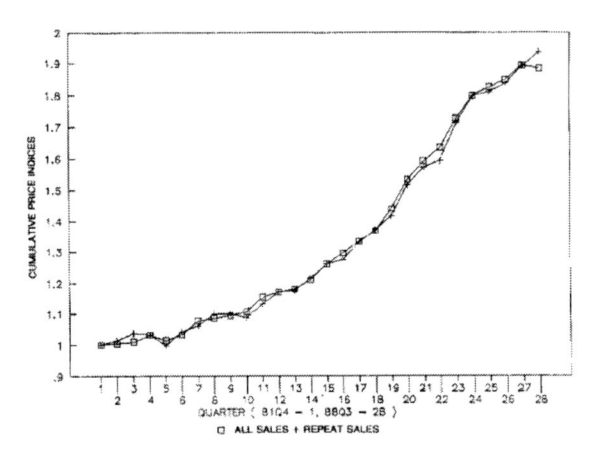

Abbildung 25: RS-Preisindizes im Vergleich mit der Grundgesamtheit[413]

---

[409] Vgl. Case, Karl; Shiller, Robert, New Indexes, 1987, S. 47.
[410] Vgl. Maurer, Raimond u.a., Transaktionsbasierte Indizes, 2001, S. 2.
[411] Vgl. Peng, Liang, Repeat Sales, 2002, S. 230 sowie die Analyse der Höhe dieses Fehlers bei Goetzmann, William, Repeat Sale, 1992, und Goetzmann, William; Peng, Liang, RSR Estimator, 2002, S. 13.
[412] Vgl. Clapp, John u.a., Housing Price Indices, 1991, S. 270.
[413] Vgl. Clapp, John; Giacotto, Carmelo, Price Indices, 1992, S. 305.

Die Mehrzahl bisheriger Anwendungen bezieht sich wie beim hedonischen Modell auf den Wohnimmobiliensektor.[414] Da für das RSP-Modell eine Vielzahl an Transaktionen notwendig ist, wird dessen Anwendung im Bereich des Gewerbeimmobiliensektors erschwert, obwohl auch hierzu Lösungsansätze vorgeschlagen wurden.[415] Die geringere Anzahl an Gewerbeobjekten und deren Transaktionen erschwert die Berechnung von RSP-Indizes im Vergleich zu hedonischen Indizes.

Im Vergleich zum hedonischen Modell verursacht die Datensammlung eines RSP-Index allerdings nicht den hohen Aufwand, da sämtliche Charaktereigenschaften außer Acht gelassen werden können. Letztendlich existieren hybride Formen, welche die Kombination des hedonischen und des RSP-Modells vorschlagen.[416] Zum Teil können diese hybriden Techniken Fehlerquellen der hedonischen und der Repeat Sales Methode eliminieren. Sie erreichen dabei bessere Anpassungen der Funktionswerte an die empirischen Beobachtungen.[417]

Weiterhin existieren Anpassungen des Modells zur Vermeidung der genannten Fehlerquellen.[418] Trotz der vordergründig attraktiv erscheinenden Vorgehensweise ist keine Effizienzerhöhung bei der Indexermittlung festzustellen.[419] Für die Nutzung als Basisinstrument derivativer Instrumente sind sie daher und aufgrund der geringen Transaktionszahl gewerblicher Objekte für die zu analysierenden Immobilienderivate weniger geeignet.

---

[414] So berechnen die beiden großen amerikanischen Hypothekenbanken FNMA (Fannie Mae) und FHLMC (Freddie Mac) regelmäßig Einfamilienhauspreis-Indizes (CMHPI) mittels der RSP-Methode.

[415] Siehe dazu Gatzlaff, Dean; Geltner, David, Transaction-Based Index, 1998.

[416] Als erster Beitrag gilt der von Case, Bradford; Quigley, John, Dynamics, 1991.

[417] Vgl. Case, Bradford; Szymanoski, Edward, Precision, 1995, S. 495.

[418] Vgl. eine kurze Diskussion von Anpassungen des RSP-Modells bei Cho, Man, House Price Dynamics, 1996, S. 164. Siehe die Arbeiten von Shiller, Robert J., Perpetual Futures, 1993; Hill, Carter u.a., Capital Asset, 1997; Quigley, John, Hybrid Model, 1995, Steele, Marion; Goy, Richard, Repeat Sales, 1997; Goetzmann, William; Spiegel, Matthew, Real Estate Appreciation, 1995.

[419] Vgl. Leishman, Chris; Watkins, Craig; House Price Indices, 2002, S. 42.

II. Bewertungsbasierte Indizes

Aufgrund der typischen Haltedauer über mehrere Jahre werden Immobilien selten am Markt gehandelt, deshalb liegen häufig gar keine oder keine regelmäßigen Transaktionsdaten vor. Um mögliche Veränderungen auch zwischen diesen Perioden festzustellen, werden Verkehrswertermittlungen nach den bekannten Verfahren als Substitute für fehlende Marktpreise verwendet.

Der (Verkehrs-) Wert einer Immobilie kann als der wahrscheinlichste Preis angesehen werden, der entstünde, wenn das Objekt auf dem Markt veräußert würde.[420] Dabei beziehen sich Bewertungen einerseits auf vergleichbare realisierte Transaktionspreise des jeweiligen Teilmarktes, andererseits richten sich diese Preise häufig nach Bewertungen. Beide Marktwertermittlungen beeinflussen sich also gegenseitig, so dass beide „nahe am Markt" sein sollten.

Bewertungsbasierte Immobilienindizes spielen bei der Betrachtung dieser Anlageklasse vor allem in angelsächsischen Ländern eine bedeutende Rolle. Sie werden von der sogenannten „Financial Community" als Performancemaßstab weitestgehend akzeptiert.[421]

a) Grundsätzlicher Aufbau

Die in Europa am weitesten verbreiteten Immobilienindizes sind die der britischen *IPD*-Gruppe, zu der auch der deutsche Ableger *DIX* gehört. Das Grundprinzip dieser Indizes liegt in der Zusammenfassung von Performancekennzahlen institutioneller Immobilienanleger in einer Datenbank. Diese Daten beruhen auf regelmäßigen Bewertungen von Gutachtern (in Großbritannien sog. Chartered Surveyors, in Deutschland vereidigte, bzw. öffentlich bestellte Gutachter). Von den Grundstückseigentümern werden die Performanceinformationen und Objekteigenschaften (Flächen, Nutzungsart, Standort, Baujahr, Erwerbsdatum etc.) an die IPD-Datenbank geliefert.

Mit Hilfe dieser Datenbasis berechnet der Anbieter eine Vielzahl von Indizes, bei denen der jährlich ermittelte Total-Return Index häufig als „der"

---

[420] Vgl. Wofford, Lary, Appraisal, 1978, S. 370.
[421] Vgl. z.B. Morrell, Guy, Property indices, 1995, S. 15.

IPD-Index (resp. DIX) bezeichnet wird. Neben diesem allgemeinen Index, sind Varianten, die sich auf die reinen Wertveränderungen, Mietrenditen, Nutzungsarten, Regionen etc. beziehen, verfügbar. Neben den jährlichen IPD-Indizes werden auch monatliche Zeitreihen angeboten, die jedoch auf eine wesentlich geringere Datenbreite aufbauen.

Die wichtigsten Indexgruppen können folgendermaßen charakterisiert werden:[422]

1. *Total Return Index*: *Totalrendite*, die sich aus der Summe des Income Return und Capital Value Growth einer Periode im Verhältnis zum gebundenen Kapital (Capital Employed) zusammensetzt.
2. *Capital Value Growth Index*: *Wertänderungsrendite*, Änderung der Verkehrswerte abzüglich wertverändernder Nettoinvestitionen im Verhältnis zum gebundenen Kapital.
3. *Rental Value Growth Index*: *Veränderung der nachhaltigen Roherträge* in einer Periode im Verhältnis zum nachhaltigen Rohertrag am Anfang der Periode.
4. *Income Return*: *Netto-Cash-Flow-Rendite*, Netto-Mieteinnahmen einer Periode im Verhältnis zum gebundenen Kapital.

Das gebundene Kapital wird dabei als die Summe der Verkehrswerte der Objekte am Anfang der Periode und der Hälfte der wertverändernden Nettoinvestitionen abzüglich der halben Netto-Mieteinnahmen betrachtet. Dabei wird unterstellt, dass diese Investitionen gleichmäßig über die Periode verteilt erfolgen.

Auf die Systematik und die Unterschiede der Verkehrswertermittlungen nach deutschen und angelsächsischen Verfahren wurde bereits kurz eingegangen.[423] Auf eine weiterführende Diskussion wird an dieser Stelle verzichtet und auf die Fachliteratur verwiesen. Beispielhaft sei die Total-Return Indexformel des Deutscher Immobilien Index DIX dargestellt:

---

[422] Vgl. IPD, Annual Index, 2002, S. 6 und DID, Bulwien AG, Immobilienmarkt, 2001, Erläuterungen o.S.
[423] Siehe den Punkt 2. Abschnitt:A.II.a)2.iii) des 2. Abschnitts.

$$TR = \frac{CV_t - CV_{t-1} - C + NI}{CV_{t-1} + \frac{1}{2}C - \frac{1}{2}NI}$$

mit:

TR = Total Return

CV = Marktwert

C = wertändernde Netto-Investitionen/Desinvestitionen

NI = Netto-Mieteinnahmen

t = Ende des Jahres

t-1 = Anfang des Jahres

Gleichung 8: Indexformel zur Berechnung des DIX[424]

Der Aufbau zeigt eine Total Return Formel ohne Indizierung, d.h. es liegt in dieser Form keine Index- sondern eine Renditekennzahl vor. Diese könnte jedoch leicht mit einer Basis verknüpft werden, um eine Indexzeitreihe zu generieren.

Der wichtigste amerikanische Vertreter bewertungsbasierter Immobilienindizes ist der *NCREIF* Index.[425] Die Veröffentlichung des NCREIF-Index erfolgt quartalsweise. Das darf jedoch nicht darüber hinwegtäuschen, dass die Bewertungsfrequenz der enthaltenen Objekte zum Großteil bei einer Ermittlung pro Jahr liegt. Folglich handelt es sich bei diesem Index um einen jährlich basierten Index mit partiell quartalsweiser Aktualisierung.[426] Die Konstruktionsweise unterscheidet sich von den vorgestellten jedoch nicht grundlegend.

b) Konstruktive Probleme

Die bei Bewertungsdaten potenziellen Fehlerquellen, die in Differenzen zwischen geschätztem Verkehrswert und Transaktionspreis resultieren,

---

[424] Vgl. DID, DIX Deutscher Immobilienindex, 2002, o.S.
[425] Siehe z.B. die Analyse bei Pagliari, Joseph u.a., NCREIF Index, 2001. Einen Überblick über die wichtigsten US-Immobiliendatenanbieter findet sich bei ULI, Data Bases, 2003, o.S.
[426] Vgl. Geltner, David, Repeated Measures, 1996, S. 30.

müssen nicht in fehlerhaften Gutachten und Bewertungen liegen. Vielmehr liegen systematische Fehler vor, welche die Natur der Sache widerspiegeln. Eine Hauptfehlerquelle entsteht durch die Zusammenfassung verschiedener Daten zu einer Indexzahl, die als Aggregation bezeichnet wird. Die Aggregation geschieht auf mehreren Ebenen. So werden z.B. *zeitlich* auseinanderliegende (Bewertungs- oder Transaktions-) Daten, verschiedene *Regionen*, *Nutzungsarten* und *Objektgrößen* zusammengefasst.[427] Über das Ausmaß der entstehenden Fehler existiert jedoch keine Einigkeit.[428] Folgende Eigenschaften sind besonders für bewertungsbasierte Immobilienindizes charakteristisch:[429]

- Glättung (smoothing): Da nicht alle Bewertungsinformationen zur gleichen Zeit ermittelt werden, können keine starken positiven oder negativen Spitzen entstehen. Die Glättung erfolgt einerseits durch den vergangenheitsbezogenen Wertermittlungsprozess und andererseits durch die Zusammenfassung zeitlich auseinanderliegender Bewertungen (temporale Aggregation).
- Zeitliche Verzögerungen (temporal lag bias): Die gleitenden Durchschnitte laufen den tatsächlichen Verhältnissen zeitlich hinterher.
- Trägheit der Daten (inertia).
- Zufallsfehler (random noise).

Zeitliche Verzögerungen im Index entstehen *einerseits* durch den teilweisen *Vergangenheitsbezug der Gutachten*.[430] Um den mit einem Bewertungsverfahren ermittelten Verkehrswert zu verifizieren, wird dieser vergleichbaren Transaktionen aus der Vergangenheit gegenübergestellt und der ermittelte Betrag angepasst. Damit wirken historische Veräußerungs-

---

[427] Vgl. Geltner, David, Bias, 1989, S. 338; Guttery, Randall; Sirmans, C.F., Aggregation Bias, 1998, S. 310.

[428] Die Fehler werden zum Teil auch als geringfügig betrachtet. Vgl. Gau, George W.; Wang, Ko, Potential Bias, 1990, S. 40.

[429] Die meisten potenziellen Fehlerquellen treffen auch für transaktionsbasierte Immobilienindizes zu.

[430] Die anzusetzenden nachhaltigen Roherträge bei der Berechnung des Verkehrswertes nach dem Ertragswertverfahren müssen „nachhaltig" sein, vgl. § 17 (1) WertV 98. Damit besteht zumindest für diesen Teil ein Zukunftsbezug. Der über das Vergleichswertverfahren zu ermittelnde Bodenwert und Vergleichtransaktionen beruhen wiederum auf historischen Verkaufsfällen.

fälle auf aktuelle Verkehrswertermittlungen durch. Zudem wird die Theorie vertreten, dass sich Gutachter bei regelmäßigen Bewertungen eines Objektes auf die vorangegangenen Schätzungen stützen und somit Verzögerungen bzw. Glättungen verursachen. Damit verringert sich die tatsächlich vorhandene Volatilität und das empfundene Risiko der Anlageklasse Immobilien.[431] Selbst wenn keine Verzögerungen auf der Ebene des Objektes entstehen, ruft *andererseits* die zeitliche Zusammenfassung der Bewertungen auf der *Ebene des Index* den Effekt hervor. Die Bewertungen finden bei vielen institutionell gehaltenen Immobilien jährlich statt, aber nicht zum gleichen Zeitpunkt. Die Veränderungen der Verkehrswerte sind dann nicht zu einem Zeitpunkt beobachtbar, sondern „verteilen" sich über einen Zeitraum.

Damit ist der Index nur für die Objekte aktuell, deren Bewertungsstichtag dem Veröffentlichungstermin des Index entspricht. Die Veränderungen zwischen dem Bewertungstag vorher bewerteter Objekte und dem Indextermin können erst zum nächsten Indextermin eingehen. Bewertungsbasierten Indizes wird daher häufig die Fähigkeit abgesprochen, Marktwendepunkte rechtzeitig anzuzeigen.[432]

Die Zusammenfassung von Wertermittlungen eines Zeitraums zu einem Zeitpunkt definiert dabei den Begriff der *temporalen* Aggregation. Der Effekt tritt demnach auch bei transaktionsbasierten Indizes auf.[433] So wird beispielsweise bei der Konstruktion eines quartalsweise berechneten Immobilienindex für die Bewertung bzw. der Verkauf eines Objektes im Monat Januar angenommen, dass sie im Monat März (Indexermittlung) aufgetreten ist. Verzögerungseffekte aufgrund der temporalen Aggregation werden dabei für alle Indizes mit einer Ermittlungsfrequenz von über einem Monat beobachtet.[434]

Bei monatlich publizierten Immobilienindizes liegt der Veröffentlichungstermin meist drei oder vier Wochen nach dem Indextermin. Selbst bei län-

---

[431] Vgl. Geltner, David, Systematic Risk, 1989, S. 469.
[432] Vgl. Fisher, Jeffrey u.a., Value Indices, 1994, S. 138.
[433] Vgl. Geltner, David, Temporal Aggregation, 1993, S. 141.
[434] Vgl. Calhoun u.a., Temporal Aggregation, 1995, S. 420f.

gerfristigen Intervallen kann der Effekt nicht umgangen werden. Die Sammlung der Daten mit bisherigen Methoden und die Berechnung und Veröffentlichung aggregierter Ergebnisse daraus ist wahrscheinlich immer verzögert.[435]

BROWN und MATYSIAK stellen verschiedene Probleme bei der Performancemessung mittels bewertungsbasierter Immobilienindizes fest. So berechnen sie für den Zusammenhang einzelner Objekte Autokorrelationskoeffizienten nahe Null. Aufgrund der temporalen Aggregation ändert sich diese Struktur allerdings in Form erhöhter Koeffizienten. Auf der Ebene eines Indexportfolios ergibt sich durch die asynchrone Informationslieferung der Bewertungen ein Indexverlauf in Form eines gleitenden Durchschnittes (Moving Average).[436]

In der Abbildung sind ein hypothetischer Kursverlauf und die Effekte gleitendender Durchschnitte von sechs (gestrichelt) und zwölf Perioden (weiße Linie) zu sehen. Der Effekt gleitender Durchschnitte bei Immobilienindizes ist als sogenanntes „Smoothing" vielfach beschrieben und nachgewiesen, er ist allerdings auch nicht unumstritten.[437]

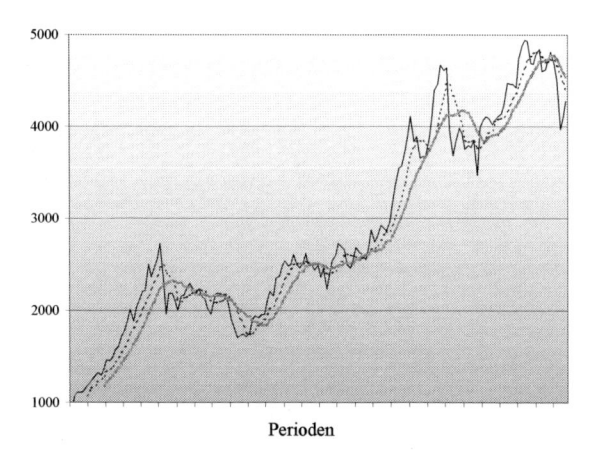

Abbildung 26: Glättungs- und Verzögerungseffekt bei gleitenden Durchschnitten

---

[435] Vgl. Brown, Gerald; Matysiak, George, Property indices, 1995, S. 36.
[436] Vgl. Brown, Gerald; Matysiak, George, Property indices, 1995, S. 29.
[437] Vgl. Clayton, Jim u.a., Smoothing, 2001, S. 337; Geltner, David, Temporal Aggregation, 1993, S. 142.

Marktwendepunkte werden durch den geglätteten Durchschnitt verspätet angezeigt. Dies widerspricht der hohen Aktualitätsanforderung an das Basisinstrument gehandelter Derivate.

Daneben existiert der Zufallsfehler, der bei Bewertungen (und Transaktionspreisen) auftritt und umso größer ist, je kleiner die Zahl von Vergleichsobjekten ist. Die Wahrscheinlichkeit den tatsächlichen Marktwert mit der Bewertung zu treffen ist mit sehr wenigen Vergleichsmöglichkeiten folglich gering. Häufig wird dazu das Beispiel zweier unabhängiger Gutachter genommen, die das selbe Objekt zum selben Zeitpunkt bewerten sollen und höchstwahrscheinlich nicht zu genau dem selben Ergebnis kommen werden. Die Ergebnisse der Gutachten streuen danach um den „wahren" Wert einer Immobilie mehr oder weniger stark.[438]

Will der Gutachter die Zahl der Vergleichsobjekte erhöhen und den Zufallsfehler minimieren, so muss er weiter in der Vergangenheit liegende Verkaufsfälle analysieren und verstärkt damit den Effekt der Verzögerung der Darstellung der Marktentwicklung. Der Zusammenhang zwischen den beiden Fehlerursachen lässt sich mit der folgenden Grafik veranschaulichen:

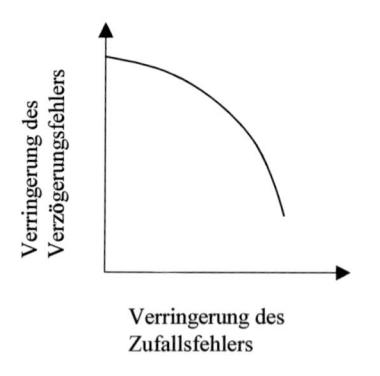

Abbildung 27: Wechselbeziehung zwischen Zufalls- und Verzögerungsfehler[439]

---

[438] Darauf verweist z.B. Geltner, David, NCREIF Index, 1998, S. 26.
[439] Vgl. Geltner, David; Ling, David, Benchmarks Part 1, 2000, S. 55.

Dementsprechend findet ein Austausch zwischen Zufalls- und Verzögerungsfehler statt. Ist eine gewisse Anzahl von Vergleichsobjekten bereits vorhanden, so lässt sich der Zufallsfehler durch eine weitere Erhöhung der Vergleichstransaktionen nur noch wenig beeinflussen. Der gleiche Zusammenhang gilt für die entgegengesetzte Richtung. Es besteht also ein abnehmender Grenznutzen bei der jeweiligen Reduktion einer Fehlerquelle.

Auf der Ebene eines Index bzw. Portfolios mit einer sehr großen Anzahl von Objekten kann allerdings von einer Ausschaltung des Zufallsfehlers ausgegangen werden. Dies gilt wiederum nicht, wenn die Veröffentlichungsfrequenz des Index stark erhöht werden soll, wie dies für den börsenmäßigen Handel mit Derivaten nötig wäre. In diesem Fall stünden für eine kurze Berichtsperiode nur wenige Bewertungen oder Transaktionen zur Verfügung, welche die Wahrscheinlichkeit eines zufälligen Fehlers erhöht. Steigende Berechnungsfrequenz hat also verminderte Datenqualität zur Folge. Bei einer Erhöhung der Indexfrequenz erhöht sich zudem der Verzögerungsfehler, gemessen an der Zahl der Indexperioden.[440]

Der Verzögerungsfehler ist systematischer Natur, der sich nur über spezielle Techniken vermindern lässt, die in der Literatur mit dem Begriff „Unsmoothing" (Entglättung) bezeichnet werden.[441] Dadurch können eher in der Vergangenheit liegende Zeitreihen verbessert werden. Auf deren Darstellung soll an dieser Stelle aber verzichtet werden. Eine häufigere Bewertung ist oft durch unveränderte Objektsituationen, die keine neuen Bewertungsinformationen bieten und den hohen Aufwand auch nicht sinnvoll.

Bewertungsbasierte Immobilienindizes stützen sich zumeist auf Datenbanken, die von Beständen institutioneller Investoren gespeist werden. Eine potenzielle Fehlerursache dieser Indizes kann in der Natur dieser „Investmentimmobilien" liegen, da sie häufig von hoher Qualität, hohen Volumina und ausgesuchten Standorten gekennzeichnet sind. Damit treffen sie nicht unbedingt den gesamten Immobilienmarkt.[442] Allerdings liegt der

---
[440] Vgl. Geltner, David; Ling, David, Benchmarks Part 1, 2000, S. 63.
[441] Vgl. z.B. Fisher, Jeffrey u.a., Value Indices, 1994. Siehe Geltner, David, Market Values, 1993; Fisher, Jeffrey; Geltner, David, De-Lagging, 2000.
[442] Vgl. Gatzlaff, Dean; Geltner, David, Transaction-Based Index, 1996, S. 8.

Fokus eines potenziellen Derivats eben auf diesen Marktteilnehmern, so dass in diesem Sinne daraus kein Nachteil entstehen sollte.

Für einen potenziellen Handel von Immobilienderivaten auf Grundlage traditioneller bewertungsbasierter Immobilienindizes an einer Terminbörse ergäben sich aus den geschilderten Schwächen Konsequenzen, die sich auch gegenseitig bedingen. Die hohen Autokorrelationen der Indexreihe führen zur Vorwegnahme der Indexbewegungen im Terminkontrakt.[443] Damit koppelt sich der Terminpreis vom Kassapreis des Immobilienindex ab, es entstehen hohe Differenzen (Basis). Damit wäre die Hedgingeffizienz dieser Kontrakte eingeschränkt.

Der Verzögerungsfehler stellt ein weiteres großes Hindernis für eine operative Verwendung in Form börsengehandelter Derivate dar. Aktuelle Marktentwicklungen sind *die* Beweggründe für den Handel mit Derivaten. Die Marktakteure erwarten jedoch eine zeitnahe Umsetzbarkeit.

c) Lösung mit Regressionsmodellen

Eine Lösung der Probleme bei der Indexberechnung mit Verkehrswerten wird auch in der Nutzung von statistischen Methoden gesehen. Grundlage dafür ist die Messung bzw. Bewertung vieler Objekte zu einem Zeitpunkt. Mittels der statistischen Verfahren, bei denen die „Repeat Measures Regression" (RMR) die weiteste Verbreitung findet, werden Bewertungsergebnisse verschiedener Zeitpunkte zu einem Index zusammengeführt. Die Methodik ist in Analogie zu den bereits vorgestellten Regressionsmodellen zu sehen.

Dabei kann die Indexfrequenz höher als die Bewertungsfrequenz der enthaltenen Objekte sein. Da Bewertungen der Indexobjekte über das Jahr verteilt erfolgen, besteht die Möglichkeit, Rückschlüsse von einer Teilmenge innerhalb eines Jahres auf die Indexgrundgesamtheit zu ziehen, wobei die zeitlichen Verzögerungen ausgeschaltet werden müssen. Voraussetzung für diese Art der Indexermittlung ist eine ausreichende Anzahl an Bewer-

---

[443] Siehe die Ausführungen unter 2. Abschnitt:A.II.b) im 2. Abschnitt.

tungen oder auch Transaktionen in der jeweiligen Periode (z.B. Monat oder Quartal).[444]

Da die Anzahl der Beobachtungen bei höheren Frequenzen pro Periode kleiner ist, ist folglich die Gefahr des Zufallsfehlers höher. Der erhöhte Zufallsfehler äußert sich in Form hoher Volatilitäten und größerer Renditespitzen, da keine größeren Durchschnittsbildungen vorliegen. Um den Zufallsfehler zu begrenzen bedient man sich statistischer Filtermethoden, wie dem Bayes-Ansatz.[445] Die verwendeten Verfahren garantieren keine Fehlerfreiheit der entstehenden Indizes, sie verbessern jedoch das Niveau der Ergebnisse.[446]

Würden Bewertungen der Indexobjekte genau entsprechend der gewünschten Veröffentlichungsfrequenz wiederholt, so ist unter der Voraussetzung fehlerfreier Bewertungen die Durchschnittsbildung zur Indexberechnung sachgerecht. Ist dies nicht der Fall, müssen Techniken wie die RMR angewendet werden.[447]

GELTNER gibt für eine akkurate und repräsentative Messung der Renditen von Immobilien mit einem Index eine nötige Anzahl von „nur" 20 bis 30 Beobachtungen pro Periode an.[448] Geht man von jährlich bewerteten Objekten aus, deren Bewertungszeitpunkte gleichmäßig über das Jahr verteilt sind, so ergibt sich eine benötigte Anzahl von Indexobjekten von 12*30 = 360 für einen monatlichen Index, analog für einen wöchentlich veröffentlichten Index eine Anzahl von 52*30 = 1560. Im theoretischen Fall einer angestrebten täglichen Aktualisierung des Index wären bei einer typischen Annahme von 250 Börsenhandelstagen eine Beobachtungszahl von 250*30 = 7500 unter der Berücksichtigung der Gleichverteilung über das Jahr nötig. Allerdings ist die Annahme der Gleichverteilung der Bewertungen über das Jahr bei vorliegenden Daten zu überprüfen.

---

[444] Vgl. Geltner, David, Repeated Measures, 1996, S. 31.
[445] Siehe z.B. Hartung, Joachim u.a., Statistik, 1995, S. 102f.
[446] Vgl. Geltner, David; Ling, David, Benchmarks Part 1, 2000, S. 69.
[447] Vgl. Geltner, David, Repeated Measures, 1996, S. 31.
[448] Vgl. Geltner, David, Repeated Measures, 1996, S. 33.

Zusätzlich kann über die RMR Methode der Glättungseffekt auf der Indexebene vermieden werden, zeitliche Verzögerungen und Glättungen auf der Ebene des Objektes bzw. der Bewertung sind nicht vermeidbar. Allerdings ist die Indexkonstruktion nicht mehr als sehr einfach zu bezeichnen. Es ist fraglich, ob Terminhändler ein auf einen solchen Index beruhendes Derivat akzeptieren, wenn die Indexentstehung nicht einfach nachvollzogen werden kann.

Die Indexfrequenz wurde als besonders wichtige zu erfüllende Voraussetzung für börsengehandelte Immobilienderivate dargestellt. Auch ROCHE sieht in der Konstruktion eines „Real Time Property Indicator" (RTPI) die fundamentalste Voraussetzung für einen börslichen Immobilienterminmarkt.[449] Grundlage dieser Idee ist wiederum ein (bewertungsbasierter) Immobilienindex wie der von IPD. Mit Hilfe eines ökonometrischen Modells (multiple Regression) werden die Wirkungen sämtlicher verfügbarer relevanter (ökonomischer) Faktoreinflüsse[450] auf die Preise von Immobilien oder Flächen bestimmt.[451] Der Erklärungsgehalt verschiedener makroökonomischer Variablen für die Veränderung von Immobilienpreisen ist Gegenstand zahlreicher wissenschaftlicher Untersuchungen, die zu uneinheitlichen Ergebnissen führen.[452] Unter der Voraussetzung der Bekanntheit der Wirkungen, verändert die Veröffentlichung eines Faktors die Preise von Immobilien und damit den Stand des Index. Umso mehr Faktoren identifiziert wurden und umso häufiger diese publiziert werden, um so häufiger kann der Index zwischen den regulären Terminen aktualisiert werden.

---

[449] Vgl. Roche, Julian, Property Futures, 1995, S. 119.

[450] ROCHE nennt bedeutende Markttransaktionen, Aktien-/Immobilienaktieninformationen, Handelsvolumina, gesamtwirtschaftliche Faktoren, sonstige Faktoren inklusive deren Zuverlässigkeit als Einflussfaktor, vgl. Roche, Julian, Property Futures, 1995, S. 120.

[451] Vgl. die Ausführungen unter 3. Abschnitt:B.I.b) dieses Abschnitts. Siehe dazu auch die Beiträge von Hoag, James W., Indices, 1980; Smith, Lawrence u.a., Models of Housing Markets, 1988; Gordon, Jaques u.a., Integrating Regional Indicators, 1996; Baroni, Michel u.a., Risk Factors, 2001 und Viezer, Timothy, Econometric Integration, 1999, der mittels ökonometrischer Gleichungen, Vermietungsquoten, Mieten, Mietrenditen, Marktwerte pro Flächeneinheit, Veränderungen des Flächenbestandes und Baukosten beschreibt.

[452] Es liegen Resultate vor, nach denen makroökonomische Variablen 60% der Streuung von Immobilienpreisen erklären sowie gegensätzliche, die keinen signifikanten Erklärungsgehalt nachweisen. Vgl. Benjamin, John u.a., Returns and Risk, 2001, S. 192 sowie die dort angegebene Literatur.

Auch CALHOUN, CHINLOY und MEGBOLUGBE setzen einen Real-Time Index für die Schaffung von Immobilienderivaten voraus. Sie beziehen sich jedoch auf eine reine Erhöhung der Liefergeschwindigkeit der Immobiliendaten (Transaktionsdaten von Wohngebäuden).[453]

III. Mietpreisindizes

In den bisherigen Ausführungen wurde im Hinblick auf eine adäquate Indexkonstruktion hauptsächlich auf die Bewertung bzw. Preisfeststellung ganzer Objekte abgestellt. Zur Erhöhung der Anzahl eingehender Daten kann auch eine Teilung von Objekten hinsichtlich ihrer einzeln vermieteten Flächen vorgenommen werden. Die Frequenz der zur Verfügung stehenden Daten ist dadurch höher. Eine Flächenvermietung wird häufiger vorgenommen als die Vermietung bzw. eine Veräußerung eines ganzen Objektes.[454] Mit der Verwendung von Mietpreisen werden zudem reale Transaktionsdaten genutzt. Die Problematik der potenziellen Fehler bei Bewertungsdaten wird somit umgangen.

Die DID bietet eine Kennzahl zur Veränderung der nachhaltigen Roherträge oder der Netto-Mieteinnahmen (Differenz aus Brutto-Mieterträgen und Bewirtschaftungskosten) an. Diese werden auch als Renditekennzahlen ermittelt, in dem sie ins Verhältnis zum Marktwert der Objekte bzw. zum gebundenen Kapital gesetzt werden. Aus den Angaben ist jedoch kein absoluter Preis einer Flächeneinheit ablesbar.

Analysiert man den Zusammenhang der verschiedenen Charaktereigenschaften mit dem entstehenden Mietpreis ganzer Objekte wird eine automatische Durchschnittsbildung in Kauf genommen. Damit besteht die Gefahr, wichtige preisbeeinflussende Merkmale zu unterschätzen und damit Informationen aus der Preisbildung zu verlieren.[455]

Aufgrund der Heterogenität der Objekte liegt auch hier die Nutzung des hedonischen Modells zur Bestimmung eines „durchschnittlichen" Preises einer fiktiven Fläche oder eines Objektes nahe. Die formale Berechnung

---

[453] Vgl. Calhoun u.a., Temporal Aggregation, 1995, S. 420.
[454] Erste Überlegungen in Deutschland zu Absicherungen von Mietpreisrisiken mit Futureskontrakten finden sich bei Hummel, Detlev; Hübner, Roland, Mietpreis-Future, 1998.
[455] Vgl. Dunse, Neil; Jones, Colin, Hedonic Price Model, 1998, S. 301.

eines hedonischen Mietpreisindex unterscheidet sich dabei nicht wesentlich von der ganzer Objekte. Die Regressionsgleichung bezieht sich auf einen Mietpreis einer standardisierten Fläche oder auf eine festgelegte Einheit (m²). Der Einfluss der verschiedenen preisbestimmenden Eigenschaften einer Mietfläche wird wiederum über eine Regression ermittelt. Mit den berechneten Regressionskoeffizienten ermittelt man schließlich den Mietpreis der Standardfläche, der als Referenzpreis eines potenziellen Basisinstruments dienen kann.

Damit lässt sich ein theoretischer Terminmietvertrag über eine festgelegte Fläche konstruieren. Die aktuellen Verhältnisse des Immobilienmarktes schlagen sich in den vereinbarten Mietpreisen nieder und machen so das Immobilienmarktrisiko über einen solchen Kontrakt handelbar.

IV. Auswirkungen verschiedener Indexberechnungen

Zusammenfassend sollen die Auswirkungen verschiedener Indexberechnungsmethoden grafisch verdeutlicht werden. Datenbasis der Indizes ist der Markt in den USA. Dabei werden der bewertungsbasierte Gewerbeimmobilienindex NCREIF, zwei entglättete Versionen des NCREIF, ein NOI/Cap Rate Index (Division des durch NCREIF ermittelten Net Operating Income[456] durch transaktionsbasierte Netto-Anfangsrenditen)[457], ein hedonischer bzw. transaktionsbasierter Index auf Basis *veräußerter* Objekte der NCREIF-Datenbank und ein Immobilienaktienindex auf Basis börsengehandelter Real Estate Investment Trusts (REITs) verglichen.[458]

---

[456] Vergleichbar mit den Netto-Mieteinnahmen.
[457] Ermittelt durch American Council of Life Insurers.
[458] Vgl. Fisher, Jeffrey u.a., Value Indices, 1994, S. 138.

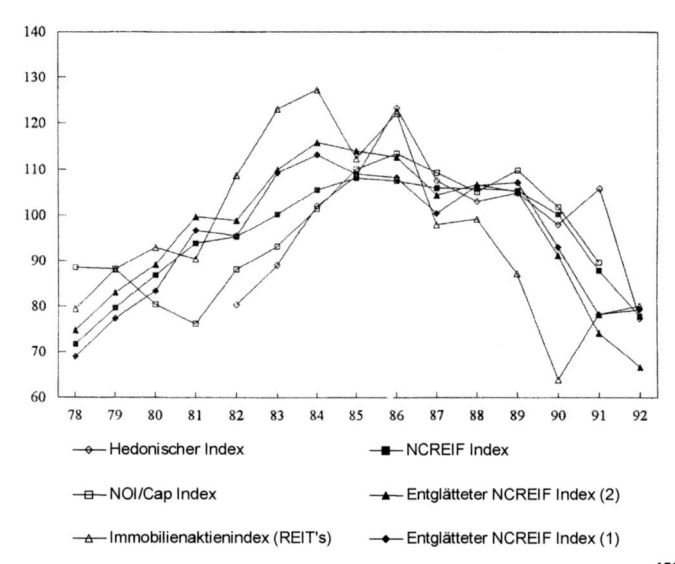

Abbildung 28: **Auswirkungen verschiedener Indexberechnungsmethoden**[459]

Tendenziell nehmen die verschiedenen Konstruktionsmethoden einen ähnlichen Verlauf. Die Differenzen der unterschiedlichen Methoden sind zu den meisten Zeitpunkten jedoch beachtlich. Vor allem der aktienbasierte Index zeigt eine höhere Volatilität und Aktualität im Verlauf der untersuchten Periode zwischen 1978 und 1992.

Die Übertragung der Ergebnisse auf kürzere Intervalle als die verwendeten ist nicht uneingeschränkt möglich. Unter der Voraussetzung existierender, höher frequenter Daten, wie dies für operativ verwendbare Immobilienindizes nötig ist, können andere Resultate auftreten.

Schlussfolgernd kann festgehalten werden, dass die Anforderungen an das Basisinstrument börsengehandelter Instrumente durch vorhandene Immobilienindizes nicht adäquat erfüllt werden. Bewertungsbasierte Immobilienindizes eignen sich nur für die Konstruktion außerbörslicher Derivate wie die von Barclays Bank eingeführten Property Index Certificates und Forwards. Diese Indizes weisen im Vergleich zu transaktionsbasierten tendenziell einen verstärkten Verzögerungsfehler aber geringere Zufallsfehler auf, da Bewertungen häufiger als Transaktionsdaten vorliegen. Es ist frag-

---

[459] Vgl. Fisher, Jeffrey u.a., Value Indices, 1994, S. 158.

lich, ob sich die Berechnungsfrequenz bisheriger Konstruktionsweisen / Datengrundlagen auf ein Niveau erhöhen lässt, welches weitergehender operativer Anwendungen genügt.

Auf der Grundlage der gleichen Datenbasis scheinen transaktionsbasierte Indizes für eine operative Verwendung besser geeignet. Sie zeigen eine höhere Volatilität, größere Amplituden und eine geringere Anfälligkeit, die tatsächlichen Marktpreise verzögert wiederzugeben.[460]

Allerdings sind die nötigen Daten zur Indexkonstruktion regelmäßig nicht vorhanden. Der bewertungsbasierte Index eignet sich besser für die deskriptive Verwendung und als Benchmark für die Performanceleistung institutioneller Investoren.

C. Alternative Basisinstrumentkonzepte

Im Folgenden werden alternative Varianten untersucht, die als Basisinstrumente derivativer Kontrakte für Immobilien in Frage kommen.

I. Automatisierte Bewertung von Immobilienportefeuilles

Die Qualität einer Indexzahl ist abhängig vom ursprünglichen Verwendungszweck der generierten Daten. Die beschriebenen Indexmethoden basieren ausschließlich auf Aggregationen *individueller* Objektdaten, unabhängig von ihrer Ermittlungsmethode (Bewertung oder Transaktionspreis). Der originäre Zweck liegt in der Bestimmung eines Wertes oder Preises für ein einzelnes Objekt, so z.B. bei der pflichtgemäßen jährlichen Verkehrswertermittlung der Objekte deutscher offener Immobilienfonds. Diese Einzelbewertungen richten sich folglich nach den zu diesem Zeitpunkt vorherrschenden vergleichbaren Marktpreisniveaus und nach den vorangegangenen Bewertungen der Objekte.

Auf der *Ebene des Index* interessieren aber vielmehr die zu dessen Veröffentlichungstermin herrschenden Marktverhältnisse bzw. systematisch verursachte Änderungen in den Verkehrswerten, um möglichst aktuelle Indexstände zu erhalten. In diesem Sinne werden unterschiedliche Ziele bei der

---

[460] FISHER, GATZLAFF, GELTNER und HAURIN nutzen dabei die Daten des amerikanischen NCREIF-Index, vgl. Fisher, Jeffrey u.a., Variable Liquidity, 2002, S. 33.

originären Datenermittlung verfolgt. Der Zweck der Individualdaten erfüllt auf Indexebene kein optimales Ergebnis aufgrund der erläuterten Schwächen (Glättungs- und Verzögerungseffekt). Zudem vergeht zwischen den Einzelbewertungen und der Indexaggregation unnötige Zeit.[461]

Es erscheint daher folgerichtig, einen anderen Prozess für die Bestimmung des Wertes eines Portfolios oder Teilmarktes aus Immobilien zu wählen, der zur Indexberechnung genutzt werden soll. Dabei ist es nicht notwendig, die einzelnen Objektwerte oder -preise zu kennen. Es kommt vielmehr darauf an, die *aktuellsten* Immobiliendaten zu generieren, wie z.b. zeitnahe Verkaufserlöse oder Vermietungen. Die Beschränkungen auf die aktuellsten Veränderungen erzeugen für Einzelobjekte keine repräsentativen Daten.[462] Der Fokus liegt aber auf *Markt-* bzw. *Portfolio*veränderungen.[463] Die verfügbaren Daten werden daher im Vergleich zum traditionellen Bewertungsprozess eines Objektes unterschiedlich verarbeitet.[464]

Mit den bisherigen Datenerhebungsmethoden lassen sich systematisch verursachte Marktveränderungen nicht adäquat messen. Ein interessanter Ansatz zur Lösung dieses Problems sind sogenannte „automatisierte Bewertungsmodelle" - *Automated Valuation Models (AVM)*.[465]

AVMs sind im Grunde Computerprogramme, die verlässliche Immobilienbewertungen zu einem Bruchteil der Kosten und in Minutenschnelle bereitstellen. Die Güte dieser Systeme ist wiederum abhängig von den eingehenden Informationen über die Objekte (monetäre und physische Größen).[466] Somit kommen nur solche Staaten oder Regionen in Betracht, in denen entsprechende Daten verfügbar sind. Die erreichbare Exaktheit kann die traditioneller Bewertungen sogar übertreffen.[467]

---

[461] Vgl. Fisher, Jeffrey, Real Time Valuation, 2002, S. 215.
[462] So z.B. wenn die aktuellsten (Transaktions-) Daten nicht in der Region vorliegen, für die eine Bewertung vorgenommen werden soll.
[463] Vgl. Geltner, David, Use of Appraisals, 1997, S. 11f. und Fisher, Jeffrey, Real Time Valuation, 2002, S. 215f.
[464] Vgl. Adair, Alastair, Research Review, 2001, S. 186.
[465] Vgl. Fisher, Jeffrey, Real Time Valuation, 2002, S. 219f.
[466] Vgl. Schafer, Michael, AVM, 2001, S. 4.
[467] Das Bewertungsmodell HVE (Home Value Explorer) von Freddie Mac erreicht in 70% der Fälle eine höhere Exaktheit als traditionelle begleitende Bewertungen, vgl. o.V., HVE, 2002, S. 20.

Die Modelle können zur Berechnung eines regionalen oder auch nationalen Immobilienindex genutzt werden, wenn sich Datenlieferanten zu einem Austausch bereit erklären. In diesem Fall werden diese mit Online-Verbindungen zusammengeschaltet und zentrale Datenbanken kreiert.[468] Es erfolgt daher keine Einzelbewertung von Objekten, sondern eine ausschließliche *Portfoliobewertung* zu den gewünschten Zeitpunkten.[469] Mit der Elektronisierung und Schaffung interaktiver Schnittstellen kann erstmals der zentrale Datenbankverwalter die Datenerhebung bestimmen und somit ein optimiertes Ergebnis bei der Indexberechnung erzielen.

Im Hinblick auf (börslich) handelbare Immobilienderivate kann die Berechnungsfrequenz zur Generierung eines Real-Time Index nahezu beliebig erhöht werden, ohne dass die Kosten der Datenerhebung unwirtschaftliche Ausmaße erreichen. Damit könnte das bisherige Hauptproblem mangelnder aktueller Immobilienmarktdaten gelöst werden.

Mit Hilfe der AVMs lassen sich demzufolge theoretisch mindestens drei Problemfelder operativ genutzter Immobilienindizes lösen:

- Zeitnähe,
- *Markt*repräsentativität und
- Ausschluss menschlicher Einflüsse.

Es ist dabei unerheblich, welche Objekte durch das System erfasst werden. So könnten Wohnimmobilien, aber auch Portefeuilles gewerblich genutzter Objekte oder Flächen Eingang finden.

Eine aussichtsreiche Initiative im Bereich breit gestreuter Gewerbeimmobilienportfolios in den USA wurde mit der Gründung des „Data Consortium" geschaffen. Basis dieser Initiative ist die Entwicklung einer Reihe von Informationsstandards für den institutionellen Immobilienanlagemarkt,[470] um

---

[468] Problematisch sind die oftmals verschiedenen Datenbankprogramme der Objekteigentümer. Neue Programmiersprachen (XML) sollen diese Problematik lösen, vgl. Fisher, Jeffrey, Real Time Valuation, 2002, S. 220.

[469] Der Prozess ist mit einer gleitenden Wertermittlung zu beschreiben.

[470] Es handelt sich um eine Vereinbarung zwischen dem National Council of Real Estate Investment Fiduciaries (NCREIF), Pension Real Estate Association (PREA) und der National Association of Real Estate Investment Managers (NAREIM). Vgl. auch Fisher, Jeffrey, Real Time Valuation, 2002, S. 220.

die Transparenz dieses Marktes dem Niveau der weiter entwickelten Aktien- und Rentenmärkte anzunähern. Einigen sich die Institutionellen auf diese Standards und stellen sie ihre Objekt- bzw. Portfoliodaten zur Verfügung, kann ein darauf aufbauendes AVM einen repräsentativen und vor allem häufig ermittelbaren Immobilienindex bereitstellen. Dieser kommt unter der Voraussetzung einer entsprechenden Qualität den Anforderungen an einen operativ zu verwenden Immobilienindex weit näher als herkömmliche Indizes.

Die Stärken eines AVM liegen bei als „typisch" zu beschreibenden Objekten.[471] *Während für eine Bewertung spezieller Objekte Probleme bei der Anwendung von AVMs existieren, scheinen sie für die im Sinne dieser Arbeit im Vordergrund stehenden „durchschnittlichen" Immobilien sehr gut geeignet. Vor dem Hintergrund der äußerst niedrigen Kosten und dem erheblichen Zeitvorteil wird dieser Technik bzw. Methode eine große Chance bei der Umsetzung operativ verwendbarer Immobilienindizes eingeräumt.*

II. Repräsentativobjekte

Der Versuch, einen breiten Markt über einen Immobilienindex oder -portfolio abzubilden und diesen als Basis für Immobilienderivate zu nutzen, impliziert eine Reihe von Unvollkommenheiten. Ein völlig anderer Gedankengang ist die Basisbildung über eine standardisierte Immobilie, wobei ein spezielles Objekt Grundlage für einen Immobilienterminkontrakt werden kann. Dabei sollte ein weitreichend bekanntes Großobjekt in einer Metropole Ausgangspunkt für einen solchen Terminhandel sein. Das Objekt repräsentiert damit einen Standardwert, über den die Marktteilnehmer Kontrakte kaufen und verkaufen können.[472]

Befürchtet der Eigentümer einer Immobilie bzw. eines Portfolios an Immobilien einen Wertverfall seines und damit des repräsentativen Objektes, kann er durch den Verkauf der darauf bezogenen Kontrakte eine Absicherung erlangen. Das Geschäft muss in diesem Fall relativ zu seinen gehaltenen Objekten gesehen werden, d.h. das Repräsentativobjekt spiegelt nicht

---

[471] Vgl. Pace, Kelley u.a., Automated Valuation Models, 2002, S. 151.
[472] Vgl. Armstrong, Martin A., Hedge Real Estate, 1989, o.S.

genau das individuelle Objekt in seinen Eigenschaften wider, so dass eine Anpassung über den Futureshandel erfolgen muss.

Zur Erläuterung sei folgendes theoretisches Beispiel angeführt, welches die Systematik verdeutlichen soll: Das Basisobjekt ist eine Büroimmobilie im Zentrum einer Großstadt mit 20.000 m² Nutzfläche und einer modernen Ausstattung und ist voll vermietet. Der „Investor" besitzt hingegen ein Objekt am Stadtrand, welches nur durchschnittlichem Standard entspricht und 5000 m² Nutzfläche bietet. Der Kontraktumfang ergibt sich aus dem zehnfachen Objektwert pro m². Bei einem theoretischen Verkehrswert von 300.000.000 Geldeinheiten (GE) ergäbe sich eine Quadratmeterpreis von 15.000 GE, multipliziert mit dem Faktor 10 folgt so der Kontraktumfang von 150.000 GE. Der „Investor" geht von einer ungleichmäßigen Wertentwicklung in einer Größenordnung von 20% zwischen dem Repräsentativobjekt und Individualobjekt aus, d.h. die erwartete Wertminderung des eigenen Objektes liegt aufgrund der Lage und Ausstattung 20% (Beta-Faktor) über der des Repräsentativobjekts. Der „Investor" möchte seine Immobilie in 12 Monaten verkaufen und erwartet einen Rückgang des Verkehrswertes von derzeit 40.000.000 GE auf 36.000.000 GE zum Verkaufszeitpunkt. Das Innenstadtobjekt würde unter den gemachten Annahmen im sinkenden Markt hingegen nur 8,3% bzw. 25.000.000 GE einbüßen. Bei einer parallelen Wertentwicklung müsste der (risikoaverse) „Investor" ca. 270 Kontrakte verkaufen, um den vollen Wert seines Objektes abzusichern. Im vorliegenden Fall verkauft er jedoch 20% mehr, also 320.[473] Bei der Glattstellung des Termingeschäfts nach Ablauf der 12 Monate muss er die gleiche Anzahl Futures für einen niedrigeren Preis kaufen bzw. bekommt den Differenzbetrag im Falle der eingetretenen Erwartung ausgezahlt. Der Futurespreis ist mit dem Verkehrwert des Repräsentativobjekts mittlerweile auf 137.500 GE gefallen, so dass er als Differenz aus dem Futuresgeschäft über vier Millionen vereinnahmt und damit den Verlust aus der Veräußerung seines Objekts ausgeglichen hat.

---

[473] Die nötige Kontraktanzahl berechnet sich durch x = Objektwert/Kontraktwert*Betafaktor. Die Zahlen sind gerundet. Vgl. auch Albrecht, Peter; Maurer, Raimond, Risikomanagement, 2002, S. 480 und Hull, John, Options, 1993, S. 37f.

Die genaue Festlegung einer relativen Entwicklung von zwei Objekten bzw. zwischen dem Repräsentativobjekt und einem individuellen Portfolio dürfte jedoch schwierig sein. Parallele Entwicklungen sind bei weiter entfernten Objekten noch weniger zu erwarten, so dass diese Variante eines Basisinstrumentes nur theoretischen Wert besitzt.

III. Underlyings indirekter Immobilienassets

Im Vordergrund dieser Arbeit steht die Betrachtung von direkten Immobilienmarktindikatoren. Aufgrund ihrer teilweise erheblichen Bedeutung, werden aber auch verbriefte Immobilienanlagen wie Immobilienaktien und Immobilienfonds kurz auf ihre Eignung als Basisinstrumente überprüft.

Vermögensgegenstände, die sich nur indirekt auf Immobilien beziehen, besitzen oftmals den großen Vorteil direkt ablesbarer Preise, wie dies bei börsengehandelten Papieren der Fall ist. Ein weiterer Vorteil der Nutzung dieser Anlagemedien liegt in der Möglichkeit, bestehende Indizes nutzen zu können. Nachteilig wirken sich dagegen die häufig niedrigen Korrelationen zu direkten Investitionsformen aus.

a) Immobilienaktienindizes

Ein Derivat auf einen Immobilienaktienindex unterscheidet sich konstruktiv nicht von einem herkömmlichen branchenspezifischen Aktienderivat.[474] Es besteht vielmehr die Frage, wie der Immobilienaktienmarkt die Veränderungen des Immobilienmarktes nachvollzieht. Die Eignung von Immobilienaktien als Indikatoren des Immobilienmarktes bestimmt sich hauptsächlich durch den Entwicklungsstand dieser Aktienklasse. In weit entwickelten Immobilienaktienmärkten (USA und Großbritannien) nehmen diese die Immobilienmarktentwicklung zum Teil vorweg und sind damit aktueller als die derzeitigen bewertungs- oder transaktionsbasierten Immobilienindizes. Die Bewegungen sind allerdings wesentlich volatiler und überzeichnen zeitweise die Entwicklung der zugrundeliegenden Immobilienmärkte.

---

[474] So werden an den Chicagoer Terminbörsen CME und CBOT Optionen auf REIT-Indizes gehandelt.

Der deutsche Immobilienaktienmarkt kann als unterentwickelt gelten, die Gesellschaften leiden unter geringen Marktkapitalisierungen und geringem Streubesitz. Zudem ist die „reine" Immobilienaktie hierzulande kaum vertreten, vielmehr handelt es sich um Mischgesellschaften mit *einem* Geschäftsfeld Immobilien.[475]

Die Renditen von Immobilienaktien korrelieren zu einem Teil mit dem Gesamtaktienmarkt, so dass sie nur einen beschränkten Nutzen als Substitut direkten Immobilienbesitzes stiften können. Zur Abbildung des Immobilienmarktes eignen sie sich i.d.R. daher nur sehr begrenzt,[476] *da zu den immanenten Immobilienrisiken noch weitere hinzukommen.*

Bei Immobilienaktien ist das Gesamtaktienmarktrisiko zu nennen, d.h. aufgrund bestehender Korrelationen zwischen Immobilienaktien- und Gesamtaktienmarkt entstehen zusätzliche Risiken. Für die erwähnten ausländischen Märkte existieren zahlreiche Studien, welche die Zusammenhänge zwischen Immobilienaktien- und Immobilienmarkt analysieren.[477] Die Ergebnisse differieren in Abhängigkeit von der Untersuchungsmethodik und den betrachteten Zeiträumen. Vor allem für die angelsächsischen Märkte sind übergreifend relativ starke Korrelationen nachweisbar.[478] Somit kann ein Immobilienaktienderivat ein Derivat auf direkte Immobilienindikatoren in weit entwickelten Märkten zumindest teilweise substituieren. Einen vollständigen Ersatz bieten sie allerdings nicht.

Das potenziell zu erwartende Interesse lässt sich am amerikanischen Markt ablesen, dessen Immobilienaktientradition, u.a. auch durch steuerliche und sonstige gesetzliche Rahmenbedingungen, weitaus größer als in Deutschland ist. Die Gesellschaften lassen sich als Fonds nach US-amerikanischem Recht klassifizieren, deren Gesellschaftsanteile in Form von Aktien ver-

---

[475] Vgl. z.B. Schreier, Matthias, Immobilienaktiengesellschaften, 2002, S. 15 oder Plewka, Torsten, Immobilienaktiengesellschaften, 2000, S. 2f.

[476] Siehe dazu z.B. die Umfrage unter institutionellen Immobilienmarktteilnehmern bei Hummel, Detlev; Hübner, Roland, Potenzieller Markt, 2000, S. 715f.

[477] Vgl. Barkham, Richard; Geltner, David, Price discovery, 1995; Gordon, Jaques; Canter, Todd, International Real Estate Securities, 1999; Moss, Steven; Schneider, Howard, EREIT, 1996, S. 58f. und die dort angegebene Literatur.

[478] Vgl. z.B. die Analyse von Eichholtz, Piet; Hartzell, David, Property Shares, 1996.

brieft sind.[479] Das günstige Umfeld bescherte den Real Estate Investment Trusts (REIT) zu Beginn der 90er Jahre einen breiten Markt mit mehreren hundert Gesellschaften, aber relativ homogenen Strukturen.

So unterteilen sich die REITs vornehmlich nach ihrem Geschäftsfeld bzw. ihrer Investitionsform in Immobilienvermögen, so dass ca. drei Viertel aller REITs in Büro-/Industrie-, Einzelhandel- und Wohnimmobilien investieren. Parallel werden Equity-, Mortgage- und Hybrid-REITs unterschieden,[480] wobei erstgenannte einer europäischen, passiv ausgerichteten Immobilienaktiengesellschaft bzw. einem börsennotierten Immobilienfonds am ähnlichsten sind. Die Wertentwicklung der REIT-Gesellschaften ist von Phasen auffallender Kursauf- aber auch Kursabschwünge gekennzeichnet, die einen Terminkontrakthandel begünstigen.

Auf Basis des Dow Jones Equity REIT Index werden daher an der Chicago Board Options Exchange (CBOE) terminbörsliche Optionen auf amerikanische Immobilienaktien gehandelt, die ein vergleichbares Volatilitätsniveau wie europäische Werte erreichen. Der REIT-Markt ist jedoch wesentlich weiter entwickelt und verfügt über eine weitaus höhere Marktkapitalisierung im Kassamarkt, die Ende 2001 knapp 155 Mrd. Dollar erreichte.[481] Damit haben weit mehr Investoren ein potenzielles Absicherungs- oder Spekulationsinteresse mittels einer solchen Option, als das auf dem deutschen Markt der Fall wäre.

b)   Immobilienfondsanteile

Eine vordergründig interessante Idee ist die Nutzung der Anteilpreise von deutschen *offenen Immobilienfonds* als Basisobjekt eines Immobilienderivats. Der Vorteil deren Verwendung liegt im öffentlichen Angebot der Anteile und damit der Ablesbarkeit des Preises und der einfachen Nachbildbarkeit einer solchen Basis. Grundlage des Handels wären also wiederum Wertpapiere und keine Immobilien, d.h. die mit dem Wertpapierhandel verbundenen Vorteile gegenüber den Objekttransaktionen gelten in diesem Fall ebenso. Für *geschlossene Immobilienfonds* gilt dieser Grundsatz nicht,

---

[479] Vgl. Schreier, Matthias, Immobilienaktien, 2002, S. 73.
[480] Vgl. NAREIT, REITs, 2003, o.S.
[481] Datenquelle: NAREIT, NAREIT Indices, 2002, o.S.

da keine öffentlichen Preise verfügbar sind. Sie bieten durch ihre heterogene Gestaltung gegenüber Direktanlagen keine Vorteile bei der Verwendung als Underlying. Sie werden daher nicht weiter betrachtet.

Die Anteilpreise beruhen auf Bewertungen vereidigter Gutachter, so dass die Immobilienwerte den beschriebenen Fehlerquellen[482] unterliegen können. Die grundsätzliche Fehlerproblematik bei bewertungsbasierten Daten bleibt also erhalten. Die Anteilpreise der offenen Immobilienfonds weisen im Hinblick auf die Ermittlung einer Immobilienperformance gravierende Mängel auf. Der Preis eines Anteilscheins offener Immobilienfonds entsteht nicht durch das Zusammenspiel von Angebot und Nachfrage, sondern wird durch die Instanzen festgelegt. Das bedeutet, dass die Fondsanteile keine tatsächlichen Marktpreise darstellen. Unter der Vernachlässigung der gesetzlichen Regelungen des KAGG wäre theoretisch eine Börsennotierung der Anteile denkbar, die diesen Nachteil aufheben könnten.[483]

Ein Grundproblem bei der Verwendung der Anteilwerte offener Immobilienfonds ist das gegenläufige Interesse an der Darstellung der Wertentwicklung. Das Management eines offenen Immobilienfonds wird immer bestrebt sein, die Performance des Bestandes möglichst positiv abzubilden, um Investorenanreize zu setzen und damit Mittelzuflüsse zu generieren. Demnach spiegelte die Wertentwicklung der Sondervermögen die des deutschen Gesamtmarktes nur teilweise wider. Die stetig positiven Anteilpreisentwicklungen bestätigen dies. Verzerrt wird ein Indikator über den gut ablesbaren Preis dieser Wertpapiere zudem durch die zum Teil hohe Liquiditätshaltung der offenen Immobilienfonds, so dass eine positive Wertentwicklung ausgewiesen werden kann, obwohl die Immobilienbestände wertmäßig rückläufig sind.[484]

Die nötige Repräsentativität eines solchen Index ist somit nicht gegeben. Die Preis- bzw. Wertentwicklung der gewerblichen Immobilien ließe sich nicht ausreichend ablesen. Ein offener Immobilienfonds ist vor allem in Zeiten hoher Mittelzuflüsse eher ein Mischfonds aus Grundstücken, Ren-

---

[482] Vergleiche Punkt 3. Abschnitt:B.II dieses Abschnitts.
[483] Vgl. Meyer, Frieder, Immobilienindex-Futures, 1995, S. 125.
[484] Vgl. Meyer, Frieder, Immobilienindex-Futures, 1995, S. 126.

ten und sonstigen liquiden Anlagen. Die Sondervermögen der offenen Immobilienfonds werden zudem aktiv gemanagt und umfassen eine Vielzahl von Immobilienteilmärkten in regionaler und typologischer Sicht. Ein passiv ausgerichteter Marktindikator liegt also nicht vor.

Die gesuchte Immobilienperformance spiegelt sich nur zu einem gewissen Grad in der Wertentwicklung der Fondspreise wider. Dadurch dürfte das Interesse an der Anwendung eines Derivats auf einen Anteilwertindex zu gering für die erforderliche Liquidität bleiben. Eine Derivatkonstruktion mit Anteilscheinen offener Immobilienfonds als Basisinstrument wird daher verworfen.

c) Derivate auf Immobilienanleihen

Derivate mit einem auf Immobilienanleihen (z.B. Pfandbriefe) basierenden Underlying weisen einen nur noch geringen Bezug zur Entwicklung von Immobilienwerten auf. Zur Vollständigkeit sollen sie dennoch erwähnt werden.

Mortgage Backed Futures (MBF) und Options (MBO) basieren auf Mortgage Backed Securities (MBS)-Indizes. Diese Kontrakte wurden vornehmlich für Initiatoren von MBS entworfen,[485] die in Deutschland jedoch nur eine untergeordnete Rolle spielen. In angelsächsischen Ländern haben die Schuldner von Immobiliendarlehen häufig das Recht, ihre Verträge geänderten Marktzinsen anzupassen. Daher besteht mit den Zinsveränderungen die Gefahr eines vorzeitigen Schließens des Darlehensvertrages, wenn sich die Vertragsparteien nicht auf geänderte Bedingungen einigen. Diese Gefahr wirkt sich unmittelbar auf verbriefte Formen (MBS) aus Forderungen solcher Darlehen aus, die zur Refinanzierung der Kredite weit verbreitet sind.[486] Institutionellen Anlegern dieser Wertpapiere sollen mit MBF und MBO Risikomanagementinstrumente angeboten werden.

In ihrem Aufbau unterschieden sich handelbare Kontrakte auf diese Anleihen nicht von etablierten Kapitalmarktprodukten der Terminbörsen auf Staatspapiere. Sie werden an dieser Stelle daher nicht weiter verfolgt.

---

[485] Vgl. Ling, David, Mortgage-Backed Futures, 1993, S. 47.
[486] Vgl. Guttery, Randall; McCarthy Ed, Real Estate Derivative Assets, 1994, S. 19.

4. Abschnitt: Konstruktion der Kontrakte

Das Basisinstrument ist zweifelsfrei das Kernproblem eines potenziellen Immobilienderivats. Die konkrete Ausgestaltung eines Kontraktes ist von rein technischer Struktur und unterscheidet sich nicht von „herkömmlichen" Derivaten.

Der Aufbau der Finanzinstrumente ist für das Gelingen eines Derivats allerdings nicht bedeutungslos. So ist es denkbar, dass ein außerbörsliches Termingeschäft auf ein Immobilienbasisinstrument auf ausreichende Nachfrage trifft, ein liquide handelbares Derivat auf die gleiche Basis an einer Terminbörse hingegen scheitert. Damit stellt sich wiederum die Frage der Definition des Begriffes „Derivat" bzw. „synthetisches" Instrument.

Einige Aspekte der Kontraktgestaltung sind für Immobilienderivate daher von besonderem Interesse. In diesem Sinne spricht man vom *Contract Characteristics Ansatz*. Man geht der Frage nach, wie die Eigenschaften des Kontraktes auf den Erfolg eines Derivats wirken. So müssen beispielsweise Basisobjekte, Liefermonate, Liefermodalitäten, Basispreise, Margins bei börsengehandelten Derivaten usw. festgelegt werden. Der Ansatz soll im Folgenden nur für immobilienrelevante Aspekte näher betrachtet werden.

Die Entstehung von derivativen Instrumenten auf einem bisher nicht abgedeckten Markt vollzieht sich über mehrere Stufen. Es wird von einer zeitlichen Führungsrolle der OTC-Derivate ausgegangen. *Außerbörsliche Derivate bzw. Festgeschäfte fungieren dabei als Indikatoren eines Absicherungsinteresses der Marktteilnehmer, welche die Terminbörsen für ihre Produktentwicklungen nutzen können.*[487] Sind sie generell bereit, Absicherungsgeschäfte per Termin mit Vertragspartnern einzugehen, werden sie bei ähnlich guten Absicherungsmöglichkeiten die Vorteile der Transaktionskostenverringerung und der deutlich erhöhten Flexibilität wahrnehmen, die ein organisierter Terminmarkt und dessen Produkte bieten.

An der Spitze der Entwicklung steht ein gut entwickelter Derivatmarkt mit an Terminbörsen handelbaren Instrumenten. An dieser Stelle wären neben

---

[487] Experteninterview, Frankfurt, 24.01.2002.

liquiden Gesamtmarktderivaten auch sektorbasierte Produkte zu erwarten, um die speziellen Risiken von Regionen oder Nutzungsarten besser abzudecken.

Die Entwicklung eines neuen Derivatmarktes folgt im Idealfall folgendem Schema:

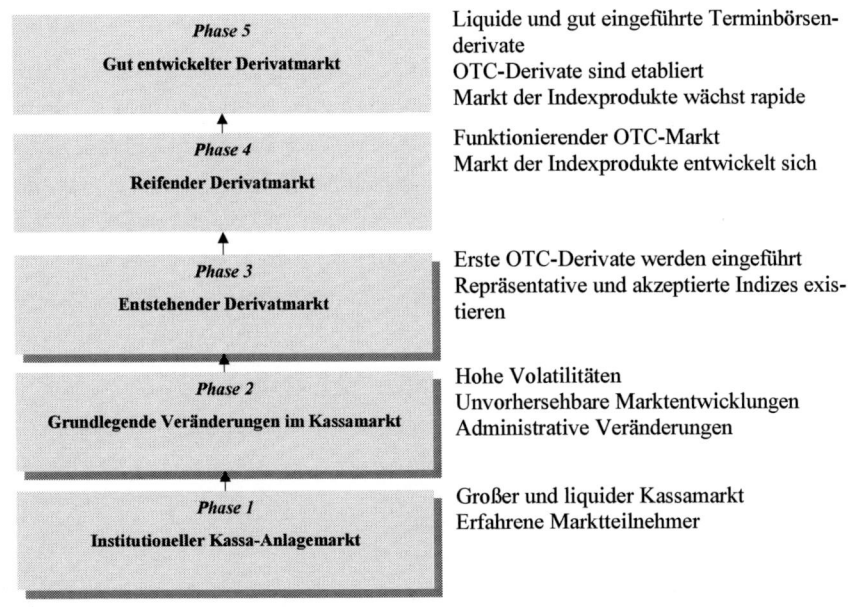

Phase 5 Gut entwickelter Derivatmarkt	Liquide und gut eingeführte Terminbörsenderivate OTC-Derivate sind etabliert Markt der Indexprodukte wächst rapide
Phase 4 Reifender Derivatmarkt	Funktionierender OTC-Markt Markt der Indexprodukte entwickelt sich
Phase 3 Entstehender Derivatmarkt	Erste OTC-Derivate werden eingeführt Repräsentative und akzeptierte Indizes existieren
Phase 2 Grundlegende Veränderungen im Kassamarkt	Hohe Volatilitäten Unvorhersehbare Marktentwicklungen Administrative Veränderungen
Phase 1 Institutioneller Kassa-Anlagemarkt	Großer und liquider Kassamarkt Erfahrene Marktteilnehmer

Abbildung 29: Entwicklungsphasen eines Derivatmarktes[488]

Weiter entwickelte Immobilienanlagemärkte, wie die der angelsächsischen Länder, lassen sich in den Bereich der Phasen zwei und drei einordnen. Diese sind durch liberalere Marktregelungen, höhere Volatilitäten und etablierte Benchmarks (Performanceindizes) gekennzeichnet. Vereinzelte Anwendungen von Immobilienderivaten sind zu beobachten (PIFs, PICs, Immobilienswaps).

Der deutsche Markt befindet sich eher zwischen den Phasen eins und zwei. Hohe Volatilitäten sind nicht zu verzeichnen, etablierte und akzeptierte Immobilienindizes beginnen sich erst zu entwickeln. Demzufolge sind

---

[488] Eigene Darstellung in Anlehnung an Gordon, Jacques; Havsy, Jeffrey, Derivatives Markets, 1999, S. 44.

handelbare Immobilienderivate auf dem deutschen Markt in naher Zukunft nicht zu erwarten. Die Versuche in Großbritannien und den USA zur Einführung von derivativen Immobilienkontrakten und der weiter entwickelte Kassamarkt haben bessere Bedingungen zur Schaffung eines Immobilienterminmarktes gelegt.

A. Art der Vertragserfüllung

Ein wichtiges Unterscheidungskriterium bei der Betrachtung von derivativen Finanzinstrumenten ist die Verpflichtung zur Vertragserfüllung. Demnach kann eine Differenzierung hinsichtlich *unbedingter* und *bedingter* Geschäfte vorgenommen werden. Besitzt eine Vertragspartei ein Wahlrecht, das Termingeschäft ausüben oder verfallen zu lassen, handelt es sich um bedingte Geschäfte, wie dies bei Optionen der Fall ist. Sind hingegen beide Vertragsparteien am Ausübungstag (settlement day) zur Vertragserfüllung verpflichtet, so z.B. bei Futures oder Forwards, spricht man von unbedingten Geschäften.

Die folgende Grafik soll den Zusammenhang verschiedener Kontraktvarianten verdeutlichen:

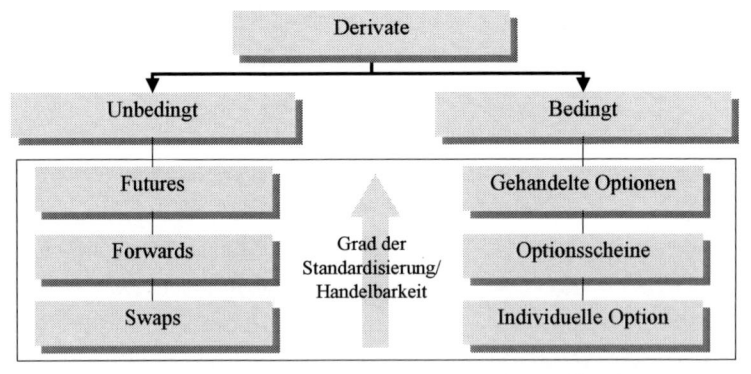

```
                        Derivate
                   ┌───────┴───────┐
               Unbedingt        Bedingt
               ┌───────┐       ┌──────────────────┐
               Futures          Gehandelte Optionen
               Forwards         Optionsscheine
               Swaps            Individuelle Option
                    Grad der
                    Standardisierung/
                    Handelbarkeit
```

Abbildung 30: Systematik der Derivate nach der Kontraktspezifikation

Bei handelbaren Immobilienderivaten kommen demzufolge Futures- und Optionskontrakte an Terminbörsen in Betracht. Beide Kontraktformen scheinen im Hinblick auf die erfolgte Analyse bestehender Derivate der EUREX unterschiedlichen Interessen zu dienen. Optionen wurden dabei eher als Absicherungsgeschäfte genutzt. Futuresgeschäfte eignen sich besonders für die Umsetzung von Tradingstrategien. Zur optimalen Abdeckung aller potenzieller Interessen eines Immobilienterminmarktes wäre die Einführung beider Kontraktformen vorteilhaft. Gerade die Einführung von Optionen verursacht jedoch eine Volumenaufspaltung, da Put- und Call-Optionen mit verschiedenen Basispreisen und Laufzeiten angeboten werden müssten.[489] An dieser Stelle soll diese Differenzierung jedoch nur eine geringe Rolle spielen, da die unterschiedliche Systematik dieser Termininstrumente nicht von der bereits etablierter abweicht.

B. Nicht standardisierte Immobilienderivate

Im Gegensatz zu Futures und Optionen der Terminbörsen existiert auf den Finanzmärkten eine Vielzahl nicht standardisierter Terminverträge. Diese umfassen im Vergleich zu standardisierten Produkten ein am Kontraktvolumen gemessen weit größeres Volumen.[490]

Die Parteien legen die Vertragsbestandteile eines Forward- oder Swap-Kontraktes üblicherweise individuell fest, so z.B. den Preis, die Menge bzw. Anzahl, den Liefertermin und die Qualität des Handelsobjektes. Die Individualität der Festlegungen bedeutet jedoch, dass der Vertrag als solches nur für die Beteiligten von Vorteil ist, was einen Handel somit i.d.R. ausschließt. Der Hauptunterschied zwischen standardisierten und nicht standardisierten Kontrakten liegt in der Fungibilität. *Prinzipiell kann bei steigender Standardisierung von steigender Handelbarkeit der Kontrakte ausgegangen werden.*

Bei Immobilien liegt die *individuelle* Ausgestaltung eines Termingeschäftes aufgrund der erheblichen Heterogenität nahe, sodass ein Börsenhandel erschwert wird. Die genaue Festlegung der abzusichernden Objekte garantiert eine hohe Wirksamkeit der Kontrakte.

---

[489] Darauf verweist auch Hübner, Roland, Immobilienderivate, 2002, S. 177.
[490] Im Jahr 2000 summierten sich die theoretischen Werte („notional amounts", Cash-Flows zwischen den Vertragsparteien) für alle weltweit gehandelten OTC-Derivate auf 94.037 Mrd. US$, die börsengehandelten Kontrakte beliefen sich auf 13.904 Mrd. US$. Vgl. BIZ, OTC derivatives market, 2000, S. 3.

I. Forwards

Ein Forwardkontrakt ist eine vertragliche Vereinbarung zwischen zwei Parteien über den Kauf oder Verkauf eines bestimmten Basiswerts zu einem im Voraus festgelegten Preis (Terminpreis) zu einem bestimmten zukünftigen Zeitpunkt (Fälligkeitstag). Der Käufer des Kontraktes verpflichtet sich, den Basiswert am Fälligkeitstag zum vereinbarten Preis zu kaufen, während sich der Verkäufer verpflichtet, ihn zu verkaufen.

Forwardgeschäfte sind unbedingte und nicht börsenfähige Termingeschäfte, die häufig über verschiedene Zinssätze abgeschlossen werden.[491] Dabei vereinbaren zwei Vertragspartner die Zahlung eines Zinssatzes für eine in der Zukunft liegende Referenzperiode für ein bestimmtes Nominalvolumen. Die tatsächlich fließenden Zahlungen bestehen nur aus den Zinsdifferenzen, die sich aus einem festgelegten Kontraktzins und einem Marktzinssatz ergeben. Das Nominalvolumen wird nicht übertragen.

Forwards können demgegenüber auch standardisierte Elemente aufweisen, wie dies beim Property Index Forwardkontrakt (PIFs) der Barclays Bank bzw. Aberdeen Property Investors (API) der Fall ist. Ohne diese Vereinheitlichung wäre ein Handel nicht möglich. Im Unterschied zum börsengehandelten Futureskontrakt übernimmt hier jedoch die Bank die Rolle des Handelsplatzes. Diese Forwardkontrakte nehmen bei der Klassifikation von Derivaten nach der Standardisierung somit eine Zwitterstellung ein.

PIFs stellen das heutzutage einzige handelbare derivative Termininstrument für Immobilien dar, welches Marktteilnehmern die Veränderung ihrer offenen Positionen[492] in Immobilien (bzw. Immobilienmarktrisiken oder -renditen) in beide Richtungen ermöglichen. Es lassen sich somit Marktrisiken gezielt eingehen und verringern. Die Kontrakte basieren auf den bekannten britischen IPD-Capital Growth Indizes, also auf Verkehrswerten bzw. deren Veränderungsraten über die Zeit. Die Schlussabrechnung der Kontrakte beruht auf einem jährlichen Index. Da man die PIFs jedoch auch

---

[491] In diesem Fall handelt es sich um Forward Rate Agreements (FRA).
[492] Häufig als „Exposure" bezeichnet.

unterjährig handelt, orientieren sich diese Preise an den monatlich ermittelten Indizes.[493]

Zum vollständigen Management der Immobilienmarktposition eines Investors müssten die Kontrakte auf dem Total Return basieren und zusätzlich den Gesamtrenditebestandteil, der sich durch die Mietzahlungen ergibt, beinhalten. Dies ist bei den Property Index Certificates (PICs) der Fall, auf die im Folgenden eingegangen wird. Analog zu vielen Aktienderivaten hat man jedoch ein Basisinstrument in Form eines „Immobilienkursindex" gewählt.

Die folgende Grafik verdeutlicht die Wirkungsweise eines PIF:

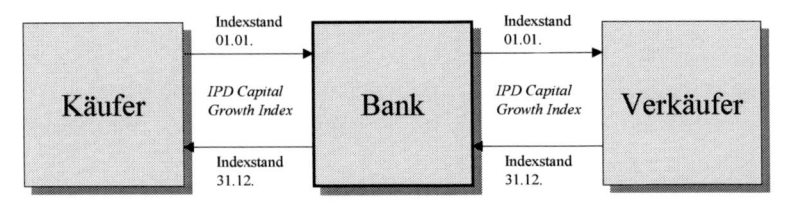

| Käufer | Indexstand 01.01. → IPD Capital Growth Index ← Indexstand 31.12. | Bank | Indexstand 01.01. → IPD Capital Growth Index ← Indexstand 31.12. | Verkäufer |

Abbildung 31: **Wirkungsweise von Property Index Forwards**

Auf Basis des Indexstandes vom 01.01. „kauft" ein Investor PIF-Kontrakte in dem Volumen, um das er seine Immobilienmarktposition erweitern möchte. Er rechnet mit steigenden Immobilienwerten. Der Preis richtet sich nach den jährlich ermittelten IPD-Capital Growth Sektorindizes für Gewerbeimmobilienarten wie Handel oder Industrie. Am Ende der Laufzeit erhält er den Differenzbetrag, der sich aus der Subtraktion des aktuellen und damaligen Indexstandes und der Anzahl der Kontrakte ergibt.[494]

Entsprechend der allgemeinen Wirkungsweise von Börsen muss zum Käufer ein Verkäufer existieren, wenn man von der Zwischenschaltung einer Clearingstelle abstrahiert. Die Intention des Verkäufers ist dabei gegenläufig. Er hat das Interesse seine Marktposition zu verkleinern bzw. abzusichern und „verkauft" die Kontrakte. Der Verkäufer befürchtet Wertminderungen während der Laufzeit. Die Ausgleichszahlung am Ende der Laufzeit hat im vorliegenden idealisierten Fall den gleichen Betrag und das

---

[493] Vgl. Whitmore, James, PIF Derivatives Expansion, 1998, o.S. und Weeks, Charles, Protect Your Property, 1998, o.S.
[494] Vgl. Weeks, Charles, Protect Your Property, 1998, o.S.

entgegengesetzte Vorzeichen. Die Nominalbeträge werden dabei nicht getauscht, d.h. lediglich am Ende der Laufzeit erfolgen Zahlungen in der Höhe der Differenzbeträge.

Wie bei terminbörslichen Geschäften üblich, treten beide Vertragsparteien jedoch nicht miteinander in Kontakt. Die Vermittler- bzw. Vertragspartnerposition, die bei Terminbörsen die Clearingstelle innehat, übernimmt in diesem Fall die Bank als Anbieter der Produkte. Sie fungiert als Marktmacher (Market Maker) und stellt die nötige Liquidität bereit. Bei einem klassischen Forwardgeschäft fehlt die Bank als Mittler. Die Vermeidung von direkten Kontakten zwischen den Vertragsparteien hat viele Vorteile, auf die später eingegangen wird.[495]

Das Zustandekommen eines solchen Marktes ist an das Vorhandensein ausreichend stark verschiedener Meinungen über die zukünftige Marktentwicklung gebunden. Hierbei spielt die bereits untersuchte Autokorrelation der Immobilienmarktdaten eine wichtige Rolle. Ist diese bspw. für eine Verzögerungsrate von „1" hoch, können Investoren den zukünftigen Indexstand „vorhersehen". In diesem Fall entstünden wahrscheinlich nicht genügend gegenläufige Meinungen über kommende Indexveränderungen. Ein Handel der Kontrakte ist dann kaum möglich. Die Berechnungen zeigten für die Veränderungen der Verkehrswerte (Capital Value Growth – CVG) maximale Autokorrelationskoeffizienten von 0,53 für den Sektor „Office". Für die verwendeten Basisinstrumente der Sektoren Industrie- und Handelsimmobilien ließen sich keine statistisch signifikanten Autokorrelationskoeffizienten nachweisen. „All Property" und „City Offices" sind jedoch auch als Basisinstrument der PIFs akzeptiert worden.[496]

---

[495] Siehe die Ausführungen unter 4. Abschnitt:C im 4. Abschnitt.
[496] Vgl. Whitmore, James, PIF Derivatives Expansion, 1998, o.S.

IPD Sektor	Autokorrelationskoeffizient 1. Ordnung
All Property	0,44
Retail	0,32
Office	0,53
Industrial	0,34

Tabelle 28: Autokorrelation der IPD-Capital Value Growth Subindizes[497]

PIFs erlauben es den Investoren also, die Marktposition in britischen Gewerbeimmobilien über die Verkehrswertveränderungen zu managen. Aufgrund ihres dauerhaften Bestandes sollen sie als erfolgreich gelten, da keine Daten zum Umsatzvolumen der Kontrakte vorlagen.

II. Zertifikate

Zertifikate sind nur im weiteren Sinne als Derivate zu verstehen. Im Sprachgebrauch werden unter Derivaten häufig nur Derivate der Terminbörsen oder Optionsscheine verstanden. Im Sinne „abgeleiteter Produkte" können Zertifikate als derivative Instrumente des Kassamarktes aufgefasst werden.

Zertifikate sind im Allgemeinen schuldrechtliche Papiere, die am Ende der Laufzeit eine Auszahlung gemäß der gewählten Basis verbriefen. Ein Zertifikat kann auch als Partizipationsschein (Partizipation an einer Indexentwicklung) bezeichnet werden.

Das Handelsmotiv bei der Investition in Zertifikate liegt in der Teilhabe an der Wertentwicklung von Immobilienpreis- und Performanceindizes. Bei Performanceindizes wären auch die Veränderungen der Mieterträge inbegriffen.

Als an dieser Stelle passende Beispiele für Immobilienzertifikate sollen die erwähnten Property Index Certificates (PICs) dienen, die den gleichen Emittenten wie die PIFs haben. Sie stehen in engem Zusammenhang mit den diskutierten PIFs. PICs sind in ihrem Wesen Schuldverschreibungen identisch. Sie sind als Eurobonds strukturiert und werden auch an der Londoner Börse notiert.[498]

---

[497] Eigene Berechnung. Datenquelle: IPD. Siehe Anhang 1.
[498] Vgl. Roche, Julian, Property Futures, 1995, S. 89ff. und Westrup, Lydia, Immobilienindex, 1999, S. 53.

Die Immobilienindexzertifikate beziehen sich auf den jährlichen IPD-Annual Index, einem Total Return Index. Der Investor ist damit an der *Performance* des britischen Immobilienmarktes beteiligt. Die PICs dürfen dabei nicht mit „herkömmlichen" Zertifikaten verwechselt werden, die auch Kleinanlegern zugänglich sind. Die Kontrakte weisen hohe Mindestanlagesummen auf, sodass nur ca. 100 institutionelle Investoren am Handel beteiligt sind.[499]

Der hauptsächliche konstruktive Unterschied für den Emittenten von PICs liegt in der Generierung des Nominalkapitals zu operativen Zwecken.[500] Die zertifikatausgebende Institution erhält vom Investor den Nennbetrag bzw. den Emissionspreis und verpflichtet sich Zahlungen in Höhe der Indexveränderungen zu leisten. Bei den PIF-Kontrakten erfolgen diese Zahlungen nicht. PICs sind daher als (börsengehandelte) indexgebundene Anleihen zu charakterisieren.

Für institutionelle Investoren besteht hingegen bei beiden Kontraktformen die Möglichkeit, „Short-Positionen" einzugehen. Institutionelle Investoren können über die Ausgabe der Anleihen über die Laufzeit Liquidität erzielen. Besitzt der Immobilieninvestor ein Portfolio britischer Immobilien, welches eine hohe Korrelation zum zugrundeliegenden Index hat, so ist es relativ einfach möglich, den Zahlungsverpflichtungen nach der Ausgabe der Zertifikate nachzukommen. Die Cash-Flows der Immobilienbestände werden über die Bedienung der Anleihe an die Anleger „weitergereicht". Die Initiatoren der Emission können dabei die Bank oder Dritte sein. Die Emission selbst übernimmt die Bank. Die Bildung einer Short-Position ist über den Handel der PIFs allerdings einfacher, flexibler und weniger kostenintensiv.

III. Swaps

Immobilienverbundene Swaps zählen auch zu den wenigen bisher umgesetzten Immobilienderivaten. So sind Immobilienswaps durch die Investmentbanken Bankers Trust und Morgan Stanley bekannt geworden.

---

[499] Vgl. Weeks, Charles, Time for a Change, 1998, o.S.
[500] Vgl. Weeks, Charles, Protect Your Property, 1998, o.S.

Swapgeschäfte sind aufgrund ihrer Nichtstandardisierung Produkte, die zum OTC-Markt gehören. Das Grundprinzip eines Swap liegt im Austausch von Zahlungsströmen zwischen den beteiligten Partnern. Zins- und Währungsswaps sowie Kombinationen aus beiden sind häufige Formen der Swapgeschäfte. Die Konditionen werden für einen späteren Zeitpunkt festgelegt (Termingeschäft) und sind für beide Kontraktparteien verbindlich (unbedingtes Geschäft). Bei einem Zinsswap tauschen die Parteien bspw. Zinszahlungen eines festen Zinssatzes mit dem eines variablen (LIBOR gegen Festzinssatz) oder zwei variable gegeneinander innerhalb einer festgelegten zukünftigen Periode. Die tatsächlichen und regelmäßigen Zahlungen umfassen wiederum nicht die Nominalbeträge (Swapvolumen), sondern die Zinsdifferenzen. Mit Swapgeschäften nutzen die Vertragspartner den jeweils besseren Marktzugang des anderen für effiziente Transaktionen (komparative (Kosten-) Vorteile).[501]

Ein Immobilienswap umfasst demnach Zahlungen, die sich auf Renditebestandteile von Immobilienvermögen beziehen, ohne die entsprechenden Objekte zu handeln. Die Kontrahentenseite kann sich dabei ebenfalls auf Immobilien oder auf Zinsen, Aktien o.ä. beziehen. Die Kopplung des Immobilienbestandteils an einen Immobilienindex liegt auch hier nahe. Mit der Verwendung von Indizes entsteht auch hier ein Basisrisiko für den Investor, wenn die abzusichernden Zahlungsströme des Portfolios nicht vollständig mit der Indexentwicklung konform laufen.[502]

Immobilienderivatkonstruktionen als Swap bieten ebenfalls den Vorteil, Long- und Short-Positionen in marktbedingten Immobilienrenditen bzw. -risiken eingehen zu können, ohne die Objekte kaufen oder verkaufen zu müssen.

Analog zu einem Zinsswap verpflichtet sich der Eigentümer eines mit dem Index stark korrelierenden Immobilienportfolios zur Zahlung der Indexrendite an den Vertragspartner. Dieser zahlt im Gegenzug die Renditen der anderen Basis, z.B. einen variablen Zinssatz in Abhängigkeit des LIBOR.

---

[501] Vgl. Steiner, Manfred; Bruns, Christoph, Wertpapiermanagement, 2000, S. 559 und 561 und Hull, John, Options, 1993, S. 112f.
[502] Vgl. Park, Tae; Switzer, Lorne, Real Estate Swaps, 1996, S. 527.

Am Gesamtgeschäft können auch mehr als zwei Vertragspartner beteiligt sein, um die Absichten der Initiatoren optimal umsetzen zu können.

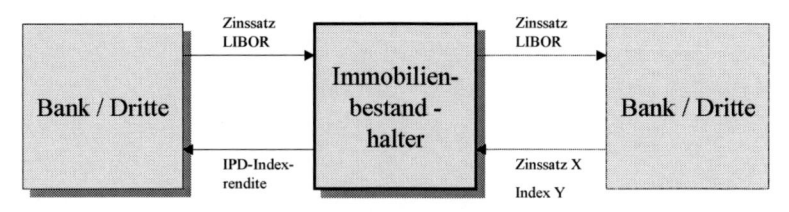

```
                    Zinssatz                      Zinssatz
                    LIBOR                         LIBOR
┌──────────────┐  ──────────→  ┌──────────────┐ ──────────→ ┌──────────────┐
│              │                │ Immobilien-  │              │              │
│ Bank / Dritte│                │ bestand -    │              │ Bank / Dritte│
│              │                │ halter       │              │              │
│              │   IPD-Index-   │              │  Zinssatz X  │              │
│              │  ←──rendite──  │              │ ←──Index Y── │              │
└──────────────┘                └──────────────┘              └──────────────┘
```

Abbildung 32: Wirkungsweise eines Immobilienswap[503]

Ist der Immobilienbestandhalter aus dem Beispiel nicht oder nicht mehr an den vereinbarten Zahlungen aus dem variabel verzinsten LIBOR interessiert, kann er diese Zahlungen wiederum gegen andere „swapen". Diese Vorgehensweise steht auch der Bank offen. Sie kann Interessenten für die IPD-Renditen suchen und diese gegen andere Zahlungen tauschen. Im Falle dieses Austausches spricht man von Swaps auf Multi-Asset-Basis. Möglich ist auch der Tausch von Immobilienrenditen unterschiedlicher Nutzungsarten, so z.B. Handels- gegen Bürorenditen. Diese kann man als Property Sector Swaps bezeichnen. Es ergeben sich übergreifend vier denkbare Ebenen, Immobilienswaps zu unterscheiden:[504]

1. *Multi Asset Level Swaps*
   Tausch von Immobilienmarkt-Totalrenditen aller Nutzungsarten gegen die anderer Asset-Klassen.
2. *Property Sector Swaps*
   Tausch von Immobilienmarkt-Totalrenditen verschiedener Nutzungsarten.
3. *International Property Index Swaps*
   Tausch von Immobilienmarkt-Totalrenditen verschiedener Länder.
4. *Single Property Swaps*
   Tausch der Totalrenditen einzelner Objekte.

---

[503] In Anlehnung an Albrecht, Peter; Maurer, Raimond, Risikomanagement, 2002, S. 581.
[504] Vgl. Baum, Andrew, SWAP, 2000, S. 2.

Die Verwirklichung eines Swap mit einer Basis konkreter Immobilien (Fall 4) wird jedoch durch das beschriebene „Moral Hazard"-Problem erschwert. Für den Immobilieneigentümer besteht der Anreiz, den Ausgleichzahlungen nicht mehr nachzukommen bzw. Objekte nicht optimal zu bewirtschaften, wenn mit den eigenen Immobilien höhere Cash-Flows als mit den vereinbarten Gegenzahlungen generiert werden.[505]

Mit Immobilienswaps besteht wiederum die Möglichkeit, synthetische Investments auf dem Immobilienmarkt zu tätigen. Ohne physische Objekte handeln zu müssen, können Investitionen und Desinvestitionen vorgenommen werden. Die Intention eines Immobilieninvestors mit einem einseitig ausgerichteten Büroimmobilienportfolio könnte darin bestehen, einen Teil des generierten Cash-Flows gegen Handels- oder Industrieimmobilien zu „swapen", um positive Asset Allocation Effekte zu erzielen.

Ein langfristiges Immobilieninvestment würde ein häufiges „Roll Over" von meist kürzer laufenden Futures oder Optionen erfordern.[506] Gegenüber gehandelten Futures und Optionen weisen individuell vereinbarte Swaps (und Forwards) den Vorteil möglicher langer Laufzeiten auf, ohne regelmäßig neue Kontrakte handeln zu müssen.[507]

Im Vergleich zu direkten Objektübertragungen ergibt sich der Vorteil hoher Transaktionskostenersparnisse. Allerdings sind die OTC-Derivate auch nicht kostenfrei. Durch die Suche und Vermittlung sowie durch den Vertragsabschluss entstehen Aufwendungen, die jedoch weitaus geringer als die der Objekttransaktionen sind.

Neben den hoch standardisierten Derivaten der Terminbörsen werden auch Anstrengungen unternommen, primär individuelle Kontrakte stärker zu vereinheitlichen, wie z.B. Swaps. Die Standarisierung von Swaps konzentriert sich dabei auf die Vereinheitlichung der Rechtsgrundlagen der Swap-Verträge. Dies soll den Vertragsabschluss durch eine vereinfachte

---

[505] Vgl. Park, Tae; Switzer, Lorne, Real Estate Swaps, 1996, S. 527.
[506] Vgl. Hull, John, Options, 1993, S. 39f.
[507] Vgl. Case, Karl u.a., Index-Based Futures, 1993, S.89.

Abwicklung beschleunigen und Vorteile bei der Dokumentation ermöglichen.[508]

IV. Immobilienoptionen

Analog zu den bisherigen Ausführungen sind Kontraktformen mit bedingter Ausgestaltung ebenso denkbar wie die mit unbedingter. Im Falle nicht öffentlich gehandelter Derivate wären das individuell vereinbarte Optionen. Das Basisinstrument kann aus den bereits diskutierten Möglichkeiten wie Immobilienindizes oder -portefeuilles bestehen.

Der Optionscharakter eines Kontraktes erlaubt jedoch auch eine Bezugnahme auf individuelle Objekte. Die Auswirkungen des „Moral Hazard"-Problems stellen sich durch die Wahlmöglichkeit zur Ausübung durch den Inhaber der Option (Käufer) anders dar, als bei den unbedingten Geschäften. Mit der Option, ein Objekt zu kaufen (Call), besteht für den Stillhalter (Verkäufer) weiterhin der Anreiz, das Objekt effizient zu bewirtschaften. Unterlässt er entsprechende Handlungen, wird der Optionskäufer sein Wahlrecht nicht ausüben. In diesem Fall kann der Optionsverkäufer das Objekt nicht verkaufen. Ausprägungen objektspezifischer Immobilienoptionen könnten die folgenden sein:[509]

1. Eine Option, ein Immobilienprojekt zum heute ermittelten Verkehrswert des fertiggestellten Objektes kaufen oder verkaufen zu können.
2. Eine Option, das Immobilienprojekt zu einem bestimmten Zeitpunkt und zu einem bestimmten Preis mieten oder vermieten zu können.
3. Optionen zur Sicherung von Finanzierungskonditionen.

Dies gilt allerdings nur so weit, bis der Verkehrswert die Höhe des Ausübungspreises erreicht. Darüber hinaus hat der Verkäufer keine Anreize, wertsteigernde Maßnahmen zu ergreifen. Nutzt jedoch bereits der Optionsinhaber das Objekt und sind ihm Managementaufgaben übertragen, konvergieren die Interessen. Immobilienleasingverträge beinhalten für den Nutzer häufig eine Kaufoption für das Ende der Vertragslaufzeit. In diesem

---

[508] Vgl. Bruns, Christoph; Meyer-Bullerdiek, Frieder, Portfoliomanagement, 1996, S. 327f.
[509] Vgl. Trippi, Robert; Lare, Nadedjo, Real Estate Put Options, 1990, S. 25 und den Beitrag von Benjamin, John u.a., Contracts as Options, 1985.

Fall wird der Nutzer bestrebt sein, einen möglichst hohen Wert des Objektes zu erreichen und somit Gewinne durch die Optionsausübung zu vereinnahmen.

In die Kategorie bedingter Derivate fällt die große Gruppe der Optionsscheine, die auf Aktien-, Kapital- oder Devisenmärkten eine weite Verbreitung gefunden haben. Im Sinne ihrer wesentlichen Konstruktionsmerkmale unterscheiden sie sich jedoch nicht wesentlich von börsengehandelten Optionen (Traded Options). Sie sind durch ihre minimalen Kontraktgrößen nur einer breiteren Anlegerschicht zugänglich.

Die Seltenheit von OTC-Derivaten mit Immobilienbasis hat häufig ihren Ursprung in fehlenden oder mangelhaften Immobilienindizes.[510] Akzeptierte Immobilienindizes sind bisher in nur wenigen Ländern etabliert. Außerbörslich gehandelte Derivate haben aufgrund ihrer hohen Anpassung an die Anforderungen der Kontraktpartner einen hohen potenziellen Nutzen (hohe Hedgingeffizienz). Sie beziehen sich allerdings meist auf lange und damit unsichere Zeiträume (z.B. drei bis fünf Jahre bei Swaps). Die Effektivität des Hedginginstruments kann sich daher mit veränderten Bedingungen verschlechtern.[511] Immobilienbezogene OTC-Derivate sind zudem schwierig zu bewerten.

Die Voraussetzungen für die Entstehung von immobilienbezogenen OTC-Derivaten sind in Ländern mit akzeptierten Immobilienindizes gut erfüllt. Die Nutzung neuer Instrumente ist in hohem Maße von der Akzeptanz der Marktteilnehmer abhängig.

C. Standardisierte Immobilienderivate

Unter standardisierten Derivaten werden an Terminbörsen gehandelte Futures- und Optionskontrakte verstanden. Optionen auf Futures existieren auch; sie werden an dieser Stelle aufgrund ihrer rein technischen Bedeutsamkeit nicht betrachtet.

---

[510] Vgl. Schwimmer, Anne, Derivatives, 1994, o.S.
[511] Vgl. Worzala, Elaine u.a., Currency Swaps, 1997, S. 136.

Der Hauptunterschied zu nicht standardisierten Derivaten liegt in der Festlegung aller Kontraktparameter. Die Festlegung hat entscheidende Auswirkungen auf die Hedgingeffizienz und die Handelbarkeit der Kontrakte. Die umfassende Festlegung der Parameter vermindert tendenziell die Anpassung an die individuellen Bedürfnisse der Hedger und Spekulanten. Die Kontraktspezifikationen dürfen keine Vertragspartei gegenüber der anderen bevorteilen. Dies kann bspw. durch eine ungenaue Beschreibung des Handelsobjektes oder ungünstige Liefermodalitäten auftreten.[512] D.h., die Interessen breiter Käufer- und Verkäuferschichten müssen adäquat angesprochen werden.

Organisierte Derivatmärkte bieten eine Reihe von Vorteilen gegenüber OTC-Märkten. Futures und Optionen werden stets an organisierten Handelsplätzen (Terminbörsen) angeboten. Mit der Einführung standardisierter Derivatmärkte werden Finanzinstrumente geschaffen, bei denen der Handel ohne jegliches Wissen über den Vertragspartner geschehen kann. Kein Marktteilnehmer muss sich mit dem anderen befassen, vergleichbar mit dem Fall, in dem jemand eine Banknote für ein Produkt akzeptiert und sich nicht mit der sonstigen Zahlungs- oder Kreditwürdigkeit des Käufers auseinandersetzen muss. Ein Forwardkontrakt ist hingegen an die Bonität des Vertragspartner gebunden, so dass hier Eigenschaften eines Schecks oder Wechsels vorliegen.[513]

An die Stelle des Vertragspartners tritt bei standardisierten Instrumenten für Käufer und Verkäufer der Kontrakte stets eine Clearingstelle. Die Gültigkeit des Vertrages ist demnach von der Identität und Bonität eines Kontrahenten losgelöst. Damit erübrigt sich das Risiko des Ausfalls. Diese Unabhängigkeit verleiht den Futures- und Optionskontrakten der Terminbörsen den Währungscharakter. Der Wert des Geldes ist ebenso unabhängig vom Vertragspartner, da es auf eine breite Akzeptanz aller Marktteilnehmer aufbaut. Die Inanspruchnahme des Mediums Börse verur-

---

[512] Vgl. Gray, Roger, Futures trading, 1966, S. 117.
[513] Vgl. Telser, Lester, Organized Futures Markets, 1981, S. 6 und Telser, Lester; Higinbotham, Harlow, Costs and Benefits, 1977, S. 969.

sacht jedoch Kosten. Deshalb sind derivative Märkte nur dort interessant, wo der Nutzen diese Kosten übersteigt.[514]

Prinzipiell lassen sich Absicherungsgeschäfte stets mit Forwardverträgen durchführen, so dass kein standardisierter Futureskontrakt benötigt würde. Aufgrund der hohen Liquidität und der Sicherheit bezüglich der Vertragspartner entstehen jedoch (vom jeweiligen Basisinstrument und weiteren Faktoren abhängige) Vorteile durch niedrige Transaktionskosten und die hohe Flexibilität. Je nach der Nachfrage durch die Marktteilnehmer und dem Ausmaß dieser Vorteile können sich die standardisierten Kontraktformen etablieren.

Die Nutzung eines börsengehandelten Derivats wird nur dann interessant, wenn der Vorteil der Transaktions- und Liquiditätskostenersparnis größer als der Nachteil der verminderten Hedgingeffizienz ist.

JANSSEN bezeichnet die Kontraktbestandteile börsengehandelter Derivate als die Determinanten für einen Erfolg eines neuen Kontraktes, welche die Terminbörsen frei von äußerer Einflussnahme festlegen. Deren Einfluss auf den Kontrakterfolg sieht er als endogen an. Die Determinanten werden an dieser Stelle genannt und nur bei immobilienspezifischen Besonderheiten weiter diskutiert (Kontraktlaufzeit und Erfüllungsverfahren). Für alle anderen wird auf die angegebene Literatur verwiesen. Standardisierte Derivate beinhalten neben den Bestimmungen zur Art, Menge und Qualität Festlegungen zu folgenden Parametern:[515]

---

[514] Vgl. Telser, Lester; Higinbotham, Harlow, Costs and Benefits, 1977, S. 970.
[515] Vgl. Janssen, Stefan, Kontraktdesign, 1993, S. 73ff.

Parameter	Erläuterung
1. Art des Erfüllungsverfahrens	Physische Lieferung oder Barausgleich
2. Implizite Lieferoptionen	Wahlrechte bezüglich lieferbarer Titel
3. Kontraktgröße	Nominalvolumen eines Kontraktes
4. Kontraktlaufzeit	Zeitspanne zwischen Emission und Verfalltag des Kontraktes
5. Marginsystem/ Clearingstelle	Zu hinterlegende Sicherheitsleistungen beim Kontrakthandel
6. Mindestkursabstufung	Minimale Preisveränderung eines Kontraktes (Tickwert)
7. Preislimits	Maximal zulässige Preisschwankung eines Kontraktes an einem Börsenhandelstag
8. Positionslimits	Maximal zulässige Anzahl der Kontrakte eines Marktteilnehmers
9. Transaktionskosten	Höhe der an die Terminbörse zu entrichtenden Gebühren eines gehandelten Kontraktes

Tabelle 29: Kontraktparameter standardisierter Derivate

Es ist bei Terminkontrakten festzulegen, ob eine physische Lieferung am Ende der Laufzeit oder ein *Barausgleich* (Cash Settlement) vorgesehen ist.[516] Kontrakte mit Basisinstrumenten, deren Preis schwer feststellbar ist bzw. für die kein geeigneter Kassamarkt als „Preisermittler" existiert, beinhalten häufig das physische Lieferverfahren.[517] Dies bietet den Vorteil, dass intransparente Preise für den Barausgleich durch die Lieferoption beim Auslaufen des Futures nicht exakt festgestellt werden müssen. Dies spräche prinzipiell für eine physische Lieferung bei Immobilienderivaten.

---

[516] Vgl. Hull, John, Options, 1993, S. 33.
[517] Dies gilt z.B. für Warenfutures und Kapitalmarktfutures auf Bundesanleihen. Vgl. auch Hübner, Roland, Immobilienderivate, 2002, S. 176.

Die Vielzahl wertbestimmender Faktoren und die hohen Aufwendungen bei der Übertragung von Immobilien schließen eine physische Lieferung aus. Hingewiesen sei allein auf das Gewicht des Standortfaktors bei Immobilien, der die Einzigartigkeit dieser Asset-Klasse maßgeblich hervorruft. Gegen eine physische Andienung des Kontraktgegenstandes bei Immobilien spricht zudem der enorme Verwaltungsaufwand, der dabei entstehen würde. So bekäme der Käufer eines Immobilienfutures zur Fälligkeit beispielsweise eine bestimmte Anzahl von Wohnimmobilien an einem bestimmten Ort, müsste zahlreiche administrative Angelegenheiten[518] erledigen und somit enorme Transaktionskosten übernehmen. Diese sollen jedoch gerade durch den Futureshandel verringert werden.

Eine Umgehung dieses Problems geschieht durch den häufig praktizierten Barausgleich des Kontraktvolumens. Dabei erfolgt lediglich die Zahlung des Differenzbetrages im Umfang des Termingeschäfts, ohne dass der Verkäufer oder Käufer physisch liefern bzw. abnehmen muss. Die Vorteilhaftigkeit des Verfahrens ist offenkundig, wenn selbst bei relativ einfach zu übertragenden Underlyings, wie bei Aktien, ein physischer Ausgleich umgangen wird.[519] Diese bei etablierten Futures gängige Praxis ist somit eine Grundvoraussetzung für einen Futureshandel mit Immobilien. Die exakte Ermittlung eines durchschnittlichen Preises einer standardisierten Fläche oder Immobilie, die für diese Variante erforderlich ist, wird über die diskutierten Indexmethoden sichergestellt.[520] *Aufgrund der Heterogenität der Anlageklasse Immobilien wird das Verfahren des Barausgleichs als einzig praktikables für potenzielle standardisierte Immobilienderivate herausgestellt.*

Ein weiterer für potenzielle Immobilienderivate interessanter Aspekt ist die Festlegung der Mindestkursabstufung. Bietet ein potenzielles Immobilienderivat in Form eines Futures nicht genügend Volatilität, um ausreichend Spekulanten anzuziehen, bestünde die Möglichkeit, den Tickwert (Min-

---

[518] So ist z.B. an Grundbucheinträge etc. zu denken.
[519] Der größte Teil der Kontrakte wird vor der Fälligkeit glattgestellt, so dass keine Lieferung erfolgen muss. Vgl. Fitzgerald, Desmond M., Financial Futures, 1993, S. 4 und Steiner, Manfred; Bruns, Christoph, Wertpapiermanagement, 2000, S. 437.
[520] Siehe dazu den 3. Abschnitt.

destkursabstufung) des Futures stufenweise zu erhöhen. Damit könnte die Mindestpreisbewegung im Handelsverlauf und damit die Volatilität des Kontraktpreises vergrößert werden.[521]

I. Futures

Futureskontrakte entsprechen in ihrer Funktionsweise den Forwards. Sie weisen jedoch die Kontraktparameter in standardisierter Form auf. Die entscheidende Differenz liegt damit in der Kenntnis aller Marktteilnehmer bzw. Händler über die exakten Charakteristika und Vertragsbedingungen des zugrundeliegenden Gutes, ohne aufwendige Informationsbeschaffung und Verhandlungen über das Geschäft führen zu müssen.[522] Die konkrete Ausgestaltung eines Futureskontraktes bestimmt somit dessen Funktionsweise und Einsatzgebiet auf dem Terminmarkt.

Ein weiterer wichtiger Unterschied liegt im täglichen Ausgleich von Gewinnen und Verlusten aus der Futuresposition durch das Marginsystem. Im Gegensatz dazu erfolgt die (komplette) Ausgleichszahlung beim Forwardkontrakt erst zum Termin.

Als wesentlicher Kontraktparameter von Immobilienderivaten ist die Laufzeit zu nennen, da die typische Haltedauer physischer Immobilien von gehandelten Futures stark abweicht. Daher wird im Folgenden auf konventionelle Kontrakte und laufzeitangepasste Kontraktvarianten eingegangen.

a) Konventionelle Kontrakte mit fester Laufzeit

Die Laufzeit von etablierten Futureskontrakten spielt für die Handelsaktivität eine wichtige Rolle. In den verschiedenen Laufzeiten treten erfahrungsgemäß unterschiedliche Handelsvolumina auf, die mit kürzer werdender Laufzeit zunehmen.

Da die Liquidität der gehandelten Futures für deren faire Bewertung äußerst wichtig ist, kommt der Festlegung der Laufzeit eine besondere Bedeutung zu. Die lange Laufzeit von typischen Immobilieninvestitionen er-

---

[521] Experteninterview, Frankfurt, 24.01.2002.
[522] Vgl. Kolb, Robert W., Financial Derivatives, 1993, S. 24.

schwert die Konstruktion der Instrumente und macht Hedgingstrategien mit der bisherigen Futures- und Optionsgestaltung aufwendig.

Das größte Volumen erreicht in der Regel jeweils der Kontrakt, dessen Verfalldatum am nächsten ist. Mit dem höchsten Handelsvolumen entsteht bei den „kurzlaufenden" Kontrakten zumeist auch das höchste „Open Interest", welches der Anzahl der Kontrakte entspricht, die nicht per Gegengeschäft glattgestellt wurden und somit zur Lieferung ausstehen.

Entsteht ein angemessenes Handelsvolumen nur für relativ nah am Verfalldatum liegende Futures, lässt dies Rückschlüsse auf das Absicherungsinteresse bzw. die eingeschränkte Vorhersagbarkeit zukünftiger Umweltzustände durch die Investoren zu. Die vergleichsweise kurzen Zeiträume des „Zukunftshandels" von Aktien, Renten und Zinsen korrespondieren mit den im Vergleich zum Immobilienmarkt verminderten Zyklenlängen.[523] Wenn ausgeprägte Preisschwankungen als ein Hauptmotiv für die Inanspruchnahme des Terminmarktes identifiziert wurden und diese auf dem Immobilienmarkt nur über verhältnismäßig lange Zeiträume auftreten, erscheint die Motivation zum Immobilienfutureshandel auch eher über längere Zeiträume gegeben. Dies läuft demnach der gängigen Praxis auf dem Terminmarkt entgegen.

Um trotzdem einen liquiden Immobilienfutureshandel zu schaffen, könnten mehrere kurzlaufende Immobilienfutures parallel notiert werden, wie das z.B. bei den BUND-Futures der Fall ist, bei denen der Verfalltag gleichzeitig gehandelter Kontrakte drei Monate auseinander liegt. Mit den unterschiedlich lang notierenden Kontrakten könnte theoretisch ein langfristiger Immobilienhedge durch die ständige Neuinvestition in die kurzfristigen Immobilienfutures erfolgen. Die Absicherung einer Langzeitinvestition mit kürzer laufenden Kontrakten erfordert eine Vielzahl dieser Instrumente und erhöht die Kosten.[524] Mit kürzer laufenden Futures müsste eine „Roll Over"-Strategie verfolgt werden, um „einen" langfristigen Kontrakt synthe-

---

[523] Für den Aktienmarkt existieren auch äußerst langfristige Zyklen von bspw. mehreren Jahrzehnten. Diese sollen in diesem Rahmen jedoch nicht betrachtet werden, da sie für ein Hedging mittels der benannten Termininstrumente von geringem Interesse sind.
[524] Vgl. Worzala, Elaine u.a., Currency Swaps, 1997, S. 136.

tisch zu konstruieren. Mit dem Auslaufen wird dabei sofort ein neuer Kontrakt ge- oder verkauft.

Geht man jedoch von den bereits erwähnten hohen Autokorrelationen[525] innerhalb der Preistrends auf dem Immobilienmarkt aus, ließen sich die Entwicklungen der Preise für einen kurzfristigen Horizont in gewissem Maße vorhersagen. Besteht die Kenntnis von künftigen Marktveränderungen auf dem idealtypisch effizienten Kapitalmarkt, so erfolgt die Einpreisung dieser Fakten in hoher Geschwindigkeit. Der durch Ineffizienzen gekennzeichnete Immobilienmarkt reagiert wesentlich träger und passt Preise demzufolge erst später an. Die Antizipation zukünftiger Marktzustände spiegelt sich in der Regel sofort in den Preisen auf dem Terminmarkt wider, so dass eine ungünstige Situation für das Hedging einer Immobilienposition entsteht. Sind künftige Preisniveaus zu einem bestimmten Grad bereits heute bekannt, tendiert das Termininstrument auch in deren Richtung, wodurch die Absicherung heutiger Preisstände mit kurzfristigen Immobilienfutures erheblich erschwert wird. Dies würde die für eine Einführung von Terminkontrakten wichtigen Hedginginteressen negativ beeinflussen.[526]

Ob eine präzise Vorhersage zukünftiger Marktzustände auf dem durch eine Vielzahl von verbundenen Teilmärkten beeinflussten Immobilienmarkt jedoch überhaupt möglich ist, kann nicht eindeutig beantwortet werden.[527] Eine befriedigende Prognostizierbarkeit müsste sich dann dämpfend auf die erwähnten zyklischen Bewegungen dieses Marktes auswirken. Wird die Prognosefähigkeit allerdings als befriedigend angenommen, müsste dies spekulative Kräfte an einen theoretischen Immobilienterminmarkt ziehen, da mit der Prognosefähigkeit eines Marktes die Gewinnchancen aus Tradingpositionen steigen. Allerdings entstünden nicht genügend gegenläufig Markterwartungen.

---

[525] Siehe dazu auch den Punkt 2. Abschnitt:A.II.b) des 2. Abschnitts.
[526] Vgl. Thomas, Guy R., Indemnities, 1996, S. 42.
[527] CASE und SHILLER proklamieren für den Markt der Einfamilienhäuser, auf die sich auch THOMAS bezieht, ein sehr eingeschränkte Prognosefähigkeit, vgl. Case, Karl; Shiller, Robert, Efficiency of the market, 1989, S. 125; 131.

CASE, SHILLER, WEISS sowie THOMAS nehmen deshalb für einen theoretischen Immobilienfutureskontrakt eine Bevorzugung größerer Laufzeiten durch die Marktteilnehmer an, wodurch sich das Handelsvolumen nicht vorrangig in den kurzlaufenden Kontrakten konzentrieren würde.[528]

Die Grundlage dieser Überlegung basiert neben der genannten „Roll Over"-Problematik auf dem Wunsch nach einer Langzeitabsicherung von Immobilienpositionen und der Annahme langfristiger Portfoliostrategien mit Immobilien, so dass mit eher mehrjährigen Laufzeiten der Immobilienfutures/-optionen zu rechnen wäre. Der Umstand der theoretisch unzureichenden Absicherungswirkung von börsengehandelten Immobilienfutures führt daher vermutlich zu immobilienbezogenen Forward- und Swapgeschäften, die gewöhnlich längerfristig orientiert und individuell gestaltet sind und dem Anwender größeren Nutzen stiften.[529]

b) Laufzeitlose Kontrakte nach SHILLER/THOMAS

CASE, SHILLER und WEISS schlagen theoretische indexbasierte Immobilienfutureskontrakte vor, die über den Barausgleich (Cash Settlement) erfüllt werden sollen und für unterschiedliche Regionen und Immobilientypen konstruiert werden.[530] Für die Umsetzung schlägt THOMAS Kontrakte ohne Laufzeitbeschränkung nach einem Konzept von SHILLER vor („Perpetual Futures").[531]

Für deren Konstruktion wird ein Immobilienindex bzw. Mietindex benötigt, der die *Cash-Flow-Rendite* der zugrundeliegenden Assets widerspiegelt.[532] Auf diesen Index kann ein Kontrakt bezogen werden, der dem Käufer periodische Auszahlungen in der Höhe dieser Cash-Flows generieren soll („Perpetual Claims"). Die daraus folgende Zahlungsreihe könnte mit

---

[528] Vgl. Thomas, Guy R., Indemnities, 1996, S. 42 und Case, Karl u.a., Index-Based Futures, 1993, S. 89.

[529] Vgl. Case, Karl u.a., Index-Based Futures, 1993, S. 89.

[530] So z.B. für Wohn- und Gewerbeimmobilien sowie unbebautes Land, vgl. Case, Karl u.a., Index-Based Futures, 1993, S. 83.

[531] „Perpetual Futures" bezeichnen also ständig laufende bzw. laufzeitlose Futures, vgl. Thomas, Guy R., Indemnities, 1996, S. 43; Shiller, Robert J., Perpetual Futures, 1993, S. 922. Vgl. auch Garman, Mark, Perpetual Currency Options, 1987, S. 179.

[532] Der Index wäre ein „Dividendenindex". Dieser würde in der Praxis vielen Nullen in der Zeitreihe aufweisen. Vgl. Shiller, Robert J., Perpetual Futures, 1993, S. 922.

den Zinszahlungen von Anleihen bzw. mit den Ausschüttungen eines laufzeitlosen Indexzertifikats verglichen werden. Aus einem *Kauf* resultieren Zahlungsansprüche, mit dem *Verkauf* entstehen Zahlungsverpflichtungen. Der Preis eines solchen Zertifikates bestimmt sich danach im Barwert aller zukünftigen, erwarteten (unendlichen) Zahlungen in Abhängigkeit vom Index. Der Eigentümer eines Immobilienportfolios könnte damit, unter der Voraussetzung der Repräsentativität des Indexes, seine Forderungen gegenüber seinen Mietern über den Verkauf eines solchen Kontraktes an andere Investoren abtreten.[533]

Der Futureskontrakt beruht auf diesem Ansatz, ist aber aufgrund seines Zukunftsbezugs für eine Absicherungsstrategie dienlicher.[534] Der Wert bei Eröffnung der Futuresposition entspricht im Gegensatz zum Zertifikat Null, wie dies bei herkömmlichen Futures der Fall ist.[535] Anstelle eines Verfalldatums soll ein periodisches (z.b. tägliches) „Resettlement" (marking to market) erfolgen, welches die Immobilienindexrenditen und die Renditen risikoloser Anlagen wie folgt berücksichtigt:

$$s_{t+1} = (f_{t+1} - f_t) + (d_{t+1} - r_t f_t)$$

mit:

s = Ausgleichszahlung zwischen den Kontraktparteien

f = Futurespreis

d = Dividende des Zertifikats, tatsächliche Indexrendite

r = risikoloser Zinssatz

t = Zeitpunkt

Gleichung 9: Zahlungsausgleich eines Futures ohne Laufzeitbeschränkung[536]

---

[533] Vergleichbar mit den beschriebenen PICs, jedoch endlos.
[534] Die Konstruktion entspricht einem Endlos-Future auf ein Endlos-Zertifikat.
[535] Vgl. Thomas, Guy R., Indemnities, 1996, S. 42f.
[536] Vgl. Shiller, Robert J., Perpetual Futures, 1993, S. 922f. und Thomas, Guy R., Indemnities, 1996, S. 43.

Der Ausgleich des Futureskontraktes bzw. die Zahlung des Verkäufers (Short-Position) an den Käufer (Long-Position) wird durch s_{t+1} bezeichnet (settlement); f_{t+1} und f_t bestimmen die Futurespreise zu den Zeitpunkten $t+1$ und t. Die Differenz der Futurespreise f_{t+1} und f_t entspricht demnach der täglichen Gutschrift (Belastung) auf dem Margin-Account der Kontraktinhaber bei herkömmlichen Futures. Der Auszahlungsbetrag unterscheidet sich von der Zahlung der reinen Preisdifferenz bei konventionellen Futures durch den zweiten Term der Gleichung, bei dem d_{t+1} die Zahlungen aus dem Zertifikat und r_t den risikolosen Zinssatz einer alternativen Anlage beschreiben.[537] Dies lässt sich durch den Saldo aus Bestandshaltekosten und -erträgen erklären (Cost-of-Carry Ansatz), der bei konventionellen Futures die Basis (Differenz Futures- und Kassapreis) darstellt.

Der Ausdruck $(d_{t+1} - r_t f_t)$ korrespondiert mit der endgültigen Glattstellung von Futures unter der Berücksichtigung der Alternativanlage r_t. Dieser Ausgleich muss beim „Perpetual Future" ebenfalls stattfinden und wird durch die ständige (tägliche) Zahlung des zweiten Terms erreicht, wobei d jedoch wiederholt den Wert Null annehmen kann.[538]

Die Zahlung s_{t+1} kann für die Long-Seite mit der Überschussrendite gleichgesetzt werden, die durch ein einperiodisches Investment in eine Einheit des Zertifikates unter der Voraussetzung der vollständigen Kreditfinanzierung des Anlagebetrages bzw. der zu entrichtenden Margin zum Zinssatz r_t resultiert.[539]

Die Differenzzahlung enthält demnach zwei Komponenten: eine „Erwartungskomponente" $(f_{t+1} - f_t)$, welche die Änderung der *erwarteten* Rendite aus dem dauerhaften Besitz der zugrundeliegenden Immobilien reflektiert und eine „Dividendenkomponente" $(d_{t+1} - r_t f_t)$, die den Unterschied der tatsächlichen Renditen zwischen Immobilienassets und Alternativanlagen widerspiegelt.[540] Ein Beispiel soll den Zusammenhang verdeutlichen:

---

[537] Vgl. Shiller, Robert J., Perpetual Futures, 1993, S. 922f.
[538] „Ausschüttungen" treten, wie Dividenden bei Aktien, nicht kontinuierlich auf. Vgl. Thomas, Guy R., Indemnities, 1996, S. 43.
[539] Vgl. Shiller, Robert J., Perpetual Futures, 1993, S. 923.
[540] Vgl. Thomas, Guy R., Indemnities, 1996, S. 51.

Indexfuturespreis f_t zum Zeitpunkt $t = 100$

Indexfuturespreis f_{t+1} zum Zeitpunkt $t+1 = 102$[541]

Auszahlung des „Zertifikates" d_{t+1}, entspricht der tatsächlichen Veränderung des Immobilienindexstandes zwischen t und $t+1 = 2$[542]

Zinssatz für Alternativanlagen r_t für den Zeitraum zwischen t und $t+1 = 0{,}0001$

$$s_{t+1} = (102 - 100) + (2 - 0{,}0001 * 100)$$
$$= 3{,}99$$

Die Long-Seite des Futureskontraktes erhält somit einen Betrag von 3,99 Geldeinheiten von der Short-Seite. Betrachtet man die Abhängigkeit konventioneller Futurespreise von (risikolosen) Alternativanlagen erscheint deren Berücksichtigung in der Preisfindung des laufzeitlosen Futures schlüssig: Erzielt die Kassaposition keinerlei Bestandshaltekosten bzw. -erträge, muss der Futurespreis während der Laufzeit eines konventionellen Futures über dem Kassapreis liegen, da die Alternativanlage in dieser Zeit (risikolose) Erträge erzielt. Für die Eröffnung der kreditfinanzierten Kassaposition fallen zu zahlende Zinsen an, die im Futurespreis durch einen Aufschlag berücksichtigt werden müssen. Wäre dies nicht der Fall, könnten über den Kauf des während der Laufzeit unterbewerteten Terminkontraktes Arbitragegewinne realisiert werden. Diese Differenz wird mit dem zweiten Term periodisch ausgeglichen.

Da der auf einen Tag berechnete risikolose Zinssatz äußerst gering ist und d häufig den Wert Null annimmt, bestimmt sich die Ausgleichszahlung kurzfristig hauptsächlich durch die Differenz der Futurespreise. Dennoch kommt dem zweiten Term eine erhebliche Bedeutung für den Futurespreis zu: Die Kopplung der Auszahlung aus dem „Perpetual Future" an den In-

---

[541] Die Differenz zwischen t und $t+1$ beträgt beispielsweise ein Tag.
[542] Z.B. an einem Monatsende, wenn Mietzahlungen fällig werden. An allen sonstigen Tagen ist d gleich 0. In der Praxis würde der Futurespreis im Gegensatz zum gewählten Beispiel am Dividendentag fallen, wie dies bei Aktienkursen ausschüttender Aktiengesellschaften der Fall ist. Vgl. Thomas, Guy R., Indemnities, 1996, S. 43.

dex soll eine analoge Entwicklung von Futurespreis und Kassapreis und damit eine geringe bzw. konstante Basis garantieren.[543]

Aus einem kurzzeitigeren Blickwinkel können hingegen Differenzen zwischen Futures- und Kassapreis durch gewisse Erwartungshaltungen der Marktteilnehmer entstehen. Die Futurespreisentwicklung ist zwar durch das Settlement des Indexeinkommens an die Kassamarktentwicklung gebunden, temporäre Abweichungen können aber durch die seltenen, durch die Indexveränderungen bedingten, Zahlungen hervortreten. D.h., kurzfristig bestimmt sich der Terminpreis eher durch die Erwartungshaltungen, langfristig muss er sich den realen Verhältnissen anpassen.[544]

Das Konzept des „Perpetual Future" beinhaltet drei grundlegende Vorteile für die Konzeption eines immobilienbasierten Futureskontraktes. Mit dem Barausgleich (Cash Settlement) erübrigt sich einerseits jegliche Lieferverpflichtung, so dass viele Marktteilnehmer angezogen werden. Andererseits wird dem voraussichtlich langfristigen Absicherungs- und Handelsverhalten der Immobilienmarktteilnehmer durch den „ewigen" Future besser entsprochen, als durch die angedeutete „Roll Over"-Taktik. Schließlich bündelt die Konzentration auf einen Futureskontrakt die Liquidität.

c) Umsetzung laufzeitloser Futureskontrakte

Ein bereits umgesetztes Konzept laufzeitloser Kontrakte existiert an der „Chinese Gold & Silver Exchange Society" (CGSES) in Hong Kong, welches jedoch nicht mit dem vorgestellten Konzept identisch ist.[545] An dieser Börse für Edelmetalle werden unkonventionelle Kontrakte auf eine festgelegte Menge und Qualität von Gold gehandelt, die ohne eine Laufzeitbeschränkung auskommen. Das Konzept könnte prinzipiell auch für Kontrakte mit anderen Basisinstrumenten Anwendung finden und ist daher konzeptionell von Interesse. Das Basisinstrument ist Gold mit einer hohen Güte (gemessen am Feinheitsgrad) und einem festen Gewicht (z.B. ein Kilogramm). Der Preis eines Kontraktes wird in Hong Kong Dollar pro

---

[543] Vgl. Shiller, Robert J., Perpetual Futures, 1993, S. 922f.
[544] Vgl. Shiller, Robert J., Perpetual Futures, 1993, S. 924.
[545] Vgl. Shiller, Robert J., Perpetual Futures, 1993, S. 927.

Gramm angegeben. Auf Basis eines Parketthandels werden die Geschäfte mittels Auktion zu bestimmten Tageszeitpunkten durchgeführt.[546]

Der Handel an der CGSES erfolgt ausschließlich zu Kassamarktpreisen. Die Händler können die physische Lieferung der ge- oder verkauften Menge Gold am Ende jedes Handelstages durchführen oder ein späteres Datum wählen. Die Entscheidung über den Zeitpunkt der Glattstellung oder Lieferung durch den Händler bestimmt damit die (individuelle) Laufzeit des Kontraktes. Wird über einen längeren Zeitraum als ein Tag gehandelt, erfolgt ein „Roll Over" der Kontrakte, solange tägliche Abwicklungszahlungen geleistet werden. Die Höhe der Zahlungen bestimmt sich durch die Differenz des Kassamarktpreises zwischen Kontrakteröffnung und -schließung sowie einer zusätzlichen „Interest-" bzw. „Premium"-Zahlung, die keine Analogie zu konventionellen Kontrakten findet. Es wird dabei das Sonderrecht der zeitlichen Festlegung der Erfüllung durch die Marktteilnehmer bezahlt. Es kann für beide Vertragsparteien je nach Marktverhältnissen positiv oder negativ sein.[547]

Zum Fixing erklären die Vertragsparteien gegenüber der Clearingstelle den Betrag bzw. die Menge des Goldes, welches geliefert oder bezogen werden soll. Die Höhe des täglich berechneten Premiums bestimmt sich nun in Abhängigkeit der physisch angebotenen und nachgefragten Mengen. Stimmen die Mengen nicht überein, wird das Premium so lange angepasst, bis Überhänge kompensiert sind. Besteht beispielsweise ein Angebotsüberhang, wird das Premium stärker in die positive Richtung erhöht. Aufgrund des wertpapierähnlichen Preisverhaltens von Gold ändert sich das Premium täglich. Es ist dabei vom physischen Goldmarkt und dem aktuellen Zinsniveau des Hong Kong Dollars abhängig, es entspricht im Betrag etwa den „Cost-of-Carry".[548]

Die täglichen Premiumzahlungen entsprechen in ausgeglichenen Märkten somit den Kosten, die entstehen würden, wenn man den Wert der physischen Goldmenge und dessen Verwahrungskosten eines Kontraktes finan-

---

[546] Vgl. die Ausführungen bei CGSES, Kilo Gold, 2003, o.S.
[547] Vgl. Gehr, Adam, Undated Futures, 1988, S. 89f. Man spricht von einem positiven Premium, wenn Zahlungen von Verkäufern an die Käufer der Kontrakte zu leisten sind und vice versa.
[548] Vgl. CGSES, Kilo Gold, 2003, o.S.

zieren müsste. Somit ist die Long-Position im Goldkontrakt mit der physischen Position wertmäßig identisch. Aufgrund der möglichen Long- und Short-Positionen ist ein Hedging für steigende oder fallende Preise möglich. Der Handel auf Basis der Kassapreise ist aus Absicherungsgründen vorteilhaft. Das Risiko einer Differenz von Kassa- und Futurespreis (Basis) beschränkt sich auf die Veränderungen des Premiums, welches im Vergleich zum Basisrisiko für Güter mit niedrigen Cost-of-Carry gering ist.[549] Letztendlich lassen sich diese Kontrakte mit Eintagesfutures charakterisieren, da praktisch ein tägliches Settlement erfolgt.[550]

Der Hauptvorteil der Konstruktion liegt in der theoretisch unendlichen Laufzeit mit jederzeitiger Glattstellungs- bzw. Lieferungsoption und voraussichtlich niedrigem Basisrisiko. Damit existiert lediglich ein Kontrakt, in dem sich die gesamte Liquidität konzentriert, die für niedrige Ausführungskosten sorgt.

II. Optionen

Eine Option gibt dem Käufer das Recht, aber nicht die Verpflichtung, gegen Zahlung einer (Options-) Prämie eine bestimmte Menge eines Basisobjektes zum fixierten Basispreis innerhalb einer bestimmten Periode (Amerikanische Option) oder zum Ende der Optionsfrist (Europäische Option) zu kaufen (Call Option) oder zu verkaufen (Put Option). Der Verkäufer (Stillhalter) verpflichtet sich die Konditionen des Kontraktes gegen Erhalt der Optionsprämie zu erfüllen.[551]

Beide Vertragsparteien haben beim Abschluss verschiedene Erwartungen für die Zukunft und verfolgen daher unterschiedliche Strategien. Die *Basisstrategien* bei Optionen und deren Kombinationen bedingen die zu erwartenden Auszahlungen aus dem Geschäft.[552] Ein Immobilienderivat in Form einer *gehandelten* Option muss die gleichen Festlegungen enthalten, die zu Beginn des Abschnittes zu standardisierten Derivaten diskutiert wurden. Die Aussagen zum Erfüllungsverfahren gelten demnach entspre-

---

[549] Vgl. Gehr, Adam, Undated Futures, 1988, S. 91.
[550] Vgl. Shiller, Robert J., Perpetual Futures, 1993, S. 927.
[551] Vgl. Bruns, Christoph; Meyer-Bullerdiek, Frieder, Portfoliomanagement, 1996, S. 199.
[552] Siehe die Ausführungen zu den Basisstrategien bei Hull, John, Options, 1993, S. 174.

chend. Zusätzlich vereinbart man die Art der Ausübung (Amerikanische oder Europäische Option) und einen Basispreis (strike pice).

Die getroffenen Aussagen zur Laufzeit von Futureskontrakten für Immobilienbasisinstrumente gelten auch für Optionen. Auch für diese Kontraktform existiert das Konzept „Perpetual Option".[553] Man versucht hier gleichfalls auf Basis der amerikanischen Optionsvariante (jederzeitiges Ausübungsrecht) endlose Kontrakte zu konstruieren.

Aus immobilienwirtschaftlicher Sichtweise sind die Unterschiede zwischen handelbaren Futures und Optionen von geringerer Bedeutung. Aufgrund der Analyse bestehender EUREX-Kontrakte konnten jedoch verschiedene Handelsmotive zwischen beiden Formen festgestellt werden.[554] Im Hinblick auf die Praktikabilität der theoretischen Instrumente steht die Verwendung von Immobilienindizes als Basisinstrument gehandelter Optionen im Vordergrund. Die zu erfüllenden Anforderungen gelten für Futures und Optionen in gleicher Weise.

Erhebliche Unterschiede zwischen bedingten und unbedingten Derivaten liegen in der Preisbildung und Bewertung der Kontrakte sowie der Preisentwicklung während der Kontraktlaufzeit. Futures und Optionen liegen fundamental verschiedene Bewertungsmodelle zugrunde, die im Folgenden diskutiert werden.

---

[553] Vgl. Garman, Mark, Perpetual Currency Options, 1987, S. 179.

[554] Auf den eher ver- oder absicherungsähnlichen Charakter von Optionen gegenüber Futures als vorwiegendes Tradinginstrument verweist auch Hübner, Roland, Immobilienderivate, 2002, S. 177.

5. Abschnitt: Umsetzung derivativer Immobilienprodukte

Die vorangegangenen Abschnitte haben die Anforderungen an die Schaffung derivativer Märkte aufgezeigt und Lösungsansätze zur Konstruktion der Basisinstrumente und der Kontrakte vorgeschlagen.

Zur Überprüfung der Funktionsfähigkeit und des resultierenden Nutzens der potenziellen Kontrakte werden die wichtigsten Beurteilungskriterien diskutiert. In diesem Blickwinkel ist die Bewertung der Kontrakte und die Effizienz bei der Anwendung von Interesse. Abschließend soll auf mögliche Effekte eingeführter Immobilienderivate und auf die praktischen Erfolgsaussichten eingegangen werden.

A. Bewertungsansätze

Ein Derivathandel wird nur dann entstehen, wenn den Marktteilnehmern zumindest annähernd bekannt ist, ob das Instrument zu einem fairen Preis gehandelt wird. Die Bewertung (Pricing) bzw. die Bewertbarkeit spielt demnach eine wichtige Rolle für den Erfolg eines neuen derivativen Marktes. Bewertungsanlässe bestehen immer bei Abschlüssen, um geeignete Konditionen festlegen und bestehende oder fortlaufend gehandelte Kontrakte beurteilen zu können.

Unter idealen Marktbedingungen sorgt der Ausgleich von Angebot und Nachfrage für eine Bewertung der Kontrakte. Das Preisgleichgewicht des jeweiligen Marktes bestimmt die theoretisch „fairen" Preise.[555] Ein solches Gleichgewicht ist dann gegeben, wenn keine gewinnbringenden Arbitrageoperationen mehr möglich sind. Arbitragegeschäfte werden unter der Voraussetzung idealer Kapitalmarktbedingungen sofort ausgenutzt und so lange realisiert, bis das Preisgleichgewicht wieder hergestellt ist.[556] Es gilt demnach das Prinzip der *Arbitragefreiheit*, bei dem die derivativen Instrumente einen Gleichgewichtspreis aufweisen. In diesem Fall darf keine Möglichkeit bestehen, bei der durch Transaktionen auf bzw. zwischen

---

[555] Dies ist jedoch eine theoretische Annahme, viele Kontrakte weisen Fehlbewertungen auf. Vgl. Fung, Joseph; Fung, Alexander, Mispricing, 1997, S. 37.
[556] Vgl. Albrecht, Peter; Maurer, Raimond, Risikomanagement, 2002, S. 175.

Kassa- und Terminmärkten risikolose Gewinne zu einem Preis von Null erzielbar sind.

Anpassungsreaktionen auf die Ergebnisse einer arbitragefreien Bewertung eines *nicht* gehandelten Produktes können hingegen nur zum Transaktionszeitpunkt vorgenommen werden, da der Preis auf einer individuellen Basis verhandelt wird und danach für die Beteiligten feststeht.

I. Zerlegung des Immobilien-Cash-Flow

Die Immobilien als eigene Anlageklasse weisen komplexe Strukturen hinsichtlich ihrer wertbeeinflussenden Faktoren auf. Die Bestimmung des Wertes eines immobilienverbundenen Derivats erfordert die genaue Identifikation der wertbestimmenden Größen. Die Gestaltung von Immobilienderivaten für Immobilienkauf- oder -mietverträge verlangt nach einer Zerlegung des aus dem Objekt oder Vertrag resultierenden Zahlungsstroms in seine elementaren Bestandteile. Diese lassen sich im Gegensatz zu einem komplexen Gebilde einfacher bewerten.

Geht man von zu erwartenden stetigen Mieteinzahlungen von Immobilien aus, verhält sich diese Anlageklasse ähnlich einer endfälligen Anleihe mit periodischen Zinszahlungen.[557] Die Rückzahlung des Nominalkapitals am Fälligkeitstag des festverzinslichen Wertpapiers unterscheidet sich von der Veräußerung des Objektes. Wertsteigerungen bei Anleihen können nur durch Verkauf während der Laufzeit realisiert werden. Am Fälligkeitstag stimmen Anleihepreis und Nominalwert wieder überein. Die Wertsteigerung oder -minderung der Immobilie wird bei entsprechender Realisierung über eine Markttransaktion immer erzielt.

Demzufolge ähneln sich die beiden Anlageklassen vorwiegend in den periodischen Einzahlungen. Anleihen reagieren je nach Handelsaktivität im Papier meist sofort (also täglich oder häufiger) auf veränderte Umweltbedingungen, die sich durch Marktzinsänderungen oder Inflationsraten etc. ergeben. Unter der Voraussetzung einer verwandten Zahlungsstruktur, müsste sich der Wert dieser periodischen Komponente bei Immobilien

---

[557] Vgl. Baum, Andrew u.a., Derivatives Pricing, 1999, S. 2.

ähnlich häufig verändern wie der typische Anleihewert.[558] Je nach Art der Vertragsgestaltung unterliegt jedoch auch das Mietniveau selbst möglichen Veränderungen in positive oder negative Richtung. Die Bewertung dieser potenziellen Veränderungen könnte als (Mietsteigerungs-) Option aufgefasst werden. Kann die Miete laut Vertragsbedingungen aller fünf Jahre nur aufwärts angepasst werden, ergeben sich aus heutiger Sicht mehrere Call Optionen, die den Wert eines bestehenden Mietvertrages bzw. eines Portfolios aus Verträgen beeinflussen. In diesem Fall besteht der Immobilien Cash-Flow aus einer Annuität für eine Zeitperiode und den potenziellen Erhöhungen zu den Anpassungsterminen.[559]

Der Wert der Annuität wird durch einfache Diskontierung bestimmt. Für die Wertbestimmung der (optionalen) Mietsteigerungen müssen im Sinne der Optionspreistheorie stochastische Prozesse (vor allem die Volatilität) in die Bewertung einfließen und risikoneutrale Bewertungstechniken eingeführt werden. Sind die Werte aller Mietertragsbestandteile ermittelt, existiert ein Wertmaßstab für Derivate, die sich auf diese Cash-Flows beziehen (z.B. Swaps).[560]

II. Cost-of-Carry Modell

Für die Bewertung unbedingter Derivate wie Forwards und Futures hat sich das Cost-of-Carry[561] Modell etabliert. Die Grundlage des Bewertungsmodells bildet die Abhängigkeit des Futurespreises vom Kassamarktpreis und vom Saldo aus Bestandshaltekosten und -erträgen während der Laufzeit. Der „faire" Preis (Gleichgewichtspreis) ist genau dann erreicht,

---

[558] Vgl. Exley, Jon, Property Asset, 2000, o.S.
[559] Häufig bei britischen Mietverträgen zu finden, vgl. Baum, Andrew u.a., Derivatives Pricing, 1999, S. 2.
[560] Vgl. Baum, Andrew u.a., Derivatives Pricing, 1999, S. 2.
[561] Die Cost-of-Carry umfassen beispielsweise bei Warentermingeschäften anfallenden Transaktionskosten, die sich insbesondere aus Transport-, Lager- und Versicherungskosten zusammensetzen. Sie können jedoch einen positiven Saldo aufweisen, wenn das Basisobjekt während der Laufzeit Erträge erwirtschaftet, die über den Finanzierungskosten liegen. Vgl. Hielscher, Udo, Investmentanalyse, 1996, S. 258.

wenn mittels Arbitragebeziehungen zwischen Termin- und Kassamarkt keine risikolosen Gewinne erzielbar sind, also Arbitragefreiheit herrscht.[562] Stellt man sich einen Kontrakt auf ein ertragloses Gut vor (z.b. Gold), fallen Zinsen zur Beschaffung des Kontraktvolumens am Kassamarkt an.[563] Das bedeutet, dass für den gleichen Gegenstand Kosten auf dem Kassamarkt entstehen, die beim Abschluss eines Terminvertrages nicht entstehen. Beim Kauf eines Futures auf die gleiche Goldmenge ist kein solcher Finanzierungsbetrag notwendig, wenn man von den Marginzahlungen bei börsengehandelten Futureskontrakten und sonstigen Sicherheitsleistungen abstrahiert. Deshalb muss der theoretische Futurespreis unter der Arbitragefreiheitsbedingung genau um den Betrag dieser Finanzierungskosten höher sein, um den Vorteil der „eingesparten" Finanzierungskosten einzupreisen.[564]

Cost-of-Carry = Kosten aus der gehaltenen Kassaposition

- resultierende Erträge

Gleichung 10: Cost-of-Carry[565]

Die Cost-of-Carry können einerseits positiv im Sinne von Kosten sein, wenn während der Laufzeit Lagerungs- oder Finanzierungskosten des Basisinstruments anfallen. Andererseits können Einnahmen aus dem Besitz entstehen, welche die Kosten übersteigen (so z.B. bei Anleihen). Dann sind die Cost-of-Carry negativ.

Bei Immobilien kann in diesem Sinne durch die regelmäßigen Mieteinnahmen von i.d.R. positiven Erträgen ausgegangen werden, die über den Finanzierungskosten liegen sollten. Daraus folgt, dass der theoretische Futurespreis eines Immobilienderivats während der Laufzeit unter dem Kassapreis des zugrundeliegenden Immobilien-Underlyings notieren müsste, da die zufließenden Einnahmen des Kassaprodukts (Performanceindex)

---

[562] Vgl. Albrecht, Peter; Maurer, Raimond, Risikomanagement, 2002, S. 464 und Vgl. Bruns, Christoph; Meyer-Bullerdiek, Frieder, Portfoliomanagement, 1996, S. 278f.
[563] Man setzt vollständige Fremdfinanzierung an, vgl. die Ausführungen bei Hull, John, Options, 1993, S. 53.
[564] Vgl. Albrecht, Peter; Maurer, Raimond, Risikomanagement, 2002, S. 465.
[565] Vgl. Hielscher, Udo, Investmentanalyse, 1996, S. 258.

während der Laufzeit des Terminkontraktes Erträge darstellen. Die Erträge aus z.B. Mieteinnahmen könnten anderweitig während der Laufzeit risikolos angelegt werden.

Wird ein Immobilienindexfutures betrachtet, dann ist der Preis des Kontraktgegenstandes (unter Vernachlässigung der Cost-of-Carry) prinzipiell gleich dem des Immobilienportfolios, welches dem Index unterliegt, da zwischen beiden Handelsobjekten nur eine zeitliche Differenz des Geschäftes vorliegt.[566] Es ergeben sich bei etablierten und gehandelten Terminkontrakten regelmäßig Unterschiede in beiden Preisen. Die Basis ist als Preisdifferenz zwischen Kassa- und börsenmäßig gehandeltem Termininstrument wie folgt definiert:

Basis = Futurespreis - Kassapreis des Immobilien-Underlying
       = Cost-of-Carry

Gleichung 11: Basis des theoretischen Immobilienterminkontraktes[567]

Die Höhe der Basis hängt hauptsächlich von den Cost-of-Carry ab, die bei der „Lagerung" bzw. Bestandhaltung des Handelsobjektes während der Laufzeit des Termininstruments entstehen. *Somit bestimmt sich der theoretische „faire" Preis eines Kontraktes aus der Summe des Kassapreises und den Cost-of-Carry.*[568]

Mit abnehmender Laufzeit eines Futures verringert sich die Basis, um am Ende auf Null abzusinken, da zur Fälligkeit Kassa- und Terminpreis auf den gleichen Zeitpunkt fallen und somit gleich sein müssen.[569]

III. Optionsbewertungsmodell

Der Gewinn- und Verlustcharakter eines unbedingten Derivats ist nicht von der Form der Preisbewegung des Basisinstruments abhängig. Futures und Forwards weisen sogenannte symmetrische Gewinn- und Verlustprofi-

---

[566] Vgl. Hielscher, Udo, Investmentanalyse, 1996, S. 258.
[567] Vgl. Albrecht, Peter; Maurer, Raimond, Risikomanagement, 2002, S. 465.
[568] Umstellung der Gleichung nach dem Futurespreis.
[569] Siehe auch Abbildung 33.

le auf. Steckt in der Konstruktion ein optionaler Charakter,[570] spielt die Bewegung und damit die Wahrscheinlichkeit bestimmter Preishöhen eine wesentliche Rolle.[571] Der Optionspreis setzt sich aus den Komponenten innerer Wert und Zeitwert zusammen. Da der innere Wert lediglich die Differenz zwischen dem Ausübungspreis der Option und dem aktuellen Preis des Basisinstruments darstellt, ist die Bestimmung des Zeitwertes das Kernproblem.[572] Die Bewertungstheorie von Optionen gilt als relativ weit entwickelt. Hier hat das Optionsbewertungsmodell nach BLACK und SCHOLES fundamentale Bedeutsamkeit erreicht.[573] Der Grundgedanke der Optionspreistheorie nach diesem Modell beruht auf der Konstruktion eines risikolosen Portfolios aus Basistiteln (Underlying), welches mit Optionen abgesichert wird. Diese risikolose Portfoliokombination erwirtschaftet den risikolosen Zinssatz und bestimmt damit den fairen Wert der Option. Wesentliche Determinanten des Optionspreises sind die Volatilität des Preises des Basisobjektes, die Restlaufzeit der Option, die Höhe des risikolosen Zinssatzes und die Höhe des Basispreises (Ausübungspreis).[574]

Die Beurteilung eines Kontraktes anhand eines *Bewertungsmodells* hängt unmittelbar von den getroffenen Annahmen ab. So werden häufig stochastische Prozesse[575] in Verbindung mit der Normalverteilung von Renditen der zu beurteilenden (Immobilienindex-) Zeitreihen unterstellt. Diese entsprechen wiederholt nicht den beobachtbaren Verhältnissen, so dass deren empirische Aussagekraft eingeschränkt ist. Zur theoretischen Verdeutlichung der Bewertung von derivativen Instrumenten können die Modelle jedoch einen wertvollen Beitrag leisten.

---

[570] Dieser ist meist häufiger vorzufinden, als zunächst angenommen. Vgl. z.B. Shilling, James u.a., Option-Pricing, 1987, S. 743f.

[571] Vgl. zur Bewertung solcher Optionen Kummer, Donald; Schwartz, Arthur, Property Purchase Options, 1980 und Buetow, Gerald; Albert, Joseph, Embedded Options, 1998.

[572] Vgl. Albrecht, Peter; Maurer, Raimond, Risikomanagement, 2002, S. 507.

[573] Siehe die Arbeit von Black, Fischer; Scholes, Myron, Pricing, 1973.

[574] Vgl. Albrecht, Peter; Maurer, Raimond, Risikomanagement, 2002, S. 522.

[575] Z.B. in Form Brownscher Bewegungen (Wiener Prozess). Siehe die Bewertung derivativer Instrumente bei Hull, John, Options, 1993, S. 275f. und bei Hausmann, Wilfried u.a., Derivate, 2002, S. 181ff.

BAUM, BEARDSLEY und WARD verwenden dabei folgendes Modell in Anlehnung an das BLACK-SCHOLES Optionsbewertungsmodell zur Bewertung des künftigen Preises von Objekten:

$$P_T = P_0 * e^{\left[\left(\mu - \frac{\sigma^2}{2}\right) * T + \sigma * Z * \sqrt{T}\right]}$$

mit:

P_0 = Preis der Immobilie zum jetzigen Zeitpunkt

T = Zeit in Jahren

P_T = Erwartungswert des Preises der Immobilie zum Zeitpunkt T

Z = Standardnormalverteilte Variable mit einem geometrischen Mittelwert = 0 und einer Standardabweichung = 1

μ = Durchschnittliche diskrete Immobilientotalrendite (Wertveränderung + Cash-Flow Rendite) als Dezimalzahl

σ = Standardabweichung der Immobilientotalrendite als Dezimalzahl

Gleichung 12: Bewertung zukünftiger Immobiliencashflows[576]

Die Bewertung eines Derivats wird dabei über die zu erwartenden Cash-Flows, die sich aus dem Immobilienbasisinstrument ergeben, erbracht. Um den zukünftigen Preis der Immobilie bewerten zu können, müssen im Sinne der Gleichung die Parameter durchschnittliche Wachstumsrate μ der Immobilientotalrendite und die Standardabweichung σ dieser Wachstumsrate bekannt sein.

Die Parameter μ und σ werden auch als Drift und Diffusion bezeichnet. Dabei bezeichnet μ einen Trend, der von einer rein zufälligen Schwankung mit der zeitabhängigen Intensität σ überlagert wird. Die Standardabweichung erhöht sich in diesem Modell in Abhängigkeit von der Zeit.[577]

Mit der Unterstellung einer Brownschen Bewegung ist Z eine standardnormalverteilte Zufallsgröße. Die Zufälligkeit von Z bedingt einen Aus-

---

[576] Vgl. Baum, Andrew u.a., Derivatives Pricing, 1999, S. 8.
[577] Vgl. Albrecht, Peter; Maurer, Raimond, Risikomanagement, 2002, S. 144.

gleich positiver und negativer Schwankungen über längere Zeiträume, der zu einem Erwartungswert von Null dieser Variablen führt. Die Wertveränderung bestimmt sich demnach allein durch den Koeffizienten μ. Die durchschnittliche Verzinsung von Immobilien μ wird um den halben Betrag σ^2 verringert, um dem angenommen Prozess der Brownschen Bewegung zu entsprechen.[578]

Die selben Autoren vermindern an anderer Stelle μ um einen weiteren Subtrahenden λ, der den Marktpreis des Risikos eines nicht frei handelbaren Gutes (Immobilie) repräsentiert. Dessen empirische Bestimmung erweist sich allerdings als problematisch, so das eine Schätzung vorgenommen werden muss.[579] Sind die Parameter des Modells für das Basisobjekt bekannt, lässt sich der zukünftige „faire" Wert der auf Immobilien bezogenen Kontrakte errechnen, so z.B. von Zahlungsströmen, die aus einem Immobilienswap resultieren.[580]

Verbreitete Bewertungsmodelle für Derivate setzen häufig Duplikationsportfolios voraus, d.h., die Kontrakte müssen am Kassamarkt synthetisch nachgebildet werden können.[581] Bekanntermaßen treten Schwierigkeiten bei potenziellen Immobilienderivaten auf. Es wurde darauf verwiesen, dass praktisch nur die Nachbildung des Cash-Flows eines diversifizierten Kontraktunderlyings annähernd möglich ist.

Im 2. Abschnitt[582] wurden funktionierende Derivate aufgeführt, die ebenfalls kein replizierbares Basisinstrument aufweisen, wie z.B. *Wetterderivate*.[583] Neben dem ständig wachsenden OTC-Markt wurden ebenfalls bör-

---

[578] Vgl. Baum, Andrew u.a., Derivatives Pricing, 1999, S. 8.

[579] Vgl. Baum, Andrew u.a., Rental Swaps, 1999, S. 6.

[580] Ein alternatives Bewertungsmodell schlagen BUTTIMER, KAU und SLAWSON vor. Es beruht auf dem COX/INGERSOLL/ROSS Modell zur Erklärung von Zinsintensitäten und wird an dieser Stelle nicht vertieft. Vgl. Buttimer, Richard u.a., Pricing, 1997, S. 19 vgl. dazu auch Kau, James u.a., Pricing, 1990, S. 335 sowie eine Diskussion des erstgenannten Modells bei Björk, Tomas; Clapham, Eric, Pricing, 2002. Siehe auch die Arbeit von Archer, Wayne; Ling, David, Pricing, 1993.

[581] Vgl. Steiner, Manfred; Bruns, Christoph, Wertpapiermanagement, 2000, S. 305 und Albrecht, Peter; Maurer, Raimond, Risikomanagement, 2002, S. 512.

[582] Unter Punkt 2. Abschnitt:B.I.b) Replizierbarkeit des Basiswertes (Arbitragemöglichkeit).

[583] Siehe z.B. die Arbeiten von Schirm, Antje, Wetterderivate, 2000; Schirm, Antje, Wetterderivate, 2001; Scholand, Markus; Glas, Dietrich, Wetterderivate, 2002; Mahal, Gurminder, Weather Derivatives, 2001; Muller, Andreas; Grandi, Marcel, Weather Derivatives, 2000.

sengehandelte Futures und Optionen auf Wetterindizes in den USA und Großbritannien eingeführt. Die angewendeten Bewertungstechniken könnten auch für potenzielle Immobilienderivate Bedeutung erlangen.

Klassische Bewertungsmodelle, wie die Optionspreistheorie nach BLACK und SCHOLES sind aufgrund der Nicht-Nachbildbarkeit der Wetter-Basisinstrumente nicht anwendbar.[584] Vergleichbare Standards zur Preisfindung von Wetterderivaten existieren bis heute nicht. Market Maker, Banken und Versicherungen verwenden meist individuelle Preismodelle, die sie nicht veröffentlichen, da ihnen Vorteile bei Geschäftsabschlüssen verloren gehen könnten.[585]

Für die Bewertung werden beispielsweise die „Burn Analysis" oder „Monte Carlo Simulationen" angewendet.[586] Die Simulationen dienen dazu, historische Entwicklungen als Indikator für zukünftige zu nutzen. Dabei ermittelt man die Zahlungsverpflichtungen, die sich jeweils in jedem Jahr durch den Vertragsabschluss des zu analysierenden Wetterderivats ergeben hätten. Aus der Vielzahl der Ergebnisse lässt sich ein Erwartungswert berechnen, der als Anhaltspunkt für den fairen Wert des Kontraktes fungiert.[587]

Basiert ein Derivat auf einem Index, so ist die Verteilung der Indexzeitreihe für die Bewertung entscheidend. Viele Analyse- und Testmodelle sind an die Normalverteilung und die Unabhängigkeit der Daten gebunden, die für Immobilienindizes nicht immer gelten kann.[588] Bei der Bewertung muss demnach die Korrektheit der Ergebnisse stets kritisch beurteilt werden.

B. Effizienz der Kontrakte

Die Annahme des vollständigen Gleichlaufs von theoretischem Immobilienbasisinstrument und (börsengehandeltem) -derivat ist nicht realistisch.

---

[584] Vgl. Mahal, Gurminder, Weather Derivatives, 2001, S. 328.
[585] Vgl. EUREX, Geplante Produkte, 2003, o.S.
[586] Vgl. Scholand, Markus; Glas, Dietrich, Wetterderivate, 2002, S. 172.
[587] Vgl. EUREX, Geplante Produkte, 2003, o.S.
[588] Vgl. Myer, Neil u.a., Real Estate Indices, 1997, S. 369.

Der Absicherungseffekt wird durch Abweichungen der beiden Preise vermindert.

Es stellt sich dabei die Frage, wie hoch der Nutzen eines nicht vollständig effizienten Derivats ist. Wenn dieser größer ist als der Verlust, der sich durch die verminderte Effizienz ergibt, dann ist das Derivat für die Marktteilnehmer von Interesse.

I. Theoretischer Nutzen

Um den Nutzen eines potenziellen Derivats auszudrücken, sei das prinzipiell unterstellte Interesse eines Immobilienanlegers bei der Verwendung eines Immobilienderivats die Verringerung seines Portefeuillerisikos (Hedging) durch den Verkauf von Futureskontrakten. Das Hedginginteresse wird häufig als die primäre Anforderung für einen zukünftigen Derivatmarkt gesehen. Die Effizienz dieses Mechanismus für einen regional agierenden Investor hängt unmittelbar an der untersuchten Korrelation zwischen Teil- und Gesamtmarkt. Würden sich beide Märkte mit vollständig positiver Korrelation bewegen, könnte der Anleger sein regionales Portfolio effizient mit dem Gesamtmarktderivat hedgen.

Da der Fall nicht überall gelten kann,[589] muss der Vorteil aus der Nutzung dieses modellhaften Kontraktes beurteilt werden. Dieser bestimmt sich durch die Reduktion des Positionsrisikos, welches durch die Kombination aus der (bestehenden) Immobilienkassamarktposition und dem (verkauften) theoretischen Immobilienderivat (Futureskontrakt) im Vergleich zu alternativen Absicherungsmaßnahmen entsteht. Denkbar wäre auch der Vergleich zu einer simplen Akzeptanz des Risikos ohne Absicherungen.

a) Parallelität von Kassa- und Futurespreis

Aus der Absicherungseigenschaft ergibt sich die Forderung, nach welcher der Immobilienfuturespreis in möglichst gleicher Weise schwanken soll wie der Kassapreis, also die Basis während der Laufzeit konstant bleiben soll. Ein Maß für die Güte dieser Forderung bzw. das Risiko, welches sich

---

[589] Für den britischen Markt wird dieser Wert vereinzelt ganz und oft annähernd erreicht.

aus dem Nichteintreten dieses Anspruchs ergibt, bemisst sich im Basisrisiko.

Je näher der Liefertermin bzw. Verfalltag des Immobilienterminkontraktes liegt, um so geringer dürfte jedoch die Basis sein. Wie bei anderen Futures fallen mit abnehmender Laufzeit die Bestandshalteerträge bzw. -kosten immer weniger ins Gewicht.[590]

Diesen Zusammenhang verdeutlicht die folgende Grafik: Die Basis wird durch die obere schraffierte Fläche zwischen Futures- und Kassapreis markiert. Die untere verdeutlicht die Abweichungen, die zwischen theoretischen und tatsächlichem Futurespreis empirisch zu beobachten sind und durch Arbitrage ausgenutzt werden können.

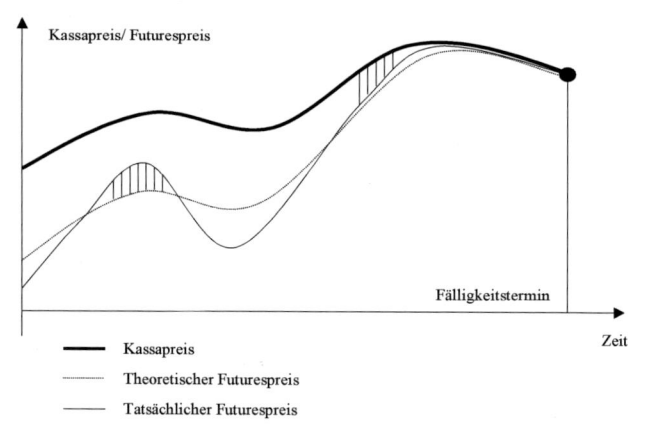

Abbildung 33: **Basis und Basisrisiko eines Futureskontraktes**[591]

Eine Beurteilung des Basisrisikos wäre z.B. mit der absoluten Differenz der genannten Preise oder der Standardabweichung bzw. der Varianz der Basis möglich:

$$\sigma^2 = E[(Basis - \mu(Basis))^2]$$

Gleichung 13: **Basisrisiko eines Terminkontraktes**

Je größer σ^2 ist, um so unattraktiver wird der Einsatz des Immobilienfutures, da mit dem Ansteigen des Basisrisikos die Absicherungswirkung ver-

---

[590] Vgl. Hielscher, Udo, Investmentanalyse, 1996, S. 259.
[591] In Anlehnung an Albrecht, Peter; Maurer, Raimond, Risikomanagement, 2002, S. 466.

mindert wird. Eine gleichbleibende Basis würde somit kein Risiko für den Hedger bedeuten, verändert sie sich während der Laufzeit, können vor- und nachteilige Situationen entstehen.

PATEL identifiziert für das Basisrisiko zwei verschiedene Typen: Das Cross Hedge - Basisrisiko und das zeitbezogene Basisrisiko. Das Cross Hedge Basisrisiko tritt dann auf, wenn die Wertentwicklung der individuellen Immobilienposition nicht vollständig mit der des Underlyings, also z.b. einem Immobilien- oder Mietindex, korreliert ist. Das zeitbezogene Basisrisiko kommt beim zeitlichen Auseinanderfallen der individuellen Hedgeposition und der Fälligkeit des Immobilienzukunftskontraktes zum Tragen.[592] Die mangelhafte Nachbildung einzelner Immobilien oder Immobilienportfolios wurde bereits deutlich gemacht. Damit dürfte das damit zusammenhängende Cross Hedge Basisrisiko eines potenziellen Immobilienfutures groß sein. Allein die regionalen Unterschiede verschiedener Immobilienmärkte bewirken einen erheblichen Teil des Basisrisikos. Die Korrelation zwischen den direkt gehaltenen Immobilien und dem Index ist somit elementarer Erfolgsfaktor für ein aus der Absicherungsperspektive gesehenes Immobilienderivat. Das zeitbezogene Basisrisiko wurde im Bezug auf die Laufzeit von Kontrakten verdeutlicht.

Eine gewisse Reduzierung dieses zeitlich bedingten Abweichens von Futures- und Kassapreisen lässt sich durch den Kauf oder Verkauf von Futures des gleichen Typs mit verschiedenen Laufzeiten erreichen.

Das Basisrisiko ist bei solchen Underlyings groß, deren Märkte besonders ineffizient sind. Der Immobilienmarkt stellt sich als ein stark intransparenter Markt dar, auf dem die Preisbildung nur schwer ablesbar und nachvollziehbar ist. So ist davon auszugehen, dass das bezeichnete Risiko ein erhebliches Ausmaß annehmen würde. Unsicherheiten über Assetpreise, die gerade auf dem Immobilienmarkt auftreten, bieten dann durch die Fehlbewertungen zwischen Kassa- und Terminposition profitable Arbitragemöglichkeiten.[593] Mit der Eröffnung von Immobilienfuturespositionen können somit für den Hedger von Immobilienbeständen ungewollte Tradingpositi-

---

[592] Vgl. Patel, Kanak, Lessons, 1994, S. 350.
[593] Vgl. Hielscher, Udo, Investmentanalyse, 1996, S. 259.

onen entstehen, die hauptsächlich auf dem Umstand dieser Basisdifferenzen beruhen.[594]

Die Korrelation zwischen einem Kassa- und einem Termininstrument ist im Allgemeinen um so höher, je größer die Übereinstimmung beider Finanztitel ist. Daraus folgt, dass die Hedgingeffektivität bei einem Direct Hedge regelmäßig höher als bei einem Cross Hedge sein muss.[595] Somit sind direkt auf Immobilien bezogene Produkte, wie Immobilienindexderivate, gegenüber mit anderen Titeln verbundene für eine Absicherungsstrategie von Immobilienbeständen vorzuziehen. Eine hohe Korrelation ist demzufolge eine der elementaren Voraussetzungen für den Hedger von Immobilienportfolios.

Für den Spekulanten hingegen ist diese Voraussetzung von geringerer Relevanz, obwohl hohe Korrelationen für die Prognostizierbarkeit der Futurespreisentwicklung und damit für die Gewinnwahrscheinlichkeit von Vorteil sind. Für ihn ist eine hohe Volatilität des Basisinstruments und damit des Termininstruments Grundlage für den Anlageerfolg und folglich von größerer Bedeutung.[596]

b) Reduktion des Positionsrisikos

Im Folgenden wird die mögliche Reduktion der Volatilität (Standardabweichung) durch ein Futuresgeschäft in Abhängigkeit von der Korrelation zwischen Termin- und Kassamarkt untersucht.

Ein Portefeuillerisiko bemisst sich in der Standardabweichung bzw. Varianz der Renditen. Demzufolge ist die Verringerung der Positionsvarianz Ausdruck des Nutzens für den Anleger. Die Absenkung des Risikos ist hauptsächlich vom Zusammenhang (Kovarianz) und der Varianz des zugrundeliegenden Immobilienindex und dem (regionalen) Immobilienportfolio abhängig.

---

[594] Vgl. Fitzgerald, Desmond M., Financial Futures, 1993, S. 102.
[595] Vgl. Janssen, Stefan, Kontraktdesign, 1993, S. 16.
[596] Vgl. Janssen, Stefan, Kontraktdesign, 1993, S. 18.

Die Preise bzw. Kurse K_s, F_s von Kassatitel und Futureskontrakt zum Transaktionszeitpunkt sind fest bzw. im Sinne der Gleichung Konstanten. Für eine Zufallsvariable X und Konstanten a und k gilt:

(1) $VAR(aX \pm k) = a^2 VAR(X)$ und

(2) $VAR(X_1 - X_2) = VAR(X_1) + VAR(X_2) - 2COV(X_1, X_2)$.

Der Gewinn bzw. der Verlust, der sich aus der Kombination Kassatitel (regionales Immobilienportfolio als eine Einheit betrachtet) und Short-Hedge im Futureskontrakt auf den nationalen Immobilienindex ergibt, definiert sich allgemein:

(3) $G_t = n(K_t - K_s) + x(F_s - F_t) = n(K_t - K_s) - x(F_t - F_s)$

Unter der Voraussetzung zufallsabhängiger Veränderungen von Kassa- und Futurespreis ist der Gewinn bzw. Verlust aus der kombinierten Position ebenfalls zufallsabhängig, so dass für die Varianz der Gesamtposition

(4) $VAR(G_t) = n^2 VAR(K_t) + x^2 VAR(F_t) - 2nx COV(K_t, F_t)$ gilt.

Ziel des Investors ist die maximale Verringerung dieser Varianz, welche durch das Minimum von (4) in Abhängigkeit von der Anzahl der Kontrakte x gegeben ist. Durch Einsetzen des Ergebnisses in (4) lässt sich folgende Abhängigkeit vom Korrelationskoeffizienten zeigen:

(5) $\sigma(G_t) = n\sigma(K_t)\sqrt{1 - r^2(K_t, F_t)}$

Effizienz der Kontrakte

mit:

G = Gewinn bzw. Verlust für das zusammengesetzte Portfolio aus regionalem Immobilienportfolio und Immobilienindexfutures

K = Kassakurs (regionales Immobilienportfolio)

F = Futureskurs (Immobilienindexfutures)

t = Zeitpunkt des Verkaufs des Futureskontraktes

s = Zeitpunkt der Glattstellung

n = Anzahl der Kassatitel

x = Anzahl der Futureskontrakte

Gleichung 14: Volatilität der Gesamtposition aus Immobilienportefeuille und Immobilienfutures[597]

Nähert sich r einem Wert von 1 an, tendiert die resultierende Schwankung gegen Null. Daraus ergibt sich die logische Konsequenz, dass ein steigender Nutzen (Verringerung der Standardabweichung der Gesamtposition) bei steigendem Korrelationskoeffizienten entsteht.

II. Nutzen für individuelle Immobilienportefeuilles

Nimmt man eine Standardabweichung des regionalen Immobilienportfolios von 10% an und setzt $n = 1$, verändert sich die Gesamtstandardabweichung gemäß Gleichung (5) mit dem folgenden Verlauf:

---

[597] Vgl. die Herleitung von (3)-(5) bei Albrecht, Peter; Maurer, Raimond, Risikomanagement, 2002, S. 475f. und die Rechenregeln für die Varianz bei Hellmund, Uwe u.a., Statistik, 1992, S. 99. Vgl. auch Hammer, Jerry, Hedging Performance, 1990, S. 308f.

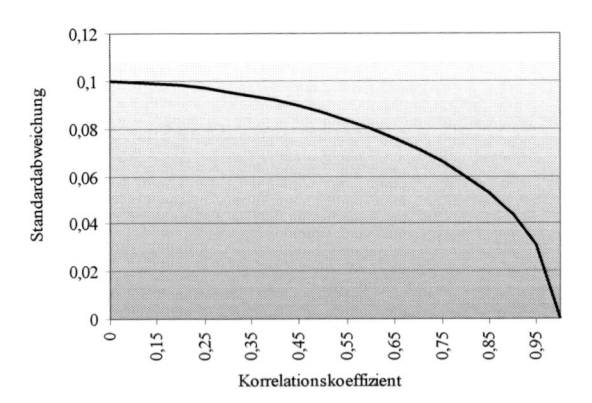

Abbildung 34: Abhängigkeit der Gesamtstandardabweichung vom Korrelationskoeffizienten

Ein Korrelationskoeffizient von 0,85 zwischen Kassa- und Termininstrument reduziert demnach die Schwankung in der Gesamtposition um ca. 50%. Aufgrund der festgestellten teils hohen Korrelationskoeffizienten zwischen den verschiedenen Nutzungsarten sowie den Regionen und dem Gesamtimmobilienmarkt (Großbritannien), lässt sich eine erhebliche Varianzreduzierung erreichen und damit ein signifikanter Nutzen erzielen.

Ein vollständiger Gleichlauf von abzusicherndem Immobilienportfolio und zugrundeliegendem Immobilienindex ist nicht zwingend notwendig. Differenzen in der Wertentwicklung, die sich durch geringere Korrelations- und Regressionskoeffizienten beider Wertentwicklungen ausdrücken, können durch Anpassungen im Handelsmanagement der Kontrakte (verschiedene Laufzeiten, Kombination von mehreren Kontrakten etc.) ausgeglichen werden.[598]

Folgende Abbildung zeigt die Möglichkeiten der Renditeverläufe von individuellem Immobilienportfolio und dem Index.

---

[598] Vgl. dazu den Punkt 2. Abschnitt:B.I.c)1 im 2. Abschnitt.

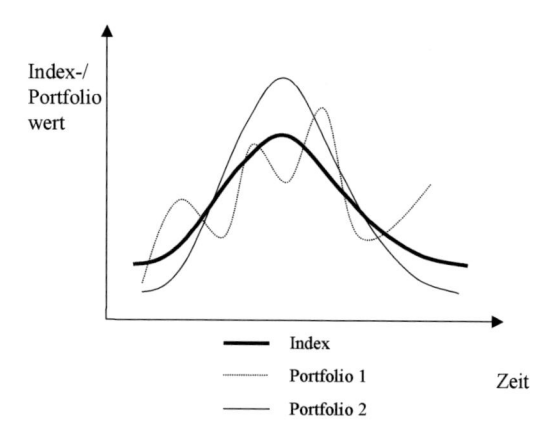

Abbildung 35: Beeinflussbarkeit von Renditerisiken in Abhängigkeit der Korrelation[599]

Mit einem Immobilienindexderivat auf hochaggregierter Ebene (landesweit) ließe sich das Risiko (Varianz) von Portfolio 1 nicht oder kaum beeinflussen. Die Wertentwicklung von Portfolio 2 differiert zwar ebenfalls von der des Index, aber in einer solchen Weise, dass ein Hedging durchführbar wäre. Aufgrund der Ergebnisse der Korrelationsanalyse zwischen den verschiedenen Immobilienteilmärkten wird ein solches oder ähnliches Verhalten häufig vermutet.

C. Effekte der Einführung

Die Einführung von Derivaten auf einem Markt, der bis dahin nur durch den Kassamarkt repräsentiert wird, kann verschiedene Effekte auf diesem hervorrufen. Diese Effekte sind somit zeitlich der Schaffung der neuen Instrumente vorgelagert bzw. setzen diese voraus. Die Auswirkungen könnten fundamentale Bedeutung erlangen und sollen daher angesprochen werden.[600]

I. Transparenzerhöhung auf dem Immobilienmarkt

„An active derivatives exchange plays an important role in facilitating an efficient determination of prices in the underlying cash (or spot) market by

---

[599] In Anlehnung an Roche, Julian, Property Futures, 1995, S. 32.
[600] Vgl. Shiller, Robert, Macro Markets, 1998, S. 87.

providing improved and transparent information on both current and future prices for an asset".[601]

Ein Terminhandel mit Immobilienderivaten böte eine nutzbringende Bereicherung an Marktinformationen, so z.b. über die Preisbildung, da eine Vielzahl von Marktteilnehmern über den Terminhandel ihrer Nachfrage und ihrem Angebot Ausdruck verleihen würden. Die Schaffung eines Terminmarktes kann als ein Weg zur Erhöhung der Einflussnahme von professionellen Marktteilnehmern auf dem Immobilienmarkt angesehen werden, wodurch die Preisbildungsfunktion erleichtert und auf eine rationellere Basis gestellt wird.[602] Mit der Erhöhung der Preisbildungseffizienz ist insgesamt ein effizienterer Kassamarkt zu erwarten.[603]

Derivate machen intransparente Preise sichtbar. Die Börse fungiert dabei als Informationssammelstelle.[604] Für einige Klassen von Basisinstrumenten wird sogar das Termininstrument als Indikator des allgemeinen Preisniveaus des *Kassamarktes* genutzt.[605] So wird häufig der Preis bzw. das Niveau des BUND-Futures als Preiskomplex deutscher Staatsanleihen genannt. Preise von Derivaten reflektieren antizipiertes Angebot und Nachfrage, so dass Marktteilnehmern die Möglichkeit gegeben wird, Entscheidungen über die zukünftige Produktion und deren Erträge leichter treffen zu können.[606]

Kann ein standardisierter Derivathandel etabliert werden, lassen sich Transaktionen auf dem Immobilienmarkt sehr zeitnah und transaktionskostenarm durchführen. Damit dürften wesentlich häufiger und mehr Anbieter und Nachfrager am Markt teilnehmen, wodurch ein insgesamt höheres Handelsvolumen und eine daraus resultierende Risikominderung zu erwar-

---

[601] Tsetsekos, George; Varangis, Panos, Derivatives Exchanges, 2000, S. 88.
[602] Vgl. Thomas, Guy R., Indemnities, 1996, S. 46.
[603] Vgl. Case, Karl u.a., Index-Based Futures, 1993, S.88. Die Autoren verweisen u.a. auf die Möglichkeit, Kaufverträge über Immobilien zwischen Vereinbarung und Abschluss an die Veränderungen des Futurespreises zu koppeln.
[604] Vgl. Tsetsekos, George, Varangis, Panos, Derivatives Exchanges, 2000, S. 86.
[605] Vgl. z.B. EZB, Monatsbericht Mai, 2000, S. 41f.
[606] Vgl. Tsetsekos, George, Varangis, Panos, Derivatives Exchanges, 2000, S. 88.

ten wäre.[607] Terminmärkte erfahren nach ihrer erfolgreichen Etablierung und Akzeptanz ein zum Teil ungleich höheres Transaktionsvolumen als die zugrundeliegenden Kassamärkte.

Die Transaktionskostenersparnis selbst ist ein weiterer fundamentaler Effekt der Einführung von Derivaten. Dieser ist v.a. bei Immobilien ausschlaggebend. Die starke Absenkung der Handelskosten eröffnet auch bei geringen Preisdifferenzen Gewinnchancen, so dass Marktpreise besser ersichtlich werden.

Mit der Vereinfachung des Besitzes und des Handels mittels Finanzinstrumenten, welche die Performancecharakteristika treffender beschreibt als bisherige indirekte Anlageformen wie Immobilienfonds oder Immobilienaktien, steigt demnach die Akzeptanz und Wahrnehmung der Asset-Klasse Immobilien. Aus der Attraktivitätserhöhung kann eine allgemeine Preiserhöhung des abgebildeten Immobilienmarktsegmentes resultieren, die sich durch das verbesserte Risikomanagement erklären ließe.[608]

Übergreifend erhöhen funktionierende Terminmärkte die Informationseffizienz der jeweils zugrundeliegenden Kassamärkte. Die Gefahr „spekulativer Blasen" oder starker Abwärtsbewegungen (Crash) verringert sich. Die Derivatmärkte sollten daher akkurate und effiziente Signale für eine optimale Allokation von Kapital liefern.[609]

II. Volatilitätsveränderungen am Kassamarkt

Die Immobilienpreise reagieren nur sehr träge - die kurzfristigen Preisbewegungen sind daher von geringer Größe. Bei der Einführung von Immobilienderivaten ist hingegen mit der täglichen Anpassung der Terminmarktpreise auf reale Marktveränderungen und insofern mit einer höherwertigen Marktabbildung als auf dem Kassamarkt zu rechnen. Die Preisveränderungen auf einem effizienten Immobilienterminmarkt könnten damit die Marktpreise physischer Objekte beeinflussen.[610]

---

[607] Höhere Volumina resultieren aus regelmäßigen Transaktionen, die die Sicherheit über reelle Preise steigern und Transaktionskosten senkt.
[608] Vgl. Thomas, Guy R., Indemnities, 1996, S. 45.
[609] Vgl. Geltner, David u.a., HEITs, 1995, S. 72.
[610] Vgl. Case, Karl u.a., Index-Based Futures, 1993, S.88.

Es kann also davon ausgegangen werden, dass sich Kassapreise mit verbundenen Terminmärkten schneller an neue Informationen anpassen, als solche ohne. Untersuchungen zeigen jedoch, dass vorzugsweise Schwankungen täglicher Veränderungsraten zunahmen als diejenigen längerer Perioden.[611] In Ländern mit schwachen Regelmechanismen (Rechnungslegung, Prüfung etc.) kann durch den „Missbrauch" von Derivaten auch eine Destabilisierung der Kassamärkte auftreten.[612]

Über den Schwankungseffekt auf dem zugrundeliegenden Kassamarkt besteht keine Einigkeit in der wissenschaftlichen Diskussion. Als mögliche Folge der Einführung von Derivaten, wird auch der gegenteilige Fall einer Volatilitätsverringerung diskutiert.[613] Die Mehrzahl der Studien scheint eher auf eine Verringerung der Volatilität hinzuweisen. Dies wird mit der verbesserten Informationsbereitstellung und der Erhöhung der Marktliquidität begründet.[614]

BAUM sieht bei der Einführung von Immobilienindexderivaten Gefahren für das Handelsvolumen des originären Immobilienmarktes. Wenn sich Instrumente zum Aufbau von synthetischen Portfolios durchsetzen, werden sie von entsprechend vielen Marktteilnehmern aufgrund der genannten Vorteile genutzt. Dieses potenzielle Handelsvolumen in derivativen Immobilienkontrakten macht einen physischen Handel teilweise obsolet.[615]

Analysen zu Derivaten anderer Underlyings haben jedoch auch hier den gegenteiligen Fall nachgewiesen. Dabei kam es fast ausnahmslos zu Handelsvolumenerhöhungen durch die Existenz der Derivate.[616]

---

[611] Vgl. Cohen, Benjamin, Derivatives, 1996, S. 3.
[612] Vgl. Tsetsekos, George, Varangis, Panos, Derivatives Exchanges, 2000, S. 88.
[613] Vgl. Gemmill, Gordon, Futures Trading and Finance, 1990, S. 197 oder Case, Karl u.a., Index-Based Futures, 1993, S.89 und die angegebene Literatur. Bei der Einführung des DAX-Futures lässt sich ebenfalls eine Volatilitätsverminderung feststellen, vgl. Bruns, Christoph; Meyer, Frieder, Volatilität des DAX, 1994, S. 652.
[614] Vgl. Dresig, Thilo, Handelbarkeit, 2000, S. 115 und die dort angegebene Literatur.
[615] Vgl. Baum, Andrew, Property Futures, 1991, S. 239.
[616] Vgl. Dresig, Thilo, Handelbarkeit, 2000, S. 115 und die dort angegebene Literatur.

D. Erfolgsaussichten von Immobilienderivaten

Um die Erfolgsaussichten für potenzielle Immobilienderivate zu verdeutlichen, müssen die verschiedenen nationalen, immobilientyp- und kontraktspezifischen Besonderheiten berücksichtigt werden. Eine Antwort auf die Frage der prinzipiellen Funktionsfähigkeit von Immobilienderivaten ist daher stets von den Annahmen und Voraussetzungen abhängig.

I. Derivate an Terminbörsen

Von besonderem Interesse sind Immobilienderivate, die an Terminbörsen handelbar sind (vergleichbar den London FOX-Kontrakten). Hier finden sich weltweit derzeit keine verfügbaren Produkte, so dass deren Erfolgsaussichten am unsichersten sind.

Die fundamentalen Voraussetzungen der Vermögensklasse Immobilien, Größe des Kassamarktes und dessen Risiko in Form von Schwankungen der Renditen, sind nach den Ergebnissen der vorliegenden Analyse mit der Ausnahme der Unvorhersehbarkeit zumindest für die britischen und amerikanischen Märkte weitgehend erfüllt. Die hohe Autokorrelation der Indexreihen könnte von Kritikern als Hinderungsgrund für die Einführung der Produkte aufgeführt werden.

Als potenzielle Nutzer der Kontrakte sind vorwiegend institutionelle Anleger herausgestellt worden. Daher stehen auch deren bevorzugte Immobilientypen im Vordergrund: Büro- und Handelsimmobilien sowie industriell genutzte Objekte. Ein derivativer Markt, unabhängig von seiner Form, wird sich bei einer entsprechenden Nachfrage am ehesten dort entwickeln.

Die Hypothese der freien Preisbildung als Grundlage vertrauenswürdiger Daten kann lediglich für den Teilmarkt der deutschen (und anderen europäischen) Wohnimmobilien abgelehnt werden. Die Eingriffe in den Wohnungsmarkt verhindern realistische Marktpreise, die für einen Markt der Futures und Optionen notwendig sind. In den USA und in Großbritannien sind große Bevölkerungsgruppen vom Wert ihrer eigengenutzten Wohnungen abhängig. Das empfundene Risiko der zum Teil ausgeprägten Schwankungen macht den Wohnimmobilienmarkt als Basisinstrument in diesen Ländern dagegen attraktiv.

Die zunächst vermutete geringe Abhängigkeit der Entwicklungen regionaler und nationaler sowie immobilientypspezifischer Immobilienmärkte hat sich nicht bestätigt. Das ist als positiv im Sinne der Funktionsfähigkeit derivativer Instrumente zu werten, da Liquiditätsvorteile bei potenziellen Kontrakten auf nur einen Index entstehen.

Die Aussagen über die fundamentalen Eigenschaften der Vermögensklasse sind unmittelbar an die verwendeten Datengrundlagen gebunden. Die Qualität dieser Daten beeinflusst daher jegliche Aussage zur Beurteilung der Funktionsfähigkeit.

Die verfügbaren und hier genutzten Indizes als Repräsentanten des Immobilienmarktes weisen wesentliche Schwächen auf, die sie für eine *operative* Verwendung als Basisinstrumente von börsengehandelten Derivaten unbrauchbar machen. Die Unzulänglichkeit der Indizes behindert die Feststellung der tatsächlich vorliegenden genauen Charakteristika des Immobilienmarktes und damit auch eine eindeutige Beurteilung der vorgestellten Produkte.

Eine veritable Konstruktion eines Immobilienindex oder alternativen Basisinstruments könnte demnach zwei bedeutende Argumente für die Schaffung von Immobilienfutures und -optionen liefern. Einerseits würden die tatsächlich vorliegenden Markteigenschaften besser ersichtlich, wobei im Sinne der Arbeit positivere Ergebnisse (höhere Volatilität und geringere Autokorrelation) zu erwarten sind. Andererseits ergäben sich Vorteile in Bezug auf die Anforderungen der typischen Marktteilnehmer einer Terminbörse. An dieser Stelle ist die Häufigkeit der Index- bzw. Datenermittlung hervorzuheben, die mit den bisherigen Verfahren nicht die geforderte Aktualität erreicht. Als Resultat der Erfahrungen mit den London FOX-Kontrakten und erfolgreich eingeführten anderen Börsenderivaten sollte eine *tägliche Ermittlung des Immobilienbasiswertes* angestrebt werden. Tägliche Neuberechnungen von Immobilienindizes sind mittels heutiger verfügbarer Immobiliendaten nicht überall durchführbar. Dies hat seinen Ursprung in den gutachterlichen Bewertungen von Immobilien bzw. den seltenen Transaktionen der Objekte.

Nimmt man trotzdem eine Ermittlung mit hoher Häufigkeit vor, würden sich Indexveränderungen auf nur eine geringe Anzahl von Objektbewertungen beziehen. Damit kann die Qualität der Daten jedoch nicht mehr garantiert werden.

Allerdings existieren auch Ausnahmen: CALHOUN, CHINLOY und MEGBOLUGBE halten zumindest für den amerikanischen Markt der Wohnimmobilien eine wöchentliche und tägliche Ermittlung von Immobilienindizes mit traditionellen Methoden für möglich. Sie stützen ihre Untersuchung auf Daten großer nationaler Hypothekeninstitute (Fannie Mae), die wiederholte Transaktionen (Repeat Sales) von durchschnittlich 4.000 pro Monat und ca. 130 pro Tag aufweisen. Ein Zusammenschluss der Datenbanken der größten Institute (Fannie Mae und Freddie Mac) könnte zudem noch weit mehr Daten pro Tag liefern.[617]

Eine Erhöhung der Indexfrequenz ist mit herkömmlichen Datenquellen nur mit nicht zu vertretenden Aufwendungen möglich. Häufigere Bewertungen sind nur eine theoretische Maßnahme. Die Vorgehensweise schließt sich daher aus. Als Alternative zur Verwendung von Transaktionsdaten und Bewertungen von Immobilien durch Sachverständige wurden *automatisierte Bewertungsmodelle* (*AVM*) diskutiert. Sie bieten im Hinblick der Ermittlung eines operativ zu verwendenden Immobilienindex eine Reihe von Vorteilen:

1. Die Häufigkeit der Ermittlung kann praktisch frei gewählt und an die Anforderungen eines Basisinstruments angepasst werden.
2. Die Nutzungskosten eines solchen computergestützten Systems dürften weit geringer ausfallen als bei traditionellen Bewertungsverfahren.
3. Der Einfluss des Menschen bei der Wertermittlung wird ausgeschaltet.

Die Exaktheit der automatisierten Verfahren für die Einzelbewertung von Immobilien wird häufig bezweifelt. Auf der Ebene eines Immobilienportfolios sollten sich die potenziellen Fehler, die durch kaum mögliche

---

[617] Vgl. Calhoun u.a., Temporal Aggregation, 1995, S. 436.

Marktanpassungen hervortreten, allerdings ausgleichen. Für die Generierung der Rohdaten wird demgemäss ein solches Verfahren vorgeschlagen.

Für die explizite Konstruktion des Basisinstruments werden hedonische Immobilienindizes (bei vorhandenen Preisdaten) als konzeptionell vielversprechendste Variante angesehen. Es existiert derzeit keine geeignetere Indexmethode oder Konzept eines Basisinstruments zur Lösung des Heterogenitätsproblems. Berechtigte Einwendungen zu Problemen der sachlichen Interpretierbarkeit der Ergebnisse hedonischer Indizes und deren aufwendige, teils unmögliche Berechnung aufgrund fehlender Daten (v.a. in Deutschland), zeigen weiteren Untersuchungsbedarf.

Ein weitgehend ungelöstes Problem ist das der Nachbildbarkeit des Basiswertes. Transaktionen auf dem (Immobilien-) Kassamarkt zum Zwecke der Nachbildung oder Arbitragegeschäfte sind durch hohe Transaktionskosten und die Einmaligkeit von Immobilien praktisch ausgeschlossen. Es besteht lediglich die Möglichkeit, den Zahlungsstrom eines Index möglichst exakt nachzubilden. Die Arbitragefunktion wäre sehr eingeschränkt. Es wurde jedoch darauf verwiesen, dass unter der Voraussetzung akzeptierter Preisindizes die Forderung nach Arbitragemöglichkeiten nachrangig ist.

Das Unwissen über die Funktionsweise und den fairen Wert der behandelten Instrumente scheint ein offenkundig lösbares Problem zu sein. Die praktisch anzutreffenden Widerstände sind jedoch nicht zu vernachlässigen. Neuen Finanzprodukten aufgeschlossene Marktteilnehmer akzeptieren eventuell gewisse Fehlerquellen, wenn sie die Vorteile erkennen.[618] Die Akzeptanz auf einem konservativ geprägten Markt wie dem Immobilienmarkt ist jedoch unsicher.

Bezüglich der Motive für den Handel mit Immobilienderivaten bleibt festzuhalten, dass sich die Motive Hedging und Trading für systematisch verursachte, marktbedingte Renditen umsetzen ließen.

Die Instrumente böten angesichts der genannten immobilienbezogenen Motive große Chancen. Die Liquidität und Flexibilität von Immobilienanlagen mit Derivaten eröffnen völlig neue Dimensionen. Damit gehen die

---

[618] Siehe die Arbeit von Pennings, Joost; Leuthold, Raymond, Behavorial Approach, 2000.

erwähnten Vorteile aufgrund von Diversifikationseffekten in Multi-Asset-Portfolios und des Leverage Effektes einher.

Ein fundamentaler Vorteil der diskutierten Instrumente ergibt sich durch die Ersparnis eines Großteils der Transaktionskosten, die üblicherweise bei Immobilientransaktionen anfallen. Dieser Kostenvorteil soll als eines der Hauptargumente für Immobilienderivate gelten.

II. OTC-Derivate

Ein wesentlich verändertes Bild ergibt sich bei nicht an Börsen gehandelten OTC-Derivaten. Die Anforderungen an funktionierende außerbörsliche Märkte sind erheblich geringer, so dass sich bereits erste Anwendungen (PICs und PIFs, Swaps) etablieren konnten. Die Funktionsfähigkeit ist damit zumindest für die jeweiligen nationalen Märkte bewiesen. Die Frage ist hier, ob für sie die Bedingungen auf anderen Märkten (so z.B. in Deutschland) bereits erfüllt sind.

Auch an dieser Stelle sind zunächst verlässliche *Referenzpreise* (Indizes) zu schaffen, bzw. müssen sich diese am Markt durchsetzen und eine breite Akzeptanz finden. Die Konstruktionsweise deskriptiv orientierter Immobilienindizes (IPD) genügt offensichtlich den Grundanforderungen dieser Produktklasse. Die geringe Verbreitung der bisherigen Immobilienderivate schließt allerdings auch hier nicht alle Zweifel aus.

Bis auf die hohe Liquidität von börsengehandelten Derivaten bestehen ähnliche Einschätzungen für die OTC-Immobilienderivate, was die Motive für den Handel betrifft. Die zu erwartende Hedgingeffizienz ist bei OTC-Derivaten höher, m.a.W. das vermutlich hohe Basisrisiko börsengehandelter Immobilienderivate wird umgangen, da genaue Anpassungen an die Bedürfnisse der Hedger vorgenommen werden können.

Ein weiterer Vorteil der außerbörslichen Instrumente ergibt sich durch flexible Volumina. Sollte ein börslicher Derivathandel funktionieren, jedoch nur mit relativ geringen Handelsvolumina, so könnten keine größeren Positionen in den Kontrakten zu *einem* Zeitpunkt gehandelt werden. Unvorteilhafte Preisausschläge wären die Folge. OTC-Derivate sind vom Volumen unabhängig. Abschlüsse in für Investmentimmobilien typischen Größenordnungen haben dort keinen Einfluss auf den verhandelten Preis.

Ein ähnlicher Sachverhalt gilt für die Laufzeit der Kontrakte. Futures und Optionen werden meist nur mit kurzen Laufzeiten rege gehandelt. Großvolumige Transaktionen sind demnach nur hier möglich. Dies widerspricht den für Immobilien üblichen Anlagehorizonten. Immobilienmarktteilnehmer müssten daher häufig neue Kontrakte handeln (Roll Over), wenn sich die vorgestellten Endloskontrakte nicht durchsetzen. Die individuelle Vereinbarung der Kontraktlaufzeit bei den OTC-Produkten ist flexibler und daher vorteilhaft. Sie verlangt jedoch nach einem ausfallsicheren Vertragspartner. Diese Sicherheit nimmt allerdings mit zunehmender Laufzeit der Verträge stark ab.[619]

---

[619] Vgl. Roche, Julian, Property Futures, 1995, S. 139.

Schlussbemerkung

„*The economic significance of index-based real estate derivative markets, if they were to become well-established, could well be much greater than that of all financial derivative markets established to date combined.*"[620]

Diese optimistische Behauptung soll die Chancen verdeutlichen, die mit einer Einführung von Immobilienderivaten verbunden sind. Die Grundlage ihrer potenziellen Bedeutung liegt in der Größe des Immobilienmarktes und dem darin gebundenen Vermögen im Vergleich zu bereits eingeführten Terminmärkten und deren Kassamärkten.

Ziel der Arbeit war es, die Übertragbarkeit von Finanzinnovationen auf den Immobilienmarkt zu überprüfen und Lösungsmöglichkeiten zur Umsetzung vorzuschlagen. Für Teilbereiche des Immobilienmarktes sind derivative Instrumente denkbar.

Die fortlaufenden Veränderungen der Finanzmärkte zeigen eine Tendenz zu verstärkten Unsicherheiten, die vor den Immobilienmärkten keinen Halt machen und die Entwicklung von Derivatmärkten begünstigen. Der Glaube an den „sicheren Hafen" der Immobilien beginnt auch hierzulande zu schwinden. Daher werden für Vermögensportefeuilles Mechanismen benötigt, die flexible Reaktionen auf Veränderungen erlauben.

Die fundamentalen Voraussetzungen eines derivativen Marktes für die Vermögensklasse Immobilien scheinen erfüllt. Die Volumina des Immobilienmarktes werden von keiner anderen Anlageklasse erreicht. Somit existiert ein ausreichend großes Nachfragepotenzial. Die erreichten Preisrisiken liegen teilweise über denen anderer Kassamärkte, für die bereits Derivate in börslicher und außerbörslicher Form existieren. Trotzdem besteht ein derivativer Immobilienmarkt nur partiell und in Anfängen. Demzufolge fehlt es an anderen Faktoren, die einen derivativen Markt für Immobilien entstehen lassen.

---

[620] Case, Karl u.a., Index-Based Futures, 1993, S. 91.

Als wichtigstes Element wurde ein akzeptierter, aktueller und häufig ermittelter Preisindikator identifiziert. Die heute verfügbaren Immobilienindizes sind teils weit entwickelt und verbreitet. Der originäre Zweck ihrer Berechnung liegt aber nicht in der hier angestrebten operativen Verwendung. So erzielen sie in dieser Hinsicht keine optimalen Ergebnisse.

Wird ein Immobilienpreisindikator auf der Grundlage einer angestrebten Nutzung als Basisinstrument derivativer Produkte mit den diskutierten Eigenschaften konstruiert, so kann sich ein solcher Markt eher entwickeln. Mit einem verlässlichen Preismaßstab treten auch weniger gut erfüllte Voraussetzungen in den Hintergrund.

Thesen der Arbeit

Die Erkenntnisse der Arbeit lassen sich mit den folgenden Thesen zusammenfassen:

1. These

Der Erfolg eines Immobilienderivats (-futureskontraktes) ist an die Repräsentativität und Aktualität des Basisinstruments gebunden.

Anlageklassen mit verlässlichen Preisindikatoren verfügen häufig über derivative Instrumente. Um sie für den Immobilienanlagemarkt zu schaffen, werden akzeptierte Preismaßstäbe benötigt, auf welche sich die Instrumente beziehen. Der Indikator muss die Preisentwicklung einer Vielzahl von Immobilienportefeuilles widerspiegeln, um repräsentativ und akzeptiert zu sein. Nur ein anerkannter Preisindikator kann eine Basis für Immobilienderivate sein.

Die ungenügende Aktualität und Akzeptanz der meisten Immobilienmarktindikatoren stellen häufig das Haupthindernis für einen solchen Kontrakt dar. So wird beispielsweise die Marktabdeckung des DIX Deutscher Immobilien Index als grundsätzlich geeignet für ein Basisinstrument angesehen, die Aktualität und Häufigkeit der Daten jedoch nicht.

Repräsentative Immobilienmarktindikatoren mit langer Zeitreihe sind bisher in nur wenigen Ländern eingeführt worden, in denen jedoch bereits erste Anwendungen von Immobilienderivaten zu finden sind. Diese können als Nachweis der prinzipiellen Funktionsfähigkeit der Produkte gelten.

Die vorhandenen Instrumente in den entwickelten Märkten beziehen sich auf „traditionelle" bewertungsbasierte Immobilienindizes. Einer Verwendung als Basisinstrument außerbörslicher Derivate genügen sie daher in ausreichendem Maße.

Transaktionsbasierte Immobiliendaten sind für eine operative Verwendung prinzipiell vorzuziehen. Sie liegen jedoch häufig nicht in geeigneter Quantität und Qualität vor.

2. These

Die Berechnung hochfrequenter Immobilienindizes ist eine Voraussetzung terminbörsengehandelter Immobilienderivate. Traditionelle Datenerhebungsmethoden durch gutachterliche Objektbewertungen und Transaktionsdaten des Immobilienmarktes erweisen sich als nachteilig. Die geforderten Daten können mit neuen EDV-basierten Wertermittlungstechniken bereitgestellt werden.

Die bisherige Orientierung auf eine vorwiegend deskriptive Verwendung von Immobilienindizes erschwert die Nutzung als operatives Basisinstrument. Für *börsen*gehandelte Derivate sind sie daher unbrauchbar. Zur Lösung immobilienbezogener Konstruktionsprobleme sind moderne Berechnungs- und Erhebungsmethoden notwendig.

Terminbörsenakteure akzeptieren die bisherige Veröffentlichungsfrequenz von Immobilienmarktdaten bei einer Verwendung als Basisinstrument nicht. Die monatliche Neuberechnung von Immobilienindizes ist aus immobilienwirtschaftlicher Sicht bereits außergewöhnlich, für börsengehandelte Derivate reicht dies jedoch nicht. Die geringste Aktualisierungsfrequenz von Underlyings als erfolgreich anzusehender Terminbörsenderivate liegt bei einem bis zu wenigen Tagen. Für börsengehandelte Immobilienderivate sollte also ca. eine tägliche Indexfrequenz erreicht werden.

Mit bisherigen Ermittlungsmethoden, die häufig auf Bewertungen von Sachverständigen beruhen, sind diese Daten nicht zu erwarten. Die Erhöhung der Quantität und Qualität scheitert an den damit verbundenen Aufwendungen. Eine günstige Variante besteht in elektronischen Bewertungstechniken (AVM) ganzer Immobilienportefeuilles, die verknüpft mit modern Indexmethoden vielversprechende Basisinstrumente erzeugen können.

Für operativ verwendbare Immobilienindizes müssen die Marktteilnehmer vor allem hierzulande ein neues Bewusstsein bei der Veröffentlichung ihrer Marktdaten entwickeln.

3. These

Die Größe und Volatilität des Kassamarktes Immobilienmarkt erreichen die erforderliche Höhe zur Einführung von gehandelten Immobilienderivaten.

Das in Marktwerten gemessene Volumen des Immobilienmarktes übertrifft sämtliche anderen Märkte mit eingeführten Derivaten. Der als Basisinstrument in Frage kommende Teilmarkt ist wesentlich kleiner, aber immer noch groß genug, um genügend Marktteilnehmer für Derivate ansprechen zu können.

Die im Rahmen der Arbeit gemessene Volatilität ist abhängig von den verwendeten Indizes und den Datenquellen, die als teilweise nicht ideal bewertet wurden. Tendenzielle Aussagen lassen sie dennoch zu. Die Immobilienmärkte erreichen dabei regelmäßig die Schwankungshöhe der Basisinstrumente von börsengehandelten Zinsderivaten, die zudem als die erfolgreichsten Terminbörsenprodukte gelten können. Die Basisanforderung der Volatilität ist zumindest für einige nationale Teilmärkte erfüllt.

4. These

Zur Erfüllung der Hedgingeigenschaft muss ein Immobilienderivat nicht unbedingt auf regionalen Indikatoren basieren.

Der Erfolg eines neuen Derivats besteht hauptsächlich im erreichbaren Handelsvolumen. Ein einziger Kontrakt auf ein landesweit bezogenes Basisinstrument ist daher prinzipiell vorteilhaft, da er die Liquidität bündelt. Das Absicherungsinteresse von Immobilienmarktakteuren ist diesbezüglich gegenläufig, wenn sich die individuellen Portefeuilles nicht parallel zum

Gesamtmarkt entwickeln. Die Hedgingeffizienz der Kontrakte wäre dann gering. Die Analyse von regionalspezifischen Daten zeigt jedoch häufig starke Abhängigkeiten zwischen Gesamtmarkt und regional- und immobilientypspezifischen Teilmärkten, die ein liquides Instrument begünstigen.

Eine Vielzahl von weniger diversifizierten Immobilieninvestoren kann einen Nutzen durch die Volatilitätsreduktion eines Gesamtmarktderivats erzielen.

5. These

Für ein hinreichendes Handelsinteresse am Immobilienterminmarkt müssen die Marktteilnehmer über ein entsprechendes Wissen der Immobilien- und Terminmärkte verfügen und die jeweiligen Instrumente akzeptieren.

Nichtverstandene Finanzinstrumente werden nicht angewendet. Der Misserfolg von bisherigen Versuchen (London FOX-Kontrakte) wird zum großen Teil auf das Unwissen über die Funktionsweise zurückgeführt. Derivative Instrumente sind für den Großteil der Immobilienmarktakteure nahezu unbekannt. Finanzmarktteilnehmern fehlt häufig das Verständnis für die Besonderheiten des Immobilienmarktes. Nur eine konsequente Verbreiterung des Wissens schafft eine Akzeptanz neuer Produkte.

Die Erfüllung aller Anforderungen eines Basisinstruments bzw. Kassamarktes muss nicht zu einem erfolgreichen Derivat führen, andererseits müssen erfolgreiche Derivate nicht zwingend alle Bedingungen erfüllen. Sind die Akteure aber *prinzipiell* zur Nutzung bereit, können Immobilienderivate, die nicht alle Anforderungen zweifelsfrei erfüllen, eher zum Erfolg führen.

6. These

Der Vorteil der Transaktionskostenersparnis potenzieller gehandelter Immobilienderivate hat ausgleichende Wirkung auf den Nachteil einer erwarteten geringeren Hedgingeffizienz.

Die Transaktionskosten für Anlagen in Immobilien können hohe einstellige Prozentbereiche vom Kaufpreis erreichen. Gegenüber Aktien und Renten sind diese Kosten immens. Soll ein diversifiziertes Immobilienportfolio angelegt werden, steigen die Kosten mit jeder Transaktion.

Die Investition des gleichen Volumens mit einem derivativen Instrument erzeugt im Vergleich vernachlässigbare Transaktionskosten. Diese Handels- bzw. Tradingfunktion kann Handelsvolumenminderungen aufgrund geringerer Hedgingeffizienz zumindest teilweise ausgleichen.

7. These

Die physische Lieferung ist als Kontraktausgleich für ein börsengehandeltes Immobilienderivat ausgeschlossen.

Die physische Lieferung impliziert eine Reihe von Nachteilen, so z.B. durch entstehende Transaktionskosten. Sie sichert jedoch den Kontraktausgleich bei nicht exakt beschreibbaren Basisinstrumenten. Die Anlieferung von Objekten zur Kontrakterfüllung börslicher Derivate ist aufgrund der Heterogenität der Anlageklasse Immobilien praktisch ausgeschlossen. Man schließt diese Kontrakterfüllungsvariante bereits bei wesentlich einfacher handelbaren Kontraktgegenständen (Aktien) aus. Bei Immobilien würde ein ungleich größerer Aufwand entstehen, der den Barausgleich zur einzig möglichen Erfüllungsvariante macht. Für den Barausgleich wird wiederum ein verlässlicher Preisindikator (Immobilienindex) benötigt.

8. These

Handelbare Immobilienderivate können nur systematische Immobilienrisiken übertragen.

Fortlaufend handelbare Derivate an Terminbörsen müssen standardisiert sein, um den Marktteilnehmern Sicherheit über den Kontraktgegenstand bieten zu können. Individuelle Objekte können keine Kontraktgegenstände sein, da sie nicht frei handelbar sind und darüber keine gleichverteilten Informationen und Sicherheiten vorliegen. Könnten Derivate über einzelne Objekte verkauft werden (Short-Positionen), bestünde zudem kein Anreiz zur optimalen Bewirtschaftung (Moral Hazard Problem). Die Umsetzung der Motive Hedging und Trading mit einem immobilienverbundenen Derivat ließe sich demnach nur für den Bestandteil der Immobilienperformance realisieren, der *systematisch*, also marktbedingt ist. Potenzielle Immobilienderivate generieren daher einen Nutzen für das Management breit diversifizierter Immobilienportefeuilles, die durch Diversifizierung nur noch geringe unsystematische Risiken aufweisen. Deren Risiko bzw. Rendite ist größtenteils von systematischen Marktveränderungen bestimmt.

Für außerbörslich vereinbarte Immobilienderivate können hingegen Vereinbarungen über konkrete Immobilien getroffen werden. Allerdings müssten Vertragsbestandteile aufgenommen werden, welche das Moral Hazard Problem verhindern oder einschränken.

9. These

Bevor sich ein Markt börsenmäßig handelbarer Immobilienderivate bilden kann, müssen sich außerbörsliche Märkte dafür entwickeln. Sie dienen als zeitlich vorgelagerte Indikatoren für Absicherungs- und Handelsinteressen der Marktteilnehmer.

Außerbörsliche Derivate entstehen regelmäßig vor börsengehandelten Derivaten. Sie sind individuell zu vereinbaren und benötigen keine Institutionen für den Handel. Ihre flexible Anpassungsfähigkeit an die Bedürfnisse der Marktteilnehmer macht sie gerade für den heterogenen Immobilienanlagemarkt interessant. Die beginnende Verwendung dieser Instrumente mit Immobilienbezug zeigt, dass ein Interesse der Marktteilnehmer vorliegt.

Entsteht ein breiter außerbörslicher Immobilienderivatmarkt mit zahlreichen Kontraktabschlüssen, kann sich auch ein (termin-) börslicher Markt entwickeln. Dies geschieht dann, wenn die Vorteile durch Transaktionskostenersparnisse gegenüber den Nachteilen durch geringere Anpassung an individuelle Bedürfnisse resp. geringere Hedgingeffizienz überwiegen.

10. These

Ein funktionierender Immobilienterminmarkt kann als effizienter Preisbildungsmechanismus fungieren und die Rolle eines allgemeinen Preisindikators des Immobilienkassamarktes übernehmen.

Erfolgreiche börsengehandelte Derivate mit hohen Umsatzvolumina werden zum Teil als allgemeine Preisindikatoren für den Kassamarkt genutzt, wie dies bei den BUND-Futures der Fall ist. Diese Kontrakte stehen für die Preisbewegungen langlaufender deutscher Staatsanleihen. Ein ebenso zahlreich gehandelter Immobilienkontrakt kann eine ähnliche Rolle übernehmen. Mit einem liquide gehandelten Instrument geht zudem eine allgemeine Erhöhung der Markttransparenz einher.

11. These

Die eingeschränkte Nachbildbarkeit eines Immobilienbasisinstruments stellt kein Gegenargument für Immobilienderivate dar. Vielmehr muss eine objektive und akzeptierte Preisermittlung garantiert sein.

Es existieren Derivate an Terminbörsen, welche auf Basisinstrumenten basieren, die in keiner Weise durch die Akteure gehandelt bzw. nachgebildet werden können (Wetterderivate). Daher ist eine Preisbildung der Kontrakte über Arbitragebeziehungen mit dem Kassamarkt nicht möglich. Die einzige Möglichkeit der Bewertung dieser Kontrakte besteht in der Anwendung von Bewertungsmodellen, die sich auf eine Modellierung der Zeitreihen (Wetterindizes) stützen. Die akzeptierte und objektive Ermittlung der den Kontrakten zugrundeliegenden Daten ist der Garant für das Funktionieren des derivativen Marktes.

Arbitrageoperationen zwischen dem physischen und einem derivativen Immobilienmarkt sind nur eingeschränkt durchführbar. Die Funktionsfähigkeit der erwähnten Derivate widerlegt das strenge Arbitrageargument und macht einen derivativen Immobilienmarkt bei vorhandenen objektiven und aktuellen Basisdaten denkbar.

Anhang 1

EUREX-Kontrakte	Handelsvolumen	Open Interest	Preisentwicklung monatlich *täglich*
DJ EURO STOXX 50^SM-Future	06/1998-06/2001	06/1998-06/2001	*04.01.1999-31.07.2001*
-Option	06/1998-06/2001	06/1998-06/2001	-
DJ EURO STOXX 50^SM-Future	06/1998-06/2001	06/1998-06/2001	*04.01.1999-31.07.2001*
-Option	06/1998-06/2001	06/1998-06/2001	-
DAX-Future	11/1990-06/2001	01/1994-06/2001	01/1997-07/2001 *04.01.1999-31.07.2001*
DAX-Option	08/1991-06/2001	01/1994-06/2001	-
MDAX	09/1996-06/2001	09/1996-06/2001	*02.01.1997-16.12.1999*
SMI-Future	01/1997-06/2001	01/1997-06/2001	*04.01.1999-31.07.2001*
SMI-Option	01/1997-06/2001	01/1997-06/2001	-
FOX-Future	09/1999-06/2001	09/1999-06/2001	-
FOX-Option	09/1999-06/2001	09/1999-06/2001	
NEMAX 50-Future	06/2000-06/2001	06/2000-06/2001	-
One-Month-EURIBOR(FIBOR)-Future	01/1997-06/2001	02/1997-06/2001	*04.01.1999-31.07.2001*
Three-Month-EURIBOR (FIBOR)-Future	03/1994-06/2001	03/1994-06/2001	30.09.1998-31.07.2001
BUND-Future	11/1990-06/2001	01/1994-06/2001	01/1997-07/2001 *04.01.1999-31.07.2001*
BOBL-Future	10/1991-06/2001	01/1994-06/2001	01/1997-07/2001 *04.01.1999-31.07.2001*
SCHATZ-Future	03/1997-06/2001	03/1997-06/2001	*03.02.1997-29.12.2000*
BUXL-Future	03/1994-06/2001	01/1995-06/2001	-
Jumbo-Pfandbrief-Future	07/1998-06/2001	07/1998-06/2001	*06.07.1998-26.02.1999*
CONF-Future	01/1997-06/2001	01/1998-06/2001	-

Tabelle 30: Verwendete Daten von EUREX-Derivaten

Basisinstrument	Tägliche Daten	Monatliche Daten	Jährliche Daten
DJ EURO STOXX 50^{SM}	04.01.1999 -31.07.2001	04.01.1999 -31.07.2001	04.01.1999 -31.07.2001
DJ STOXX 50^{SM}-	04.01.1999 -31.07.2001	04.01.1999 -31.07.2001	04.01.1999 -31.07.2001
DAX®	02.01.1985 -29.12.2000	02.01.1985 -29.12.2000	02.01.1985 -29.12.2000
MDAX	19.01.1996 -29.12.2000	01/1988-11/2001	01/1988-11/2001
SMI	03.01.1995 -29.12.2000	03.01.1995 -29.12.2000	03.01.1995 -29.12.2000
One-Month-EURIBOR (FIBOR)	02.07.1990 -31.07.2001	02.07.1990 -31.07.2001	02.07.1990 -31.07.2001
Three-Month-EURIBOR (FIBOR)	02.07.1990 -31.07.2001	02.07.1990 -31.07.2001	02.07.1990 -31.07.2001
REX (8;9;10-jährige)	21.06.1993 -29.12.2000	21.06.1993 -29.12.2000	21.06.1993 -29.12.2000
REX (4;5;6-jährige)	21.06.1993 -29.12.2000	21.06.1993 -29.12.2000	21.06.1993 -29.12.2000
REX (1;2;3-jährige)	21.06.1993 -29.12.2000	21.06.1993 -29.12.2000	21.06.1993 -29.12.2000
REX (gesamt)	-	01/1967-08/2001	01/1967-08/2001
REXP (gesamt)	-	01/1967-08/2001	01/1967-08/2001
PEX Kursindex (4;5;6-jährige)	11.12.1987 -10.09.2001	11.12.1987 -10.09.2001	11.12.1987 -10.09.2001

Tabelle 31: Verwendete Finanz- und Kapitalmarktdaten

Indikator	Monatliche Daten	Jährliche Daten
DID (DIX)	-	01/1996-12/2001
Bulwien AG Städte in den ABL Städte in den NBL	-	01/1975-12/2000 01/1975-12/2000 01/1992-12/2000
DTZ Zadelhoff	-	01/1990-06/2000
Atis Real Müller	-	01/1990-12/2000
IPD Städte / Regionen	01/1987 – 12/1999 01/1981 – 12/1996	01/1971 – 12/2001 01/1981 – 12/1996
NCREIF	I/1978 – IV 2001	I/1978 – IV 2001
DIMAX	30.12.1988 - 28.12.2001	30.12.1988 - 28.12.2001
EPIX	01.01.1988 -01.11.2001	01.01.1988 -01.11.2001
EPRA	29.12.1989 -31.05.2001	29.12.1989 -31.05.2001
NAREIT	12/1971-12/2001	12/1971-12/2001

Tabelle 32:　Verwendete Immobilienmarktdaten

Anhang 2

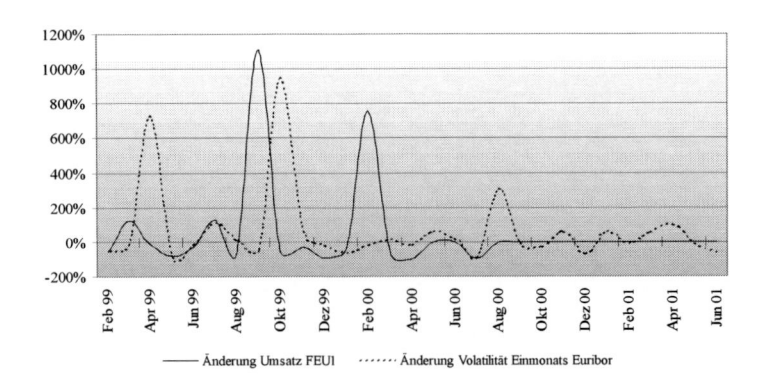

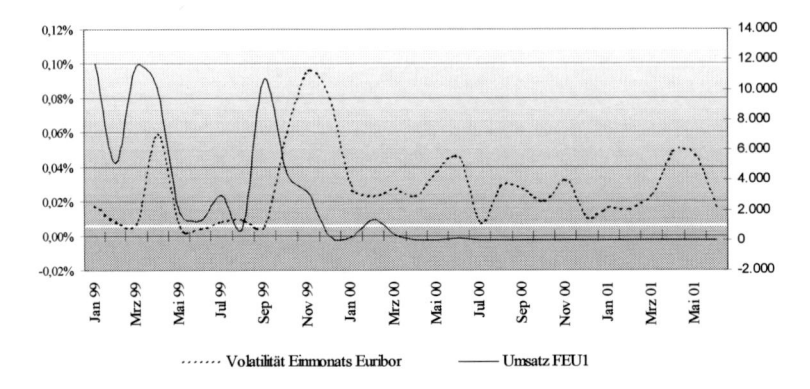

Abbildung 36: Volatilität des Einmonats EURIBOR und Umsatz des Futures

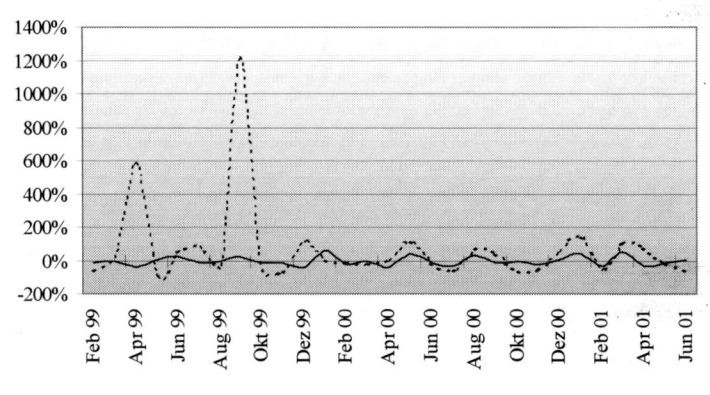

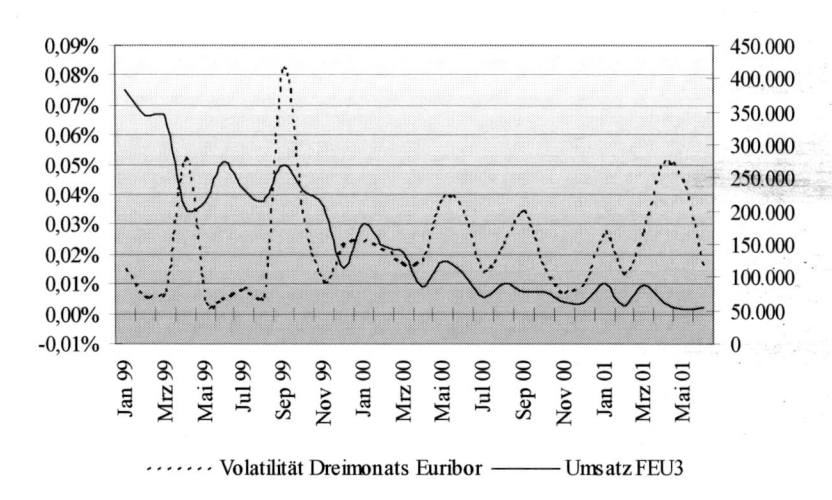

Abbildung 37: Volatilität des Dreimonats EURIBOR und Umsatz des Futures

······ Änderung Volatilität BUND-Basis ——— Änderung Umsatz BUND Futures

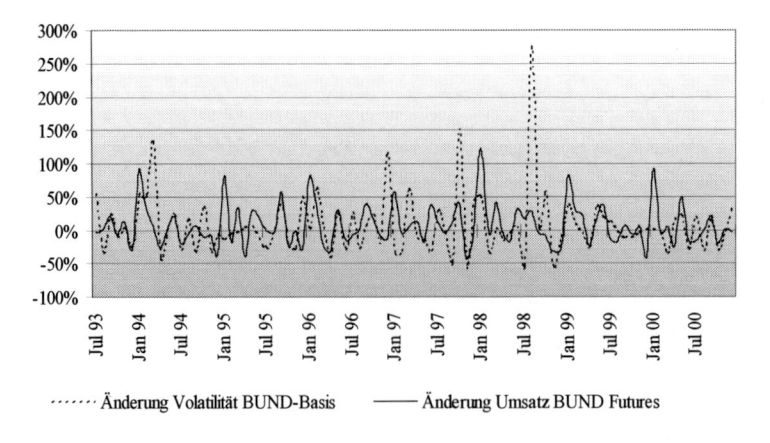

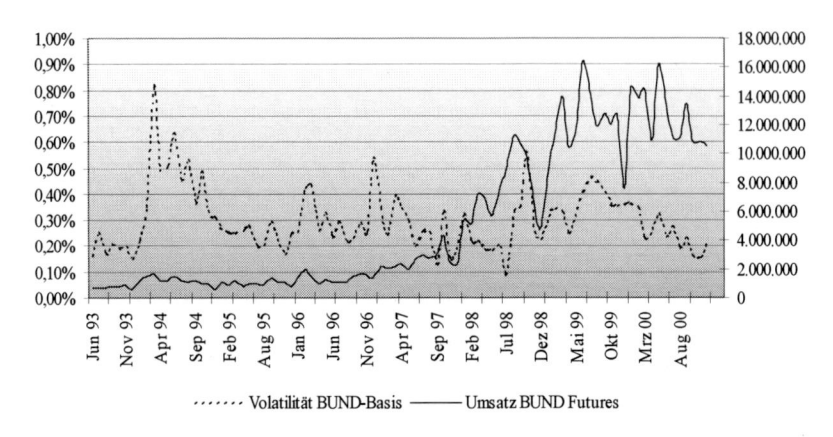

······ Volatilität BUND-Basis ——— Umsatz BUND Futures

Abbildung 38: Volatilität der BUND-Basis und Umsatz des Futures

Anhang   XXXV

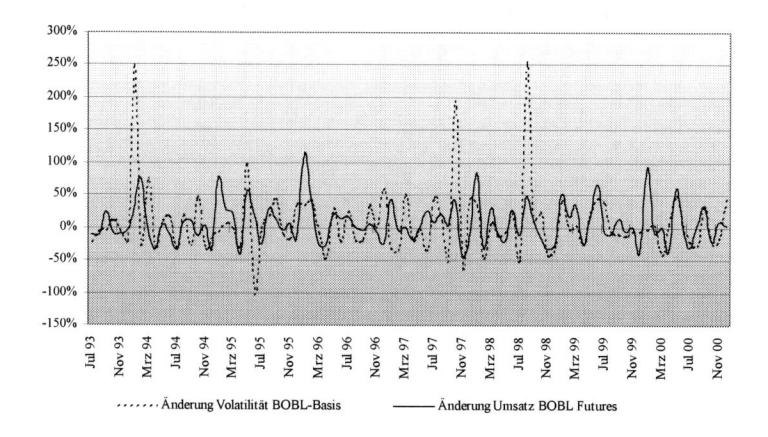

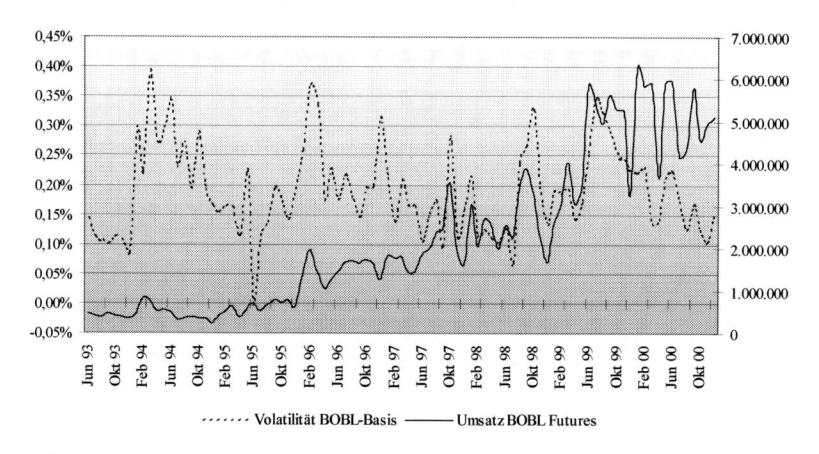

Abbildung 39: Volatilität der BOBL-Basis und Umsatz des Futures

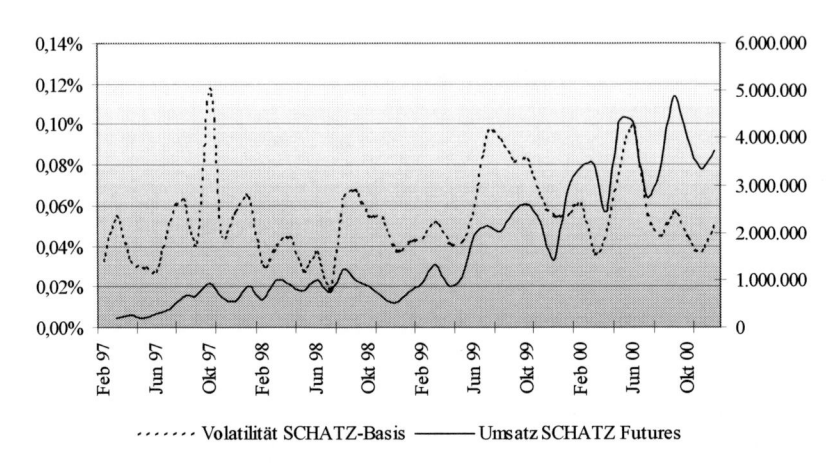

Abbildung 40: Volatilität der SCHATZ-Basis und Umsatz des Futures

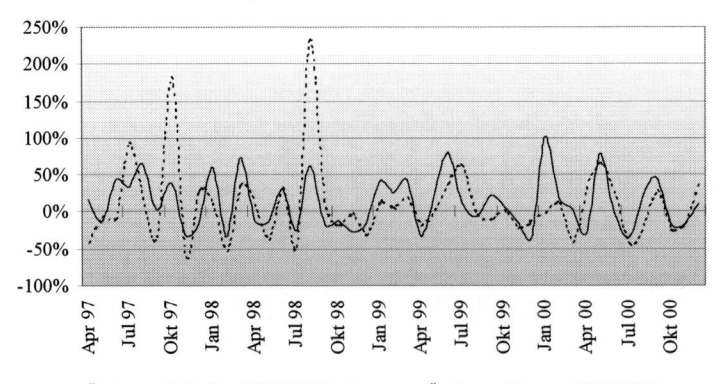

Anhang	XXXVII

······ Änderung Volatilität DJ Euro Stoxx 50 ——— Änderung Umsatz FESX

······ Volatilität DJ Euro Stoxx 50 ——— Umsatz FESX

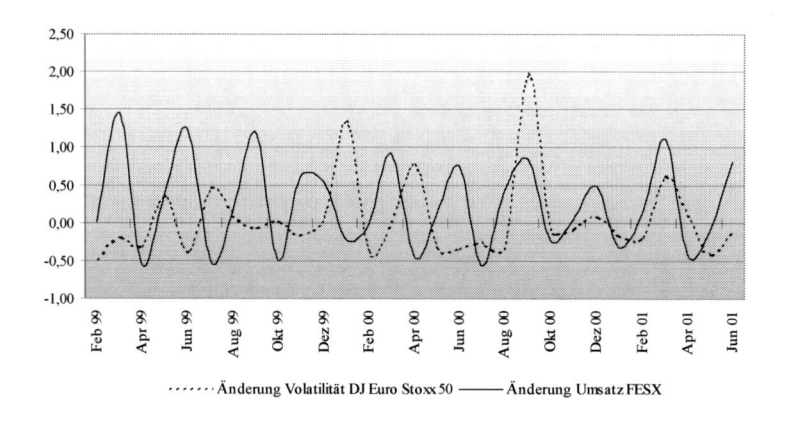

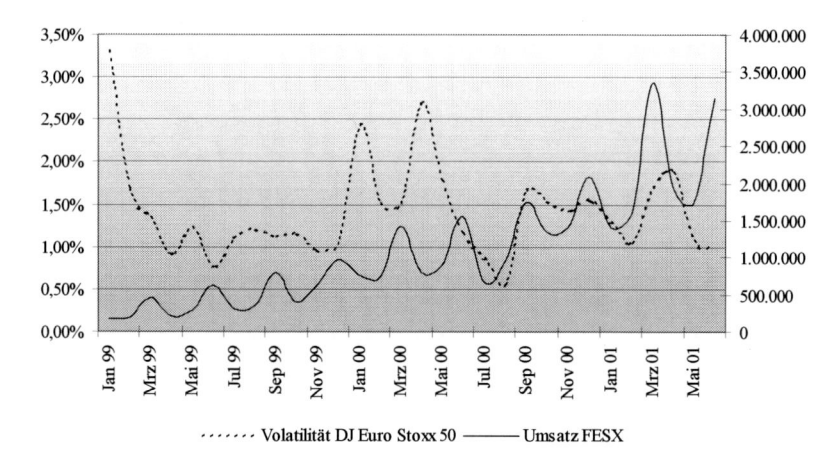

Abbildung 41: Volatilität des DJ Euro Stoxx 50 und Umsatz des Futures

······· Änderung Volatilität DJ Stoxx 50 ——— Änderung Umsatz FSX

······· Volatilität DJ Stoxx 50 ——— Umsatz FSX

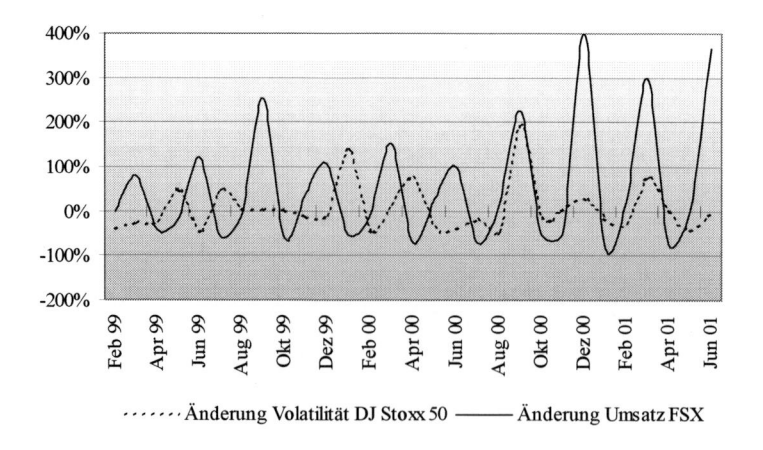

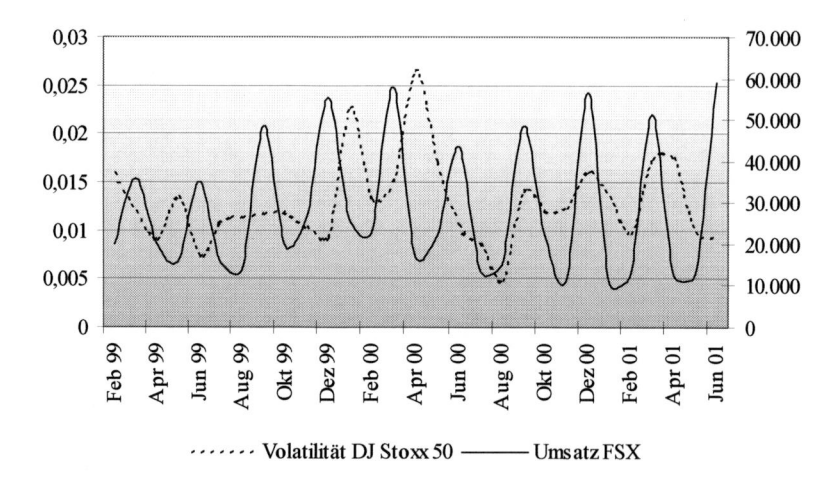

Abbildung 42:   Volatilität des DJ Stoxx 50 und Umsatz des Futures

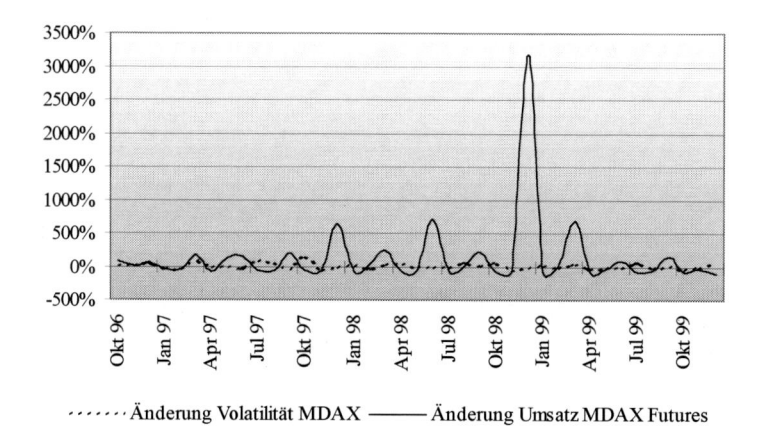

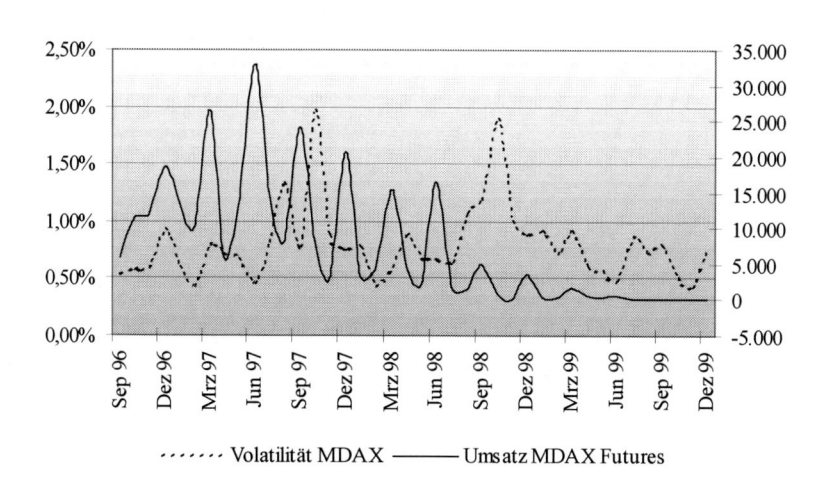

Abbildung 43: Volatilität des MDAX und Umsatz des Futures

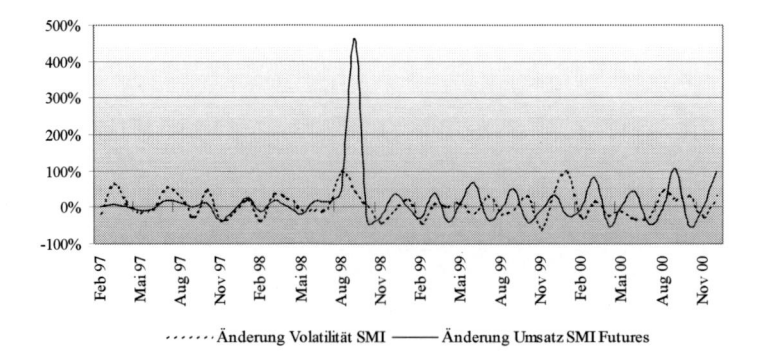

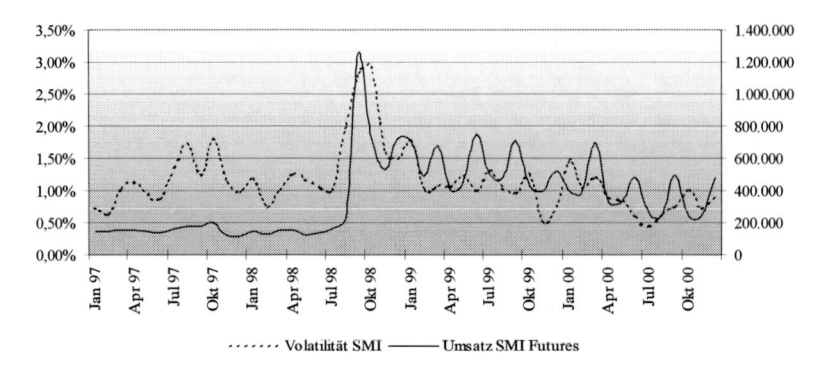

Abbildung 44: Volatilität des SMI und Umsatz des Futures[621]

---

[621] Für alle Abbildungen: Eigene Berechnung und Darstellung. Datenquelle: EUREX, Karlsruher Kapitalmarktdatenbank. Siehe Anhang 1.

Anhang 3

	Handel	Büro	Industrie
London Districts	Kbrg/Belg/Chel	EC1	-
	Mayfair	EC2	-
	Leicester Square/ Covent Garden	EC3	-
	Soho & Oxford Street South	EC4	-
	Warren St/Oxford St North	WC1	-
		WC2	-
		W1	-
		SW1	-
		South Bank & Fringe	-
Local Districts	Aberdeen	Aberdeen	Aberdeen
	Barnet	Basingstoke & Deane	Andover
	Bedford	Bedford	Banbury
	Birmingham	Belfast	Basingstoke
	Bolton	Birmingham	Bedford
	Bournemouth	Bournemouth	Birmingham
	Brighton	Bracknell	Bracknell
	Bristol	Brighton	Bradford
	Bromley	Bristol	Braintree

Cambridge	Bromley	Brent
Cardiff	Cambridge	Bristol
Cheltenham	Cardiff	Bromley
Chester	Chelmsford	Camberley
Chichester	Cheltenham	Cambridge
Colchester	City of London	Cardiff
Croydon	Colchester	Chelmsford
Darlington	Crawley	Cheltenham
Derby	Croydon	Colchester
Ealing	Dorking	Coventry
Eastbourne	Ealing	Crawley
Edinburgh City	Edinburgh City	Croydon
Exeter	Epsom & Ewell	Ealing
Glasgow City	Esher	Eastleigh
Gloucester	Exeter	Edinburgh City
Guildford	Glasgow City	Enfield
Harrogate	Guildford	Esher
Harrow	Hammersmith & Fulham	Exeter
Hereford	Harrow	Farnborough
Hounslow	Haywards Heath	Glasgow City
Huddersfield	Hillingdon	Harlow
Ilford	Hounslow	Haywards Heath
Ipswich	Ipswich	Hemel Hempstead

Anhang   XLIII

Kingston u Thames	Leeds	Hertsmere
Lancaster	Leicester	High Wycombe
Leeds	Liverpool	Hillingdon
Leicester	Maidstone	Hounslow
Lincoln	Manchester	Huntingdon
Liverpool	Merton	Ipswich
Macclesfield	Milton Keynes	Islington
Maidstone	Newbury	Leeds
Manchester	Newcastle u Tyne	Leicester
Middlesbrough	Northampton	Luton
Newcastle u Tyne	Norwich	Maidenhead
Northampton	Nottingham	Maidstone
Norwich	Oxford	Manchester
Nottingham	Peterborough	Merton
Oxford	Reading	Milton Keynes
Plymouth	Reigate & Banstead	Newbury
Portsmouth	Richmond u Thames	North Lanarkshire
Preston	Runnymede	Northampton
Reading	Sheffield	Norwich
Romford	Slough	Nottingham
Salisbury	Solihull	Peterborough
Sheffield	Southampton	Plymouth
Shrewsbury	Swindon	Poole

	Slough	Trafford	Portsmouth
	Southampton	Watford	Reading
	Southend on Sea	Westminster	Rochdale
	St Albans	Windsor/Maidenhead	Romford
	Stoke on Trent	Woking	Salford
	Sutton	Wokingham	Sandwell
	Swansea	Wycombe	Sheffield
	Tunbridge Wells		Slough
	Wakefield		St Albans
	Watford		Staines
	Winchester		Swindon
	Windsor/Maidenhead		Telford
	Wolverhampton		Thurrock
	Worcester		Tonbridge
	York		Wandsworth
			Warrington
			Warwick
			Watford
			Welwyn Hatfield
Regions	London	City	London
	South East	Mid Town	South East
	South West	West End	South West
	Eastern	Central London Fringe	Eastern

	East Midlands	Outer London	East Midlands
	West Midlands	London	West Midlands
	Yorks & Humber	South East	Yorks & Humber
	North West	South West	North West
	North East	Eastern	North East
	Scotland	East Midlands	Scotland
	Wales	West Midlands	Wales
		Yorks & Humber	
		North West	
		Northern	
		Scotland	
		Wales	

Tabelle 33: **Geografische Teilmärkte der IPD-Datenbank**

Quellenverzeichnis

Juristische Quellen

BauGB in der Fassung der Bekanntmachung vom 27.8.1997 (BGBl. I S. 2141), zuletzt geändert durch Artikel 12 des Gesetzes vom 23.07.2002 (BGBl. I S. 2852).

Börsengesetz in der Fassung der Bekanntmachung vom 21. Juni 2002 (BGBl. I S. 2010).

KAGG in der Fassung der Bekanntmachung vom 9. September 1998 (BGBl. I S. 2726), zuletzt geändert durch Art. 3 des Gesetzes vom 21. Juni 2002 (BGBl. I S. 2010).

WertR Wertermittlungsrichtlinien 1996.

WertV Wertermittlungsverordnung 1998 in der Fassung der Bekanntmachung vom 6. Dezember 1988 (BGBl. I S. 2209) geändert durch Art 3 des BauROG vom 18.8.1997 (BGBl. I S. 2081, 2110).

Experteninterview

Stürtz, Holger (EUREX): Interview, Frankfurt a.M., 24.01.2002.

Statistische Quellen

Direktbezug vom Anbieter

Atis Real - Müller International: Mietpreisdaten deutscher Großstädte.

Bloomberg L.P.: PEX Indizes.

Bulwien AG: Bulwien Indizes und Bulwien Marktdaten.

BVI Bundesverband Investment und Asset Management e.v.: Wertentwicklung offener Immobilienfonds.

DID Deutsche Immobilien Datenbank GmbH / Bulwien AG: (Immobilienmarkt 2000 und 2001) Renditeentwicklung, Mietentwicklung, Verkehrswertentwicklung, Eigenschaften von deutschen Anlageimmobilien.

DTZ Zadelhoff Holding: Mietpreisdaten deutscher Großstädte.

EUREX Frankfurt AG: Daten zu EUREX Derivaten.

Karlsruher Kapitalmarktdatenbank (Universität Karlsruhe): DAX, MDAX, REX Indizes.

Internet und sonstige Quellen

Bankhaus Ellwanger und Geiger [*Titelliste DIMAX, 2002*]: Titelliste DIMAX, in: http://www.privatbank.de/web/ix.nsf/id/~DIMAX03?opendocument&Kapitalanla gen~Research~EuG-DIMAX, 10.05.2002.

Bankhaus Ellwanger und Geiger [*Titelliste EPIX, 2002*]: Titelliste EPIX, in: http://www.privatbank.de/web/ix.nsf/id/~EPIX03?opendocument&Kapitalanlagen ~Research~EuG-EPIX, 10.05.2002.

BVI Bundesverband Investment und Asset Management e.V. [*Fondsvermögen, 2002*]: Fondsvermögen/Mittelaufkommen, in: http://www.bvi.de/downloads/INTR-599JP6ub02q1.xls, 10.05.2002.

Deutsche Börse AG [*Indexranking, 2001*]: Indexranking Scenario Calculation, October 2001, in: http://deutsche-boerse.com/INTERNET/EXCHANGE/ ex_news.nsf/ 881227823c4bfd3 d412568a400443942/82a22cb9e3a9c1a7c1256afd00789651/ $FILE/rangliste_ff.xls, 07.03.2002.

Deutsche Börse AG [*Monthly Index Ranking, 2002*]: Cash Market: Monthly Index Ranking, in: http://www.ip.exchange.de/INTERNET/IP/ip_stats.nsf/ (WebStatistik+Rangliste+Aktienidizes)/91259C9781FF4373C1256B59006A7A47/$FILE/rangliste_aktien.xls?OpenElement, 07.03.2002.

Deutsche Börse AG [*Monthly Statistics, 2002*]: Monthly Statistics, in: http://deutscheboerse.com/INTERNET/EXCHANGE/listing.nsf/frametop/IP_Statistik+E?Open Document, 14.06.2002.

Deutsche Bundesbank (Hrsg) *[Anleihen, 2002]*: Umlauf Anleihen der Bundesrepublik Deutschland, in: www.bundesbank.de, Stand 23.01.2002.

Deutsche Bundesbank (Hrsg) [*Bundesobligationen, 2002*]: Umlauf Bundesobligationen, in: www.bundesbank.de, Stand 22.02.2002.

Deutsche Bundesbank (Hrsg) [*Bundesschatzanweisungen, 2001*]: Umlauf Bundesschatzanweisungen, in: www.bundesbank.de, Stand 14.12.2001.

Deutsche Bundesbank (Hrsg) [*Kapitalmarktstatistik, 2002*]: Kapitalmarktstatistik Februar 2002, Statistisches Beiheft zum Monatsbericht 2, Frankfurt a.M. 2002.

Deutsche Bundesbank(Hrsg) [*Monatsbericht Januar, 1999*]: Monatsbericht Januar 1999, 51. Jg., Nr. 1, Frankfurt a. M., 1999.

Deutsche Bundesbank(Hrsg) [*Zeitreiheninformationen, 2002*]: Zeitreiheninformationen, in: www.bundesbank.de, 08.03.2002.

DID Deutsche Immobilien Datenbank GmbH [*DIX Deutscher Immobilienindex, 2002*]: DIX Deutscher Immobilienindex, in: http://www.dix.de/, 10.05.2002.

EPRA European Public Real Estate Association [*EPRA Indices, 2002*]: EPRA Indices, in: http://www.epra.com/, 10.05.2002.

IPD Investment Property Databank [*IPD Indices, 2002*]: IPD Indices, in: http://www.ipdindex.co.uk/, 21.06.2002.

NAREIT National Association of Real Estate Investment Trusts [*NAREIT Indices, 2002*]: NAREIT Indices, in: http://www.nareit.com/, 27.02.2002.

NCREIF National Council of Real Estate Investment Fiduciaries [*NCREIF Indices, 2002*]: NCREIF Indices, in: http://www.ncreif.com/, 27.02.2002.

Statistisches Bundesamt (Hrsg.) [*Jahrbuch, 2001*]: Statistisches Jahrbuch 2001, Wiesbaden, 2001.

STOXX Ltd. [*STOXX Indices, 2002*]: STOXX Indices, in: http://www.stoxx.com/, 07.03.2002.

SWX Swiss Exchange [*Monthly Report, 2002*]: Monthly Report, in: http://www.swx.com/market/reports, 11.01.2001.

SWX Swiss Exchange [*SMI, 2002*]: SMI, in: http://www.swx.com/market/reports, 11.01.2001.

Monographien und Zeitschriften

Adair, Alastair [*Research Review, 2001*]: Research review, in: Briefings in Real Estate Finance, Vol. 1, No. 2, 2001, S. 185-192.

Albrecht, Peter / Maurer, Raimond [*Risikomanagement, 2002*]: Investment- und Risikomanagement – Modelle, Methoden, Anwendungen, Stuttgart, 2002.

API Aberdeen Property Investors (Hrsg.) [*Capital Growth Index, 2002*]: Capital Growth Index, in: http://www.aberdeen-asset.com/PageCreate.nsf/(property) /74F50147C734FF6980256AE1003BEB2A?opendocument, 29.08.2002.

Archer, Wayne R. / Ling, David C. [*Pricing, 1993*]: Pricing Mortgage-Backed Securities: Integrating Optimal Call and Empirical Models of Prepayment, in: Journal of the American Real Estate and Urban Economics Association (AREUEA), Vol. 21, Iss. 4, 1993, S. 373-404.

Armstrong, Martin A. [*Hedge Real Estate, 1989*]: How to Hedge Real Estate, in: http://www.princetoneconomics.com/Research/MARKETS/REALEST.HTM, June 1989, 24.02.2001.

Auer, Ludwig von [*Ökonometrie, 1999*]: Ökonometrie, Berlin, 1999.

Bach, Stefan / Bartholmai, Bernd [*Immobilienvermögen, 1998*]: Immobilienvermögen privater Haushalte in Deutschland 1995, in: DIW Berlin (Hrsg.): DIW-Wochenbericht WB 35/98, Berlin, 1998, in: http://www.diw.de/deutsch/publikationen/wochenberichte/jahrgang98/, 06.03.2002.

Bailey, Martin J. / Muth, Richard E. / Nourse, Hugh O. [*Regression Method, 1963*]: A Regression Method for Real Estate Price Index Construction, in: Journal of the American Statistical Association, Vol. 58, December 1963, S. 933-942.

Bakken, Henry H. [*Futures trading, 1966*]: Futures Trading – Origin, Development and Economic Status, in: Gaumnitz, Erwin A. (Hrsg.): Futures Trading Seminar, First Edition, Volume 3, Madison, 1966, S. 1-36.

Barkham, Richard / Geltner, David [*Price discovery, 1995*]: Price discovery in American and British property markets, in: Real Estate Economics, Vol. 23, Iss. 1, 1995, S. 21-44.

Baroni, Michel / Barthelemy, Fabrice / Mokrane, Mahdi [*Risk Factors, 2001*]: Physical Real Estate : Risk Factors and Investor Behaviour, Working Paper DR 01020, ESSEC Business School, Cergy-Pontoise, 2001, in: http://www.essec.fr/domsite/cv.nsf/e9a421def37960ee412565070042cee2/ 7d67e9854c831021c1256b0c00303b80/$FILE/DR-01020.pdf, 20.03.2003.

Baum, Andrew / Beardsley, C.J. / Ward, C.W.R. [*Derivatives Pricing, 1999*]: Derivatives Pricing Approaches to Valuation Models: Sensitivity Analysis of Underlying Factors, in: http://www.propertyderivatives.com/eres1999A.doc, 1999, 20.12.2002.

Baum, Andrew / Beardsley, C.J. / Ward, C.W.R. [*Rental Swaps, 1999*]: Using rental swaps and sales to manage portfolio risk and to fund property development, Working Paper, RICS Research Conference – The Cutting Edge, Cambridge, 1999.

Baum, Andrew [*Property Futures, 1991*]: Property Futures, in: Journal of Property Valuation and Investment, No. 9, 1991, S. 235-240.

Baum, Andrew [*SWAP, 2000*]: SWAP! Using property derivatives, Präsentationsunterlagen: Investment Property Forum, Brighton, June 2000, in: http://www.propertyderivatives.com/pubs.htm, 11.02.2003.

Benjamin, John D. / Sirmans, Stacy G. / Zietz, Emily N. [*Returns and Risk, 2001*]: Returns and Risk on Real Estate and Other Investments: More Evidence, in: Journal of Real Estate Portfolio Management, Vol. 7, No. 3, 2001, S. 183-214.

Benjamin, John D. / Shilling, James D. / Sirmans, C. [*Contracts as Options, 1985*]: Contracts as Options: Some Evidence from Condominium Developments, in: Journal of the American Real Estate and Urban Economics Association (AREUEA), Vol. 13, Iss. 2, 1985, S. 143-152.

Besser, Axel [*Finanzinnovationen, 1996*]: Funktion und Dynamik von Finanzinnovationen: internationale Finanzmärkte im Wandel, Universität Giessen, Diss., Wiesbaden, 1996.

BIZ Bank für Internationalen Zahlungsausgleich (Hrsg.) [*OTC derivatives market, 2000*]: The global OTC derivatives market continues to grow, Press release, Ref. No.: 36/2000E, Basel, November 2000, S. 1-6.

Björk, Tomas / Clapham, Eric [*Pricing, 2002*]: A Note on the Pricing of Real Estate Index Linked Swaps, SSE/EFI Working Paper Series in Economics and Finance, No. 492, Stockholm School of Economics, February 13, 2002, in: http://swopec.hhs.se/hastef/papers/hastef0492.pdf, 20.01.2003.

Black, Deborah G. [*Success and Failure, 1986*]: Success and Failure of Futures Contracts: Theory and Empirical Evidence, Monograph Series in Finance and Economics, Monograph 1986-1, New York University, New York, 1986.

Black, Fischer / Scholes, Myron [*Pricing, 1973*]: The Pricing of Options and Corporate Liabilities, in: Journal of Political Economy, Vol. 81, Iss. 3, 1973, S. 637-654.

Bohley, Peter [*Statistik, 2000*]: Statistik – Einführendes Lehrbuch für Wirtschafts- und Sozialwissenschaftler, 7., gründlich überarbeitete und aktualisierte Auflage, München, 2000.

Box, G. E. P. / Cox, D. R. [*Transformations, 1964*]: An Analysis of Transformations, Journal of the Royal Statistical Society, Vol. B26, 1964, S. 211-252.

Brosius, Gerhard / Brosius, Felix [*SPSS, 1998*]: SPSS. Base System und Professional Statistics, 2. unveränderter Nachdruck, Bonn, 1998.

Brown, Gerald R. / Matysiak, George A. [*Property indices, 1995*]: Using commercial property indices for measuring portfolio performance, in: Journal of Property Finance, Vol. 6, No. 3, 1995, S. 27-38.

Brozen, Yale [*Open Markets, 1966*]: The role of open markets in coordinating and directing economic activity, in: Gaumnitz, Erwin A. (Hrsg.): Futures Trading Seminar, First Edition, Volume 3, Madison, 1966, S. 37-69.

Bruns, Christoph / Meyer, Frieder [*Volatilität des DAX, 1994*]: Auswirkung des DAX-Futures auf die Volatilität des DAX, in: Zeitschrift für das gesamte Kreditwesen, Nr. 13, 1994, S. 647-652.

Bruns, Christoph / Meyer-Bullerdiek, Frieder [*Portfoliomanagement, 1996*]: Professionelles Portfoliomanagement: Aufbau, Umsetzung und Erfolgskontrollen strukturierter Anlagestrategien unter Einsatz von Derivaten, Stuttgart, 1996.

Buetow Jr., Gerald W. / Albert, Joseph D. [*Embedded Options, 1998*]: The pricing of embedded options in real estate lease contracts, in: Journal of Real Estate Research, Vol. 15, Iss. 3, 1998, S. 253-265.

Bulwien AG (Hrsg.) [*Immobilienindex 1975 bis 2000, 2001*]: Immobilienindex 1975 bis 2000, München, 2001.

Buttimer, Richard J. / Kau, James, B. / Slawson / Carlos V. [*Pricing, 1997*]: A Model for Pricing Securities Dependent upon a Real Estate Index, in: Journal of Housing Economics, Vol. 6, Iss. 1, 1997, S.16-30.

Byrne, Peter; Lee, Stephen [*Risk Reduction, 1999*]: On the Process of Risk Reduction in the UK Real Estate Market, Working Paper, RICS Research Conference – The Cutting Edge, Cambridge, 1999.

Calhoun, Charles A. / Chinloy, Peter / Megbolugbe, Isaac [*Temporal Aggregation, 1995*]: Temporal Aggregation and House Price Index Construction, in: Journal of Housing Research, Vol. 6, Iss. 3, 1995, S. 419-438.

Carlton, Dennis W. [*Futures Markets, 1984*]: Futures Markets: Their Purpose, Their History, Their Growth, Their Successes and Failures, in: The Journal of Futures Markets, Vol. 4, No. 3, 1984, S. 237-271.

Case, Bradford / Pollakowski, Henry O. / Wachter, Susan M. [*Index Methodologies, 1991*]: On Choosing among House Price Index Methodologies, in: Journal of the American Real Estate and Urban Economics Association (AREUEA), Vol. 19, Iss. 3, 1991, S. 286-307.

Case, Bradford / Quigley, John M. [*Dynamics, 1991*]: The Dynamics of Real Estate Prices, in: Review of Economics and Statistics, Vol. 73, Iss. 1, 1991, S. 50-58.

Case, Bradford / Szymanoski, Edward J. [*Precision, 1995*]: Precision in House Price Indices: Findings of a Comparative Study, in: Journal of Housing Research, Vol. 6, Iss. 3, 1995, S. 483-496.

Case, Karl E. / Shiller, Robert J. / Weiss, Allan N. [*Index-Based Futures, 1993*]: Index-Based Futures and Options Markets in Real Estate, in: The Journal of Portfolio Management, Vol. 19, Iss. 2, 1993, S. 83-92.

Case, Karl E. / Shiller, Robert J. / Weiss, Allan N. [*Mortgage Default Risk, 1996*]: Mortgage Default Risk and Real Estate Prices: The Use of Index-Based Futures and Options in Real Estate, in: Yale University (Hrsg.), Cowles Foundation Discussion Paper: 1098, 1996, S. 1-21, erschienen in: Journal of Housing Research, Vol. 7, Iss. 2, 1996, S. 243-58.

Case, Karl E. / Shiller, Robert J. [*Efficiency of the market, 1989*]: The Efficiency of the Market for Single-Family Homes, in: The American Economic Review, Vol. 79, No. 1, 1989, S. 125-137.

Case, Karl E. / Shiller, Robert J. [*Forecasting Prices, 1990*]: Forecasting Prices and Excess Returns in the Housing Market, in: Journal of the American Real Estate and Urban Economics Association (AREUEA), Vol. 18, Iss. 3, 1990, S. 253-273.

Case, Karl E. / Shiller, Robert J. [*New Indexes, 1987*]: Prices of Single-Family Homes since 1970: New Indexes for Four Cities, in: New England Economic Review, September/October 1987, S. 45-56.

Cassel, Eric / Mendelsohn, Robert [*Functional Forms, 1985*]: The choice of functional forms for hedonic price equations: Comment, in: Journal of Urban Economics, Vol. 18, Iss. 2, S. 135-142.

Castelino, Mark G. [*Hedging with Futures, 1990*]: Minimum-Variance Hedging with Futures Revisited, in: Journal of Portfolio Management, Vol. 16, Iss. 3, 1990, S. 74-80.

CBOT Board of Trade of the City of Chicago (Hrsg.) [*Financial Instruments, 1999*]: CBOT® Financial Instruments Guide, Chicago, 1999.

CBOT Board of Trade of the City of Chicago (Hrsg.) [*Marketplace, 2000*]: Action in the Marketplace, Chicago, 2000.

CGSES The Chinese Gold & Silver Exchange Society (Hrsg.) [*Kilo Gold, 2003*]: Kilo Gold, Hong Kong, in: http://www.cgse.com.hk/en_page042.htm, 20.01.2003.

Chinloy, Peter [*Real Estate Cycles, 1996*]: Real Estate Cycles: Theory and Empirical Evidence, in: Journal of Housing Research, Vol. 7, Iss. 2, 1995, S. 173-190.

Cho, Man [*House Price Dynamics, 1996*]: House Price Dynamics: A Survey of Theoretical and Empirical Issues, in: Journal of Housing Research, Vol. 7, Iss. 2, 1996, S. 145-172.

Clapp, John M. / Giacotto, Carmelo / Tirtiroglu, Dogan [*Housing Price Indices, 1991*]: Housing Price Indices Based on All Transactions Compared to Repeat Subsamples, in: Journal of the American Real Estate and Urban Economics Association (AREUEA), Vol. 19, Iss. 3, 1991, S. 270-285.

Clapp, John M. / Giacotto, Carmelo [*Price Indices, 1992*]: Estimating Price Indices for Residential Property: A Comparison of Repeat Sales and Assessed Value Methods, in: Journal of the American Statistical Association, Vol. 87, No. 418, 1992, S. 300-306.

Clapp, John M. / Giacotto, Carmelo [*Repeat Sales, 1999*]: Revisions in Repeat-Sales Price Indexes: Here Today, Gone Tomorrow?, in: Real Estate Economics, Vol. 27, Iss. 1, 1999, S. 79-104.

Clarke, Roger G. [*Asset Allocation, 1992*]: Asset Allocation Using Futures Markets, in: Arnott, Robert D./Fabozzi, Frank J. (Hrsg.): Active Asset Allocation, Chicago, 1992, S. 303-326.

Clarke, Rupert [*Synthetische Immobilien, 1997*]: Synthetische Immobilien, in: Frankfurter Allgemeine Zeitung, Nr. 90, 18.04.1997, S. 45.

Clayton, Jim / Geltner, David / Hamilton, Stanley W. [*Smoothing, 2001*]: Smoothing in Commercial Property Valuations: Evidence from Individual Appraisals, in: Real Estate Economics, Vol. 29, Iss. 3, 2001, S. 337-360.

Clayton, Jim [*Market Efficiency, 1998*]: Further evidence on real estate market efficiency, in: The Journal of Real Estate Research, Vol. 15, Iss. 1, 1998, S. 41-57.

Cohen, Benjamin H. [*Derivatives, 1996*]: Derivatives and asset price volatility: a test using variance ratios, Working Paper No. 33, Bank for International Settlements, Basel, Januar 1996.

Collins, Bruce M. / Fabozzi, Frank J. [*Derivatives and risk management, 1999*]: Derivatives and risk management, in: Journal of Portfolio Management, Special Issue 25 Anniversary, Vol. 25, Iss. 3, 1999, S. 16-27.

Crosby, Neil / Murdoch, Sandy [*Performance Measurement, 2001*]: Basis of rental value for performance measurement, in: Journal of Property Research, Vol. 18, Iss. 2, 2001, S. 123–139.

Deutsche Börse AG (Hrsg.) [*Aktienindizes, 2001*]: Leitfaden zu den Aktienindizes der Deutschen Börse, Version 4.2, Frankfurt a.M., 2001.

Deutsche Börse AG (Hrsg.) [*Euro Guide, 1997*]: Euro Guide, Frankfurt a.M., 1997.

DID Deutsche Immobilien Datenbank GmbH (Hrsg.) [*DIX Deutscher Immobilienindex, 2001*]: DIX Deutscher Immobilien Index, Wiesbaden, 2001.

DID Deutsche Immobilien Datenbank GmbH (Hrsg.) [*DIX Deutscher Immobilienindex, 2002*]: DIX Deutscher Immobilien Index, Wiesbaden, 2002.

DID Deutsche Immobilien Datenbank GmbH (Hrsg.) [*Offene Immobilienfonds, 1999*]: Offene Immobilienfonds – Darstellung und Analyse, Wiesbaden, 2000.

DID Deutsche Immobilien Datenbank GmbH (Hrsg.) [*Offene Immobilienfonds, 2000*]: Offene Immobilienfonds – Darstellung und Analyse, Wiesbaden, 2001.

DID Deutsche Immobilien Datenbank GmbH, Bulwien AG (Hrsg.) [*Immobilienmarkt, 2000*]: Immobilienmarkt 1999/2000 – Daten, Fakten, Hintergründe, Wiesbaden, 2001.

DID Deutsche Immobilien Datenbank GmbH, Bulwien AG (Hrsg.) [*Immobilienmarkt, 2001*]: Immobilienmarkt 2001 – Daten, Fakten, Hintergründe, Wiesbaden, 2001.

DID Deutsche Immobilien Datenbank GmbH, Bulwien AG [*Immobilienanlagen, 2003*]: Immobilienanlagen institutioneller Investoren, in: Frankfurter Allgemeine Zeitung, Nr. 50, 28.02.2003, S. 45.

Din, Allan / Bender, André / Hoesli, Martin [*Environmental Variables, 2001*]: Environmental Variables and Real Estate Prices, in: Urban Studies, Vol. 38, Iss. 11, 2001, S. 1989-2000.

Dombrow, Jonathan / Knight, J. R. / Sirmans, C. F. [*Aggregation Bias, 1997*]: Aggregation Bias in Repeat-Sales Indices. in: Journal of Real Estate Finance and Economics, Vol. 14, Iss. 1, 1997, S. 75-88.

Downs, Anthony [*Inflation, 1996*]: Should commercial real estate be used as a hedge against inflation?, in: National Real Estate Investor, Vol. 38, Iss. 6, 1996, S. 28-31.

Dresig, Thilo [*Handelbarkeit, 1999*]: Handelbarkeit von Risiken: Erfolgsfaktoren von Verbriefungen und derivativen Finanzinstrumenten, ebs-Forschung, Band 22, European Business School, Diss., Wiesbaden, 2000.

Dunse, Neil / Jones, Colin [*Hedonic Price Model, 1998*]: A hedonic price model of office rents, in: Journal of Property Valuation & Investment, Vol. 16, No. 3, 1998, S. 297-312.

Eichholtz, Piet M. / Hartzell, David [*Property Shares, 1996*]: Property Shares, Appraisals and the Stock Market, in: Journal of Real Estate Finance and Economics, Vol. 12, No. 2, 1996, S. 163-178.

Eichholtz, Piet M. / Hoesli, Martin / McGregor, B.D. / Nanthakumaran, N. [*Portfolio Diversification, 1995*]: Real Estate Portfolio Diversification by Property Type and Region, in: Journal of Property Finance, Vol. 6, No. 3, 1995, S. 39-59.

EUREX (Hrsg.) [*Geplante Produkte, 2003*]: Geplante Produkte – Zu überwindende Hindernisse auf dem Weg zum Börsenhandel, in: http://www.eurexchange.com/index2.html?mp&1&marketplace/products_ prodnews_en.html, Frankfurt, 10.02.2003.

EUREX (Hrsg.) [*EUREX Produkte, 2001*]: EUREX Produkte, Frankfurt a.M., April 2001.

EUREX (Hrsg.) [*Produkte, 2000*]: Produkte und Strategien im Kapitalmarktbereich, Frankfurt a.M., Dezember 2000.

Exley, Jon [*Property Asset, 2000*]: Deconstructing The Property Asset, Präsentationsunterlagen: Investment Property Forum, Leeds, Oktober 2000, o.S., in: http://www.ipdindex.co.uk/, 25.10.2002.

EZB Europäische Zentralbank (Hrsg.) [*Monatsbericht Mai, 2000*]: Monatsbericht Mai 2000, Frankfurt a.M., 2000.

Featherstone, James [*Real Estate Derivatives, 1997*]: BZW relaunches UK real estate derivatives, in: Euromoney, Januar 1997, S. 9.

Ferri, Michael [*Hedonic Indexing, 1977*]: An Application of Hedonic Indexing Methods to Monthly Changes in Housing Prices: 1965-1975, in: Journal of the American Real Estate and Urban Economics Association (AREUEA), Vol. 5, Iss. 4, 1977, S. 455-462.

Firstenberg, Paul M. / Ross, Stephen A. / Zisler, Randall C. [*The Whole Story, 1988*]: Real Estate: The Whole Story, in: Journal of Portfolio Management, Vol. 14, No. 3, 1988, S. 22-35.

Fisher, Jeffrey D. / Gatzlaff, Dean / Geltner, David M. / Haurin, Donald [*Variable Liquidity, 2002*]: Controlling for Variable Liquidity and Selection Bias in Indices of Private Asset Market Values, Working Paper, 31.03.2002, in: http://www.kreaa.org/AsRES/doc/ Haurin%20II.pdf, 04.10.2002.

Fisher, Jeffrey D. / Geltner, David [*De-Lagging, 2000*]: De-Lagging the NCREIF Index: Transaction Prices and Reverse-Engineering, in: Real Estate Finance, Vol. 17, Iss. 1, 2000, S. 7-22.

Fisher, Jeffrey D. / Geltner, David M. / Webb, Brian R. [*Value Indices, 1994*]: Value Indices of Commercial Real Estate: A Comparison of Index Construction Methods, in: Journal of Real Estate Finance and Economics, Vol. 9, No. 2, 1994, S. 134-164.

Fisher, Jeffrey D. / Sirmans, C.F. [*Role, 1994*]: The Role of Commercial Real Estate in a Multi-Asset Portfolio, in: Journal of Property Management, Vol. 59, Iss. 1, 1994, S. 54-55.

Fisher, Jeffrey D. [*Real Time Valuation, 2002*]: Real Time Valuation, in: Journal of Property Investment & Finance, Vol. 20, No. 3, 2002, S. 213-221.

Fisher, Jeffrey D. [*Repeat Sales, 2000*]: A Repeat Sales Index for Commercial Real Estate – Using Sold Properties in the NCREIF Database, in: Real Estate Finance, Summer 2000, S. 66-71.

Fisher, Jeffrey, D. / Liang, Youguo [*Sector Diversification, 2000*]: Is Sector Diversification More Important Than Regional Diversification?, in: Real Estate Finance, Vol. 17, No. 3, 2000, S. 35-40.

Fitzgerald, Desmond M. [*Financial Futures, 1993*]: Financial Futures, Second Edition, London, 1993.

Frechette, Darren L. / Weaver, Robert D. [*Expectations, 2001*]: Heterogeneous Expectations of Traders in Speculative Futures Markets, in: Journal of Futures Markets, Vol. 21, Iss. 5, 2001, S. 133-154.

Froot, Kenneth A. [*Hedging Portfolios, 1995*]: Hedging Portfolios with Real Assets, in: Journal of Portfolio Management, Vol. 21, Iss. 4, 1997, S. 60-77.

Fung, Joseph K. W. / Fung, Alexander, K. W. [*Mispricing, 1997*]: Mispricing of index futures contracts: A study of index futures versus index options, in: Journal of Derivatives, Vol. 5, Iss. 2, 1997, S. 37-45.

Garbade, Kenneth D. / Silber, William L. [*Futures Contracts, 1983*]: Futures Contracts on Commodities with Multiple Varieties: An Analysis of Premiums and Discounts, in: Journal of Business, Vol. 56, No. 3, 1983, S. 249-272.

Garbade, Kenneth D. / Silber, William L. [*Secondary Markets, 1979*]: Structural Organization of Secondary Markets: Clearing Frequency, Dealer Activity and Liquidity Risk, in: Journal of Finance, Vol. 34, No. 3, 1979, S. 577-593.

Garman, Mark B. [*Perpetual Currency Options, 1987*]: Perpetual Currency Options, in: International Journal of Forecasting, No. 3, 1987, S. 179-184.

Gatzlaff, Dean / Geltner, David [*Transaction-Based Index, 1998*]: A Transaction-Based Index of Commercial Property and its Comparison to the NCREIF Index, in: Real Estate Finance, Vol. 15, Iss. 1, 1998, S. 7-22.

Gatzlaff, Dean / Haurin, Donald R. [*Selection Bias, 1997*]: Sample Selection Bias and Repeat-Sales Index Estimates, in: Journal of Real Estate Finance and Economics, Vol. 14, Iss. 1, 1997, S. 33-50.

Gatzlaff, Dean [*Excess Returns, 1994*]: Excess returns, inflation and the efficiency of the housing market, in: Journal of the American Real Estate and Urban Economics Association (AREUEA), Vol. 22, No. 4, 1994, S. 553-581.

Gau, George W. / Wang, Ko [*Potenzial Bias, 1990*]: A Further Examination of Appraisal Data and the Potenzial Bias in Real Estate Return Indexes, in: Journal of the American Real Estate and Urban Economics Association (AREUEA), Vol. 18, No. 1, 1990, S. 40-48.

Gau, George W. [*Abnormal Returns, 1985*]: Public Information and Abnormal Returns in Real Estate Investment, in: Journal of the American Real Estate and Urban Economics Association (AREUEA), Vol. 13, No. 1, 1985, S. 15-31.

Gau, George W. [*Efficient Real Estate Markets, 1987*]: Efficient Real Estate Markets: Paradox or Paradigm, in: Journal of the American Real Estate and Urban Economics Association (AREUEA), Vol. 15, No. 2, 1987, S. 1-12.

GDV Gesamtverband der Versicherungswirtschaft (Hrsg.) [*Jahrbuch, 2002*]: Jahrbuch 2002 - Die deutsche Versicherungswirtschaft, Karlsruhe, 2002.

Gehr, Adam K. [*Applications, 1995*]: Applications of derivative instruments, in: Pagliari, Joseph L. (Hrsg.): The Handbook of Real Estate Portfolio Management, Chicago, 1995, S. 1112-1152.

Gehr, Adam K. [*Undated Futures, 1988*]: Undated Futures Markets, in: Journal of Futures Markets, Vol. 8, No. 1, 1988, S. 89-97.

Geltner, David / Ling, David [*Benchmarks Part 1, 2000*]: Benchmarks & Index Needs in the U.S. Private Real Estate Investment Industry: Trying to Close the Gap, A RERI (Real Estate Research Institute) Study for the Pension Real Estate Association, October 2000, in: http://www.reri.org/ research/ RERI_Rept_final.pdf, 10.09.2002.

Geltner, David [*Bias, 1989*]: Bias in Appraisal-Based Returns, in: Journal of the American Real Estate and Urban Economics Association (AREUEA), Vol. 17, No. 3, 1989, S. 338-352.

Geltner, David / Miller, Norman G. / Snavely, Jean [*HEITs, 1995*]: We need a fourth asset class: HEITs, in: Real Estate Finance, Vol. 12, Iss. 2, 1995, S. 71-81.

Geltner, David [*Market Values, 1993*]: Estimating Market Values for Appraised Values without Assuming an Efficient Market, in: Journal of Real Estate Research, Vol. 8, No. 3, 1993, S. 325-345.

Geltner, David [*NCREIF Index, 1998*]: How accurate is the NCREIF index as a benchmark, and who cares?, in: Real Estate Finance, Vol. 14, Iss. 4, 1998, S. 25-37.

Geltner, David [*Repeated Measures, 1996*]: The Repeated-Measures Regression-Based Index: A Better Way to Construct Appraisal –Based Indexes of Commercial Property Value, in: Real Estate Finance, Vol. 12, Iss. 4, 1996, S. 29-35.

Geltner, David [*Systematic Risk, 1989*]: Estimating Real Estate's Systematic Risk from Aggregate Level Appraisal-Based Returns, in: Journal of the American Real Estate and Urban Economics Association (AREUEA), Vol. 17, No. 4, 1989, S. 463-481.

Geltner, David [*Temporal Aggregation, 1993*]: Temporal Aggregation in Real Estate Return Indices, in: Journal of the American Real Estate and Urban Economics Association (AREUEA), Vol. 21, No. 2, 1993, S. 141-166.

Geltner, David [*Use of Appraisals, 1997*]: The Use of Appraisals in Portfolio Valuation & Index Construction, Working Paper, World Valuation Conference VII, Amsterdam, June 1997, erschienen in: Journal of Property Valuation & Investment, Vol. 15, Iss. 5, 1997, S. 423-447.

Gemmill, Gordon [*Futures Trading and Finance, 1990*]: Futures Trading and Finance in the Housing Market, in: Journal of Property Finance, Vol. 1, No. 2, 1990, S. 196-207.

Gerhard, Jan [*Real Estate Derivatives, 2001*]: Portfolio Management with Real Estate Derivatives, Working Paper, IRES-Konferenz, Anchorage, 27.07.2001, in: http://www.biz.colostate.edu/ciref/Papers/ JanGerhardPaper.pdf, 25.11.2002.

Geurts, Tom G. / Jaffe, Austin J. [*Risk and Real Estate, 1996*]: Risk and Real Estate Investment: An International Perspective, in: The Journal of Real Estate Research, Vol. 11, No. 2, 1996, S. 117-130.

GEWOS [*Immobilienmarkt, 2002*]: Immobilienmarkt, in: http://www.lbs.de/PL3D/PL3DD/PL3DDL/ pl3ddl.htm?char=IJ#Immobilienmarkt, 14.03.2002.

GfK Prisma [*German Retail Network, 2002*]: German Retail Network, zitiert nach: o.V., Noch nie gab es so viel Einzelhandelsfläche wie heute, in: Immobilien Zeitung, Nr. 5, 28.02. 2002, S. 7.

Goetzmann, William N. / Peng, Liang [*RSR Estimator, 2002*]: The Bias of the RSR Estimator and the Accuracy of Some Alternatives, in: Real Estate Economics, Vol. 30, Iss. 1, 2002, S. 13-39.

Goetzmann, William N. / Spiegel, Matthew [*Real Estate Appreciation, 1995*]: Non-Temporal Components of Residential Real Estate Appreciation, in: Review of Economics and Statistics, Vol. 77, Iss. 1, 1995, S. 199-206.

Goetzmann, William N. [*Repeat Sale, 1992*]: The Accuracy of Real Estate Indices: Repeat Sale Estimators, in: Journal of Real Estate Finance and Economics, Vol. 5, Iss. 1, 2002, S. 5-53.

Goodman, Allen C. / Thibodeau, Thomas G. [*Hedonic House Price, 1995*]: Age-Related Heteroskedasticity in Hedonic House Price Equations, in: Journal of Housing Research, Vol. 6, Iss. 1, 1995, S. 25-42.

Goodman, Allen C. / Thibodeau, Thomas G. [*Repeat Sales, 1998*]: Dwelling age heteroskedasticity in repeat sales house price equations, in: Real Estate Economics, Vol. 26, Iss. 1, 1998, S. 151-171.

Gordon, Jacques N. / Havsy, Jeffrey R. [*Derivatives Markets, 1999*]: Derivatives Markets: How Far Does Real Estate Have to Go?, in: Real Estate Finance, Vol. 16, Iss. 2, 1999, S. 39-48.

Gordon, Jaques / Canter, Todd [*International Real Estate Securities, 1999*]: International Real Estate Securities: A Test of Capital Market Integration, in: Journal of Real Estate Portfolio Management, Vol. 5, No. 2, 1999, S. 161-170.

Gordon, Jaques / Mosbaugh, Paige / Canter, Todd [*Integrating Regional Indicators, 1996*]: Integrating Regional Economic Indicators with the Real Estate Cycle, in: The Journal of Real Estate Research, Vol. 12, No. 3, 1996, S. 469-501.

Gray, Roger W. [*Futures trading, 1966*]: Why does futures trading succeed or fail: an analysis of selected commodities, in: Gaumnitz, Erwin A. (Hrsg.): Futures Trading Seminar, First Edition, Volume 3, Madison, 1966, S. 115-137.

Griliches, Zvi [*Hedonic Price, 1961*]: Hedonic Price Indexes for Automobiles: An Econometric Analysis of Quality Change, in: National Bureau of Economic Research (New York) (Hrsg.): The Price Statistics of the Federal Government, No. 73, S. 137-196.

Grosskopf, Werner / König, Petra [*Wohnungspolitik, 2001*]: Die Wohnungspolitik in der Bundesrepublik Deutschland, in: Gondring, Hanspeter; Lammel, Eckhard (Hrsg.): Handbuch Immobilienwirtschaft, Wiesbaden, 2001, S. 165-184.

Guttery, Randall / Sirmans, C.F. [*Aggregation Bias, 1998*]: Aggregation bias in price indices for multi-family rental properties, in: Journal of Real Estate Research, Vol. 15, Iss. 3, 1998, S. 309-325.

Guttery, Randall S. / McCarthy, Ed [*Real Estate Derivative Assets, 1994*]: Real Estate Derivative Assets: CMOs, IOs, POs, And Inverse Floaters, in: Real Estate Finance, Vol. 12, Iss. 2, 1995, S. 18-29.

Halifax (Hrsg.) [*Methodology, 2003*]: Index Methodology, in: http://www.hbosplc.com/view/housepriceindex/ indexmethodology.asp, 20.01.2003.

Halvorsen, Robert / Pollakowski, Henry [*Functional Form, 1981*]: Choice of Functional Form for Hedonic Price Equations, in: Journal of Urban Economics, Vol. 10, Iss. 1, 1981, S. 37-49.

Hamelink, Foort / Hoesli, Martin / McGregor, Bryan [*Inflation Hedging, 1997*]: Inflation Hedging Versus Inflation Protection in the U.S. and the U.K., in: Real Estate Finance, Summer 1997, S. 63-73.

Hammer, Jerry A. [*Hedging Performance, 1990*]: Hedging Performance and Hedging Objectives: Tests of New Performance Measures in the Foreign Currency Market, in: Journal of Financial Research, Vol. 13, Iss. 4, 1990, S. 307-323.

Hartung, Joachim / Elpelt, Bärbel / Klösener, Karl-Heinz [*Statistik, 1995*]: Statistik – Lehr- und Handbuch der angewandten Statistik, 10., durchgesehene Auflage, München, 1995.

Hartzell, David / Shulman, David / Wurtzebach, Charles [*Regional Diversification, 1989*]: Refining the Analysis of Regional Diversification for Income-Producing Real Estate, in: The Journal of Real Estate Research, Vol. 2, No. 2, 1987, S. 85-95.

Hartzell, David J. / Hekman, John / Miles, Mike [*Diversification, 1986*]: Diversification Categories In Investment Real Estate, in: American Real Estate and Urban Economics Association Journal (AREUEA), Vol. 14, No. 2, 1986, S. 230-254.

Hartzell, David J. / Hekman, John / Miles, Mike [*Inflation, 1987*]: Real Estate Returns and Inflation, in: American Real Estate and Urban Economics Association Journal (AREUEA), Vol. 15, No. 1, 1987, S. 617-637.

Hasekamp, Uwe [*Finanzinnovationen, 2000*]: Finanzinnovationen im Versicherungskontext: Securitization und börsengehandelte Derivate, Passauer Reihe, Bd. 9, Universität Passau, Diss., Karlsruhe, 2000.

Haurin, Donald R. / Hendershott, Patric H. [*House Price Indexes, 1991*]: House Price Indexes: Issues and Results, in: Journal of the American Real Estate and Urban Economics Association (AREUEA), Vol. 19, Iss. 3, 1991, S. 259-269.

Hausmann, Wilfried / Diener, Kathrin / Käsler, Joachim [*Derivate, 2002*]: Derivate, Arbitrage und Portfolio-Selection - Stochastische Finanzmarktmodelle und ihre Anwendungen, Braunschweig, 2002.

Hellmund, Uwe / Klitzsch, Walter / Schumann, Klaus [*Statistik, 1992*]: Grundlagen der Statistik, Landsberg am Lech, 1992.

Helwing, Bert / Hübner, Roland [*Volatilität, 2000*]:Die Volatilität als Erfolgsfaktor für Terminkontrakte - Eine ex-ante Analyse, Diskussionsbeitrag Nr. 8, Universität Potsdam, 2000.

Hielscher, Udo [*Investmentanalyse, 1996*]: Investmentanalyse, 2., überarbeitete und erweiterte Auflage, München, 1996.

Hill, R. Carter / Knight, J. R. / Sirmans, C. F. [*Capital Asset, 1997*]: Estimating Capital Asset Price Indexes, in: Review of Economics and Statistics, Vol. 79, Iss. 2, 1997, S. 226-233.

Hirshleifer, J. [*Speculation, 1975*]: Speculation and Equilibrium: Information, Risk and Markets, in: Quarterly Journal of Economics, Vol. 89, No. 4, 1975, S. 519-542.

Hirshleifer, J. [*Theory of Speculation, 1977*]: The Theory of Speculation Under Alternative Regimes of Markets, in: Journal of Finance, Vol. 32, No. 4, 1977, S. 975-999.

Hoag, James W. [*Indices, 1980*]: Towards Indices of Real Estate Value and Return, in: Journal of Finance, Vol. 35, No. 2, 1980, S. 569-580.

Hoesli, Martin [*Rôle de l'immobilier, 2000*]: Rôle de l'immobilier dans la diversification d'un portefeuille - Une analyse de la stabilité des conclusions, Working Paper, Université de Genève (HEC), 8. Dezember 2000, in: http://hec.info.unige.ch/recherches_publications/cahiers/2000/2000.22.pdf, 14.03.2002.

Holder, Mark E. / Tomas, Michael J. / Webb, Robert I. [*Competition, 1999*]: Winners And Losers: Recent Competition Among Futures Exchange For Equivalent Financial Contract Markets, in: Derivatives Quarterly, Vol. 6, No. 2, 1999, S. 19-27.

Holland, Allison / Fremault Vila, Anne [*Successful Contract, 1997*]: Features of a successful contract: Financial Futures on LIFFE, in: Bank of England Quarterly Bulletin, Vol. 37, Iss. 2, 1997, S 181-186.

Holz, Ralf [*Finanzprodukte, 1996*]: Entstehung neuer Finanzprodukte – Theoretische und empirische Erkenntnisse, Universität Köln, Diss., Bergisch Gladbach, 1996.

Hübler, Olaf [*Ökonometrie, 1989*]: Ökonometrie, Stuttgart, 1989.

Hübner, Roland [*Immobilienderivate, 2002*]: Terminbörsliche Immobilienderivate für Deutschland, in: Hummel, Detlev (Hrsg.): Schriftenreihe Finanzierung und Banken, Bd. 1, Universität Potsdam, Diss., Sternenfels, 2002.

Hudson-Wilson, Susan / Peng, Ruijue / Capps, Oral [*Modeling Office Returns, 2000*]: Modeling office returns at the regional level, in: Journal of Portfolio Management, Vol. 27, Iss. 1, 2000, S. 103-111.

Hull, John [*Options, 1993*]: Options, Futures, and Other Derivative Securities, Second Edition, Englewood Cliffs, New Jersey, 1993.

Hummel, Detlev / Hübner, Roland [*Mietpreis-Future,1998*]: Zur Diskussion: Ein Mietpreis-Future gegen Immobilienrisiken, in: Der Langfristige Kredit, Nr. 3/1998, S. 73-81.

Hummel, Detlev / Hübner, Roland [*Potenzieller Markt, 2000*]: Zum potenziellen Markt für Immobilienderivate in Deutschland, in: Der Langfristige Kredit, Nr. 20/2000, S. 714-717.

IPD Investment Property Databank (Hrsg.) [*Annual Index, 2002*]: IPD UK annual index, London, 2002.

IPD Investment Property Databank (Hrsg.) [*Risk, 1999*]: The Assessment and Management of Risk in the Property Investment Industry - A survey by IPD for the Investment Property Forum Risk Working Party, March 2000, in: http://www.ipdindex.co.uk/, 20.04.2001.

Isaac, David [*Property Investment, 1998*]: Property Investment, Houndmills, 1998.

Iversen, Edwin [*Real Estate Indices, 2001*]: Spatially Disaggregated Real Estate Indices, in: Journal of Business & Economic Statistics, Vol. 19, Iss. 3, 2001, S. 341-357.

Jandura, Isabelle / Rehkugler, Heinz [*MPT, 2001*]: Anwendung der MPT auf Immobilienportfolios – Amerikanischer Standard und die Zukunft in Deutschland?, in: Grundstücksmarkt und Grundstückswert, Nr. 3, 2001, S. 129-142.

Janssen, Birgit / Rudolph, Bernd [*DAX, 1992*]: Der Deutsche Aktienindex DAX - Konstruktion und Anwendungsmöglichkeiten, Frankfurt a.M., 1992.

Janssen, Christian / Söderberg, Bo / Zhou, Julie [*Hedonic Models, 2001*]: Robust estimation of hedonic models of price and income for investment property, in: Journal of Property Investment & Finance, Vol. 19, No. 4, 2001, S. 342-360.

Janssen, Stefan [*Kontraktdesign, 1993*]: Kontraktdesign und Kontrakterfolg von Financial Futures, in: Schmidt, Hartmut (Hrsg.): Schriftenreihe des Instituts für Geld- und Kapitalverkehr der Universität Hamburg, Bd. 8, Universität Hamburg, Diss., Wiesbaden, 1993.

Jeanneau, Serge / Scott, Robert [*Engpass, 2001*]: Anatomie eines Engpasses, in: BIZ – Bank Für Internationalen Zahlungsausgleich (Hrsg.): BIZ-Quartalsbericht – Internationales Bankgeschäft und internationale Finanzmärkte, Juni 2001, Basel, 2001, S. 36-38.

Jenyon, Bruce [*Valuation Methods, 1995*]: Valuation Methods for Investment Properties in the United Kingdom, in: Der Langfristige Kredit, Nr. 3/95, 1995, S. 73-76.

Jones Lang LaSalle (Hrsg.) [*Gewerbegebiet Report, 2001*]: Gewerbegebiet Report – Deutschland 2001, Frankfurt a.M., 2001.

Jud, G. Donald / Winkler, Daniel T. [*Assessed Value, 1999*]: Price Indexes for Commercial and Office Properties: An Application of the Assessed Value Method, in: Journal of Real Estate Portfolio Management, Vol. 5, No. 1, 1999, S. 71-81.

Kariger, Albert / Heine, Hans-Peter [*Arbeitsweise, 2003*]: Arbeitsweise, in: http://www.warenboersen-suedwest.de/gruen_frameset_arbeitsweise.html, 3. Auflage, Herbst 1999, 20.02.2003.

Kau, James B. / Keenan, Donald C. / Muller, Walter J. / Epperson, James F. [*Pricing, 1990*]: Pricing Commercial Mortgages and Their Mortgage-Backed Securities, in: Journal of Real Estate Finance and Economics, Vol. 3, No. 4, 1990, S. 333-356.

Kleiber, Wolfgang / Simon, Jürgen / Weyers, Gustav [*Verkehrswertermittlung, 1998*]: Verkehrswertermittlung von Grundstücken, 3., vollständig neu bearbeitete und erweiterte Auflage, Köln, 1998.

Knight, J. R. / Dombrow, Jonathan / Sirmans, C. F. [*Varying Parameters, 1995*]: A Varying Parameters Approach to Constructing House Price Indexes, in: Real Estate Economics, Vol. 23, No. 2, 1995, S. 187-205.

Kolb, Robert W. *[Financial Derivatives, 1993]*: Financial Derivatives, New York Institute of Finance, Englewood Cliffs, 1993.

Kotas, Carsten *[Auswirkungen von Terminmärkten, 1996]*: Mikro- und makroökonomische Auswirkungen von Terminmärkten: Zur Synthese zwischen Portfoliotheorie, Kapitalmarkttheorie, Optionspreistheorie und Futurebewertungstheorie, Europäische Hochschulschriften, Reihe 5, Bd. 1994, Universität Kassel, Diss., Frankfurt a.M., 1996.

Krainer, John *[Real Estate Liquidity, 1999]*: Real Estate Liquidity, in: Economic Review (Federal Reserve Bank of San Francisco), Iss. 3, 1999, S. 14-26.

Krainer, John *[Theory of Liquidity, 2001]*: A Theory of Liquidity in Residential Real Estate Markets, in: Journal of Urban Economics, Vol. 49, 2001, S. 32-53.

Kummer, Donald R. / Schwartz, Arthur L. *[Property Purchase Options, 1980]*: Valuing Real Estate Property Purchase Options , in: The Real Estate Appraiser and Analyst, January/February 1980, S. 13-17.

Lai, Tsong-Yue / Wang, Ko *[Appraisal Smoothing, 1998]*: Appraisal Smoothing: The Other Side of the Story, in: Real Estate Economics, Vol. 26, No. 3, 1998, S. 511-535.

Lane, James *[Property Service, 1996]*: Reuters property service, in: http://about.reuters.com/magazine/mag96/sepoct96/fxm.htm, October 1996, 01.02.2001.

LBS Bausparkasse der Sparkassen (Hrsg.) *[Markt für Wohnimmobilien, 2001]*: Markt für Wohnimmobilien 2001: Daten-Fakten-Trends, Berlin, 2001.

Leishman, Chris / Watkins, Craig *[House Price Indices, 2002]*: Estimating local repeat sales house price indices for British cities, in: Journal of Property Investment & Finance, Vol. 20, No. 1, 2002, S. 36-58.

Leopoldsberger, Gerrit *[Kontinuierliche Wertermittlung, 1998]*: Kontinuierliche Wertermittlung von Immobilien, in Schulte, Karl-Werner (Hrsg.): Schriften zur Immobilienökonomie, Bd. 6, European Business School, Diss., Oestrich-Winkel, 1998.

Liang, Youguo / McIntosh, Willard *[Diversification Benefits, 1999]*: Measuring the Overall Diversification Benefits on an Investment, in: Real Estate Finance, Fall 1999, S. 55-63.

Ling, David C. *[Mortgage-Backed Futures, 1993]*: Mortgage-Backed Futures and Options, in: Journal of the American Real Estate and Urban Economics Association (AREUEA), Vol. 21, Iss. 1, 1993, S. 47-67.

Lippe, Peter von der [*Indexzahlen, 2000*]: Verhältnis- und Indexzahlen, in: Voß, Werner (Hrsg.): Taschenbuch der Statistik, München, 2000, S. 209-242.

Lizieri, Colin / Ward, Charles / Lee, Stephen [*Financial Innovation, 2001*]: Financial Innovation in Property Markets - Implications for the City of London, The Corporation of London in association with the RICS Research Foundation, London, 2001.

Lizieri, Colin / Ward, Charles [*Real Estate Returns, 2000*]: Commercial Real Estate Returns Distributions: A Review of Literature and Empirical Evidence, in: http://www.rdg.ac.uk/LM/LM/fulltxt/0100.pdf, 13.08.2002.

Louargand, Marc A. [*Risk Management, 1992*]: A Survey of Pension Fund Real Estate Portfolio Risk Management Practices, in: Journal of Real Estate Research, Vol. 7, Iss. 4, 1992, S. 361-373.

Lusht, Kenneth M. [*Real Estate Pricing, 1988*]: The Real Estate Pricing Puzzle, in: Journal of the American Real Estate and Urban Economics Association (AREUEA), Vol. 16, Iss. 2, 1977, S. 95-104.

Mahal, Gurminder [*Weather Derivatives, 2001*]: A survey of weather derivatives: Introduction and pricing, in: Derivatives Use, Trading & Regulation, Vol. 6, Iss. 4, 2001, S. 323-337.

Mark, Jonathan / Goldberg, Michael A. [*Multiple Regression, 1988*]: Multiple Regression Analysis and Mass Assessment: A Review of the Issues, in: The Appraisal Journal, Vol. 56, Iss. 1, 1993, S. 47-67.

Markowitz, Harry M. [*Portfolio Selection, 1952*]: Portfolio Selection, in: The Journal of Finance, Vol. 7, No. 3, 1952, S. 77-91.

Markowitz, Harry M. [*Portfolio Selection, 1959*]: Portfolio Selection, New York, 1959.

Maurer, Raimond / Pitzer, Martin / Sebastian, Steffen [*Transaktionsbasierte Immobilienindizes, 2001*]: Konstruktion transaktionsbasierter Immobilienindizes: Theoretische Grundlagen und empirische Umsetzung für den Wohnungsmarkt in Paris, Version März 2001, in: http://www.real-estate-finance.de/, 27.09.2002.

Maurer, Raimond / Sebastian, Steffen / Stephan, Thomas [*Immobilienindizes, 2000*]: Immobilienindizes im Portfolio-Management, Working Papers: Finance and Accounting, No. 52, Universität Frankfurt a.M., 2000, in: http://www.real-estate-finance.de/, 27.09.2002.

McAllister, Patrick / Mansfield, John R. [*Property Portfolio - Paper 1, 1998*]: Investment property portfolio management and financial derivatives: Paper 1, in: Property Management, Vol. 16, No. 3, 1998, S. 166-169.

McAllister, Patrick / Mansfield, John R. [*Property Portfolio Paper 2, 1998*]: Investment property portfolio management and financial derivatives: Paper 2, in: Property Management, Vol. 16, No. 4, 1998, S. 208-213.

Meyer, Frieder [*Immobilienindex-Futures, 1995*]: Immobilienindex-Futures – auch für den deutschen Terminmarkt?, in: Zeitschrift für das gesamte Kreditwesen, Nr. 3, 1995, S. 124-129.

Miles, Mike / Cole, Rebel / Guilkey, David [*Real Estate Returns, 1990*]: A Different Look at Commercial Real Estate Returns, in Journal of the American Real Estate and Urban Economics Association (AREUEA), Vol. 18, Iss. 4, 1990, S. 403-430.

Miles, Mike / Mahoney, Joseph [*Inflation Hedge, 1997*]: Is commercial real estate an inflation hedge?, in: Real Estate Finance, Vol. 13, Iss. 4, 1997, S. 31-45.

Miles, Mike / Roberts, John / Machi, Donna / Hopkins, Robert [*Investment Markets, 1994*]: Sizing the investment markets: A look at the major components of public and private markets, in: Real Estate Finance, Vol. 11, Iss. 1, 1994, S. 39-50.

Miles, Mike E. / McCue, Tom [*Diversification, 1984*]: Diversification in the Real Estate Portfolio, in: Journal of Financial Research, Vol. 7, No. 1, 1984, S. 57-68.

Morrell, Guy [*Property indices, 1995*]: Property indices: a coming of age?, in: Journal of Property Valuation and Investment, Vol. 7, No. 2, 1997, S. 58-74.

Moss, Steven E. / Schneider, Howard C. [*EREIT, 1996*]: Do EREIT returns measure real estate returns?, in: Journal of Property Finance, Vol. 7, No. 2, 1997, S. 58-74.

Muller, Andreas / Grandi, Marcel [*Weather Derivatives, 2000*]: Weather Derivatives: A Risk Management Tool for Weather-sensitive Industries, in: Geneva Papers on Risk & Insurance, Vol. 25, Iss. 2, 2000, S. 273-287.

Munneke, Henry J. / Slade, Barrett A. [*Price Index, 2001*]: A Metropolitan Transaction-Based Commercial Price Index: A Time-Varying Parameter Approach, in: Real Estate Economics, Vol. 29, No. 1, 2001, S. 55-84.

Myer, Neil F.C. / Chaudhry, Mukesh K. / Webb, James R. [*Real Estate Indices, 1997*]: Stationarity and Co-Integration in Systems with Three National Real Estate Indices, in: Journal of Real Estate Research, Vol. 13, Iss. 3, 1997, S. 369-381.

Nack, Ulrich [*Shareholder Value, 1998*]: Immobilien-Rechnungslegung börsennotierter Aktiengesellschaften unter dem Gesichtspunkt des Shareholder Value, European Business School, Diss., Oestrich-Winkel, 1998.

NAREIT National Association of Real Estate Investment Trusts (Hrsg.) [*REIT's, 2003*]: Frequently Asked Questions About REITs, in: http://www.nareit.com/aboutreits/faqtext.cfm, 19.03.2003.

Nationwide Building Society (Hrsg.) [*Methodology, 2003*]: Methodology, in: http://www.nationwide.co.uk/hpi/method/method.htm, 20.01.2003.

Nordalm, Volker, Heuer, Jürgen [*Wohnungsmärkte, 1996*]: Die Wohnungsmärkte im gesamtwirtschaftlichen Gefüge, in: Jenkis, Helmut (Hrsg.): Kompendium der Wohnungswirtschaft, 3., überarbeitete und erweiterte Auflage, München, 1996, S. 23-41.

Nowak, Michael [*Wertentwicklung, 2001*]: Analyse der Wertentwicklung deutscher offener Immobilienfonds, Diplomarbeit, Universität Leipzig, 2001.

o.V. [*Absicherung gegen Konjunkturrisiken, 2002*]: Derivate erlauben Absicherung gegen Konjunkturrisiken, in: Frankfurter Allgemeine Zeitung, Nr. 257, 05.11.2002, S. 27.

o.V. [*Bricks, 1991*]: Bricks without much straw, in: The Economist, 04.05.1991, S. 94.

o.V. [*HVE, 2002*]: Freddie Mac Calls HVE More Accurate than Traditional Method, in: National Mortgage News, Vol. 26, Iss. 39, 24.06.2002, S. 20.

o.V. [*Immobilienpreise, 2002*]: In Großbritannien kennen Immobilienpreise kaum Grenzen, in: Frankfurter Allgemeine Zeitung, Nr. 222, 24.09.2002, S. 31.

o.V. [*Japan, 1997*]: Japan sucht nach Lösungen für seinen angeschlagenen Immobilienmarkt, in: Frankfurter Allgemeine Zeitung, Nr. 49, 11.03.1997, S. 1.

o.V. [*Milliarden-Branche, 2003*]: Eine Milliarden-Branche bleibt unbeachtet, in: Immobilien-Zeitung, Nr. 3, 30.01.2003, S. 4.

o.V. [*Spekulationsblase, 2003*]: Angst vor Spekulationsblase im Häusermarkt, in: Frankfurter Allgemeine Zeitung, Nr. 44, 21.02.2003, S. 23.

Ong, Seow Eng [*Biases, 2000*]: Temporal and distribution biases in real estate transaction-based price indices, in: Journal of Property Research, Vol. 17, Iss. 4, 2000, S. 293–310.

Pace, Kelley R. / Sirmans, C.F. / Slawson, Carlos V. Jr. [*Automated Valuation Models, 2002*]: Automated Valuation Models, in: Wang, Ko / Wolverton, Marvin L. (Hrsg.): Real Estate Valuation Theory, Research Issues in Real Estate, Vol. 8, Boston, 2002, S. 133-156.

Pagliari Jr., Joseph L. / Webb, James R. / Canter, Todd A. / Lieblich, Fredrich [*Real Estate Returns, 1997*]: A Fundamental Comparison of International Real Estate Returns, in: Journal of Real Estate Research, Vol. 13, Iss. 3, 1997, S. 317-347.

Pagliari Jr., Joseph L. / Webb, James R. / Lieblich, Fredrich / Schaner, Mark [*NCREIF Index, 2001*]: Twenty Years of the NCREIF Property Index, in: Real Estate Economics, Vol. 29, Iss. 1, 2001, S. 1-27.

Park, Tae H. / Switzer, Lorne N. [*Real Estate Swaps, 1996*]: An economic analysis of real estate swaps, in: Canadian Journal of Economics, Vol. 29, Iss. 2, 1996, S. 527-533.

Patel, Kanak [*Lessons, 1994*]: Lessons from the FOX Residential Property Futures and Mortgage Interest Rate Futures Market, in: Housing Policy Debate, Vol. 5, Iss. 3, 1994, S. 343-360.

Pelzl, Wolfgang [*Entwicklungsperspektiven, 2001*]: Entwicklungsperspektiven bei Immobilienanlagen, in: www.immobilienwissen.de, Presseerklärung vom 22.01.2001, 13.10.2002.

Peng, Liang [*Repeat Sales, 2002*]: GMM Repeat Sales Price Indices, in: Real Estate Economics, Vol. 30, Iss. 2, 2002, S. 230-261.

Pennings, Joost, M.E. / Leuthold, Raymond M. [*Behavioral Approach, 2000*]: A Behavioral Approach towards Futures Contract Usage, OFOR Paper Number 00-08, October 2000, in: http://www.ace.uiuc.edu/ofor/ofor0008.pdf, 11.03.2003.

Pennings, Joost, M.E. / Leuthold, Raymond M. [*Contract Viability, 1999*]: Commodity Futures Contract Viability: A Multidisciplinary Approach, OFOR Paper Number 99-02, May 1999, in: http://www.ace.uiuc.edu/ofor/ofor9902.pdf, 11.03.2003.

Pennings, Joost, M.E. / Leuthold, Raymond M. [Hedging Revisited, *2000*]: Hedging Revisited: Resolving Contractual Conflicts, OFOR Paper Number 00-01, January 2000, in: http://www.ace.uiuc.edu/ofor/ofor0001.pdf, 11.03.2003.

Pennings, Joost, M.E. / Meulenberg, M.T.G. [*Developing Commodity Derivatives, 1999*]: The Financial Industry's Challenge of Developing Commodity Derivatives, OFOR Paper Number 99-01, May 1999, in: http://www.ace.uiuc.edu/ofor/ofor9901.pdf, 11.03.2003.

Peters, Edgar E [*Hedging Strategies, 1987*]: New Hedging Strategies Give Investors a Choice, in: Pension World, Vol. 23, Iss. 7, 1987, S. 45-47; 57.

Petersen, Mitchell A. / Thiagarajan, Ramu S. [*Risk Measurement, 2001*]: Risk Measurement and Hedging: With and without Derivatives: Erratum, in: Financial Management, Vol. 30, Iss. 4, 2001, S. 5-30.

Pfnür, Andreas / Armonat, Stefan [*Immobilienkapitalanlage, 2001*]: Ergebnisbericht zur empirischen Untersuchung „Immobilienkapitalanlage institutioneller Investoren – Risikomanagement und Portfolioplanung", Arbeitspapier Nr. 26, Universität Hamburg, 2001.

Pieroni, Chris / Erdman Lewis, Colliers / Tyler, Peter [*Forecasting, 1999*]: Forecasting geographical variations in retail rents – Some preliminary findings, Working Paper, RICS Research Conference – The Cutting Edge, Cambridge, September 1999.

Plewka, Torsten [*Immobilienaktiengesellschaften, 2000*]: Bewertung von Immobilienaktiengesellschaften anhand des Net Asset Value, Diplomarbeit, Universität Leipzig, 2000.

Quigley, John M. [*Hybrid Model, 1995*]: A Simple Hybrid Model for Estimating Real Estate Price Indexes, in: Journal of Housing Economics, Vol. 4, Iss. 1, 1995, S. 1-12.

Rasmussen, David W. / Zuehlke, Thomas [*Functional Form, 1990*]: On the Choice of functional form for hedonic price functions, in: Applied Economics, Vol. 22, Iss. 4, 1990, S. 431-438.

Richard, Hermann-Josef [*Aktienindizes, 1992*]: Aktienindizes: Grundlagen ihrer Konstruktion und Verwendungsmöglichkeiten unter besonderer Berücksichtigung des Deutschen Aktienindex – DAX, Universität Paderborn, Diss., Bergisch-Gladbach, 1992.

RICS The Royal Institution of Chartered Surveyors (Hrsg.) [*Manual, 1999*]: RICS Appraisal and Valuation Manual, Coventry, 1999.

Roche, Julian [*Property Futures,1995*]: Property futures and securitisation – the way ahead, Cambridge, 1995.

Roth, Randolf [*Volatilitätsderivat, 1999*]: Das theoretische Konzept eines Volatilitätsderivats und seine Anwendung auf die DAX-Optionen, Europäische Hochschulschriften, Reihe 5, Bd. 2501, TU Dresden, Diss., Frankfurt a.M., 1999.

Rottke, Nico / Wernecke, Martin [*Immobilienzyklus, 2001*]: „Immobilienzyklus" trifft es, „Schweinezyklus" nicht, in: Immobilien-Zeitung, Nr. 14, 05.07.2001, S. 11.

Schafer, Michael [*AVM, 2001*]: What Is An AVM, And What Can It Do For You?, in: The Credit Union Journal, Vol. 5, Iss. 5, 29. Januar 2001, S. 4.

Schirm, Antje [*Wetterderivate, 2000*]: Wetterderivate – Finanzmarktprodukte für das Management wetterbedingter Geschäftsrisiken, in: Finanz Betrieb, Nr. 11, November 2000, 2. Jg., S. 722-730.

Schirm, Antje [*Wetterderivate, 2001*]: Wetterderivate – Einsatzmöglichkeiten und Bewertung, Working Paper, Research in Capital Markets and Finance, Nr. 2001-2, April 2001, Universität Mannheim, in: http://download.kmf.bwl.uni-muenchen.de/workingpaper/wp_wetterderivate.pdf, 20.02.2003.

Schmitz-Esser, Valerio [*Aktienindizes, 2000*]: Aktienindizes im Portfoliomanagement: Funktionen, Merkmale und Indexeffekte, Reihe: Portfoliomanagement, Bd. 15, Universität Freiburg (Schweiz), Diss., Bad Soden, 2000.

Schofield, J.A. [*Inflation hedging, 1996*]: Inflation hedging and UK commercial property, in: Journal of Property Finance, Vol. 7, No. 1, 1996, S. 99-117.

Scholand, Markus / Glas, Dietrich [*Wetterderivate, 2002*]: Wetterderivate – Szenarien eines Emerging Market, in: Die Bank, Nr. 3, 2002, S. 171-175.

Schreier, Matthias [*Anlagestrategie, 1997*]: Anlagestrategie deutscher offener Immobilien-Publikumsfonds, Diplomarbeit, Universität Leipzig, 1997.

Schreier, Matthias [*Immobilienaktiengesellschaften, 2002*]: Immobilienaktiengesellschaften als alternatives Investment, in: Pelzl, Wolfgang (Hrsg.): Reihe Immobilienmanagement, Band 2, Universität Leipzig, Diss., Norderstedt, 2002.

Schulte, Karl-Werner / Schäfers, Wolfgang / Hoberg, Wenzel / Homann, Klaus / Sotelo, Ramon / Vogler, Jochen H. [*Immobilienökonomie, 1998*]: Betrachtungsgegenstand der Immobilienökonomie, in: Schulte, Karl-Werner (Hrsg.): Immobilienökonomie, Bd. 1, München, 1998.

Schulz-Wulkow, Christian [*Internationaler Vergleich, 1999*]: Praktische Verfahren der Immobilienbewertung im internationalen Vergleich, in: Seminarunterlagen DVFA-Symposium: Die Immobilien-AG - Bewertung - Börsengang - Benchmark, Frankfurt am Main, 29./30. April 1999.

Schwimmer, Anne [*Derivatives, 1994*]: Derivatives pros making real estate their home, Onlinedokument in: http://global.umi.com/pqdweb, 26.01.2001, erschienen in: The Investment Dealer's Digest, Vol. 60, Iss. 28, 11. July 1994, S. 5-6.

Seevers, Gary L. [*Comments, 1981*]: Comments on "Innovation, Competition, and New Contract Design in Futures Markets", in: The Journal of Futures Markets, Vol. 1, No. 2, 1981, S. 157-159.

Seiler, Michael J. / Webb, James R. / Myer, F.C. Neil [*Diversification Issues, 1999*]: Diversification Issues in Real Estate Investment, in: Journal of Real Estate Literature, Vol. 7, Iss. 2, 1999, S. 163-179.

Sharpe, William F. [*Perfecting Markets, 1991*]: Perfecting Markets: Derivative Securities Make Markets More Efficient, Onlinedokument in: http://global.umi.com/pqdweb, 22.05.2001, veröffentlicht in: Institutional Investor, Vol. 25, Iss. 13, 1991, S. 5.

Shiller, Robert J. [*Macro Markets, 1998*]: Macro Markets – Creating Institutions for Managing Society's Largest Economic Risks, Oxford, 1998.

Shiller, Robert J. [*Moral Hazard, 1997*]: Expanding the Scope of Individual Risk Management: Moral Hazard and Other Behavioral Considerations, in: Yale University (Hrsg.), Cowles Foundation Discussion, Paper: 1145, Januar 1997, erschienen in: Economic Notes, Vol. 26, Iss. 2, 1997, S. 361-78.

Shiller, Robert J. [*Perpetual Futures, 1993*]: Measuring Asset Values for Cash Settlement in Derivatives Markets: Hedonic Repeated Measures Indices and Perpetual Futures, in: Journal of Finance, Vol. 48, No. 3, 1993, S. 911-931.

Shiller, Robert J. [*Repeat Sales, 1991*]: Arithmetic Repeat Sales Estimators, in: Journal of Housing Economics, Vol. 1, 1991, S. 110-126.

Shilling, James D. / Sirmans, C.F. / Benjamin, John D. [*Option-Pricing, 1987*]: On Option-Pricing Models in Real Estate: A Critique, in: Journal of the American Real Estate and Urban Economics Association (AREUEA), Vol. 15, Iss. 1, 1987, S. 742-752.

Silber, William L. [*Financial Innovation, 1983*]: Recent Structural Change in the Capital Markets – The Process of Financial Innovation, in: AEA Papers and Proceedings, Vol. 73, No. 2, 1983, S. 89-95.

Silber, William L. [*Innovation, 1981*]: Innovation, Competition, and New Contract Design in Futures Markets, in: The Journal of Futures Markets, Vol. 1, No. 2, 1981, S. 123-155.

Sill, Keith [*Economic Benefits, 1997*]: The economic benefits and risks of derivative securities, in: Business Review - Federal Reserve Bank of Philadelphia, February 1997, S. 15-26.

Smith, Lawrence B. / Rosen, Kenneth T. / Fallis, George [*Models of Housing Markets, 1988*]: Recent Developments in Economic Models of Housing Markets, in: Journal of Economic Literature, Vol. 26, March 1988, S. 29-64.

Sormani, Philippe [*Immobilien-Derivate, 2001*]: Warum es noch keine Immobilien-Derivate gibt, in: http://www.nzzch/sonderbeilagen/bau_immobilien00/bau00sormani.html, 16.02.2001.

Steele, Marion / Goy, Richard [*Repeat Sales, 1997*]: Short Holds, the Distributions of First and Second Sales, and Bias in the Repeat-Sales Price Index, in: Journal of Real Estate Finance and Economics, Vol. 14, Iss. 1, 1997, S. 133-154.

Steiner, Manfred / Bruns, Christoph [*Wertpapiermanagement, 2000*]: Wertpapiermanagement, 7., überarbeitete und erweiterte Auflage, Stuttgart, 2000.

Tarbert, Heather [*Inflation, 1996*]: Is commercial property a hedge against inflation? A cointegration approach, in: Journal of Property Finance, Vol. 7, No. 1, 1996, S. 77-98.

Taylor, William [*Estimation, 1992*]: The Estimation of Quality-Adjusted Auction Returns with Varying Transaction Intervals, in: Journal of Financial & Quantitative Analysis, Vol. 27, Iss. 1, 1992, S. 131-142.

Telser, Lester G. / Higinbotham, Harlow N. [*Costs and Benefits, 1977*]: Organized Futures Markets: Costs and Benefits, in: Journal of Political Economy, Vol. 85, No. 5, 1977, S. 969-1000.

Telser, Lester G. [*Organized Futures Markets, 1981*]: Why there are Organized Futures Markets, in: The Journal of Law and Economics, Vol. 24, No. 1, 1981, S. 1-22.

Thion, Bernard / Favarger, Philippe / Hoesli, Martin [*Ventes Repetees, 2001*]: Indices des ventes repetees et modification de l'environnement immobilier, in: Revue d'Economie Regionale et Urbaine, Vol. 0, Iss. 5, 2001, S. 809-830.

Thomas, Guy R. [*Indemnities, 1996*]: Indemnities for long-term price risk in the UK housing market, in: Journal of Property Finance, Vol. 7, No. 3, 1996, S. 38-52.

Thomas, Matthias [*Performanceindex, 1997*]: Die Entwicklung eines Performanceindexes für den deutschen Immobilienmarkt, Schriften zur Immobilienökonomie, Band 2, European Business School, Diss., Köln, 1997.

Trippi, Robert R./ Lare, Nadedjo [*Real Estate Put Options, 1990*]: Investigation of the Viability of Developer-Oriented Real Estate Put Options, in: Real Estate Issues, Fall/Winter 1990, S. 25-34.

Tsetsekos, George / Varangis, Panos [*Derivatives Exchanges, 2000*]: Lessons in Structuring Derivatives Exchanges, in: The World Bank Observer, Vol. 15, No. 1, 2000, S. 85-98.

Turner, Neil J. K. / Thomas, Matthias [*Property market indices, 2001*]: Property market indices and lease structures – the impact on investment return delivery in the UK and Germany: Part II, in: Journal of Property Investment & Finance, Vol. 19, No. 3, 2001, S. 296-321.

ULI Urban Land Institute (Hrsg.) [*Data Bases, 2003*]: Inventory of Real Estate-Related Data Bases, in: http://research.uli.org/Content/AmRE/redb.htm, 21.02.2003.

Varangis, Panos / Larson, Don [*Price Uncertainty, 1996*]: Dealing with Commodity Price Uncertainty, in: The World Bank (Hrsg.): Policy Research Working Paper 1667, October 1996, S. 1-44.

Viezer, Timothy W. [*Econometric integration, 1999*]: Econometric integration of real estate's space and capital markets, in: The Journal of Real Estate Research, Vol. 18, Iss. 3, 1999, S. 503-519.

Vogel, Roland R. [*Angelsächsische Investitionsverfahren, 2000*]: Angelsächsische Investitionsverfahren und marktorientierte Verkehrswertermittlung in Deutschland, in: Grundstücksmarkt und Grundstückswert, Nr. 4/2000, 2000, S. 202-209.

Wagner, Gerhard [*Securitization, 1987*]: Securitization aus Sicht der Wiener Börse, in: Bühler, Wilhelm (Hrsg.): Securitization – Der Trend zum Wertpapier, Wien, 1987, S. 49-55.

Webb, James R. / Curcio, Richard J. / Rubens, Jack H. [*Diversification Gains, 1988*]: Diversification Gains from Including Real Estate in Mixed-Asset Portfolios, in: Decision Sciences, Vol. 19, Iss. 2, 1988, S. 434-452.

Webb, R. Brian / Miles, Mike / Guilkey, David [*Transactions, 1992*]: Transactions-Driven Commercial Real Estate Returns: The Panacea to Asset Allocation Models?, in: Journal of the American Real Estate and Urban Economics Association (AREUEA), Vol. 20, Iss. 1, 1992, S. 325-357.

Weeks, Charles [*Protect Your Property, 1998*]: Protect Your Property with a Hedge, December 1998, in: http://www.aberdeen-asset.com/PageCreate.nsf/(property)/61FF06091EF1F3AA80256AFF0038ADB1?opendocument, 05.12.2002.

Weeks, Charles [*Time for a Change, 1998*]: Time for a Change, April 1998, in: http://www.aberdeen-asset.com/PageCreate.nsf/(property)/1C7ECF902966A66480256AFF0039EBD0?opendocument, 05.12.2002.

Wellner, Kristin [*Immobilien-Portfolio-Management, 2003*]: Entwicklung eines Immobilien-Portfolio-Management-Systems - Zur Optimierung von Rendite-Risiko-Profilen diversifizierter Immobilien-Portfolios, in: Pelzl, Wolfgang (Hrsg.): Reihe Immobilienmanagement, Band 3, Universität Leipzig, Diss., Norderstedt, 2003.

Westrup, Lydia [*Immobilienindex, 1999*]: Rendite an britischen Immobilienindex gekoppelt, in: Frankfurter Allgemeine Zeitung, Nr. 150, 02.07.1999, S. 53.

Whitmore, James [*PIF Derivatives Expansion, 1998*]: Barclays Prepares PIF Derivatives Expansion, in: http://www.aberdeen-asset.com/PageCreate.nsf/(property)/B4177A5DE14A4E3180256AFF003851AF?opendocument, December 1998, 05.12.2002.

Winker, Peter [*Wirtschaftsforschung, 1997*]: Empirische Wirtschaftsforschung, Berlin, 1997.

Wofford, Lary E. [*Appraisal, 1978*]: A Simulation Approach to the Appraisal of Income Producing Real Estate, in: Journal of the American Real Estate and Urban Economics Association (AREUEA), Vol. 6, Iss. 4, 1978, S. 370-394.

Woll, Arthur [*Volkswirtschaftslehre, 1996*]: Allgemeine Volkswirtschaftslehre, 12., überarbeitete und ergänzte Auflage, München, 1996.

Wolverton, Marvin L. / Senteza, Jimmy [*Hedonic Estimates, 2000*]: Hedonic Estimates of Regional Constant Quality House Prices, in: Journal of Real Estate Research, Vol. 19, No. 3, 2000, S. 235-253.

Working, Holbrook [*New Concepts, 1962*]: New Concepts Concerning Futures Markets and Prices, in: American Economic Review, Vol. 52, June 1962, S. 431-459. Neudruck in: Anne E. Peck (Hrsg.): Selected Writings of Holbrook Working, Readings in Futures Markets, Book I, Chicago, 1977, S. 243-266.

Working, Holbrook [*Trading and Hedging, 1953*]: Futures Trading and Hedging, in: American Economic Review, Vol. 43, No. 3, 1953, S. 314-343. Neudruck in: Anne E. Peck (Hrsg.): Selected Writings of Holbrook Working, Readings in Futures Markets, Book I, Chicago, 1977, S. 139-163.

Working, Holbrook [*Whose Markets?, 1953*]: Whose Markets? Evidence on Some Aspects of Futures Trading, in: The Journal of Marketing, Vol. 19, No. 1, 1953, S. 1-11.

Worzala, Elaine / Johnson, Richard D. / Lizieri, Colin [*Currency Swaps, 1997*]: Currency Swaps as a hedging technique for an international real estate investment, in: Journal of Property Finance, Vol. 8, No. 2, 1997, S. 134-151.

Worzala, Elaine / Sirmans, G. Stacy / Zietz, Emily N. [*Risk Perceptions, 2000*]: Risk and Return Perceptions of Institutional Investors, in Journal of Real Estate Portfolio Management, Vol. 6, Iss. 2, 2000, S. 153-166.

Wurtzebach, Charles H. [*Portfolio Management, 1994*]: Real Estate Portfolio Management, in: Hudson-Wilson, Susan / Wurtzebach, Charles H. (Hrsg.): Managing Real Estate Portfolios, Chicago, 1994, S. 165-184.

Zhou, Zhong-guo [*Forecasting sales and price, 1997*]: Forecasting sales and price for existing single-family homes: A VAR model with error correction, in: The Journal of Real Estate Research, Vol. 14, Iss. 1, 1997 S. 155-167.

Ziering, Barry / McIntosh, Will [*Core Real Estate, 1997*]: Revisiting the case for including core real estate in a mixed-asset portfolio, in: Real Estate Finance, Vol. 13, Iss. 4, 1997, S. 14-22.

Ziobrowski, Brigitte J. / Ziobrowski, Alan J. [*Mixed-asset portfolios, 1997*]: Higher Real Estate Risk and Mixed-Asset Portfolio-Performance, in: The Journal of Real Estate Portfolio Management, Vol. 3, No. 2, 1997, S. 107-115.

RES Consult GmbH   –   Real Estate Solutions

Immobilienökonomische Beratung, Tools, Analysen, Konzeptionen

Die RES Consult GmbH – ein Spin-Off des Instituts für Immobilienmanagement der Universität Leipzig – ist eine Beratungsgesellschaft, die anwendungsbezogene, immobilienökonomische Forschungsergebnisse in professionelle Beratung, Software-Tools, Analysen und Konzeptionen umsetzt.

Die fachlichen Schwerpunkte von RES Consult sind
- Immobiliencontrolling, Kennzahlensysteme,
- Anlageprodukte, Bewertung, Simulation,
- Portfoliomanagement, Entscheidungsunterstützung,
- Finanzierung, Risikoanalyse, Rating.

Für Beratungs-, Entwicklungs- und Forschungsprojekte werden jeweils die geeigneten Spezialisten gesucht und eingebunden. Die auf die spezifischen Anforderungen ausgerichteten Projekt-Teams entwickeln für den Auftraggeber individuelle und qualifizierte Lösungen auf wissenschaftlicher Basis: „RES – Real Estate Solutions".

„RES invest" steht eine leistungsfähige Standardsoftware für kennzahlengestützte Cash Flow – Rendite – Risiko – Analysen zur Projekt- und Bestandsoptimierung. Portfolio-Aggregationen und individuelle Module sind möglich.

Weitere Informationen:
www.res-consult.de

CD-Reihe „Immobilienwissen aktuell"

In der CD-Reihe „Immobilienwissen aktuell" erscheinen Diplom- und Seminararbeiten, die am Institut für Immobilienmanagement der Universität Leipzig verfasst wurden. Besonderer Wert wird auf die Aktualität und den Innovationsgrad der wissenschaftlichen Arbeiten gelegt, wovon viele Forschungspreise zeugen.

Die CDs enthalten mehrere Arbeiten und sind erhältlich u.a. in den Ausgaben

- Gesamtausgabe mit über 600 Dokumenten
- Themen-CD „Immobilienbewertung"
- Themen-CD „Energiesparendes und Nachhaltiges Bauen"
- Themen-CD „Shopping-Center-Management"
- Themen-CD „Immobiliencontrolling & Portfoliomanagement"

Ausgaben und Inhalte werden stets aktuell veröffentlicht unter www.immobilienwissen.de

Schriftenreihe „Immobilienmanagement"

In der Schriftenreihe „Immobilienmanagement" erscheinen Dissertationen, welche am Institut für Immobilienmanagement der Universität Leipzig verfasst wurden.

Band 1: Steffen Metzner: Immobiliencontrolling,
erschienen 2002, ISBN: 3-8311-4366-8

Band 2: Matthias Schreier: Immobilienaktiengesellschaften als alternatives Investment,
erschienen 2002, ISBN: 3-8311-4409-5

Band 3: Kristin Wellner: Entwicklung eines Immobilien-Portfolio-Management-Systems,
erschienen 2003, ISBN: 3-8330-0112-7

Band 4: Susanne Ertle-Straub:
Standortanalyse für Büroimmobilien,
erschienen 2003, ISBN: 3-8330-0113-5

Band 5: Peggy Tillich:
Umsatzsteuerbefreiung der Wohnraumvermietung,
erschienen 2003, ISBN: 3-8330-0352-9

Band 6: Torsten Plewka:
Derivative Instrumente für den immobilienanlagemarkt,
erschienen 2003, ISBN: 3-8311-4827-9